THÉOTISTE BOURGEOIS

Le drame de Beaubassin

MAXIME ARSENEAU

THÉOTISTE BOURGEOIS

Le drame de Beaubassin

Roman historique – Tome 1

Les Éditions
de la Francophonie

Révision et mise en pages :	Robert Charbonneau
Couverture :	Geneviève Lemieux
Production et distribution :	Les Éditions de la Francophonie 55, rue des Cascades Lévis (Québec) G6V 6T9 tél. : 1 866 230-9840 • 1 418 833-9840 courriel : ediphonie@bellnet.ca www.editionsfrancophonie.com

ISBN 978-2-89627-301-0
Tous droits réservés pour tous pays
© 2012 Maxime Arseneau
© 2012 Les Éditions de la Francophonie
Dépôt légal – 2ᵉ trimestre 2012
Bibliothèque et Archives Canada
Bibliothèque et Archives nationales du Québec

Préface

Une pénible errance

La déportation des Acadiens a donné naissance à plusieurs ouvrages, trop souvent presque larmoyants. Tel n'est pas le cas de l'histoire de Théotiste, racontée par Maxime Arseneau. Ce dernier s'est basé sur ce qu'ont vécu ses ancêtres.

Le tout a commencé par la signature du traité d'Utrecht, qui cédait l'Acadie à l'Angleterre. En 1713, le roi Louis XIV était vieilli ; la France était endettée et elle avait subi plusieurs défaites. Outre la France et l'Angleterre, plusieurs autres pays de l'Europe occidentale avaient participé au conflit qu'avait suscité la question de la succession au trône d'Espagne. La Nouvelle-France fut la grande perdante à l'issue de cette guerre. Amputée d'une bonne partie de son territoire nord-américain, elle perdit l'Acadie.

Pour les Acadiens commence alors une lente agonie qui, heureusement, verra une renaissance vers la fin du XIXᵉ siècle. L'ouvrage de Maxime Arseneau devrait se poursuivre jusqu'au moment où les Acadiens relèvent la tête et retrouvent leur fierté d'appartenance.

L'auteur, en se basant sur la vie de ses ancêtres, retrace les événements qui ont mené à la déportation de la population acadienne. Les malheurs qu'ils ont vécus, leur pérégrination à travers l'Amérique du Nord, leur vie quotidienne, tout cela méritait d'être raconté.

Le personnage de Théotiste est un heureux choix. N'y a-t-il pas dans ce prénom le nom de Dieu? Le « Théos » représente celui que l'on considère comme le Créateur de l'Univers. De Beaubassin aux îles de la Madeleine, le long cheminement de Théotiste se devait d'être rappelé.

L'homme politique s'est converti en historien, presque en romancier. Il est à souhaiter que ce ne soit là qu'un début. Au-delà de l'aspect généalogique, l'histoire d'une famille méritait de reprendre vie. Trop souvent, celles et ceux qui choisissent de narrer leur passé familial sombrent dans une « guimauve littéraire ». Tel n'est pas le cas de l'ouvrage de Maxime Arseneau. Ce dernier a su non seulement bien saisir son sujet, mais aussi éviter de verser des larmes sur le sort de ses ancêtres. Selon ses propres mots, il voulait « donner la chance à plus de gens possible de connaître la vie de Théotiste, les sensibiliser à l'histoire de l'Acadie ». On peut affirmer, sans risquer de se tromper, que l'auteur a atteint son but!

Jacques Lacoursière

I

Dans la colonie de Beaubassin

1.1 Une fille pour Joseph

1.1.1 Enfin la bonne nouvelle

Le soleil est étincelant par ce matin de printemps, il vous chauffe le dos au travers de vos vêtements. Cela tranche avec le temps froid, avec l'humidité qui a persisté au cours du long mois de mars. Il suffit d'une seule belle journée chaude d'avril, de ces journées que nous ne voulons pas voir se terminer, celles où nous retardons le plus possible le moment de rentrer, question de nous faire oublier la rigueur des longs mois d'hiver et la férocité avec laquelle nous frappent certaines tempêtes. La dernière saison froide n'a pas fait mentir la réputation des hivers de ce pays. En particulier dans ce coin de la baie Française, lorsque le vent se déchaîne et qu'il vient de très loin, soulevant des blizzards qui vous empêchent de voir plus loin que quelques pas devant vous. Joseph n'est pas certain si c'est le beau temps qui le rend si léger ou si ce n'est pas plutôt la nouvelle que lui a apprise Marie, au moment où ils se sont mis au lit la nuit précédente. À n'en pas douter, cette nouvelle le soulage grandement et le remplit de joie.

Il y a cependant un petit détail qui le tracasse. Plus le temps avancera, moins il pourra garder la nouvelle pour lui seul.

Donc, aussi bien en parler tout de suite à son garçon Michel. Son fils unique, qui l'accompagne quand il se rend à l'étable, a lui aussi deviné que son père n'est pas comme de coutume. Il n'a que dix ans, mais se rend bien compte que son père, habituellement discret, taciturne, s'est tout à coup transformé en un homme rayonnant. Le jeune ne comprend pas très bien ce qui lui arrive, mais cette familiarité nouvelle, cette complicité qu'il ressent avec son père l'amène à voir ce dernier sous un jour nouveau. Il est heureux d'être traité comme un homme, comme un adulte à tout le moins, à qui on peut se confier.

— Écoute, mon Michel…

— Oui, papa.

— J'ai comme une grande nouvelle à t'annoncer…

— Ah oui?

— Je ne sais pas trop comment te dire cela. Ah! et puis, c'est pas utile que je te raconte des histoires: ta mère Marie attend de la visite.

Fin des explications.

Il ne savait pas trop comment lui apprendre que, dans quelques semaines, il y aurait un petit bébé dans la famille. Son père à lui ne lui a jamais parlé de ces choses-là. En général, chez les Acadiens, les enfants doivent se contenter des histoires de bébés naissant dans les feuilles de chou. Il y a belle lurette qu'il confie à Michel le train d'étable, il ne pouvait tout de même pas lui raconter n'importe quelle baliverne. Ce qui est certain, c'est que Joseph attend depuis longtemps la venue d'un deuxième enfant. Lui, le fils de Claude à Charles Bourgeois, de Beaubassin, qui était père de dix enfants, et descendant de Jacques le fondateur, qui en avait eu autant, ne pouvait accepter facilement, compte tenu du jeune âge de son épouse, une si longue période d'attente avant de voir sa descendance s'accroître. Neuf années bien comptées. Neuf années aussi à subir les sarcasmes et les taquineries de tout un chacun. Dans son pays acadien, on n'est pas long à trouver un motif de s'amuser au dépens du voisin. Sans méchanceté, bien sûr. Il sait que, dès qu'il a le dos tourné, quelqu'un, pour distraire les autres, ne se gêne pas pour faire une allusion sur les raisons d'une si longue attente. Il est tellement amoureux de sa jeune épouse, de huit années sa cadette. À croire qu'il l'avait choisie à peine sortie des langes. Cette nouvelle fera taire les méchantes langues. Sa joie est sans bornes et il se formalise peu de ce que va penser son fils de la brièveté de ses explications. Il est plus inquiet au sujet de ce qui pourrait arriver à sa jeune épouse. Le nouveau bébé se présentera-t-il de la bonne façon? Une si longue période sans donner naissance, cela peut-il avoir des conséquences? Il n'a jamais bien compris pourquoi cela est arrivé, même s'il a tourné et retourné cette question dans sa tête d'innombrables fois. Et Marie ne pouvait pas trouver, elle non plus, une explication certaine, à part la volonté divine.

Pourquoi se tracasserait-il? Avoir des enfants est tout ce qu'il y a de plus naturel. Avec le soutien de madame Françoise, tout devrait bien se passer. Quant à le nourrir, Joseph n'a pas trop d'inquiétudes, sur le plan matériel, en ce qui concerne la venue d'un deuxième enfant. Ceux-ci sont synonymes de prospérité. Sa famille, celle des descendants de Jacob le fondateur, est non seulement la plus ancienne, elle est aussi une des plus prospères de Beaubassin. Ses membres sont considérés comme des notables. Le clan Bourgeois reste des plus puissants. Au cours des dernières années, ils ont amassé certaines réserves pour les moments difficiles. Ses six frères et lui ont mis en place des réseaux très efficaces pour approvisionner les marchands installés à Port-Royal, et parfois, sans que cela se sache, ceux de Louisbourg, avec les excellents produits de leurs fermes, les plus belles de toute l'Acadie. Son arrière-grand-père, Jacob Bourgeois, avait fait montre de vision en voulant exploiter les avantages de l'immense marais du bassin se jetant dans la baie de Chignectou, en utilisant une technique importée de leur coin de France: les aboiteaux. Les terres occupées par les familles

Bourgeois, parce qu'elles sont les plus anciennes à bénéficier des dépôts du grand marais, sont forcément parmi les plus belles du village...

1.1.2 À nouveau la guerre

Après toutes ces années, l'Acadie pourrait-elle se trouver à nouveau en guerre? C'est la question qu'il se pose, tout en marchant jusque chez son père. À l'aube de cette année dix-sept cent quarante-deux, la situation est en train de changer. Joseph le devine facilement. Les nouvelles qu'il rapporte de ses périples vers Port-Royal et dans l'île Saint-Jean ne laissent planer aucun doute sur le fait que la tension est forte entre les métropoles européennes. Ces dernières reprennent leurs incessantes disputes. Dès que le moindre conflit surgit, les risques que la situation ne s'aggrave et dégénère, provoquant des effets désastreux jusque dans les colonies en Amérique, sont bien réels.

Comme il est né en dix-sept cent neuf, Joseph n'a pas connu cette époque où la guerre de Succession d'Espagne s'est transportée de façon brutale jusqu'en Nouvelle-France. Mais il en a tellement entendu parler. Toute sa petite enfance, toute sa jeunesse fut marquée par les incertitudes de ses parents concernant l'avenir de leur colonie: Beaubassin, ce coin de paradis où il vit et où il souhaite mener une vie heureuse avec sa petite famille. Après dix-sept cent treize, la France céda définitivement l'Acadie aux rois protestants d'Angleterre, ce qui fut la source d'une multitude d'inconvénients, d'incompréhensions, qui iraient en s'aggravant au fil des ans.

— Bonjour «pape». Vous allez mieux, ce matin[1]?

— Oui, mon garçon. Ce doit être le printemps qui me réchauffe les chairs et me rend plus vigoureux... Toi-même, Joseph, rien de nouveau?

---

1. Claude Bourgeois, surnommé le «Vieux Claude», père de Joseph Bourgeois.

— Justement, j'étais venu pour ça. Marie est grosse...

— En voilà une bonne nouvelle! Tu dois être heureux, mon Joseph, depuis le temps que tu en parles. Ta mère va se réjouir pour vous deux...

— C'est sûr que ça va faire changement d'avoir un bébé dans la maison, depuis le temps. Michel sera bien vite un homme... Nous avions presque perdu espoir, Marie et moi. En tout cas, cet enfant-là sera le bienvenu, vous pouvez en être certain, le père. Je songeais à cela en m'en venant: qu'est-ce que vous pensez de ce qui se passe actuellement en Europe? Il y en a qui prétendent que l'Angleterre pourrait faire comme la France et se jeter dans la guerre[2] qui s'y déroule...

— Je ne sais pas trop, mon garçon, mais si on se fie à ce qui se passe normalement quand le roi de France prend parti à un conflit, l'Angleterre ne met pas trop de temps avant d'aller y mettre son grain de sel, de l'autre côté, cela va de soi.

— Paraît-il qu'on en parle comme d'une certitude, chez les dirigeants de Port-Royal. De même, tous ceux qui ont à faire, autant à l'île Saint-Jean qu'à Louisbourg, reviennent avec les mêmes sentiments...

— Je demeure étonné chaque fois que je pense que cela fera bientôt trente ans qu'il n'y a pas eu de guerre entre la France et l'Angleterre. Je ne suis plus très jeune, c'est donc que j'ai eu connaissance de beaucoup de choses. Aussi, si je regarde en arrière, l'Acadie a changé de mains plus d'une fois. Pour les fondateurs, dont ton grand-père Charles, cette manière de faire était monnaie courante. Il nous racontait que cela s'était produit une demi-douzaine de fois...

— Et, à chaque occasion, l'Acadie allait être remise à la France?

---

2. La guerre de Succession d'Autriche.

— Parfaitement! Ton arrière-grand-père ne s'en plaignait pas non plus: pendant une longue période[3], cette situation lui aurait permis de faire naviguer ses navires jusque dans les colonies de la Nouvelle-Angleterre, à Boston!

— Comme si la France ne se préoccupait plus de nous...

— N'oublie pas, mon fils, que d'avoir été forcés de nous organiser par nous-mêmes, laissés à l'abandon, comme oubliés si tu veux, nous aura fait comprendre qu'il ne fallait pas compter uniquement sur la métropole. Nous avons appris à nous débrouiller seuls, à ne dépendre de personne.

— D'après vous, que va-t-il se passer advenant une autre guerre entre la France et l'Angleterre? L'Acadie pourrait retourner à la France?

— Cela ne me surprendrait aucunement...

— Ouais! Tout ça peut devenir compliqué.

On imagine facilement toutes les conséquences néfastes pour la petite colonie fondée par son ancêtre. Chaque conflit viendra raviver les vieux démons, les anciennes craintes, et forcera les colons à se joindre, avec leurs alliés micmacs, aux troupes régulières envoyées de Québec, en Canada. S'il y a un bon côté à cette situation d'équilibre, alors que les Acadiens vivent en territoire anglais, c'est bien la construction par la France d'une forteresse colossale, pour l'Amérique, sur l'île Royale. La présence de ce chantier et le carrefour commercial qu'il est devenu offrent des occasions d'affaires nombreuses, y compris pour les Acadiens. Tout risque de basculer au moindre incident. Mais, dans le fond de leur cœur, tous les Acadiens le souhaitent. Ils sont convaincus, peu importe où ils se trouvent, que la France n'attend que le moment propice pour reprendre

---

3. Après la destruction de Port-Royal en 1607 par Samuel Argall, l'Angleterre considéra l'Acadie comme lui appartenant... Il y eut aussi la période entre 1652 et 1670 : l'Acadie conquise fut comme oubliée par la France. Puis de nouveau entre 1690 et 1697...

l'Acadie, qu'elle fut forcée d'abandonner, pour un temps, à l'Angleterre.

1.1.3 Un enfantement sans misère

— Tu as eu une bonne idée d'attendre d'être bien certaine de ton coup avant de lui en parler. Anxieux comme il est à l'idée que sa famille va s'agrandir, s'il eût fallu qu'il s'agisse d'une fausse alerte, il ne s'en serait pas remis. Je le connais, ton Joseph…

C'est avec cette phrase de réconfort que Françoise Mirande reçut la confidence de Marie.

— Maintenant, tu n'as plus d'inquiétude à te faire. Tu es sans aucun doute grosse. Et tu peux te fier à mon expérience, ce ne sera pas long que ton Joseph pourra tenir dans ses bras l'objet de sa convoitise.

— Vous êtes bien fine de me rassurer de cette manière-là, madame Françoise. D'après vous, ce serait pour quand? Moi, je ne suis certaine de rien… Depuis le temps, j'avais presque perdu espoir.

— Alors là, Marie, va falloir que tu m'aides un peu. Je dirais que tu as pas mal de temps de fait…

— Vous me dites toujours pas que c'est pour tout de suite?

— Non, non, il est encore bien haut…

La conversation se poursuivit entre la jeune femme, tout heureuse de son état, et l'accoucheuse Françoise, veuve de Charles Arseneau, née Mirande. Elle tenait ses connaissances dans le métier de sa propre mère, Marguerite Bourgeois, des connaissances transmises de mère en fille depuis des générations. Madame Françoise avait été à même de parfaire la maîtrise de son art grâce à son grand-père, chirurgien auprès des soldats du régiment présent à Port-Royal, puis au contact des femmes micmaques. Celles-ci se débrouillent fort bien et possèdent toute une série de remèdes indigènes parfaitement utiles.

— C'est ton Joseph qui doit être heureux, de poursuivre la vieille dame.

— Vous auriez dû le voir partir pour l'étable avec notre garçon Michel, hier matin : il ne portait plus à terre. Vous savez, vous, madame Françoise, à quel point il est important, et pas seulement chez les Bourgeois, de pouvoir compter sur une famille nombreuse. Joseph déborde d'ambition ; la compétition dans la famille, avec ses frères, est trop grande : tous veulent devenir aussi prospères que leur célèbre ancêtre Jacques Bourgeois.

— Leur ancêtre Jacques, de même que Jacques dit Jacob, ma fille. Je suis bien placée pour le savoir : n'oublie pas que ton Joseph est le fils de mon cousin. Je porte le nom de Mirande, mais je suis la fille de Marguerite Bourgeois. Pis, ma mère avait la tête dure, et de l'ambition, que tu dis ? Elle en avait pour dix ! Tu n'es pas sans connaître toutes les disputes et chicanes dans la famille Bourgeois à propos de l'attitude de ma mère, quand elle s'est mariée, et par la suite.

— Pas vraiment, madame Françoise, j'en ai entendu parler.

— Quand maman s'est mariée en premières noces, avec Jean Boudreau, il y a au moins cinquante ans de cela, elle avait saisi la terre qui était destinée à Pierre Arseneau, le père de mon défunt mari Charles, qui deviendra plus tard mon beau-père. Mon grand-père Jacob lui avait réservé ces terres pour services rendus. Maman prétendait que, parce que Jacob n'avait que trois garçons et sept filles, ses terres seraient rapidement passées dans d'autres mains. Le pauvre Pierre Arseneau en a été quitte pour demeurer un peu plus longtemps à Port-Royal. Cela n'a pas manqué de provoquer querelles et disputes, qui durent encore… Ce qui fait que, lorsqu'elle est tombée veuve, puis qu'elle s'est laissé courtiser par mon père, le « douteux Mirande[4] », oui, oui, l'aventurier, la famille Bourgeois voulait

---

4. ROMPILLON, Samantha, *Entre mythe et réalité : Beaubassin, miroir d'une communauté*

la chasser de Beaubassin. C'est alors qu'elle a établi un pacte avec l'ancêtre Arseneau. Ce dernier ne pourrait reprendre sa terre qu'à la condition qu'aucun de ses fils ne puisse l'occuper, à moins qu'il n'ait épousé une de ses filles… Mon défunt mari, Charles (Arseneau), n'avait pas la tête dure : il y a vingt-cinq ans, quand nous nous sommes mariés, nous pouvions prendre la terre… Ce qui fait que, lorsque papa et maman se sont mariés, ils se sont installés[5] sur la pointe Beauséjour… Ça s'appelle de l'ambition.

— Rien n'a vraiment changé par rapport à votre jeune temps, madame Françoise. Comme encore aujourd'hui, les gars sont utiles ; ça prend de l'aide, avec tout le travail qu'il y a aux champs, aux jardins, à la ferme. Puis mon homme doit s'éloigner très souvent…

D'autant plus que, depuis les années dix-sept cent vingt, avec son père Claude et ses frères les plus âgés, la famille de Joseph Bourgeois s'est dotée, discrètement, d'une petite flotte de navires de tailles variées. Cela leur permet d'effectuer de lucratifs voyages vers Port-Royal, l'île Saint-Jean et Louisbourg, entre autres. En fait, le tonnage relativement restreint des navires fait en sorte qu'il leur est possible d'en laisser quelques-uns du côté de la baie Verte. La distance entre le village de Beaubassin et la baie Verte, à l'est de l'isthme de Chignectou, où on laisse les esquifs, peut se parcourir rapidement à cheval, à pied ou avec un attelage de bœufs. Le sentier longe d'abord

acadienne avant 1755, « Dans les années 1670, Beaubassin connaît donc deux vagues de migrations. Une telle colonisation ne peut se faire sans poser des problèmes, surtout quand un Canadien, arrivé après les colons fondateurs, s'impose comme chef et seigneur des lieux. »
Emmanuel Mirande dit Tavare, d'origine portugaise mais vivant à Québec, un des quatre célibataires venus à Beaubassin avec le propriétaire de la seigneurie, Michel LeNeuf de la Vallière, dit le Canadien.

5. SURETTE, Paul, *Atlas de l'établissement des Acadiens au Beaubassin 1660 à 1755*, Tantramar Heritage Trust, p. 10 : « 1690. Pendant l'année, Pierre Arsenot, remarié à Marie Guérin, occupe sa terre au bout de la montée de Mésagouèche… »

la rivière Mésagouèche, puis tout droit vers l'est sur une courte distance jusqu'au creux de cette baie, d'où l'on peut apercevoir l'île Saint-Jean. Comme Joseph n'a qu'un enfant, il est celui qui très souvent se chargeait des déplacements les plus délicats.

1.1.4 La délivrance

Depuis la fin de l'été, Marie se sent de plus en plus fatiguée. Sa condition n'est pas étrangère à cette situation. Par de semblables chaleurs, lorsque l'humidité de l'air vous coupe la respiration et que l'on est grosse comme elle l'est, on ressent vite la fatigue. Cela ne signifie pas que Marie ait diminué ses activités pour autant. Il y a tant de travail à faire autour de la maison, aux champs, et elle ne veut rien négliger. C'est à elle en grande partie que revient la responsabilité de s'assurer que tout sera prêt quand l'hiver reviendra.

— Tu en fais trop, Marie. Laisse Michel te donner un coup de main, il est assez grand pour cela. Puis ton père et ta mère sont juste à côté. Tu n'es pas prudente dans ton état. Pourquoi, en plus de tout ce qu'il y a à faire aux champs et dans le jardin, vas-tu passer tes grands après-midis à la cueillette des bleuets et *berries* ?

Ce n'était pas tant un reproche qu'une excuse qu'il y avait dans le ton de Joseph. Mais Marie a sa fierté. Elle aussi descend, par sa grand-mère maternelle, des Bourgeois, ce qui explique qu'elle fut élevée dans le vieux village de Beaubassin, là où se sont installés les fondateurs[6]. N'allez pas lui dire qu'elle

---

6. Marie Cyr est la fille de Guillaume ; sa grand-mère est donc Marie Bourgeois, une des sept filles de Jacob… Claude Bourgeois, père de Joseph, et Guillaume Cyr, père de Marie, étaient nécessairement cousins.
SURETTE, Paul, *Atlas de l'établissement des Acadiens au Beaubassin…*, p. 70. « Marguerite (Bourg) est fiancée à un très bon parti, le cadet des trois fils du défunt Pierre Cyr, Guillaume. Elle lui accorde sa main et s'installe avec lui dans le vieux village de Mésagouèche, dans la maison paternelle dont il doit hériter et où vit sa mère Marie Bourgeois, fille du fondateur et veuve de deux maris. »

est malade. Et puis, c'est son plaisir à elle, la cueillette des petits fruits des champs. Depuis qu'elle est toute jeune, elle adore rêvasser tout en ramassant les ingrédients principaux de gâteries qui viendront agrémenter quelques repas.

— Cesse de te tracasser, Joseph. Tu t'en fais pour rien, c'est normal dans ma situation. De toute façon, madame Françoise va passer en fin d'après-midi, juste pour voir si tout se déroule correctement.

Comme il était prévu, Françoise Mirande s'amène au moment où Marie commence la préparation de son repas. La jeune femme l'accueille avec joie.

— Je vous dis, madame Françoise, que mon homme est nerveux. Ça ne va pas être drôle, le moment venu.

— Le moment va venir assez vite, ma fille. C'est pour cela que tu te dépenses autant. Tu as le ventre tellement gros, j'espère que tu n'as pas de bessons là-dedans.

— Arrêtez-vous, madame Françoise, je ne serais jamais capable, des bessons !

— Voyons donc, ce n'est pas compliqué : le deuxième suit le premier. Ce serait une façon de rendre ton Joseph encore plus heureux. Considère un peu mon cas.

Françoise ne pouvait faire autrement que de parler de ses jumelles, Françoise et Marie-Anne. Nées en dix-sept cent vingt-cinq, elles avaient maintenant dix-sept ans. C'étaient deux jolies demoiselles. Elle aurait aimé transmettre ses dons d'accoucheuse à Françoise, une bonne fille avec une bonne tête, que rien ne peut abattre. Quant à Marie-Anne, elle est trop délicate, trop fragile pour cela. Elle a d'ailleurs lentement commencé la formation de sa Françoise. Il ne lui manque que l'expérience, et cela viendra en temps et lieu. Elle aurait dû l'amener, justement, mais cette dernière semble peu encline à remplacer sa mère… Puis, à la réflexion, elle se dit qu'elle devrait se tourner vers une de ses nièces, qui montre plus d'empressement que ses propres filles. Cette nièce porte comme elle le nom de Mirande, et se prénomme aussi Françoise.

Marie l'a sortie de ses pensées pour la ramener à ses propres préoccupations.

— Vous êtes certaine que tout va bien se passer? Il y a tellement longtemps. Dix ans, madame Françoise. On oublie, ça ne peut pas faire autrement que de nous faire peur.

— En tout cas, dis à ton Joseph de se tenir paré.

— Il ne s'éloigne pas tellement de la maison, dans ce temps-ci.

— C'est ce que me faisait remarquer mon fils Vincent, avant-hier.

L'accoucheuse avait à peine quitté la maison que Marie ressentit une légère crampe qui la fit sourire, elle qui venait tout juste de dire que l'on oubliait... On n'oublie pas vraiment. Elle continua à préparer le souper de ses hommes, qui reviendraient de l'étable dans quelques minutes. Toute la nuit, la cadence et l'intensité des crampes augmentèrent. Si bien que le lendemain, le soleil venant à peine de se montrer le bout du nez, elle sentit un peu de liquide couler le long de sa cuisse et comprit qu'il s'agissait du signal dont parlait madame Françoise. Sans panique, mais sans hésiter, elle appela son Michel qui était occupé au jardin.

— Va dire à ton père qu'il attelle la jument pour aller chercher madame Françoise, tout de suite. Après, tu te rendras chez les Charles; on ira te chercher plus tard.

Michel ne comprit pas trop ce qui se passait au juste. Mais, d'après le ton inhabituel qu'avait pris sa mère, quelque chose de particulier se préparait. Aussi, c'est sans rouspéter qu'il obtempéra.

Joseph ne perdit pas un instant. En un temps record, il était sur le chemin du retour avec l'accoucheuse. En passant devant le clayon chez son beau-père, il hucha:

— Margot, ta fille va débouler dans peu de temps. Viens donner un coup de main à madame Françoise.

Le ton, qu'il voulait familier en s'adressant à Margot, cachait une grande nervosité. Il faut dire que, compte tenu de la différence d'âge entre lui et sa femme, Joseph était autant de la génération de sa belle-mère que de celle de son épouse.

Les préparatifs allèrent rondement, et même trop rondement. En effet, le temps passait, les crampes étaient de plus en plus rapprochées, mais le bébé semblait refuser de franchir la distance le séparant du monde des vivants. Ce furent bientôt des heures qui s'écoulèrent. Marie se comportait avec calme et courage. Ce qui n'était plus le cas de Joseph.

— Traverse donc chez nous prendre une bonne soupe chaude avec Guillaume. On ira te chercher quand il y aura vraiment du nouveau…

Margot s'était adressée à Joseph sans beaucoup d'espoir de le convaincre. Bien qu'on ait interdit au mari d'approcher du lit, sa présence dans la maison alourdissait l'atmosphère. Il sortit fumer une pipée à l'extérieur.

Les deux vieilles amies profitèrent d'un moment où Marie s'était assoupie, entre deux crampes, pour aller s'assoir près de la fenêtre. À voix basse, elles échangèrent quelques impressions.

— J'espère que l'on n'aura pas besoin de faire venir Brindille.

Madame Françoise avait dit cela sans précipitation, calmement, pour ne pas inquiéter outre mesure la mère de Marie.

— Tu n'es pas sérieuse. Brindille, elle n'est pas à la porte. À ce temps-ci de l'année, les Micmacs sont partis pour leurs campements d'hiver. Il faudrait trop de temps pour l'aller-retour.

— N'empêche, Margot, que cette situation me rappelle la naissance de mon petit Pierre [7], le deuxième de mon fils Charles. C'était en dix-sept cent trente-huit. Sa mère Marguerite (Poirier) avait, elle aussi, été quelques années sans avoir

---

7. Françoise Mirande avait épousé Charles Arseneau, le premier garçon du deuxième mariage de Pierre Arseneau, fondateur de Beaubassin. Elle appela donc son premier garçon Charles. Pierre Arseneau dit Bénéry était donc son petit-fils.

d'enfants. Elle avait mis du temps à débouler, un travail long et pénible. Un des accouchements les plus difficiles auxquels il m'a été donné d'assister. Tu peux penser, ma bru, que c'était trop proche de moi. J'étais contente de voir Brindille arriver. Finalement, sa potion calmante miraculeuse avait permis à la pauvre femme de se détendre avant que Brindille ne procède à une sorte d'imposition des mains. Elle lui avait brassé le ventre, à la Marguerite. De quoi la faire hurler. Tout le village fut au courant de l'arrivée de mon petit Pierre.

Un cri perçant les fit sursauter, les ramenant instantanément au moment présent. Elles se précipitèrent au chevet de Marie, qui venait d'être prise de nouveau par une bonne crampe. Tout se déroula rapidement par la suite. Les deux complices encouragèrent la jeune femme à pousser aux moments des spasmes. Elles avaient tellement à faire et à penser qu'elles en oublièrent le pauvre Joseph…

— Viens féliciter ta femme, Joseph. Elle vient de te donner une belle grosse fille. Cela ne peut pas être toujours des garçons, en particulier chez les Bourgeois. Faut que ce soit partagé.

Margot ne pouvait masquer les trémolos qui agitaient sa voix. Elle s'était retenue. Son gendre la traitait assez souvent de pleurnicheuse ; ce n'était pas le moment. Elle garderait ses émotions pour le moment où elle serait seule, dans la noirceur, avant de se mettre au lit ; là, elle pourrait se laisser aller, revivre ces moments lui rappelant la naissance de ses propres enfants. Tant de souvenirs enfouis.

Pendant que l'accoucheuse finissait d'emmailloter le poupon, elle ne put faire autrement que de s'émerveiller, une fois de plus, devant ce petit être qui venait tout juste de voir le jour.

— Bienvenue dans notre monde, ma chouette… lui murmura-t-elle.

Madame Françoise était grand-mère et veuve depuis deux ans. Ce n'était pas le premier bébé naissant qu'elle délivrait et qu'elle tentait de consoler de ses premières impressions de notre monde. Chaque fois, elle ne pouvait que glorifier le Seigneur de tant de merveilles, de tant de beauté. Bien sûr, son travail était apprécié : tout le monde l'appelait madame, même si cela était aussi un peu pour marquer le fait que, si sa mère, Marguerite Bourgeois, avait suscité des discordes dans les familles du village, ce n'était pas son cas à elle. Mais le vrai miracle, celui qui demeurait mystérieux même pour elle, était celui de la vie qui se transmet. La fragilité de l'enfant loin d'être sauvé, la fragilité de la vie naissante. Mais aussi l'assurance que la vie continuera, l'amour aussi. Françoise avait de la difficulté à se remettre du décès récent de son propre fils. Elle songea à son Charles [8].

— Merci, madame Françoise.

Ce sont les seuls mots que Joseph réussit à prononcer. Il regarda Margot avec l'air de lui dire : « Regarde : je l'ai, ma fille ! »

Il se rendit près du lit où Marie semblait dormir calmement, les yeux fermés ; il posa ses lèvres sur son front. L'accoucheuse pouvait se retirer en paix…

À peine dans ses langes, ce bébé fougueux se fit entendre avec force. Margot venait de déposer l'enfant dans les bras de son père, qui était assis près de l'âtre. Le crépitement du bois était le seul bruit dans la maison, comme si tout le reste de l'univers retenait son souffle pour permettre à l'enfant de trouver le sien.

Le nouveau papa était perdu dans ses pensées lorsque Michel, qu'il avait presque oublié, s'approcha sur la pointe des pieds pour admirer le trésor précieux que son père tenait dans ses bras.

— Elle est belle, tu ne trouves pas ?

— Elle n'est pas grosse, en tout cas…

---

8. Voir http://www.fungold.com/noella/bioarsen. Charles Arseneau, le mari de Françoise Mirande, est décédé entre 1733 et 1740, alors que son fils aîné Charles, quant à lui, est décédé entre avril 1741 et janvier 1742.

— Tu n'étais pas plus potelé quand t'es venu au monde, mon gars…

À n'en pas douter, les deux hommes de Marie Cyr se souviendraient de cette fin d'automne dix-sept cent quarante-deux.

— Ma fille s'appellera Théotiste, Théotiste Bourgeois, comme ma tante : elle lui ressemble. Les autres en penseront ce qu'ils voudront.

1.2 Pierre l'orphelin

1.2.1 Un enfant gracile

Le temps est sombre lorsque Françoise passe le pas de la porte. Elle tient la main toute menue de son petit-fils Pierre qui, à quatre ans et demi, est un enfant sage, mais particulièrement frêle. Elle le trouve tellement attachant, ce petit trésor : sa minceur et sa pâleur accentuent sa beauté et la grâce de ses mouvements. Tout cela donne envie de le protéger, de le serrer contre soi. Ce n'est pas uniquement son petit-fils qui la préoccupe… Accaparée par ses pensées, elle réalise tout à coup qu'il ne fait pas très beau. Le temps incertain l'amène à se demander s'il est sage de risquer cette promenade chez Marie Cyr. Elle est demeurée près de cette dernière, en particulier depuis la naissance de sa fille, Théotiste. La vieille dame se dit que la pluie n'est pas pour tout de suite. Elle prend donc le chemin qui les conduira, après une marche assez longue, chez Joseph à Claude Bourgeois.

— Bonjour, madame Françoise. Entrez vite, on dirait que la pluie va nous tomber dessus. Comment allez-vous, aujourd'hui ? Et toi, Pierre à Charles, à Charles, à Pierre ?

— Ah ! ma brave Marie, il n'y a pas que le temps qui est maussade. Avec tout ce qui m'arrive, il faut croire que le bon Dieu nous aime fort, ou encore qu'il nous a complètement oubliés.

Tout en écoutant la visiteuse, Marie avait enlevé la veste du petit garçon timide et l'avait accompagné jusqu'au berceau dans lequel dormait tranquillement une petite fille de quelques mois.

— Elle n'est pas aussi grande que toi, mais elle est forte ; tu verras : dans pas longtemps, elle va courir partout autour de la maison.

Le jeune garçon ne dit pas un mot ; il se contenta d'un bref regard vers le bébé qui dormait. Il tourna plutôt la tête vers la table, sur laquelle était posé un plat contenant quelques galettes sucrées bien tentantes.

— Je suis certaine que, si elle était assez vieille pour aller jouer dehors, il en ferait cas. Mais là, on ne peut pas dire qu'il soit heureux de voir des bébés dans leur berceau, le pauvre petit.

— Vous avez raison, madame Françoise.

— Je ne sais pas trop ce qui va nous arriver. Moi, depuis la mort de mon mari, il y a deux ans, je ne suis plus la même : je n'ai pas le même entrain, la même ardeur. On dirait que j'ai moins le cœur à l'ouvrage. Puis là, il fallait que le bon Dieu vienne me chercher mon Charles, mon fils, celui qui devait relever le nom de son père. Vingt-sept ans seulement !

— Calmez-vous, madame Françoise. Cela ne sert à rien de vous rendre malade, vous aussi.

— Imagine, Marie, il est parti avant que naisse le petit Jean-Baptiste[9], en janvier. Cela fait des orphelins pas mal jeunes. La pauvre Marguerite, la voilà avec trois enfants, dont un qui n'a que quelques mois. Ils étaient pourtant heureux, bien installés à La Coupe. Les terres qu'ils avaient asséchées dans le grand Marais Sud commençaient juste à donner les fruits attendus.

— On a beau ne pas savoir quand le Seigneur va venir nous chercher, faut dire que le destin vous frappe fort, madame

---

9. *Idem.* Jean-Baptiste Arseneau, frère de Pierre dit Bénéry, le troisième fils de Charles à Charles, est né posthume le 26 janvier 1742.

Françoise. Je ne sais pas trop ce que je ferais s'il arrivait quelque chose à mon Joseph.

— On peut croire que la famille des Poirier va faire tout ce qu'elle peut pour les aider, et Michel n'est pas le genre à laisser les enfants de sa propre fille dans la misère. Mais il y a des limites ; lui aussi, il a ses misères bien à lui.

— Ils se trouvent surtout loin de La Coupe...

— C'est vrai. Par contre, le frère de Marguerite, Jean-Baptiste dit Michaud (Poirier) est bâti juste à côté. Ils sont les fondateurs de ce joli hameau qui compte maintenant une demi-douzaine de maisons. Ils vont l'aider, mais pourra-t-elle arriver à garder la terre [10] ? C'est une autre histoire...

Le ton de la vieille dame était désespéré. C'était la première fois que Marie la voyait dans un tel état. Elle aurait voulu trouver les mots pour soulager son amie. Elle se pencha et offrit au petit Pierre ce qu'il reluquait depuis son entrée dans la maison. Il y eut un long silence.

Françoise semblait plongée dans ses souvenirs. Sans doute essayait-elle d'imaginer comment son fils Charles avait pu s'aventurer à revenir de l'île Saint-Jean par une telle tempête. Était-il poursuivi, ou encore a-t-il pressenti un quelconque danger pour sa vie ? Quoi qu'il en soit, il a rebroussé chemin pour se mettre à l'abri à Malpec, où se trouve toute une nichée de cousins. « Il s'agit d'un voyage spécial », avait-il annoncé à sa mère et à son épouse. « Si quelqu'un vous interroge, dites que je suis à la chasse pour deux jours. »

Ce sont des Micmacs qui ont retrouvé les restes de son embarcation et de ses effets personnels. Quant à son Charles, rien. Le silence s'est installé comme un épais brouillard qui descend sur la baie, en face de son village, un brouillard qui dure des jours sans fin.

---

10. SURETTE, Paul, *Atlas...*, p. 152 « Son épouse [de Charles Arseneau] est la sœur de Jean-Baptiste Poirier dit Michaud, le fondateur de La Coupe. Dans le Grand Marais sud, dans sa partie nord... »

Marie s'était levée pour aller jeter un coup d'œil au berceau, par respect pour les pensées de madame Françoise qu'elle devinait. Elle savait que le drame qui avait coûté la vie de Charles à Charles faisait partie des dangers quotidiens auxquels est confronté son propre mari, Joseph. Tout ce branle-bas aussi, toute cette agitation, depuis que l'on sait qu'une guerre couve en Europe. Leur village de Beaubassin s'est constamment retrouvé dans la tourmente, depuis le règlement de la dernière grande guerre[11], les émissaires français et anglais ne réussissant même pas à s'entendre sur la frontière entre l'Acadie, devenue anglaise, et les territoires demeurés possession française. Une entente tacite aurait fait coïncider cette frontière avec la rivière Mésagouèche, qui traverse le village. Les Acadiens avaient été invités par la France, sans grand succès, à se déplacer vers les terres disponibles plus au nord. Mais comment abandonner son village, sa maison, sa ferme ? Tout ce que l'on a construit de ses propres mains ?

Madame Françoise se souvient parfaitement de cette période, qui a immédiatement suivi la fin de cette grande guerre. C'était l'année même de la naissance de son premier fils, Charles, en dix-sept cent quatorze, ce fils qu'elle pleure aujourd'hui. Dans sa mémoire, tout est demeuré intact. Cette année-là, à l'invitation des autorités françaises, son mari Charles avait accepté de se rendre, avec plusieurs des habitants de Beaubassin, visiter les terres de l'île Royale. Cela faisait partie des intentions françaises de rapatrier les Acadiens dans les territoires demeurés sous son contrôle. Créer une nouvelle Acadie française… Ils étaient partis le neuf juillet, et la visite avait duré dix jours. L'été, des paysages grandioses, mais des terres comme celles de la baie de Chignectou ? Aucune. La France aurait voulu peupler l'île Royale, en faire une colonie prospère, bien protégée par une forteresse imprenable. L'objectif ne sera jamais abandonné…

---

11. Guerre de Succession d'Espagne, en 1713.

D'un point de vue stratégique, tout est logique, compréhensible, tout se tient parfaitement. Pour ce qui est des vraies belles et bonnes terres, propices à l'installation des fermes verdoyantes, les visiteurs étaient demeurés sceptiques. Pourtant, le vingt-cinq août de la même année, son mari figurait sur la liste de ceux à qui la France avait accordé la permission de s'établir dans l'île Royale, sous le plaisir du roi. Françoise et son mari, encore tout jeune couple, avaient abandonné ce projet un peu fou, préférant s'accommoder de l'entente conclue entre sa mère Marguerite et Pierre Arseneau…

Ils étaient nés à Beaubassin, y avaient grandi et voulaient y élever leurs enfants, sachant qu'ils hériteraient de la propriété paternelle.

Plus tard, dans les années trente [12], lorsque Pierre, le demi-frère de son mari Charles, Pierre lui-même fils de Pierre, premier des Arseneau à traverser l'Atlantique, avait décidé de s'installer définitivement sur l'île Saint-Jean, ils avaient à nouveau hésité, presque décidé de tenter l'aventure avec leur autre frère, Abraham. Après tout, les terres de cette île semblent plus fertiles, le sol contenir moins de roches, et la région de Malpèque moins exposée aux disputes et tracasseries. Mais il leur avait été impossible, encore une fois, de penser recommencer leur vie ailleurs. Les autres frères de Charles, eux, devant les exigences de Marguerite Bourgeois, n'avaient d'autre solution de rechange que de quitter le village de Beaubassin et trouver un espace où s'installer. Une décennie plus tard, la question demeure entière : Françoise Mirande et son mari avaient-ils fait le bon choix ?

Ce fut le petit Pierre qui tira Françoise de sa rêverie. Quant à Marie, elle avait continué à préparer sa pâte, laissant la vieille dame à sa réflexion.

---

12. 1730, cela va de soi.

— Madame Françoise, ne partez pas tout de suite ; attendez que Joseph rentre pour le goûter, vous pourrez prendre un bol de soupe avec du bon pain tout frais. Attendez, le temps va s'éclaircir…

— Tu es gentille, Marie, je pense que je vais accepter. J'aurais voulu savoir ce que vous pensiez, toi et ton Joseph, du fait que Marguerite, la pauvre, accepte de se remarier aussi rapidement avec son Barthelémy[13]. Tout le monde comprend qu'elle n'a pas beaucoup le choix, avec trois orphelins sur les bras, dont un qui n'a pas connu son pauvre père, mais si rapidement, qu'est-ce que les gens vont penser ? Quoique tout le hameau de La Coupe les pousse à se marier. Quand j'y pense, un couple qui s'aimait tant. Tu sais que Charles et Marguerite étaient cousins germains. Ils avaient dû obtenir une dispense spéciale pour se marier. Elle leur fut accordée par monsieur de la Gaudalie, grand vicaire et curé des Mines. Charles et Marguerite étaient aussi tous deux les arrière-petits-enfants de Jacob Bourgeois, l'ancêtre de tous les Bourgeois, incluant ton Joseph.

— Nous, on n'est pas placés pour juger. Mon homme, il aimait bien votre fils Charles. C'est ça, attendez qu'il rentre.

Joseph revenait cette fois d'une expédition de pêche au saumon avec ses amis micmacs du côté de Gédaïc[14]. Il y avait amené pour la première fois son fils Michel. Avec ses frères, ils effectuaient parfois de ces voyages de quelques jours, mais pour la morue, dans le golfe du Saint-Laurent. Utilisant des techniques rudimentaires, avec leurs frêles embarcations, ils réussissaient des captures impressionnantes. Il leur arrivait même de se placer à l'abri aussi loin que dans la baie de Malpèque, dans la partie nord de l'île Saint-Jean. Là, en sécurité avec leur parenté, ils préparaient et salaient leurs prises, plaçaient la morue dans des barils. Tout était prêt pour la conservation. Soit pour leur

---

13. Barthelémy Cosset, lui-même veuf.
14. Ancien nom pour Shédiac.

propre consommation, soit, lorsque leurs besoins étaient assurés, pour la vente éventuelle à des marchands anglais du Massachusetts ou d'ailleurs, ou encore, mais de façon plus risquée, à Louisbourg aux négociants français.

— Bonjour, madame Françoise. Comment allez-vous? J'ai quelques bonnes pièces de saumon frais, toutes prêtes, que j'ai apportées. Je vous en laisse une pour le souper?

— Ce n'est pas de refus. Enfin une bonne nouvelle par cette journée maussade.

— Comment ça, journée maussade? On est triste? Vous avez vu notre joli poupon, en parfaite santé? Il y a de quoi vous rendre heureux, non?

— Madame Françoise se tourmente pour Marguerite, pour ses petits… Elle s'en fait pour son petit Pierre…

— Comment ça, vous tracasser? N'ai-je pas entendu dire que nous irions aux noces bientôt?

Joseph regretta d'avoir emprunté ce faux ton enjoué. Il n'était pas très à l'aise et aurait aimé pouvoir encourager la vieille dame, qu'il trouvait non seulement triste, mais fatiguée, et au teint inquiétant.

— Ne te moque pas, Joseph, tu sais très bien que Marguerite était follement amoureuse de mon Charles. Si elle se marie le six août prochain, avant la fin de son deuil, c'est qu'elle n'a pas le choix. Veuve avec trois jeunes enfants sur les bras. Tu sauras, mon Joseph, que toute la communauté de La Coupe, je dirais même de Beaubassin, encourage le veuf Barthélémy Cosset à épouser Marguerite. Tu imagines, chacun de leur côté avec un nouveau-né? Non seulement il est d'accord pour l'épouser, mais il va aussi prendre la ferme de mon Charles. Faut dire qu'elle est plus en ordre que la sienne de Jolicœur[15].

— Vous avez raison. Pardonnez-moi, madame Françoise.

---

15. Surette, Paul, *Atlas…*, p. 153.

— Si au moins on savait comment cela s'est passé. Je ne peux pas croire que mon Charles se soit risqué par un temps pareil, au lieu de rester chez son oncle à l'île Saint-Jean.

Joseph se leva. Pour dissiper sa nervosité, il ajouta une bûche dans l'âtre. Il y eut un moment de silence. Théotiste, de son berceau, en profita pour réclamer un peu d'attention. Joseph aurait voulu parler, mais pas devant les enfants.

— Michel, va donc montrer à Pierre la portée qu'a eue notre chienne dans l'étable. Fais attention que la mère ne s'en prenne au petit. Elle les a eus il y a quelques jours à peine.

— Oui, papa. Viens, Pierre.

— Écoutez, madame Françoise, savez très bien que les temps sont difficiles. Ici, à Beaubassin, on peut toujours s'en sortir, même si nous sommes parfois surveillés. Nous pouvons toujours, si les commerçants anglais veulent notre bien pour une bouchée de pain, nous tourner vers d'autres acheteurs. Il nous est possible de regarder ailleurs, mais cela est risqué. Même à l'île Saint-Jean, nous sommes en territoire français. Depuis trente ans, les autorités de Port-Royal[16] tolèrent nos stratagèmes, parce qu'elles n'ont pas tous les effectifs pour assurer une surveillance convenable. Oui, nous avons de la parenté à l'île, mais nous ne sommes plus des sujets du roi de France. Nous avons prêté un serment de fidélité, cela est vrai, mais de façon conditionnelle. Si nous vendons nos produits à Québec ou à Louisbourg, nous pouvons être perçus comme de mauvais sujets qui soutiennent l'ennemi.

— Comment, l'ennemi ? Nous ne sommes pas en guerre.

— Heureusement que nous ne sommes pas en guerre, ma douce Marie. Mais le fait pour nous de faire commerce, surtout avec Louisbourg, peut être considéré par les autorités anglaises de Port-Royal comme une collaboration avec l'ennemi. Pire

---

16. Les Acadiens continuèrent de parler de Port-Royal, malgré le fait que les Britanniques avaient rebaptisé l'endroit Annapolis Royal.

encore, comme un complot visant à renforcer l'éternel ennemi de l'Angleterre. Nous sommes des habitants de la Nova Scotia, madame Françoise. Et si jamais il devait y avoir une guerre, ce qui ne saurait tarder, notre position sera intenable : nous serons pris entre deux feux. Les autorités françaises de Québec et de Louisbourg d'un côté, sans oublier les Micmacs de l'abbé Le Loutre, et de l'autre les autorités anglaises de Sa Majesté le roi George. Madame Françoise, votre fils Charles, il ne revenait peut-être pas de l'île Saint-Jean, mais de Louisbourg. La tempête les a possiblement surpris dans le détroit de Canseau. Les courants y sont très forts. Votre Charles, comme son père et son grand-père, était un bon marin, expérimenté et prudent. Vous pouvez être fière de lui. Personne dans le village ne se permettra de railler votre fils ni la pauvre Marguerite.

Marie n'avait jamais entendu son homme faire un si long discours. Elle comprit que cette longue harangue, faite à voix basse, était destinée tout autant à la sensibiliser à certains risques que lui-même pouvait courir, qu'à calmer la pauvre veuve éplorée.

1.2.2 Beaubassin dans la tourmente

C'est Paul[17], le plus vieux des garçons de Claude Bourgeois, qui a convié ses frères pour le repas pascal. Joseph aime à prendre son temps. Cette saison est sa préférée. Nous sommes aux derniers jours d'avril dix-sept cent quarante-quatre, et le peu de neige apporté par l'hiver est complètement disparu. De l'emplacement de sa maison posée sur une faible élévation un peu en retrait, Joseph est à même d'apercevoir, d'un seul coup d'œil, la presque totalité du village de Beaubassin. Il est joli, coincé entre la rivière Mésagouèche et la rivière Au Lac. Il s'étend le long de la baie, ce qui lui confère une forme

---

17. Paul à Claude, à Charles, à Jacques Bourgeois.

irrégulière. À partir de la rive de la baie de Beaubassin, qui elle-même donne sur celle de Chignectou pour aller rejoindre l'immense baie Française, on peut remonter le petit chemin, légèrement en pente, jusque chez lui. Les jardins, prés et pâturages communautaires sont installés le long des berges, respectant les méthodes développées par les Acadiens pour tirer profit des alluvions laissées par les marées. Ce système ingénieux de digues avec des clapets permettant à la mer de se retirer, évitant ainsi l'inondation des terres, demande un travail collectif, des corvées gigantesques qui ont modelé le paysage et dicté la façon de vivre du peuple acadien partout le long de la baie Française. Port-Royal devenu Annapolis Royal après dix-sept cent treize, tout le bassin des Mines, Grand-Pré, Pissiguit, Cobeguit, puis Beaubassin : ces petites colonies florissantes assuraient à ces braves colons venus de France la satisfaction de leurs besoins. Oubliant les privations, satisfaits de cette vie frugale, ils vivaient heureux.

Cette relative aisance explique que, malgré le fait qu'ils soient devenus des sujets du roi d'Angleterre, malgré que la France les ait incités à se déplacer dans les régions demeurées territoires français, malgré la sévérité du serment[18] qu'exigeaient d'eux les autorités anglaises à certaines époques, très peu d'Acadiens avaient quitté leurs terres. Et plusieurs de ceux qui avaient choisi de partir pour l'île Saint-Jean ou pour aller fonder d'autres villages plus au nord de l'isthme de Chignectou, comme Memeramcouk, Petitcodiac, Chipoudy, l'avaient

---

18. Toute cette question du serment de fidélité à la couronne britannique prendra une importance extrême dans l'histoire des Acadiens. Il est intéressant de noter qu'au moment où ces derniers décident de demeurer en Nouvelle-Écosse, Anne, la reine d'Angleterre, avait promis aux Acadiens qu'ils ne seraient aucunement importunés : « C'est notre bon vouloir et bon plaisir que tous ceux qui tiennent des terres sous notre gouvernement en Acadie et Terre-Neuve, qui sont devenus nos sujets par le dernier traité de paix et qui ont voulu rester sous notre autorité aient le droit de conserver leurs dites terres et tenures sans trouble, aussi pleinement et aussi librement que nos autres sujets peuvent posséder leurs terres ou héritages » (LEBLANC, Émery, Les Acadiens, Éditions de l'Homme, 1963, p. 18-19).

simplement fait parce qu'il leur était extrêmement difficile d'obtenir des terres. Les autorités d'Annapolis Royal les conservaient pour d'éventuels colons anglais que l'on souhaitait toujours attirer pour peupler la Nova Scotia et faire contrepoids à cette population de Français se voulant neutres, à l'attitude indépendante, dont le nombre atteignait le quart de celle de toute la Nouvelle-France.

Joseph reporta son regard vers la baie, où quelques bateaux, barges et embarcations appuyés sur la proue à marée basse, tous dans la même position, semblaient eux aussi prendre un dernier repos avant d'attaquer les travaux du printemps. Son regard s'arrêta sur le moulin, puis, remontant, il aperçut au loin la petite maison et la clôture entourant le potager de madame Françoise.

— La pauvre femme, elle ne s'en remettra pas. On jurerait que le destin s'acharne à la démolir. Tu te rappelles comment ce mariage la tracassait... À peine remariée, la Marguerite tombe enceinte, puis meurt quelques mois après avoir donné naissance à une petite fille. Fallait-il que madame Françoise perde aussi sa bru?

— Tu as bien raison, Marie. Quoique le Barthelémy ne soit pas moins à plaindre que madame Françoise. De se retrouver veuf à nouveau...

— D'une certaine manière, si tu veux. Je ne crois pas qu'il va garder avec lui les orphelins de Charles et Marguerite. Cela me surprendrait énormément; peut-être la petite dernière [19]. Madame Françoise ne laissera pas partir son petit Pierre et les autres enfants de Charles. Il paraîtrait que le Barthelémy aban-

---

19. Selon Paul Surette dans son *Atlas,* le couple reconstitué, Marguerite Poirier et Barthelémy Cosset, n'aurait pas eu d'enfant pendant leurs cinq ou six années de vie commune. Nous pensons que Jean-Baptiste Arseneau, né le 26 janvier 1742, est le fils de Charles et de Marguerite et qu'il serait né après le décès de son père. Donc, la petite Anne Cosset serait bien la fille de Barthelémy. Elle le suivra d'ailleurs par la suite à l'île Saint-Jean.

donnerait sa maison de La Coupe pour s'en retourner à l'île Saint-Jean...

Comment ne pas être songeur, lorsque toute une vie est démolie en quelques mois ? Mariée au mois d'août, Marguerite tomba enceinte le mois suivant, puis mourut quelques semaines après avoir donné naissance à son bébé. Que va-t-il arriver de tous ces orphelins ? Que va-t-il arriver à tous les habitants de Beaubassin, songea Joseph alors que Marie se précipitait pour consoler Théotiste, qui était tombée en courant après une poule. Que va-t-il advenir de tout le village, de ses nombreuses petites maisons, de son église, de son moulin ?

Il jeta un regard autour de lui. Pâques, c'est la résurrection du Seigneur. Voilà l'essentiel du prône à l'église ce matin, voilà le sens de l'eau de Pâques cueillie par lui à la naissance du jour. Le printemps, c'est aussi le renouveau, la nature qui recommence. C'est la vie qui reprend ; il n'y a pas de fin. Pour les humains, ce doit être la même chose. Marguerite est décédée, mais ne laisse-t-elle pas une petite fille, Anne, qui à son tour donnera naissance à des enfants, comme sa Théotiste. La vie est une suite sans fin, et nous ne sommes que les maillons de cette longue chaîne.

Joseph se sentit rassuré par ses propres réflexions. N'était-il pas heureux, après tout ?

Et que pouvait-il demander de plus ? Son épouse, il y a quelques jours à peine, lui avait annoncé qu'elle attendait du nouveau. Son fils Michel est presque un homme. Il y a la petite Théotiste, le soleil de sa vie, qui, sans faire de bruit, trottinait partout dans la maison. Il l'aperçut justement. Consolée, elle jouait à présent avec le chien près de la maison. Il en était fier, de sa propriété. Il avait mis le temps et toute son énergie à la construire un peu en retrait du village, sur une élévation, mais à l'abri de la forêt. Sa fondation solide, faite de pierres, lui avait demandé plusieurs excursions en bateau du côté nord de la baie Française. Comme il s'était marié sur le tard, il avait eu tout le temps pour construire une grande maison, cinq toises sur quatre, une des plus grandes de Beaubassin. La chambre unique était vaste et éclairée.

Mais ce dont il était le plus fier, c'était l'âtre de la maison. Il reposait sur une fondation circulaire et il y avait juxtaposé un four. Tout était solide, accessible. Les murs de bois et de torchis (un mélange de glaise et de foin des marais servant de mortier) étaient blanchis, recouverts de badigeon. L'essentiel de la toiture était constitué de foin coupé et lié en bottes. Deux fenêtres du côté du sud-ouest donnaient un éclairage pour la plus grande partie de la journée.

Enfin, dans quelques semaines sortiront de terre les premiers légumes de son potager. Oui! Joseph avait conscience qu'il avait tout pour être heureux. Si seulement il n'y avait pas eu cette rencontre secrète, cette discussion avec l'émissaire des autorités de Louisbourg, l'incontournable abbé Le Loutre.

C'est que la guerre est de nouveau dans le décor. Débutée en Europe en dix-sept cent quarante et un, la guerre de Succession d'Autriche avait maintenant embrasé tout le continent. Ce n'était qu'une question de temps avant que les hostilités reprennent en Amérique. La France et l'Angleterre s'étaient déclarées la guerre en mars. Il s'agissait là d'un secret d'État, avait ajouté Le Loutre. Les autorités anglaises d'Annapolis Royal et du Massachusetts n'étant pas encore au courant, il y avait là une occasion unique pour les Français de reprendre Port-Royal en surprenant l'ennemi. Lui, Joseph, par le simple fait de posséder ce secret, lui sujet de Sa Majesté britannique le roi George, ne risquait-il pas gros? Avait-il le droit d'accepter de discuter avec les autorités de Louisbourg sans passer pour un traître. Que faisait-il du serment de neutralité donné par son propre père?

Le gouverneur de Louisbourg, Duquesnel, ne s'était pas embarrassé de toutes ces réflexions et, voulant profiter de l'effet de surprise, avait immédiatement mis sur pied une expédition pour reprendre Port-Royal. C'est lui qui lancera le premier signal de la reprise des hostilités en Amérique. Ses neuf cents soldats et miliciens, sous le commandement du capitaine Duvivier, ne rencontreront qu'une opposition symbolique avant de s'emparer de Chédabouctou, la garnison anglaise ne comptant qu'une poignée de soldats. Voilà maintenant que les autorités de Louisbourg veulent le rencontrer, lui, Joseph Bourgeois.

— Il vous faut absolument rencontrer le sieur de Gannes, porte-parole du capitaine Duvivier, qui a le plus urgent besoin de vos services. En attendant, je vous demande de garder le secret absolu.

L'abbé Le Loutre lui avait annoncé cela avant de repartir en coup de vent avec les quelques Indiens Micmacs qui l'accompagnaient. Garder le secret n'était pas chose difficile pour Joseph. Depuis toujours, chaque fois qu'il se rendait en territoire français, il prenait les plus grandes précautions. Mais en temps de guerre, tout geste, toute action, qu'elle soit commerciale ou autre, risque d'être interprétée comme un acte de trahison. D'un autre côté, Joseph sait parfaitement, parce qu'il a souvent l'occasion, lors de ses voyages à Grand-Pré, au bassin des Mines et même à Annapolis Royal, d'échanger à mots couverts avec ses amis les Leblanc, les Thériault, sans oublier Jacques Vigneau dit Maurice le commerçant qui songe à s'installer à la baie Verte, sur le fait que les Acadiens souhaitent, depuis toujours, que la métropole, Sa Majesté très chrétienne le roi de France, se décide enfin à ramener toute l'Acadie dans son royaume.

Ce moment serait-il arrivé? Et lui, que doit-il faire?

Le souper s'était déroulé normalement, enjoué comme de coutume en de telles rencontres familiales. Chacun portait pour la circonstance ses plus beaux atours. Il avait fallu servir trois tablées: les enfants d'abord, qui en cette saison ne s'étaient pas fait prier pour aller jouer dehors sitôt avalé le repas, les hommes, puis finalement, sortant de leurs chaudrons, les femmes et les personnes âgées. À table, très vite, la discussion avait tourné autour de la nouvelle apportée par l'abbé Le Loutre. Si l'on appréciait toujours sa présence à Beaubassin, surtout lorsque l'on devait attendre pour avoir les services d'un prêtre, tout le monde savait qu'il était ni plus ni moins qu'un agent français auprès des Micmacs et des autres nations indiennes de la région. Cette nouvelle avait de quoi inquiéter. Après trente années de paix relative, la guerre avec son lot de malheurs viendra bouleverser le décor paisible de Beaubassin. Il est plus que certain que toute la région sera touchée. Paul s'était senti obligé, à titre d'aîné, de faire ses recommandations sur la prudence nécessaire, compte tenu de la situation délicate dans laquelle se trouvait Beaubassin, et aussi sur l'importance dans la famille du respect de la parole donnée, faisant référence à l'engagement de neutralité absolue, en cas de guerre entre la France et l'Angleterre, réitéré par son propre père. Les Acadiens affirmaient en effet ne pouvoir, par un serment de fidélité absolu, sans condition, s'engager à prendre les armes contre Sa Majesté très chrétienne le roi de France. Il avait de plus insisté sur les précautions à prendre pour la sécurité des familles et des propriétés et lors des déplacements. Si personne n'avait argumenté, c'était par respect. Lui-même avait dit tout cela sans conviction, comme par devoir.

Il était manifeste que quelques-uns autour de la table n'avaient pas l'intention de demeurer neutres.

— Puis, tu en penses quoi, Jean-Jacques?

Joseph ne lui avait pas laissé le temps de réfléchir à tout ce qu'il venait de lui proposer avant de lui poser la question.

— Attends un peu, Joseph. Je trouve que tu vas pas mal vite. J'ai la plus grande confiance en toi, mais aurais-tu oublié les recommandations de notre frère Paul, il y a quelques jours à peine?

— Laisse faire Paul. On ne peut pas mettre tout le monde dans le coup, c'est trop risqué. Mais lui-même, Paul, ne croyait pas tellement à ce qu'il disait. J'ai rencontré le sieur de Gannes, chargé par Duvivier, le capitaine de l'expédition, et ce qu'il attend de nous, c'est que nous l'aidions à faire traverser ses troupes et tout le matériel nécessaire, sauf les canons, entre la baie Verte et Beaubassin.

— Pourquoi Duvivier ferait-il cela?

— C'est plus rapide, moins risqué que de contourner en plein océan toute la Nouvelle-Écosse jusqu'à la baie Française et Port-Royal. Nous n'aurons qu'à tout préparer secrètement : les équipements, les attelages, tout ce qui est nécessaire pour cette distance de quelques lieues, puis attendre le moment convenu. De Gannes est convaincu de l'effet de surprise et de la réussite de l'opération. Si quelqu'un peut les aider, c'est bien nous : nous connaissons le terrain comme personne, nous avons tous les outils nécessaires. Duvivier est disposé à nous rémunérer généreusement. Toi et moi, nous pourrons être fiers d'avoir contribué au retour de Port-Royal dans le royaume de France. Nous aurons l'aide des « Bellair », qui sont aussi dans le coup. Qu'est-ce que tu as à perdre à dix-neuf ans?

— Ce serait pour quand?

— Faudra être prêts dans quelques jours.

— Tu parles comme si tu avais déjà accepté, Joseph.

— C'est ça. Je n'avais pas beaucoup de temps pour réfléchir. Il voulait une réponse avant de retourner voir Duvivier.

— Nous sommes embarqués pour de vrai.

— Oui, mon Jean-Jacques. Il faut nous mettre au travail tout de suite. Inutile de te dire que nous devons garder le plus grand secret autour de tout cela. Avec Marie qui attend encore un enfant.

1.2.3 Espoirs déçus

Si l'attente se prolongeait trop au goût de Joseph (Bourgeois), elle énervait au plus au point Jean-Jacques, son cadet, qui ne tenait plus en place, parcourant la distance de Beaubassin à la baie Verte, aller-retour, chaque jour et, à l'occasion, plusieurs fois par jour.

— Ce n'est pourtant pas compliqué que d'amener ses navires près de la côte…

— Alors, Jean-Jacques, tu n'as rien vu de nouveau?

— Mais non, toujours rien! Aucun navire français à l'horizon…

— Il faut nous montrer patients, c'est une question de temps, tu vas les voir apparaître.

—J'essaie de me contrôler, mais enfin, Joseph, tu reconnaîtras que neuf cents soldats, ce n'est pas la fin du monde. Les embarcations nécessaires au débarquement, chaloupes, demi-chaloupes et canots, attendent déjà, bien dissimulées.

— Justement, il ne nous reste qu'à attendre.

— C'est inquiétant, frustrant surtout. Il y a toujours quelque chose qui vient retarder le moment fixé. Je suis impatient que tout cela finisse.

— D'après ce que je peux comprendre des fils « Bellair[20] », si chaque instant compte, il faut que tout soit parfaitement coordonné. C'est ce que m'ont mentionné Joseph et Pierre Bellair, de Port-Royal…

— Comment cela, coordonné?

— L'abbé Le Loutre, accompagné de trois cents de ses alliés indiens, se dirige lui aussi vers Port-Royal…

L'attente se prolongea de nouveau, poussant l'irritation du jeune Bourgeois à la limite acceptable de la surexcitation. Les engagements pris par De Gannes concernant les récompenses tardèrent à se réaliser, provoquant les mêmes effets chez Jean-Jacques. Joseph s'empressa de le raisonner, car, même si les deux frères n'avaient encore reçu pour tout paiement que

---

20. Voir http://www.biographi.ca/ : «Lorsque la guerre de la Succession d'Autriche s'étendit en Amérique du Nord en 1744, le père Gauthier (Joseph-Nicolas Gauthier) et ses deux fils aînés, Joseph et Pierre, prêtèrent main-forte aux forces françaises. »

des remerciements fort éloquents de Duvivier en personne, ils étaient très heureux d'avoir pu démontrer leur savoir-faire et leur débrouillardise. Après presque un mois d'attente, de multiples complications, ordres, contre-ordres, tracasseries, pour ne pas dire enfantillages de la part de ces militaires français, qui au fond leur ressemblaient très peu, l'opération avait réussi parfaitement, démontrant la faisabilité d'une telle expédition au travers du mince isthme de Chignectou. Elle démontrait surtout à quel point Beaubassin occupait une position stratégique, compte tenu de l'imprécision de la frontière entre les colonies anglaises et la Nouvelle-France, mais surtout de l'avantage pour les Acadiens vivant dans cette région de posséder une porte de sortie du côté de la baie Verte et du golfe du Saint-Laurent, en cas de danger venant de la baie Française.

Cependant, les nouvelles qui parvenaient à Beaubassin venant de Port-Royal n'avaient rien de rassurant. Le Loutre, ne voyant arriver aucun soldat français, avait rebroussé chemin. Arrivé à la fin d'août, Duvivier avait encore attendu pendant trois semaines ses canons devant venir par mer. Au lieu de ses canons arriva un détachement de miliciens et d'Indiens en provenance de Boston qui le forcèrent à lever le siège.

Joseph suivait la situation avec intérêt. Il avait aussi accepté à deux reprises au cours de l'été, à la demande expresse du père Bellair, qui ne se cachait pas de soutenir l'effort de guerre des Français, de se rendre ravitailler en nourriture les hommes de Duvivier qui effectuaient le siège d'Annapolis Royal, exigeant chaque fois le paiement comptant de ses marchandises. Si la nouvelle de cet échec le décevait, le fait qu'ils avaient réussi à garder le secret autour de leurs activités le rassura.

Intérieurement, il pensa que l'arrivée de l'hiver allait forcer tout le monde au repos, que lui retrouverait le calme de sa maison, sa Marie aussi, de plus en plus grosse, qui aurait besoin des soins de madame Françoise au printemps.

Malheureusement, la situation se détériora encore davantage au cours de l'hiver. L'échec de ce projet de Duquesnel inquiétait grandement les autorités de la Nouvelle-Angleterre. Le gouverneur Shirley, du Massachusetts, exerça de fortes pressions sur Londres pour qu'une vaste opération soit menée contre Louisbourg. Cette forteresse énorme, abritant des corsaires engagés par les autorités mêmes de Louisbourg, nuisait au commerce des colonies anglaises, mais surtout faisait peser une menace sur leur sécurité.

Shirley, impatient, n'attendra pas la réponse de Londres et, avec l'autorisation de son conseil, leva une forte armée de quatre mille hommes qui, dès le printemps suivant, en avril dix-sept cent quarante-cinq, se présenta devant Louisbourg, qui se remettait d'un autre hiver au cours duquel tout avait été difficile. On avait manqué de tout, à un point tel que le nouveau gouverneur, Duchambon, ne pouvait même pas compter sur ses propres troupes, de peur de désertions. Au lieu de recevoir du renfort, il réalisa que c'était plutôt l'Angleterre qui avait envoyé une escadre de quatre vaisseaux pour effectuer le blocus de sa ville. Face aux quatre mille hommes de William Pepperell, la situation de Louisbourg est précaire. Le siège dura quarante-sept jours. Après avoir perdu une centaine d'hommes, Duchambon capitula. C'était le trois juillet de cette année dix-sept cent quarante-cinq.

L'Angleterre procéda immédiatement au transport de la population de l'île Royale, de même que ce qui restait de la garnison de Louisbourg, à Brest, en France.

À Beaubassin, cette nouvelle se répandra comme une traînée de poudre. Comment une telle forteresse a-t-elle pu tomber si rapidement? Imprenable, disait-on. Pour s'y être rendu à quelques reprises, Joseph se souvient d'une véritable ville fortifiée. Cette forteresse devait assurer la protection de toute la Nouvelle-France. Que serait-il arrivé si les combats s'étaient étendus à toute l'Amérique? Comme les autorités françaises,

Joseph, Jean-Jacques, les « Bellair », tous les Acadiens qui espéraient un succès de cette attaque sur Port-Royal ressentaient un peu de colère, à moins que ce ne soit de la honte devant une telle défaite.

Mais la France ne va pas demeurer les bras croisés. La France ne peut pas abandonner ainsi la Nouvelle-France à son triste sort, elle doit reprendre possession de Louisbourg, reprendre aussi l'Acadie.

1.2.4 La vie continue

À Beaubassin, comme partout en Amérique, la guerre doit céder la place à l'hiver qui s'installe. Pour le reste, la vie reprend ses droits, et chez les Acadiens, on confie sa destinée aux volontés du Seigneur. Ce dernier sait parfaitement ce qui nous convient ; il nous envoie les épreuves que nous sommes en mesure de vaincre, pour nous fortifier. Il est juste et bon. C'est ce que se dit Joseph en admirant son bébé, qui se traîne à quatre pattes autour de la table. Il a maintenant huit mois. Marie a voulu lui faire porter le nom de Pierre en souvenir d'un ancêtre dans la famille des Bourg, du côté de sa mère Marguerite.

La vie au quotidien ne laisse pas le temps de se morfondre. Chaque jour qui se lève amène son lot de choses à faire, des choses qui ne peuvent pas attendre au lendemain. Il y a bien les dimanches plus propices à la réflexion, comme les fêtes religieuses. Mais Joseph est un homme d'action, un vaillant, qui préfère se dépenser dans le travail plutôt que de passer son temps à s'interroger, à chercher inutilement des réponses, alors qu'il n'y en a tout simplement pas...

— Bonjour, madame Françoise. Quel bon vent vous amène ?

— Je venais prendre des nouvelles du petit dernier.

— Comment allez-vous, ce matin ?

— Très bien. Et le petit, comment va-t-il ? Fait-il encore de la fièvre ?

— Le bébé se porte très bien. Depuis hier, la fièvre est tombée. Vous voyez comme il se déplace rapidement, il est à la veille de se lever tout seul. C'est Théotiste qui est plus difficile. On dirait qu'elle ne sait plus comment se comporter. Des fois, elle fait sa grande et veut absolument prendre le petit dans ses bras; à d'autres moments, c'est elle qui veut qu'on la prenne sur nos genoux. Heureusement que ces temps-ci, je suis plus autour de la maison. Je m'éloigne moins, disons…

— Mon Dieu, c'est pourtant bien vrai. C'est presque incroyable comme il profite. On peut vraiment dire que ce sont les premiers jours, les plus difficiles. Après, lorsque le bébé boit bien et que l'on peut éviter les coups de fièvre, on peut dire qu'il est sauvé. Je suis tellement contente que vous l'appeliez Pierre, comme mon petit-fils. Celui-là, c'est mon préféré, il est tellement attachant.

Marie, qui n'avait rien manqué de l'échange entre son homme et la vieille dame, s'approcha pour la saluer à son tour.

— Bonjour, madame Françoise. Je ne suis pas fâchée qu'il se tienne un peu tranquille, mon Joseph. Lui et son frère Jean-Jacques, ils ont toujours quelques projets inquiétants en tête. C'est sans compter que, dernièrement, ils associent un peu trop souvent notre plus vieux…

— Michel est assez vieux, à treize ans, pour apprendre à travailler aux champs et à soigner les animaux. C'est presque un homme.

— Oui, mais tu l'emmènes un peu trop souvent à mon goût dans tes expéditions de quelques jours, loin de la maison. Cela m'inquiète. Je ne voudrais pas revivre un été comme celui de l'an dernier: un branle-bas de combat continuel. Michel est solide et vaillant, comme toi, mais il est encore jeune. Ce n'est pas parce que je ne dis rien que je ne devine pas ce qui se trame…

— Marie a raison. Et maintenant, avec la chute de Louisbourg, que va-t-il nous arriver?

— Je voudrais bien le savoir, mais j'imagine que le roi de France, après avoir englouti toute une fortune dans la construction de cette forteresse, voudra la reprendre. En attendant, dites-nous donc comment vous vous trouvez depuis que votre garçon Claude et sa femme vivent avec vous. Avec tous ces jeunes mariés dans la famille, cela doit vous rappeler votre jeune temps ?

— Comme tu le dis, Joseph. Mais bon sang, qu'on me laisse respirer un peu : une noce n'attend pas l'autre. C'est certain que l'hiver, on a plus de temps pour faire la noce… Tout le village peut participer, et ça fait un divertissement pour les jeunes, et aussi pour les vieux. Sauf que là, ça n'arrête pas. Pour moi, c'est assez pour tout de suite ! En janvier quarante-quatre, mon Claude épousait sa Marie[21], en janvier de cette année, c'était le tour de mes jumelles qui voulaient se marier en même temps…

— Les deux, le même jour ! s'exclamèrent Joseph et Marie à l'unisson.

— Oui, Françoise et Marie-Anne se ressemblent pas seulement de la figure. Le treize janvier, tout de suite après les Fêtes[22]. On a eu l'occasion de bien s'amuser. Elles ont vingt ans. C'est l'âge. Le plus important, c'est qu'elles soient bien mariées. Claude songe sérieusement à s'installer un peu plus vers l'est, à AuLac peut-être. C'est ma Françoise et son homme qui demeureront avec moi. Elle a accepté de prendre avec nous autres les orphelins de son frère Charles. La mort de Marguerite ne nous laisse pas le choix : Barthelémy va garder la petite Anne, mais il en reste trois. Heureusement, tous ces mariages nous donnent plus de place. Ce n'est pas parce que c'est le mien, mais Claude, c'est tout un homme, lui qui accepte de se réinstaller ailleurs.

---

21. Claude Arseneau, fils de Charles et de Françoise Mirande, a lui aussi épousé une Marie Cyr…à Pierre-Paul et Agnès Cormier, le 28 janvier 1744, à Beaubassin.

22. Les jumelles de Charles Arseneau et de Françoise Mirande, Françoise et Marie-Anne, se sont mariées toutes deux le même jour, le 13 janvier 1745. La première épousa Pierre Derayer, et la seconde Simon Vigneau dit Maurice.

— Écoutez, madame Françoise, si vous voulez, nous pouvons prendre avec nous le plus âgé, Charles. Il est juste un peu plus jeune que notre Michel, et ils s'entendent bien. Ce n'est pas trop de bras, si l'on pense à tout le travail qu'il y a à faire. Ce n'est pas nécessaire d'attendre la fin du printemps pour nous l'envoyer.

— Je serais bien contente de le voir placé. Comme ça, il va juste nous rester le petit Jean-Baptiste, qui n'a que trois ans, et Pierre. Il a déjà sept ans, ce n'est pas lui qui va donner du souci. Je l'appelle mon petit homme.

— Vous en avez du courage. Une pareille bande, et vous avez encore vos deux plus jeunes, Joseph[23] et Jean (Arseneau) avec vous...

Françoise Arseneau, née Mirande, quitta la petite famille de Joseph (Bourgeois), heureuse et soulagée. Elle était veuve depuis assez longtemps pour s'être faite à l'idée que le temps qui lui restait à vivre, elle pourrait le consacrer à aider les autres. Sa famille en premier, cela va de soi. Mais rien ne lui faisait plus plaisir que d'accompagner une mère qui va donner naissance à un petit être sans défense. Elle peut aussi soulager les souffrances quand le chirurgien ou l'apothicaire en sont empêchés. À Beaubassin, ils ne sont souvent tout simplement pas disponibles.

En prenant de l'âge, elle avait acquis une vaste expérience, mais elle se sentait aussi fatiguée, plus sensible. Elle pensa de nouveau à ses enfants, à ses deux derniers garçons, à ses petits-fils, à son petit Pierre, son préféré. Elle s'est tellement attachée à lui qu'elle se demande si, à trop vouloir le garder près d'elle, à trop le dorloter, elle n'en ferait pas un enfant gâté, fragile. Sa timidité nous amène naturellement à le protéger. En même

23. Jean et Joseph. Ce dernier est né et a été baptisé le 1er juin 1733. Quant à Jean, il serait né vers 1733... Les deux auraient été affublés du même sobriquet... dit Cointin.

temps, il est affectueux, rieur, et, à sept ans, sait déjà utiliser tout le charme de ses yeux.

1.3 Le temps des explications

1.3.1 Entre deux feux

Dès le printemps dix-sept cent quarante-six, comme il était prévu, la France lança une vaste offensive navale en Amérique. Cette offensive n'avait d'autre dessein que de reconquérir la forteresse de Louisbourg, tombée aux mains des forces combinées de l'Angleterre et de ses colonies. Joseph ne s'était pas trompé : il fallait, pour la France, venger cette défaite, récupérer cette forteresse qui lui avait demandé tant de sacrifices et toujours, d'un point de vue stratégique, aussi essentielle à la défense de tout son empire colonial en Amérique du Nord. L'expédition, commandée par le duc d'Anville, est composée de dix-huit vaisseaux de ligne, huit frégates et trente-cinq chargements équipés de huit cents canons, transportant trois mille soldats et mille cinq cents marins. Elle est la plus grande force navale jamais regroupée pour l'Amérique du Nord[24].

Mis au courant de cette vaste expédition, Beauharnois, le gouverneur de la Nouvelle-France, en avait profité pour envoyer en Acadie six cents Canadiens. À l'époque, la Nouvelle-France est composée du Canada, c'est-à-dire de la vallée du Saint-Laurent, entre les Grands Lacs et la Gaspésie, des territoires de l'Acadie demeurés français avec Louisbourg comme chef-lieu, et de la Louisiane. Ramezay, fils de l'ancien gouverneur de Montréal et commandant de cette expédition, devait combiner sa stratégie à la grande opération venant de la métropole.

Ce ne fut pas la première fois que des éléments extérieurs à la stratégie militaire, c'est-à-dire de mauvaises conditions

---

24. Selon http://fr.wikedia.org, avant la guerre d'indépendance américaine.

climatiques, eurent des effets tragiques sur les objectifs militaires visés. Moins de la moitié de la flotte dirigée par le duc d'Anville réussit à atteindre Chibouctou (Halifax). Douze cents hommes ont succombé durant la traversée de l'Atlantique et plus de mille vont mourir après leur arrivée à Chibouctou. D'Anville décèdera lui aussi de cette maladie, la peste, à la fin de l'été. Le vice-amiral qui prend la relève se suicide dans un accès de fièvre deux jours plus tard.

Finalement, une autre tempête viendra mettre un terme à une attaque désespérée des débris de cette expédition sur Annapolis Royal et forcera le contre-amiral de La Jonquière à retourner en France.

Ramezay avait attendu de longues semaines à Beaubassin, puis, toujours sans nouvelles des troupes du duc d'Anville, il avait dirigé ses forces vers Grand-Pré, attendant toujours. Il s'apprêtait à retourner à Québec quand il apprit la débandade de la flotte française. Les Canadiens décidèrent d'entreprendre, malgré tout, le siège d'Annapolis Royal, mais manquant de tout, ils rebroussèrent chemin vers Beaubassin pour y passer l'hiver en souhaitant recevoir des renforts en provenance de France ou de Québec, le printemps suivant. C'était toujours en vue de reprendre l'offensive contre les Anglais et de s'emparer d'Annapolis Royal.

De leur côté, les Britanniques n'étaient pas demeurés inactifs tout au long de l'année dix-sept cent quarante-six. Le gouverneur d'Annapolis Royal a pour sa part reçu de l'aide du Massachusetts. S'il y en a un qui est conscient de l'importance stratégique, pour les colonies anglaises, de conserver cette région sous le contrôle des Britanniques, c'est bien le gouverneur de cette colonie, Shirley[25]. C'est ce dernier qui

---

25. FRÉGAULT, Guy, *Histoire de la Nouvelle-France,* chap. VI, « La déportation des Acadiens », p. 235. « Tel est le fond du débat. Au Massachusetts, Shirley l'a déjà exposé en termes moins larges, mais plus précis. La Nouvelle-Écosse, a-t-il déclaré, "est la clef de toutes les colonies de l'est sur le continent septentrional". »

permit au gouverneur Mascarène de la Nouvelle-Écosse, au mois de décembre, d'envoyer à Grand-Pré un détachement de quatre cent soixante-dix hommes, venu de Boston et composé de coloniaux, pour surveiller les faits et gestes des troupes de Ramezay.

Pendant toute cette longue période d'incertitude, d'attente, d'espoirs finalement déçus, qui dura une bonne partie de l'année, le village de Beaubassin fut plongé au cœur de la tourmente, en plein remous. Marie (Cyr) s'était encore une fois retrouvée seule avec ses petits pendant de longues journées, sans nouvelles, rongée par l'inquiétude. Aussi en avait-elle des questions pour son homme, lorsqu'il fut finalement de retour....

— Elle est bonne, ta soupe, Marie. Cela fait du bien après tout ce temps passé sur l'eau.

Jean-Jacques (Bourgeois) voulait ainsi détendre l'atmosphère. Le jeune frère de Joseph s'entendait bien avec sa belle-sœur. Aujourd'hui, pour la première fois, il la trouvait inquiète, moins enjouée que de coutume. Marie ne releva pas le commentaire du jeune homme et continua de s'affairer à ses chaudrons.

— Dites-le-moi si je suis de trop. Je ne voudrais pas être un poids de plus pour vous, maintenant que vous avez le petit Charles, en plus de vos trois enfants. Cela fait plus de bouches à nourrir.

— Non, Jean-Jacques, ne va pas penser une affaire de même. C'est le silence de ton frère, mon Joseph, qui me dérange. Je n'aime pas du tout la façon dont les choses se passent actuellement. Cela ne me fait rien non plus de demeurer seule à la maison avec le petit dernier et Théotiste, mais pour l'amour du bon Dieu, faites quelque chose pour calmer mes inquiétudes.

— Tu as raison, Marie. Il faut me comprendre ; des fois, je me demande ce qui est le mieux à faire. Je ne suis pas certain que tu serais plus rassurée de tout connaître de nos déplacements. Maintenant que l'automne est de retour, nous devrions moins nous éloigner. Ce n'est pas plus facile pour moi. Je t'assure que l'été dernier on a eu peur à Chibouctou.

— Pourquoi aller si loin, Joseph? Maintenant que Louisbourg est aux mains des Anglais, n'est-ce pas encore plus dangereux, avec vos petites barcasses?

— Barcasses! Tu sauras qu'elles sont souvent plus efficaces que les gros bâtiments. Il faut respecter la mer et les intempéries. C'est peut-être ce qui a manqué au duc d'Anville. On a beau mettre tout le malheur sur le dos des tempêtes, il y a des fois… Il ne faut pas t'inquiéter pour nous. Avec les canots de nos amis Micmacs, il nous est possible de nous déplacer en suivant les rivières, et ce, en transportant des quantités impressionnantes de marchandises. D'une certaine façon, nous n'avions pas le choix. Nous sommes encore des Acadiens, il nous fallait aider au ravitaillement de ces malheureux soldats et marins, manquant de tout dans la baie de Chibouctou, ne trouvant aucun secours dans un endroit désert, isolés et malades. Plus de mille morts de la peste! Marie, réalises-tu le désarroi de tous ces hommes? La peste, la typhoïde, même le duc d'Anville en a péri. Je tremblais pour mon équipage, pour Jean-Jacques, pour notre Michel qui a treize ans et pour Charles. Mais la charité nous demande d'aller au secours des malades. C'est plus un geste pour aider nos semblables que l'appât du gain ou de ce que cela peut nous rapporter. Nous n'étions pas seuls: se trouvaient là des Micmacs, des Malécites, aussi des Canadiens avec les Leblanc, les Gauthier et d'autres valeureux Acadiens… Sais-tu que cinquante volontaires Acadiens des Mines se sont présentés pour servir de pilotes sur les navires français devant se diriger vers Annapolis Royal? Les Anglais occupent Louisbourg, cela est exact, mais la garnison d'Annapolis Royal était réduite tout au cours de l'été. Nous avons emprunté les rivières coupant du bassin des Mines jusqu'à Chibouctou, mais nous serions facilement passés sans danger au large, par la baie Française. N'est-ce pas, Jean-Jacques?

— Certainement. Encore une fois, Marie, ne l'oublions pas, nous sommes en guerre!

— Es-tu capable de me dire de quel côté nous nous trouvons, Jean-Jacques? Ramezay et ses troupes ont été campés ici à Beaubassin une bonne partie de l'été, avant de se diriger vers Grand-Pré. Ils se sont ravitaillés dans la région, non? Est-ce que nous respectons notre serment de neutralité en allant aider des soldats français hostiles au roi d'Angleterre?

— Je vais te le dire, moi. Ce que je pense, c'est qu'ici, à Beaubassin, nous sommes en Nouvelle-Écosse, juste sur la frontière. Aurais-tu voulu que nous abandonnions la terre de nos ancêtres? Faire comme les autres, nous installer ailleurs dans la paroisse, à Chypoudy, à Sylvaro ou au village des Beausoleil? En territoire appartenant supposément au roi de France? Ramezay, lui, est convaincu de se trouver en territoire français. Tu as raison, nous sommes en guerre. Personne ne peut prédire comment cela va se terminer, mais ce ne serait pas la première fois qu'un territoire, à la fin d'une guerre, retourne à son ancien propriétaire, change d'appartenance. Nous sommes tous pris entre deux feux. J'aime autant que tu le saches, ma douce Marie: l'hiver risque d'être long. J'ai appris que Ramezay se repliait sur Beaubassin, avec ses hommes, pour y passer l'hiver. De l'autre côté, le gouverneur d'Annapolis Royal, Mascarène, aurait envoyé un détachement, venu du Massachusetts, dans la région du bassin des Mines, pour y surveiller les hommes de Ramezay. Comme vient de te le dire Joseph, la guerre n'est pas terminée et personne ne peut prédire de quel côté va pencher la balance, ou la volonté divine.

— En tout cas, cela ne sera pas un temps des Fêtes aussi joyeux que celui de l'année des noces des jumelles de madame Françoise.

Si Marie en savait plus, elle n'était pas rassurée pour autant. Au moins, ses hommes ne partiraient pas à l'aventure au cours de l'hiver, et grâce à son travail en grande partie, ils avaient toutes les provisions nécessaires pour ne pas avoir à s'inquiéter.

Elle frissonna en pensant que les siens avaient côtoyé la peste, qu'ils auraient pu ramener cette terrible maladie jusque dans sa maison. Elle pensa à sa petite Théotiste, sa seule fille...

1.3.2 La guerre dans les maisons

L'hiver s'annonçait grandement perturbé, c'est le moins que l'on puisse dire ; sur le plan militaire, c'était bien le cas. La situation des Acadiens de Beaubassin, et de partout où ils se trouvent, est de plus en plus précaire, incertaine. La présence des troupes françaises à la porte de la Nouvelle-Écosse, et à Beaubassin même, complique la situation. Les nouvelles circulent rapidement entre les différentes colonies, entre les différents villages acadiens de la Nouvelle-Écosse ; ainsi, rien ne leur échappe. Leur tempérament non belliqueux est renforcé par cette solidarité, cet esprit indépendant qui les caractérise. Quelle attitude doivent-ils adopter à l'égard des deux belligérants ? Les plus anciens habitants plaident pour le respect du serment de neutralité, alors que d'autres, plus jeunes, plus volontaires, prétendent que le moment est tout indiqué pour renverser la situation et permettre à la France de reprendre Louisbourg, cela va de soi, mais aussi l'Acadie au complet... Toute la question est justement de savoir ce qu'il signifie, ce serment. En quoi consiste-t-il ? Et même s'ils le désiraient, les Acadiens pourraient-ils forcer Ramezay à se retirer de Beaubassin avec ses troupes, jusqu'à ce qu'il se retrouve en territoire français ? Finalement, est-ce que le fait d'approvisionner les armées en produits essentiels constitue un geste militaire ? Approvisionner les deux n'est-il pas aussi une façon de respecter cette neutralité ?

Les discussions entre Acadiens, entre citoyens des différents villages, entre les membres d'une même famille se font vives, les arguments sont souvent soutenus à coups de bravades et parfois de menaces à peine voilées. Imaginons dans quelle position se trouvent les familles qui sont forcées, comme à Grand-Pré pendant l'hiver dix-sept cent quarante-sept, d'héberger chez eux, dans leurs propres maisons, des soldats venus du Massachusetts au service de l'Angleterre.

— Joseph, je prends Théotiste ta fille de cinq ans à témoin : nous ne voulons pas des Leblanc[26], ni de Grand-Pré, ni de Port-Royal dans la maison pour les mois qui viennent. Organise-toi comme tu voudras !

— Marie, tu ne vas pas revenir encore sur le sujet. Je t'ai dit pas plus tard qu'hier que c'était temporaire, le temps de les installer dans la cabane que nous avons avec mes frères à la baie Verte. Mets-toi à sa place, Marie : déclaré hors la loi, il risque de tout perdre, de se retrouver en prison, et même la pendaison…

— Je veux bien me mettre à sa place, mais qui te dit que la nôtre ne risque pas de devenir encore moins enviable, si nous sommes pris à héberger des proscrits. En faisant cela, n'exposerais-tu pas la vie des enfants ? Que va-t-il nous arriver ? Joseph, je veux savoir si toi et Jean-Jacques avez participé à cette expédition de l'hiver dernier dans les maisons de Grand-Pré, avec les hommes de Ramezay. La guerre s'il le faut, mais en plein hiver dans les maisons, égorger les sentinelles, surprendre des gens endormis, les tuer dans leur lit[27] !

---

26. ROBICHAUD, Armand G., *Les flibustiers de l'Acadie,* chap. 30, p. 130 : « En 1746, lorsqu'une autre attaque française, menée par le duc d'Anville, se prépare contre Port-Royal, Joseph LeBlanc, dit Le Maigre, rassemble 230 têtes de bétail pour le ravitaillement des troupes françaises. Il sera déclaré hors-la-loi par les autorités anglaises et se réfugie alors à Beaubassin. »

27. Voir http://blupete.com., Biographie d'Arthur Noble. « *Noble did not figure the French would move until the spring and so snuggled in to pass winter. These New Englanders were pre-empted and surprised by a brillant overland march made by the French. The French were entirely successful in defeating the English. During that battle, about 70 of the 500 English (all caught with their pajamas on) where killed including Noble.* »

— D'abord, ils n'étaient pas dans leur lit, mais dans le lit des Leblanc, justement, puis dans celui des Bujold, des Thériault, des Landry et des autres familles acadiennes des villages du bassin des Mines. Puis non, Marie, nous n'avons pas participé à cette expédition. Calme-toi, c'est la guerre. Il fallait forcer les soldats anglais à se retirer sur Port-Royal. Dans ce sens-là, l'opération est un succès.

— Une opération, tu dis? Cela ressemble plus à un massacre. Plus de soixante-dix personnes tuées...

— Des soldats, Marie, des soldats... Les Canadiens aussi eurent des tués.

— Sept, Joseph, dont deux Sauvages...

— Marie, je te jure que nous n'étions pas là au début de l'année, en février, au moment où la bataille s'est déroulée. Les autorités anglaises ne peuvent rien nous reprocher. J'ai toujours collaboré lorsqu'ils m'ont demandé de les approvisionner. D'un autre côté, nous sommes tous dans le même bateau. Penses-tu que Mascarène, le gouverneur de la Nouvelle-Écosse, va faire une distinction s'il décide de punir les méchants Acadiens? Il est plus intelligent que cela. L'ensemble de la population acadienne a respecté son engagement de neutralité. Que veux-tu qu'il fasse? Qu'il nous chasse de la Nouvelle-Écosse? Nous irions nous installer dans les territoires français et eux demeureraient avec une province abandonnée et inhabitée. Ils n'ont pas réussi à installer beaucoup de colons anglais jusqu'à maintenant[28].

— Nous serons peut-être obligés de nous installer ailleurs, justement, Joseph. En attendant qu'elle finisse, cette « saprée » guerre.

— Tu as bien raison, Marie.

---

28. Frégault, Guy, *Histoire de la Nouvelle-France*, chap. VI, p. 238: «Il y a 34 ans qu'on la désigne sous le nom de province anglaise, et le roi n'a pas un seul vrai sujet en dehors du fort d'Annapolis (Port-Royal). Je n'y peux trouver la moindre trace d'un gouvernement anglais. »

Plusieurs autres Acadiens de la région du bassin des Mines furent mis hors la loi par le gouverneur du Massachusetts, Shirley, parce qu'ils s'étaient prononcés trop ouvertement pour l'ennemi. Ces Acadiens se sont réfugiés dans d'autres familles, certains furent appuyés par les peuples amérindiens. Pour tous débutait l'errance.

Cette situation persista jusqu'à la signature du traité d'Aix-la-Chapelle, qui mit fin à la guerre de Succession d'Autriche, le dix-huit octobre dix-sept cent quarante-huit. Louisbourg fut rendu à la France. Malgré tous les risques courus par certains, rien n'avait donc changé pour les Acadiens. Pour les Anglais de la Nouvelle-Angleterre, pour ceux de la Nouvelle-Écosse, la déception fut grande. Passée la colère, ils allaient tirer des leçons de cette guerre, prendre des décisions lourdes de conséquences pour les malheureux Acadiens.

1.3.3 Une grande décision

Madame Françoise avait péniblement vécu toute cette période de guerre. Si, à son âge, elle ne craignait plus pour sa propre sécurité, l'avenir de ses enfants et de ses petits-enfants l'inquiétait grandement. Elle appréhendait que la situation dans la région de Beaubassin, loin de s'améliorer, aille en se dégradant. Toutes ces discussions sur l'appartenance, la neutralité, la trahison ou la loyauté n'apportaient rien de positif, d'encourageant, et encore moins de rassurant. Son gendre Pierre Derayer[29], avec qui elle vivait, éprouvait de la difficulté à assurer la survie de toute la maisonnée, presque trois familles! Et elle-même, Françoise, ne devenait-elle pas un fardeau pour les siens? Sans compter ses deux petits-fils. Depuis quelque temps, toute

---

29. SURETTE, Paul, *Atlas de l'établissement des Acadiens au Beaubassin*, p. 116: «Dans le village des Gaudet, l'épouse de Germain Girouard fils, Marie Arsenot, accueille sa sœur Françoise qui, à Mésagouèche, habitait la maison paternelle avec son mari Pierre Derayer...»

l'agitation, toutes les rumeurs qui couraient sur les intentions des autorités de Port-Royal et de Boston concernant son peuple, des « traîtres », les mots « hors-la-loi », « déportation » l'avaient amenée à envisager des solutions pour l'avenir de ses petits-enfants. Son petit Pierre, maintenant âgé de onze ans, était devenu l'objet premier de ses préoccupations. Comme elle était persuadée que ses enfants refuseraient de l'accompagner dans son aventure, elle avait élaboré un plan avec minutie. Ce matin, elle allait s'en ouvrir à Marie, rechercher la complicité de son amie.

— Marie, tu entends comme moi toutes ces rumeurs selon lesquelles les Anglais de la Nouvelle-Angleterre veulent se venger sur nous. L'avenir de notre village ne t'inquiète donc pas ?

— Je ne sais plus très bien quoi penser, madame Françoise. Vous voyez bien que je me meurs d'inquiétude. Joseph et moi en arrivons parfois à nous disputer à ce sujet...

— Les gens prétendent que le gouverneur du Massachusetts parle de nous déporter hors de la Nouvelle-Écosse [30]. Il est bien évident que les autorités coloniales n'ont pas accepté que Louisbourg ait été remis à la France. Ce n'est pas une raison pour nous mettre tous les problèmes sur le dos.

— Ce ne sont probablement que des rumeurs. Vous souvenez-vous, madame Françoise, il n'y a pas si longtemps, le même Shirley émettait une proclamation disant qu'il n'avait jamais été question de cela ? Que personne ne serait indisposé, mis à part les « traîtres ».

— Oui, mais la guerre a changé bien des choses. Les Anglais n'ont pas digéré tout ce que les « Canadiens », à partir de Beaubassin justement, ont fait au colonel Noble, de même qu'à son frère, en février quarante-sept. Ils nous considèrent responsables de toutes les actions entreprises par les Canadiens

---

30. Frégault, Guy, *Histoire de la Nouvelle-France,* chap. VI, p. 239 : « Il [Corwallis] vient avec un plan d'action précis, dont l'origine remonte à un projet du grand-impérialiste William Shirley... de déporter au Massachusetts et dans les colonies voisines les Acadiens de l'isthme... »

et les Sauvages, peu importe que nous soyons demeurés les bras croisés. Des fois, je me dis que, pour aider l'homme de ma Françoise[31], pour leur avenir, il vaudrait mieux que je conduise les deux orphelins de Charles chez mon beau-frère Abraham, à Malpèque, à l'île Saint-Jean. Leur sœur, la petite Anne (Cosset), s'y trouve déjà... Là, au moins, ils seraient en sécurité en territoire français.

— Votre beau-frère Abraham Arseneau... Il doit être pas mal vieux?

— C'est le plus jeune des frères de mon défunt mari, Charles. Il n'a pas encore cinquante ans. On me dit qu'ils sont assez prospères à Malpèque. On le surnomme le «Petit Abraham», il s'est remarié avec ma sœur Marie-Thérèse. Je ne sais pas si ton Joseph accepterait de venir avec moi les conduire. En même temps, cela me ferait une dernière occasion de revoir ma sœur Marie-Thérèse. C'est certain que mes garçons Claude, Pierre, Vincent et les autres, ils ne voudront jamais.

— Leur en avez-vous parlé, madame Françoise?

— Non, pas encore... Je suis bien chez ma fille, et j'ai peur de leur faire de la peine. Peut-être que je devrais en parler à mon Claude, celui-là n'a peur de rien...

— Moi, je pense que vous devriez... Ce n'est pas qu'une petite aventure, partir pour Malpèque, avec deux enfants en plus.

— Pierre n'est plus un enfant. Il a maintenant onze ans. C'est presque un homme. Il n'a jamais donné de misère. Il saura se rendre utile comme son frère Charles, que vous avez accepté de prendre avec vous quand il avait le même âge. Je sais bien qu'il faudra que je leur en parle.

La vieille dame songea plusieurs jours à la façon d'aborder la question avec ses fils. Plus elle y réfléchissait, plus cette solution

---

31. Françoise Arseneau, fille de Françoise Mirande, mariée à Pierre Derayer, chez qui demeure madame Françoise.

lui apparaissait comme la meilleure. Pourtant, elle ne pouvait se décider à leur en parler.

L'année dix-sept cent quarante-neuf commençait calmement, comme si la vie allait reprendre un rythme normal. Le traité de paix[32] de l'automne précédent allait-il porter des fruits durables? Toutes sortes de nouvelles circulaient dans les hameaux et les villages. Étaient-elles seulement fondées? N'étaient-elles justement que des rumeurs? En tout cas, l'agitation des soldats était presque chose du passé. À tout le moins, on réussissait à l'oublier. En juin, on avait appris que le gouverneur Edward Cornwallis était arrivé avec plus de deux mille cinq cents personnes, dont huit cents Irlandais et six cents Allemands, pour installer une colonie à Chibouctou, que l'on avait rebaptisé Halifax. D'autres rumeurs parlaient de son intention d'installer six mille familles protestantes au cours des dix prochaines années dans toute la Nouvelle-Écosse.

Plus étonnante encore était la nouvelle selon laquelle Port-Royal perdait le titre de chef-lieu de l'«Acadie». Il devint officiel que le siège du gouvernement de la Nouvelle-Écosse déménageait aussi à Halifax. Toutes ces nouvelles annonçaient des changements: la volonté, pour l'Angleterre, de se prémunir contre la possibilité que les Acadiens puissent, en cas de guerre, se révolter, prendre parti entièrement pour l'ennemi, ce qui laisserait la Nouvelle-Écosse complètement sans défense. C'est pourquoi on niait avec une telle véhémence ce que, par ailleurs, en secret on souhaitait, c'est-à-dire l'éviction complète de ces Français neutres de tout le territoire de la Nouvelle-Écosse. On avait encore besoin, pour l'instant, de ces Acadiens, de ces neutres…

L'instinct de madame Françoise ne l'avait pas trompée. Un premier signal arriva par la proclamation de Cornwallis, mettant fin à l'autorité épiscopale du diocèse de Québec sur

---

32. Le deuxième traité de paix d'Aix-la-Chapelle, signé le 18 octobre 1748.

le territoire de la Nouvelle-Écosse. C'était une façon de limiter l'influence considérable exercée par les missionnaires auprès des Acadiens et, encore plus, auprès des nations indiennes. Par la même proclamation, le gouverneur Cornwallis disait vouloir récompenser les habitants français de son territoire qui embrasseraient la religion protestante et – ce qui allait jeter la consternation chez les Acadiens – exigeait de ces derniers un serment d'allégeance sans réserve dans les trois mois de sa publication. Autres inquiétudes, sur une question sensible qu'on croyait pourtant réglée depuis fort longtemps. Les Acadiens se rendirent en délégations à deux reprises chez le gouverneur Cornwallis. Ils rappelèrent les autres serments prêtés, de même que les engagements des proclamations royales les assurant de la jouissance de leurs biens, de leur religion et aussi, de «l'exemption d'armes». Rien n'y fit. Les délégués retournèrent dans leur village après s'être fait dire qu'ils avaient perdu tous leurs droits.

— Comment s'est déroulée la rencontre chez le vieux Michel?

Madame Françoise cherchait depuis le début du repas à faire parler son fils Claude qui, par ailleurs, semblait plongé dans de profondes réflexions. Chose inhabituelle chez lui, de coutume plus porté à faire rire les convives avec quelque aventure, à moitié inventée, à propos de ses amis Micmacs portés sur l'eau-de-vie.

— La situation est décourageante, maman. Tous les chefs de famille qui avaient signé la requête et qui étaient présents n'en revenaient pas. C'est un retour aux années trente. Personne n'est plus sûr de rien.

— Que va-t-il nous arriver? À l'église cet après-midi, les anciens parlaient de la fin de notre village. De plus en plus de gens se demandent si ce n'est pas l'abbé Le Loutre qui a raison, si on ne devrait pas tous déménager de l'autre côté de la rivière Mésagouèche, en territoire français. À Québec, les autorités auraient décidé de construire un fort pour assurer la sécurité des colons, du côté nord de la rivière. En plus de celui déjà construit à la baie Verte.

— L'abbé Le Loutre passe beaucoup de temps dans les parages, nous le voyons partout. Il prépare plus souvent des coups de main avec nos amis Micmacs contre les colons anglais qui s'installent dans la région de Chibouctou, que les âmes pour le ciel. C'est juste pour faire enrager encore davantage les Anglais contre nous. Je pense de plus en plus qu'il serait préférable pour nous de déménager. Qu'est-ce que tu en penses, ma femme?

— Moi, je te suivrai partout, mon Claude. Je suis prête à recommencer n'importe où avec toi. Puis on aura de l'aide. L'important est de demeurer unis, regroupés; seuls, nous n'arrivons à rien. N'est-ce pas, madame Françoise?

— T'es bien fine. Je sais que j'en ai perdu beaucoup ces derniers temps, mais je suis encore capable d'apporter ma contribution. Je suis inquiète pour mes plus jeunes, pour les orphelins. Je pensais même demander à Joseph à Marie s'il ne voulait pas venir avec moi conduire les orphelins à Malpèque, chez ton oncle, le Petit Abraham. Françoise a bien assez de moi par les temps qui courent.

— Ne parlez pas de même, maman. Nous, vos enfants, on vous est bien plus redevables. On s'est toujours bien occupé de vous. Non?

— Ce n'est pas cela. À l'île, les Arseneau ont l'air assez prospères, et ils sont aussi bien loin de toute l'agitation que nous vivons à Beaubassin…

— Maman, aller demander à Joseph Bourgeois de vous conduire… Vous n'y pensez pas? Oubliez-vous que nous, les descendants de Pierre, mon grand-père, le fondateur de Beaubassin, reconnu par nul autre que le roi de France comme un navigateur de renom, invité par celui-ci à diriger des opérations de défense de l'Acadie, nous sommes des marins fiers? Cela serait comme une honte pour la famille.

Demandez cela à votre Pierre[33], qui relève le prénom de notre grand-père…

Claude avait dit cela en sachant à quel point sa mère était attachée à son petit Pierre, à quel point elle semblait vouloir le protéger. Elle passait beaucoup de temps avec lui. Elle disait retrouver en lui les qualités de son défunt mari. Lui avait surtout remarqué que ce dernier, malgré son caractère réservé, était d'une débrouillardise surprenante pour son âge. Il était un mousse fiable adorant la mer et vaillant pour les travaux de la ferme. Il aurait trouvé malheureux de s'en passer.

Les jours défilaient rapidement en cette fin d'automne dix-sept cent quarante-neuf. La rumeur circulait d'une attaque surprise des Micmacs sur des colons anglais dans la région de Halifax, qui avait fait plusieurs morts. Les autorités anglaises accusaient, non sans raison, l'abbé Le Loutre d'être l'instigateur de ces massacres. Lui, un missionnaire censé apporter la parole de Dieu, exacerbait plutôt la haine des Micmacs contre les malheureux colons anglais. Cornwallis promit donc cent livres à quiconque lui livrerait l'abbé le Le Loutre.

Pour assurer les frontières de son territoire et contenir les forces anglaises, les autorités de la Nouvelle-France envoient en renfort des miliciens et décident la construction du fort Beauséjour, à une demi-lieue au nord-ouest du village de Beaubassin, sur une colline.

La fin de la guerre en dix-sept cent quarante-huit n'avait rien réglé. Des deux côtés, les belligérants préparaient la reprise des hostilités. Les Français avaient leur stratégie

---

33. Françoise Mirande a épousé Charles Arseneau, premier fils du deuxième mariage de Pierre Arseneau, premier à venir en Amérique. Elle avait prénommé le plus vieux de ses fils Charles, comme son père, et son deuxième fils Pierre, du même prénom que son grand-père. Son fils Charles procéda de la même manière en prénommant son fils aîné Charles et son deuxième garçon Pierre (Bénéry), les deux petits-fils de madame Françoise. L'auteur n'a donc rien imaginé pour vous compliquer la compréhension du texte…

bien à eux, une stratégie qui comptait énormément sur les Acadiens[34]...

En rentrant chez lui, Claude songeait au projet qu'il venait d'élaborer avec son jeune frère Jean, à qui on avait donné le surnom de Cointin. Il se rappela le désir de sa mère de conduire les orphelins de Charles et de Marguerite à l'île Saint-Jean pour assurer leur avenir. La vie à Beaubassin était devenue impossible.

Il avait continué, malgré les consignes sévères de Cornwallis, à fournir des denrées aux miliciens et aux soldats de Québec travaillant à la construction du fort Beauséjour. Mais il sentait bien qu'ils auraient, lui et les siens, à prendre une décision concernant leur avenir. Plusieurs possibilités s'offraient à eux. Le trésor royal de France était disposé à dépenser beaucoup pour convaincre les Acadiens de s'installer en territoire français. L'abbé Le Loutre, qui servait d'émissaire, avait obtenu une somme colossale, quatre cents livres, devant servir à la construction de digues en territoire français. Allaient-ils se joindre aux nombreux autres habitants de Beaubassin et des environs, comme de partout dans la Nouvelle-Écosse, qui songeaient à recommencer leur vie ailleurs ou carrément à déménager à l'île Saint-Jean?

— Maman, j'ai beaucoup pensé à notre dernière conversation. J'en ai parlé avec les autres; tous vos garçons sont d'accord, même Pierre. Certaines de vos filles sont aussi convaincues que cela ne peut plus durer...

---

34. FRÉGAULT, Guy, *Histoire de la Nouvelle-France*, chap. VI, p. 236: «À considérer les mouvements qu'elle combine savamment dans les années consécutives au traité d'Aix-la-Chapelle, il apparaît que la stratégie française comporte quatre aspects: bloquer l'isthme de Chignectou; à côté de la Nouvelle-Écosse, constituer une "Acadie française" que l'émigration des Acadiens alimentera en ressources humaines; lancer des Sauvages (et des Acadiens) contre les établissements britanniques de la province; à l'intérieur de cette dernière, entretenir de l'agitation au moyen des missionnaires.»

— Arrête de me faire languir. Dis-moi ce que vous avez en tête.

— On ne va pas aller conduire les orphelins. On va tout simplement aller s'installer, avec tout ce qui reste de la famille de Charles, avec la parenté de Malpèque. Ici, dans les alentours de Beaubassin, personne n'est plus certain de rien. Dès que le temps le permettra, au printemps prochain, au plus tard à la fin de l'été, on va tout placer dans les charrettes, nous rendre à la baie Verte et traverser avec nos barques vers l'île Saint-Jean...

1.3.4 La fin d'un village

Le printemps, tardif en cette année marquant la demie du siècle, obligeait les colons à puiser jusqu'au fond des réserves. La présence d'une petite garnison dans le fort Beauséjour forçait que l'on acceptât de l'approvisionner. Aucun caveau n'avait été épargné. Morues vertes ou séchées, légumes, tout y avait passé. Heureusement, on ne manquait jamais de viande fraîche grâce au bétail[35] que toutes les familles se faisaient un devoir d'élever. Même les Micmacs, les Malécites et les Abénakis éprouvaient de la difficulté à trouver le gibier leur servant habituellement d'alimentation en cette saison. Les Acadiens de Beaubassin, comme ceux de la Nouvelle-Écosse, de l'île Royale, de l'île Saint-Jean, ne refusaient jamais de venir en aide à leurs amis et alliés Sauvages. Une alliance qui ne se démentira jamais malgré le fait que plusieurs d'entre eux, ayant sombré dans les abîmes de l'eau-de-vie, traînaient souvent dans les villages, dans les maisons, quêtant nourriture et gîte, se laissant aller à la paresse. Mais on pouvait toujours compter sur eux lorsque le besoin se faisait sentir. L'abbé Le Loutre le savait bien, profitant du fait que les missionnaires étaient ceux qui avaient cimenté, par leur apostolat, cette alliance infaillible.

---

35. Les habitants de Beaubassin pratiquaient l'élevage sur une grande échelle.

— Dis-moi, Joseph. Selon toi, c'est du sérieux, nous pouvons nous fier aux promesses de l'abbé Le Loutre concernant les sommes allouées à la construction de digues en territoires français ? Cela nous aiderait à nous installer ailleurs, en remontant un peu plus vers le nord, le long des rivières se jetant dans la baie Française. Nombreux sont les marais pouvant encore être asséchés...

— Mon Pierre (Arseneau, fils de madame Françoise), je ne crois plus tellement aux belles paroles de l'abbé Le Loutre. À l'écouter, il faudrait vider tous les villages, déménager, faire en sorte qu'en quelques mois nous soyons tous redevenus aussi prospères, grâce aux immenses besoins de Louisbourg. Il ne manque jamais une occasion pour insister sur l'imminence d'une attaque anglaise visant à s'emparer de Beaubassin. Ce qui ne fait plus aucun doute, c'est que la situation va continuer de s'envenimer. Plusieurs familles sont déjà passées de l'autre côté de la rivière Mésagouèche. Moi, je préférerais m'installer du côté de la baie Verte, dans les alentours du fort Gaspareau. Nous avons déjà des cabanes, quelques barques ; avec le bétail et un petit jardin, on peut très bien y vivre.

— Les prairies y sont moins riches... Notre famille, celle de Charles et Françoise Mirande, nous avons résolu de nous installer, tout le clan, à Malpèque, sur l'île Saint-Jean. Ma mère revient souvent sur ce projet ; c'est le coin des Arseneau. Elle a bien raison... On y trouve plusieurs familles depuis assez longtemps[36]. Là-bas, nous serons certainement en territoire français. Nous devrions y trouver la paix pour un bout de temps.

— Ta mère désirait y conduire les orphelins de son Charles, précisément ; elle souhaitait que j'aille avec elle. Marie lui a conseillé de vous en parler. Madame Françoise prétendait que vous ne voudriez jamais... Malpèque, baie Verte, c'est du pareil

---

36. SURETTE, Paul, *Atlas...*, p. 23 : à l'automne 1727, « les clans Chiasson et Arsenot déménagent sur l'île Saint-Jean... Pierre et Jacques Arsenot, avec leur plus jeune frère, rejoignent le frère Claude à Malpèque. »

au même, nous nous tournons tous du côté du golfe du Saint-Laurent. C'est peut-être là que se trouve notre prospérité... L'avenir s'annonce aussi intéressant du côté des pêcheries que dans celui de l'agriculture et de l'élevage. Rien qu'à considérer le commerce qui se fait à Louisbourg, le nombre de bateaux français qui naviguent chaque année dans les eaux du golfe... Jusqu'à maintenant, Marie et moi, nous sommes incapables d'imaginer abandonner notre grande maison. On se dit que, du côté de la baie Verte, nous serons plus près, si jamais les choses finissaient par s'arranger...

Pierre[37] (Arseneau) eut de nouveau de longues conversations avec Joseph (Bourgeois), qu'il estimait beaucoup. Ils avaient convenu, question d'assurer la sécurité des leurs, d'échanger des informations. Leurs familles s'étaient rapprochées encore plus lorsque Joseph avait pris chez lui, pour un temps, le jeune Charles[38] (Arseneau) ; ce dernier s'occupe beaucoup de son jeune frère, Pierre... Ils passent tous leurs temps libres ensemble. Le plus souvent, c'est Pierre qui se rend chez Joseph ; il en a pris l'habitude avec sa grand-mère, madame Françoise. Ensemble, ils parlent de navigation, de pêche, se font raconter des histoires concernant leur arrière-grand-père, qui aurait passé sa vie sur les océans à pourchasser les Anglais[39] avant de se fixer à Beaubassin pour y finir ses jours. Quant au jeune Pierre, il s'est pris d'affection pour Théotiste, la seule fille de Joseph, qui n'hésite pas à se mêler à leurs jeux. Elle atteint

---

37. Fils de Charles et de Françoise Mirande.

38. Charles Arseneau, troisième de son prénom, fils de Charles, l'aîné de madame Françoise.

39. BERGERON, Adrien, *Le grand arrangement des Acadiens au Québec,* vol. I, p. 104 : «Rattaché de plus près à la grande Histoire, il y a cet "Arcenneau" que mentionne une "lettre du ministre [de France] à M. de Villebon" adressée de Versailles le 6 mars 1697, où il est dit que Sa Majesté [Louis XV] veut que vous appeliez près de vous... *Arcenneau...* Comme encore on sait que Pierre Arsenault était un spécialiste de la navigation, rien n'est plus facile que de l'identifier ici en ce rôle de défense militaire et d'honneur.»

maintenant ses neuf ans. Pierre en a douze, il est un homme maintenant. Avec son frère Charles, qui en a quinze, ils se sont construit une petite embarcation, question de mesurer leur savoir-faire. Elle attend discrètement, voisine de nombreuses autres enfouies dans les criques de grès rouge des falaises du détroit séparant la baie Verte de l'île Saint-Jean.

Au cours de l'hiver, Marguerite, une autre fille de madame Françoise, en se remariant à Joseph Bernard, confie elle aussi ses trois fils aînés aux bons soins de Françoise et de Pierre Derayer, sur la propriété familiale... Pendant ce temps, les soldats français arrivés en Acadie pour « sécuriser » la frontière ordonnent aux Acadiens de déménager au-delà de la Mésagouèche... À la fin d'avril, le colonel Charles Lawrence[40], dont le détachement campe depuis quelque temps dans l'isthme de Chignectou, tente une manœuvre pour se rendre maître du village de Beaubassin. Il est repoussé par la garnison du fort Beauséjour et par les miliciens s'y trouvant. Peu après se pointe le célèbre abbé Le Loutre avec son entourage de Micmacs. Le Loutre prédit, à l'instar des officiers du fort, de mauvais moments pour les habitants du village. La seule solution, selon lui, est le déménagement non seulement du village de Beaubassin, mais de toutes les installations et hameaux se trouvant en Nouvelle-Écosse, vers les territoires français. Il se fait insistant, promettant parfois un soutien important venant directement de la cour de France ou de Québec, où il entretiendrait des liens avec les plus hautes autorités, pour convaincre les Acadiens de ne pas prêter le nouveau serment d'allégeance. Il se dit prêt aussi à prendre les grands moyens, s'il le fallait, pour forcer les Acadiens à se rendre dans la « nouvelle Acadie française ».

Voyant Lawrence tentant de prendre pied à Beaubassin avec ses quatre cent cinquante soldats, Le Loutre choisit la deuxième méthode. Avec l'aide de son collègue, le père Germain, et de ses

---

40. Venu en Nouvelle-Écosse au moment de la guerre de Succession d'Autriche.

amis Micmacs, il fit mettre le feu à l'église, puis ordonna aux habitants de brûler leurs demeures. Une répétition de ce qui se fera pour les hameaux du grand bassin[41]…

— Nous n'avons pas le choix. Il faut nous dépêcher, Marie. Allons rejoindre les autres dans les abris…

Joseph, exténué, s'exprimait sans conviction. Il ne craignait pas pour sa sécurité ; il voulait surtout amener sa femme Marie à quitter l'endroit lugubre qu'était devenu le petit monticule sur lequel trônait leur maison. Ils avaient réussi à sauver l'essentiel, profitant du fait qu'ils étaient construits en retrait du village.

— Vous avez raison, Joseph. Chez grand-mère, ils sont au lieu de rassemblement, près de l'église, depuis au moins une heure avec tout ce que nous avons été capables d'apporter dans la charrette.

— Merci, Pierre. Occupe-toi donc de Théotiste, le temps que nous terminions…

— Bonjour, mon brave petit Pierre. Ce n'est pas drôle de voir brûler en quelques minutes tout ce que l'on possède.

Ils étaient tous là, les trois enfants de Marie, avec Charles et Pierre (Arseneau), à entourer la femme éplorée, comme paralysés devant les cendres. Incrédules. C'est Théotiste qui posa la question, alors que Pierre lui tenait la main.

— Pourquoi ils ont mis le feu partout ?

Comme elle n'obtenait pas de réponse, elle en posa une autre.

— Pierre, c'est ça, la guerre ?

— Oui Théotiste, je crois bien que cela ressemble à ça, la guerre.

— Nous sommes en guerre contre les missionnaires, contre nos amis les Micmacs, alors ?

---

41. SURETTE, Paul, *Atlas…*, p. 31 : « Sur les digues de la rive opposée de la Mésagouèche, LaCorne exhibe tous ses guerriers, Français et Indiens. En déclarant ce territoire français, il déclare sa ferme intention de la garder. Lawrence s'en retourne. »

— Non, l'abbé Le Loutre pense que les Anglais, qui attendent dans la baie, auraient détruit notre village. En le faisant lui-même, cela nous permet de sauver tout ce que nous pouvons.

— On va faire quoi, maintenant?

— Mon oncle Pierre dit que, de toute façon, la famille chez grand-maman avait décidé de déménager à l'île Saint-Jean. On avait commencé à tout préparer pour partir.

Ne t'inquiète pas, Théotiste. Ce soir, nous allons dormir dans les abris. Nous nous installerons rapidement ailleurs, tout va se replacer...

Joseph porta son regard au loin. Il aperçut de son œil avisé de marin l'escadre du colonel Lawrence. Il pensa aussi que plus vite il quittera cet endroit, mieux ce sera pour tous les siens.

II

La fin des illusions

2.1 Première errance

2.1.1 Après le feu… le froid

Joseph aurait voulu qu'on lui explique, qu'il puisse saisir parfaitement ce qui se passait. Il aurait souhaité que tout fût comme autrefois. Lorsqu'il était jeune et qu'un problème survenait dans sa vie, il se tournait alors tout simplement vers son père pour lui demander conseil. Le vieux Claude répondait calmement à tout, il avait réponse à tout. Son père était encore là, sa mère aussi, mais leur désarroi interdisait tout questionnement, comme si les derniers événements, plus que la vieillesse, les avaient fragilisés.

« Mon pauvre Joseph, le temps n'est plus à la compréhension des choses, des phénomènes et des réalités, il est à la survivance », pensa-t-il intérieurement. Cette réponse, qu'il se fit à lui-même, ne réussit pas à chasser de son esprit les questionnements qui revenaient sans cesse. Pourquoi, en temps de paix, prendre de telles décisions, entreprendre de telles actions extrêmes ? L'abbé Le Loutre agit-il de son propre chef, uniquement en fonction de considérations politiques et militaires ? De ce point de vue, on pourrait penser que l'incendie de tout le village de Beaubassin allait forcer le départ des familles acadiennes vers les territoires français, mais n'y a-t-il pas d'autres points de vue, plus humanitaires ? Un homme de robe, l'abbé Le Loutre, le représentant de l'Église de Jésus-Christ, réalise-t-il les conséquences de ses actes sur les familles qu'il a le devoir de guider ? Les déposséder de cette façon de leurs maisons, de leurs bâtiments et de tous leurs biens, les jeter irrémédiablement dans l'incertitude, dans la misère. Pourquoi ?

Joseph en était à ces réflexions, perdu, comme hébété, lorsque l'arrivée soudaine de son frère Jean-Jacques le ramena aux réalités criantes qui l'attendaient.

— Alors, comment cela se passe-t-il du côté du Lac ? Penses-tu encore que nous serions mieux d'aller nous installer dans cette région[42] ?

— Je n'en suis pas aussi certain, Joseph. Le canton apparaît toujours attrayant, mais c'est surtout le « bonhomme » qui me tracasse. Papa et maman ne sont pas trop intéressés de s'éloigner du fort Beauséjour... Le « vieux » pense qu'il serait plus sage pour nous de demeurer regroupés le plus possible, pas trop loin. Il est inquiet pour nous tous. Pour maman aussi : elle est inconsolable.

— Ce qu'il y a de mieux à faire pour l'instant, c'est de ne pas trop nous séparer. Notre situation n'est pas la pire, Joseph. Le père et la mère sont encore en santé, capables de suffire à leurs propres besoins. Certains sont plus mal arrangés... Je suis plus inquiet pour ma femme Claire[43] : elle démontre des signes de faiblesse, elle semble déjà épuisée. Que le bon Dieu ne vienne pas me la prendre tout de suite...

---

42. Surette, Paul, *Atlas de l'établissement des Acadiens,* p. 180 : « Les militaires français, ne voulant défendre que la plus courte frontière possible, nécessairement l'isthme à son plus étroit que traverse la vallée de Mésagouèche, la fixent à cette rivière. Tout le long de sa rive nord et au-delà, ils projettent la construction d'une chaîne de fortins. Ils enjoignent ensuite aux Acadiens vivant au sud d'émigrer au-delà ; ils les mettent en garde qu'eux-mêmes ne pourront plus les défendre là où ils sont. »

43. Jean-Jacques Bourgeois épousa, en premières noces, Claire Bourg autour de 1745...

— Moi-même, je n'en ai pas de reste, mon Jean-Jacques. Le «bonhomme» a sûrement raison: tous nos frères et sœurs sont assez vieux pour prendre soin d'eux-mêmes. Ce n'est pas comme les orphelins de madame Françoise. Si nous mettons tout en commun, que nous rassemblons tout ce que nous avons sauvé, nous serons à même de nous débrouiller pour quelque temps. Mais il faudra prévoir, si jamais la situation empirait, que la proximité du fort n'est pas le meilleur endroit pour être en sécurité. Dans le fort, oui peut-être, mais encore.

— L'abbé Le Loutre a promis de l'aide pour nous soutenir le temps de nous relocaliser, pour les moments difficiles qui nous attendent. Ne prenons pas de décision tout de suite, nous verrons avec Paul, Claude, Michel et les autres.

— Bonne idée. Je vais aller à la recherche de madame Françoise et des siens, du côté de Tintamarre. Depuis l'incendie, Charles (Arseneau, fils de Charles à Charles) est demeuré auprès de ses frères. Je ne sais vraiment pas ce qu'ils vont faire. Madame Françoise voulait convaincre son monde de la suivre à l'île Saint-Jean.

— Joseph, tu ne crois pas qu'il devrait y avoir une rencontre des anciens du village avec l'abbé Le Loutre, avec les autorités du fort Beauséjour, de façon à préparer l'hiver prochain? L'automne sera là dans quelques semaines à peine et nous sommes nombreux à ne plus avoir ce qu'il faut pour affronter l'hiver.

— Les réfugiés arrivent de partout. Il y a nous tous du village de Beaubassin, mais il y a tous ceux du bassin des Mines qui ont quitté pour s'installer en territoire français. Les gens accourent, cherchant à se regrouper autour des familles déjà installées dans les hameaux tels que La coupe, le Lac, Tintamarre et tous les autres jusqu'à la baie Verte. L'abbé Le Loutre ne sera plus avec nous à l'automne. Il passera l'hiver à Louisbourg, à Québec ou encore dans les bois avec ses amis Micmacs. Quant aux autorités du fort, comme de coutume, elles vont placer la faute sur le gouverneur de Québec si les choses tournent mal.

— Dès demain, Joseph, nous nous mettons à la tâche avec les frères pour nous construire un abri pour l'hiver.

Les sujets de discussion variaient peu d'une famille à l'autre. Pour tous, les préoccupations sont les mêmes. Les Acadiens connaissant ce territoire, ils ont raison de craindre la situation. Aucun n'ignore à quel point les hivers peuvent être rigoureux et longs. Plus les jours passent, plus le temps presse. Toujours coincés entre deux feux, les Acadiens voient bien que le colonel Lawrence[44], qui a assisté impassible à l'incendie de Beaubassin, est maintenant en train de construire un fort sur les cendres mêmes de ce qui fut leur village, juste en face du fort Beauséjour. Ce geste de Lawrence provoquera un nouvel appel des Français aux Acadiens pour qu'ils traversent sur la rive nord de la rivière Mésagouèche. Si ces derniers refusent, ils brûleront leur village. Par ailleurs, personne chez les Acadiens ne comprend la haine que le colonel britannique n'hésite pas à manifester contre eux. Même de Londres[45], on lui conseille la modération. Lui préfère s'entendre avec le gouverneur du Massachusetts, Shirley, pour chercher à empêcher les Acadiens de s'installer confortablement. Les Acadiens ont beau se demander quand cette situation va prendre fin, se régler pour de bon, personne ne connaît la réponse. Et encore, le pire est-il à venir ? N'est-ce pas là le prélude à un autre conflit, plus tragique encore pour ce peuple abandonné une première fois par le traité de dix-sept cent treize, qui maintient la possession britannique de

---

44. SURETTE, Paul, *Atlas...*, p. 56 : « En septembre, Lawrence revient avec bien plus de troupes ainsi que les pièces préfabriquées d'un fort. Il réussit à prendre pied à Mésagouèche où, en une nuit, il élève sa place forte. Les Français ont encore recours aux grands moyens. »

45. ARSENAULT, Bona, *Histoire des Acadiens,* Leméac, p. 163 : « La nomination de Lawrence s'était faite "malgré" le peu de sympathie qu'il inspirait aux autorités de Londres, qui appréhendaient son caractère haineux et violent et insistaient constamment, dans les échanges de correspondances officielles, pour lui recommander de la réserve et de la modération. » Extrait des archives de la Nouvelle-Écosse, cité par Bona Arsenault.

leur coin de terre ? Cette région de Chignectou, si stratégique, serait-elle aussi maudite ?

2.1.2 Aller plus loin encore

Madame Françoise le pense de plus en plus. Elle qui a vu naître la presque totalité des enfants de son village, qui les a mis au monde, elle a décidé de le quitter avec les siens. Elle aussi se sent vidée par les derniers événements, comme si elle avait vieilli tout d'un coup. Elle sent ses forces l'abandonner. Pourtant, loin d'elle l'idée qu'elle pourrait se laisser aller. Pas question non plus de s'épancher, de faire des confidences à qui que ce soit sur ses états d'âme, sur sa santé, même pas à sa meilleure amie, Marie.

Ce qui est le plus urgent, pour le moment, c'est de rassembler les siens autour d'elle. Elle, la veuve de Charles Arseneau, le plus âgé des fils du deuxième mariage de Pierre du même nom, le fondateur du village. Ils avaient été heureux, elle et lui, plus d'une vingtaine d'années, le temps de lui laisser une dizaine d'enfants. Ceux qui sont encore vivants sont là : Pierre, Marie, Vincent, Marguerite, Claude qu'elle avait hébergé auprès d'elle avec sa jeune épouse, sa Françoise qui avait repris la maison familiale sur la pointe Beauséjour, et chez qui elle demeurait jusqu'au grand incendie, sans oublier ses deux derniers fils, Joseph et Jean. Son fils aîné, du même prénom que son père, est décédé, laissant des orphelins qui, avant longtemps, perdront leur mère aussi. Elle les veut tous auprès d'elle : Charles, qui relève le prénom de son père et de son grand-père ; Pierre, celui de l'ancêtre, et Jean-Baptiste.

Ils sont tous là dans un abri de fortune, réfugiés sur la propriété de Joseph Bernard[46], au Tintamarre. Sa fille Marguerite avait épousé cet homme, beaucoup plus âgé qu'elle, il y a

---

46. Surette, Paul, p. 167.

tout juste un an, après avoir perdu son mari, Pierre Poirier. Elle avait aussi abandonné ses trois fils en bas âge aux bons soins de sa sœur Françoise, quitté la propriété de son défunt mari à La Coupe, pour suivre ledit Bernard, qui avait lui-même huit enfants et refusait de prendre ceux de sa nouvelle épouse… Madame Françoise a réuni autour d'elle ses fils les plus vieux : Pierre, Vincent et Claude.

— Vous voyez bien qu'il n'y a plus rien à faire pour nous dans la région de Beaubassin. Vous comprenez aussi que nous ne pouvons pas demeurer ici, au Haut-Tintamarre, avec Marguerite, déjà que son homme ne voulait pas garder avec eux ses enfants à elle, sauf son petit dernier, qui vient s'additionner à sa nichée à lui [47]… Les terres se font rares dans les environs. Vous vous souvenez que votre défunt père avait failli quitter la région de Beaubassin après 1713. Nous n'étions déjà plus chez nous à cette époque. Il s'était même rendu sur l'île Royale avec d'autres pour y visiter des terres propices à notre installation. Nous étions jeunes et nous n'aurions pas dû hésiter à recommencer ailleurs. Mais aujourd'hui, il faut vous rendre à l'évidence, l'avenir de vos enfants n'est pas dans cette région. Nous y avons été heureux, mais, même de ce côté de la rivière Mésagouèche, vous n'aurez plus la tranquillité, l'espace, ni même la paix nécessaire pour élever vos enfants. Je pense à eux comme je pense aux orphelins de Charles, votre défunt frère. Je crois qu'il serait préférable pour tous que nous allions nous installer à l'île Saint-Jean. Cela peut se faire assez rapidement. Pierre et Vincent, vous avez encore des barques du côté de la baie Verte ?

— Oui, oui certainement, maman, moi, Vincent et Claude aussi. Vous ne trouvez pas que c'est hasardé de débarquer une semblable équipée à Malpèque ? Ne vont-ils pas être surpris de

---

47. *Idem,* p. 132 : « Elle [Marguerite] déménage ensuite avec son nouveau-né dans sa nouvelle demeure du Haut-Tintamarre, où l'attendent cinq enfants âgés de seize à deux ans. »

nous voir arriver, toute la bande? Êtes-vous certaine qu'ils sont en mesure de tous nous accueillir?

— Nous sommes leur famille, Pierre. Tu le sais bien, tu les connais tous, les frères de ton père. Ils sont au courant de tout ce qui se passe de ce côté-ci, car les nouvelles voyagent rapidement. Ne t'en fais pas, les Micmacs de l'abbé Le Loutre doivent se vanter tous les jours de l'aide qu'ils ont apportée dans l'incendie de Beaubassin, surtout lorsqu'ils ont goûté l'eau-de-vie.

— Maman, les nouvelles que nous recevons de l'île Saint-Jean nous disent que ces dernières années ont été difficiles pour les récoltes; dans la région de Malpèque[48], ce serait encore pire… Sans compter que les autorités interdisent maintenant aux Acadiens de l'île de s'adonner à la pêche[49]…

— Je sais, Claude, je sais. Une année les souris, l'autre les sauterelles, quand ce ne sont pas des incendies qui détruisent tout… Mais n'oublie pas que la famille est plus forte que tout chez les Arseneau. À Malpèque en particulier, à ma connaissance, presque la moitié du village est de la descendance de votre grand-père Arseneau[50]. Il y en a dans quelques autres endroits, mais la majorité se retrouve dans le havre de «la grande eau[51]». Presque tous les frères et sœurs de votre père

---

48. ARSENAULT, Georges, *Les Acadiens de l'île*, Éditions d'Acadie, p. 41: «La région de la baie de Malpèque est particulièrement éprouvée de 1749 à 1751. Le sieur de la Roque décrit ces années catastrophiques: "… la première a été occasionnée par des mullots, […] dès qu'ils eurent totalement dévoré les campagnes, ils se précipitèrent dans l'eau où ils se noyèrent… Le second a été occasionné par des légions innombrables de sauterelles qui étoient d'une grosseur prodigieuse, elles étoient d'une espèce si vorasse qu'elles ravagèrent les grains et toutes les légumes, même jusqu'au foin et aux bourgeons des arbres; et la dernière, leur bled a été totalement échaudé."»

49. *Idem.*

50. Voir http://www.islandregister.com/1752p12.html. En faisant une compilation sommaire du recensement de la Roque pour 1752, sur 202 habitants répertoriés pour Malpèque, 99 sont Arseneau, par leur père ou leur mère, tous des descendants de Pierre.

51. Malpèque découlerait de *Makpaak*, signifiant «la grande eau».

sont là, sans oublier votre oncle Abraham, celui qui s'est remarié avec ma propre sœur, Marie-Thérèse. Tous les descendants
de votre oncle Pierre – ce dernier a eu treize enfants à lui seul –,
tous ceux de votre oncle Abraham le vieux – dix-sept descendants –, depuis le temps qu'ils sont à Malpèque, connaissent
toutes les ressources de la région. Eux aussi, ils ont certainement
des petits doris cachés un peu partout. N'oubliez jamais que ce
sont des marins comme vous autres. Il y a toujours moyen de se
débrouiller. Quitte à détrousser quelques navires venant pêcher
dans les eaux du golfe du Saint-Laurent.

— Cela n'en demeure pas moins toute une aventure.
Nos femmes ont chacune leur famille, elles aussi. Pensez-y,
maman...

— Moi, je ne force personne, Vincent. Je vous demande
seulement si vous êtes d'accord pour organiser cette expédition. Vous êtes mes plus vieux. Regardez autour de vous :
Joseph et Jean, mes deux derniers, ont dix-sept ans chacun,
votre neveu Charles en a quinze, Pierre, son frère, douze et
le petit dernier orphelin, huit. Nous gardions aussi les trois
plus vieux de votre sœur Marguerite... Que voulez-vous qu'ils
fassent par ici ? Avant que vous puissiez vous installer, avant
que tout se replace un peu, c'est toute une jeunesse que nous
risquons de perdre.

— Vous, maman, vous n'êtes plus très jeune, vous sentez-
vous assez forte pour entreprendre une telle odyssée ?

Madame Françoise craignait cette question. Elle aurait
voulu retrouver l'énergie de ses premières années de mariage.
Elle ne releva pas directement la question, pensa à son Pierre
préféré. Elle irait jusqu'au bout.

— Je ne suis plus très jeune, c'est vrai. Mais je ne serai
jamais un fardeau, mon gars. Ta mère n'a peur de rien. Même
pas des mauvais esprits qui seraient à l'origine de la marée
de souris ayant envahi l'île Saint-Jean. Sérieusement, il s'agit
pour nous d'apporter les semences qui leur font défaut et on

aura amplement payé notre part. Le grand feu du village de Beaubassin nous prive de nos terres, de nos bâtiments, mais nous avons notre bétail, nos outils, nos biens. Nous n'arriverons pas les mains vides...

— Il faudra que nous soyons prêts à nous mettre en branle au plus tard vers le début de septembre. Qu'est-ce que vous en pensez, Claude et Vincent ?

— Moi, il faut que j'en discute encore avec ma femme. Claude et Pierre vont expliquer la situation aux autres. En ce qui me concerne, je vous reviens le plus tôt possible avec ma décision.

— Très bien, Vincent. Je vous remercie... Nous aurons besoin d'aide, sûrement. Il faudra s'entendre avec Jean-Baptiste (Arseneau) à la baie Verte. Je n'ai aucune crainte que Joseph à Claude (Bourgeois) pourra nous donner un coup de main, tout dépendra de ce qu'ils vont faire de leur côté.

2.1.3 Septembre humide

La vie dans les cantonnements de fortune, autour du fort en construction, et un peu partout dans les éclaircies le long du coteau de Jolicœur[52], s'organise tranquillement. Le procédé de l'incendie, tout efficace qu'il soit pour amener les Acadiens à se déplacer, a laissé la désolation. Heureusement, les habitants de Beaubassin ont conservé tout le nécessaire pour réorganiser leur vie quotidienne. Ce peuple industrieux et vaillant s'est remis à la tâche pour se reconstruire des abris lui permettant d'affronter les rigueurs de l'hiver. On se regroupe autour du noyau familial, on s'entraide du mieux que l'on peut, sans jamais perdre de vue l'intérêt premier du clan. Cette préoccupation est essentielle à la survie même du groupe. Impossible

---

52. Nous retrouvons, encore de nos jours, dans le sud du Nouveau-Brunswick, le long de la route 16, un endroit qui fait référence à ce coteau. Si le nom en a été déformé pour devenir Jolicur, le coteau est toujours là.

de survivre en ne pensant qu'à soi. La notion même de famille déborde largement le couple et ses enfants. C'est le clan qui importe. Seuls le manque de terres et le mariage peuvent faire en sorte que l'on change de village, que l'on quitte les siens. Et même encore là, jamais on ne coupe complètement les liens. Malgré les difficultés attribuables aux vastes espaces, on trouve toujours le moyen, par quelques voyageurs, d'apporter les nouvelles à ceux qui sont loin.

Cette débrouillardise, cette ingéniosité ne signifie aucunement que les habitants de Beaubassin, en ce début d'automne dix-sept cent cinquante, puissent trouver de quoi se réjouir de la situation. Ils regrettent grandement le confort de leur maison. Après trois générations passées à travailler avec amour, sans relâche, avec ardeur et ténacité à s'organiser une vie offrant un minimum de sécurité et d'aisance, on ne peut dire adieu à tout cela sans un pincement au cœur.

— Dites-moi donc, madame Françoise, vous n'auriez pas maigri, vous, par hasard?

— Peut-être, Marie, mais pas pour la peine. La fin de l'été ne fut pas de tout repos. C'est surtout l'humidité, puis toute cette fumée dans les cabanes qui me dérangent. On dirait que j'ai les poumons embarrassés, encrassés, je cherche constamment mon souffle.

— Tenez, prenez donc une bonne tasse de thé chaud, ça va vous faire du bien. Ne vous en faites pas, cela va passer. Mon Joseph aussi traîne une méchante toux; ce doit être un temps à ça…

— La saprée humidité qui ne veut pas nous lâcher. Ma foi, elle est pire que le colonel Lawrence: il est aussi difficile de se débarrasser de l'un que de l'autre. Ton Joseph, ça n'a pas l'air trop sérieux, au moins?

— Non, je ne crois pas. Si je pouvais le faire assoir, mais il n'arrête jamais. Impossible pour moi de lui faire prendre un peu de repos. Il m'inquiète, je l'avoue. On s'organise tranquillement avec la famille du vieux Claude[53]. Il est plus que probable que nous allons passer l'hiver ici, sur la pointe Beauséjour, en attendant de voir ce que nous réserve l'avenir. Le printemps prochain, on verra. Moi, je préférerais que l'on s'éloigne du fort, assez loin pour ne plus voir l'endroit où était notre maison. Ce n'est pas encore terminé, vous savez. À cause du fort que les Anglais ont construit juste en face, les disputes vont reprendre. Je n'en peux plus d'entendre Joseph rouspéter après l'abbé Le Loutre et les Micmacs à propos du grand feu, puis, immédiatement après, contre les Anglais. Lui, il prétend que nous devrions prêter le serment d'allégeance que les Anglais nous demandent, puis retourner sur nos fermes. Un point c'est tout ! Le problème, c'est que les Micmacs et Le Loutre ne nous laisseraient pas tranquilles. Dans la famille du vieux Claude, ça parle fort. Je vous le dis.

— Je ne pense pas que cela puisse se régler de cette façon, Marie. On dirait que les Anglais tiennent absolument à ce que Beaubassin soit définitivement anéanti. Nous n'avons plus rien à faire dans le coin. J'ai fait mon Indienne hier, j'ai réuni toute la famille de mon défunt Charles. Chez les Sauvages, les femmes les plus âgées du clan sont celles, avec les anciens, qui orientent les décisions de la tribu. Je voulais appliquer la méthode dans la famille de mon défunt mari. Eh ben ! tu ne me croiras pas, je les ai convaincus de déménager tous sur l'île Saint-Jean, à Malpèque, dès cet automne.

— Vous n'êtes pas sérieuse, madame Françoise ? Il ne vous reste pas beaucoup de temps. Cet automne ?

— Oui, ma fille. À Malpèque, c'est là que l'on retrouve la majorité des Arseneau. Toi, tu ne te souviens pas de cela, mais à l'époque, mon défunt Charles et moi nous songions à

---

53. La famille de Claude Bourgeois s'installera éventuellement, pour quelque temps, à la baie Verte.

81

déménager à l'île Royale, puis plus tard à l'île Saint-Jean. Ses frères sont partis pour s'y installer. Nous aurions été bien avisés de les suivre. C'est notre place.

— Et ils sont tous d'accord de partir ?

— Presque… Vincent voulait en discuter avec sa femme, mais les autres sont disposés à déménager.

— Je vais avoir de la misère à m'habituer à votre absence, madame Françoise. Depuis le temps que nous nous racontons tous nos petits bobos…

— Moi de même, Marie. On s'organisera pour vous faire parvenir des nouvelles, ma bonne Marie. Je veux tellement que mes plus jeunes, mes petits enfants, les orphelins de mon Charles soient en sécurité, bien installés loin des chicanes, loin des soldats, avant que je parte pour un plus long voyage encore.

— Ne parlez pas de même, madame Françoise, vous me donnez des frissons.

— C'est juste la vie qui est de même, Marie. J'ai dit à mes plus vieux que, s'ils avaient besoin d'aide pour transporter nos biens, nos meubles, le bétail, ton Joseph leur donnerait un coup de main. Je ne me suis pas trompée ?

— Cela va lui couper les bras d'apprendre que vous avez pris cette décision, mais vous pouvez certainement compter sur lui. À l'île Saint-Jean, « asteur » !

2.1.4 Orphelins

Le vaste projet de madame Françoise faisait le tour de la région. C'est qu'elle était avantageusement connue, sage-femme ayant appris les remèdes des Sauvages. Ses connaissances la rendaient indispensable, et on en était même venu à respecter sa grande sagesse. Savoir qu'elle avait amené son clan à entreprendre un tel déménagement finissait de convaincre ceux qui, comme elle, pensaient que rien de bon n'attendait la région de Beaubassin[54]. Le temps pressait et les préparatifs ne manquaient pas.

Quel sort attendait les orphelins de Charles à Charles? Charles, le troisième à porter ce prénom et le seul à avoir connu un peu leur père (il avait sept ans lorsque ce dernier est décédé), se le demandait plus que tous les autres. Il avait maintenant quinze ans. Donc, il était assez vieux pour prendre ses responsabilités. Mais comment? Après le grand feu, il avait décidé de retourner auprès de ses deux frères plus jeunes, Pierre et Jean-Baptiste, qui demeuraient avec leur grand-mère. Il voulait rester auprès d'eux pour les protéger. Quant à la petite Anne, sa demi-sœur, elle a suivi son père Barthelémy Cosset, qui est retourné vivre à l'île Saint-Jean. Ils ne la voient pas souvent.

— Pierre[55], qu'est-ce que tu penses de l'idée de grand-mère, de ce projet de déménager toute la famille à l'île Saint-Jean? Cela te plaît?

— Moi, je n'ai jamais quitté ma grand-mère; elle s'est sans cesse occupée de moi, comme une vraie mère. Si je peux lui être utile, c'est à mon tour de lui rendre un peu de ce qu'elle m'a donné. Tu ne crois pas, Charles? Alors, si elle a décidé que, pour notre bien à tous, il fallait déménager à l'île, je suis tout à fait d'accord pour la suivre.

— C'était juste une question comme ça. Tu as raison… À Malpèque, nous ne serons pas des étrangers, car ce sont presque tous des Arseneau, toute notre parenté y est rassemblée. J'y suis déjà allé avec Joseph. Tu verras la baie et la façon dont le village est construit; on peut facilement s'installer sur une terre

---

54. ARSENAULT, Georges, *Les Acadiens de l'île,* Éditions Acadie, p. 29-30: «En 1748, la population de l'île est encore peu importante: 735 habitants environ. Un revirement dans la politique anglaise en Nouvelle-Écosse va cependant déclencher une forte immigration… La France, de son côté, redouble d'efforts pour attirer les Acadiens sur son territoire… À partir de 1749, l'immigration s'accélère: 151 personnes en 1749, 860 en 1750, 326 en 1751, 27 en 1752.»

55. Pierre Arseneau, fils de Charles à Charles, dit Bénéry.

avec des animaux. Une chose est certaine, les maudits Anglais auront de la difficulté à nous y trouver. La baie est immense, l'endroit difficile d'accès, comme camouflé. Le site idéal si jamais ça tourne mal.

— Aurais-tu l'intention de t'installer sur une ferme, Charles ? Je croyais que tu aimais la navigation. Moi, j'aime bien la mer. Pouvoir gagner ma vie avec la pêche, cela ferait mon affaire. J'ai entendu dire que les autorités de l'île ont tout dernièrement interdit aux Acadiens de s'adonner à la pêche, ce serait de valeur...

— Moi aussi, Pierre, j'aime la mer, mais ce n'est pas possible de vivre juste de la pêche, car on n'aurait pas la permission ni le « gréement » qu'il faut. Les bateaux sont déjà nombreux dans la rade de Louisbourg, et les riches armateurs auraient vite fait de nous causer de la misère. Les autorités françaises préfèrent nous voir cultiver, développer l'agriculture pour nourrir la forteresse de Louisbourg que de nous savoir sur l'eau.

— Nous allons tout de même apporter notre petite chaloupe, Charles.

— Bien sûr, Pierre, c'est le meilleur moyen pour nous d'augmenter nos connaissances en navigation... À l'île, il nous sera possible de voir notre demi-sœur, la petite Anne, maintenant que son père Barthelémy s'est installé à Port-La-Joie. On va tous demeurer ensemble, le petit Jean-Baptiste, nos oncles, sans oublier grand-mère. C'est mieux ainsi.

— J'ai presque hâte, pas toi ? Si ce n'était pas que, tous les deux, nous risquons assurément de nous ennuyer de chez Joseph[56], de Michel, de Théotiste...

— Ne t'en fais pas, nous les reverrons, ce n'est pas si loin après tout. Traverser la mer Rouge[57], c'est une affaire de rien.

---

56. Famille de Joseph Bourgeois et Marie Cyr, parents de Théotiste Bourgeois.

57. Voir http://shediac.org/historique.cfm. « Aux 17e et 18e siècles avec l'arrivée des Français, "Gédaïque", comme on le nommait à l'époque, jouait le rôle de relais

2.1.5 En route pour Malpèque

Madame Françoise approche maintenant de la soixantaine. Elle voudrait bien pouvoir retrouver l'énergie de ses vingt ans, au moins le temps de finaliser son ultime projet. Ce n'est pas le cas. La mixture qui lui vient des Micmacs et qu'elle se prépare tous les matins ne la soulage presque plus de ses nombreuses quintes de toux. Elle sait bien ce qui l'attend. Combien de temps a-t-elle devant elle? Elle-même n'en sait rien. Et elle refuse absolument d'entendre les conseils de repos que tout un chacun ne manque pas de lui prodiguer. «Plus tard», dit-elle.

Par ce matin sombre de septembre, elle se contente de regarder les siens terminer le chargement des charrettes attelées aux bœufs. Tout y est entassé pêle-mêle dans une sorte de capharnaüm indescriptible. On essaie de rassembler les volailles, les moutons, les vaches et les cochons, de telle façon que tout puisse avancer convenablement. C'est un étrange et triste convoi qui se prépare. Vincent et sa jeune épouse de vingt ans, Marguerite (Poirier), ont décidé de se joindre au déménagement. Ils ont peu de choses à mettre dans les charrettes, à part la fougue d'un jeune couple de mariés.

Pierre[58], de son côté, après dix ans de mariage, n'a toujours qu'une seule fille. Ce sont donc trois jeunes couples, les trois fils de madame Françoise, qui dirigent le convoi: sa fille Françoise, son conjoint avec tout son ménage, ses plus jeunes garçons toujours célibataires, c'est tout un versant du village qui s'apprête à faire ses adieux aux amis et aux voisins de toujours.

Ce sont des moments que madame Françoise appréhendait: pour une dernière fois, saluer sa jeune amie, sa confidente Marie.

---

entre la baie Française (Fundy) et la mer Rouge (détroit de Northumberland) ainsi que point de départ pour l'île Saint-Jean.»

58. Pierre Arseneau, fils de madame Françoise.

— Je vous défends tous les deux de vous tracasser pour moi. Toi, Joseph, prends bien soin de toi, tes enfants sont encore jeunes, ils ont besoin de toi. Quant à moi, j'ai fait mon temps. Il me reste encore ce projet à terminer, après je pourrai me reposer tant que je voudrai, en attendant que je puisse rejoindre mes deux Charles dans un petit coin tranquille.

— Parlez pas de même. Pensez à nous, madame Françoise, on vous doit beaucoup. Surtout, dites-vous bien que vous allez nous manquer, vous allez manquer à tout le village… De toute façon, Joseph va aller avec vous jusqu'à la baie Verte.

Ne souhaitant pas prolonger cette situation inconfortable, madame Françoise s'était difficilement levée pour se diriger vers la grande charrette à foin. Son petit-fils préféré lui avait aménagé un espace confortable pour la durée du trajet vers la baie Verte. Elle préférait écourter cette conversation qui la vidait inutilement du peu de force qu'elle sentait encore en elle. Elle pensa à Joseph qui ne toussait pas moins qu'elle et se dit que la situation de son amie Marie n'était pas plus enviable que la sienne.

Pierre laissa sa grand-mère se reposer avant le départ, et se dirigea vers la petite Théotiste, sa jeune amie qui, à huit ans, montrait une grande curiosité. Elle posait une foule de questions sur tout, et à propos de rien. Cela amusait beaucoup le jeune Pierre, dont le sens de l'humour et les réparties la faisaient rire, sans manquer de susciter, inévitablement, d'autres questions.

— C'est où que vous allez, Pierre?

— À Malpèque, Théotiste, à l'île Saint-Jean. Il faut d'abord nous rendre à la baie Verte, puis là, prendre les embarcations pour traverser vers l'île. Malpèque est situé de l'autre côté de l'île dans une jolie baie, presque aussi belle que celle de Beaubassin.

— Je sais que c'est à Malpèque, mais qu'est-ce qu'il y a de plus là qui vous force à y déménager?

— Grand-mère Françoise pense qu'à l'île Saint-Jean nous serons plus en paix. C'est un territoire français, et près de la moitié des habitants du village sont de notre parenté...

— Tu penses qu'il y a des endroits dans le monde aussi beaux que l'était notre village avant le grand feu?

— Ça dépend, Théotiste. Je suppose que l'endroit où nous venons au monde, où nous grandissons, est toujours le plus beau. C'est là que se retrouvent nos souvenirs, les bons comme les mauvais, tous nos amis, notre parenté. Je dirais quand même qu'il doit exister dans le monde des places aussi belles que la région de Beaubassin. Tu ne crois pas?

— J'aimerais aller voir ailleurs, moi aussi, Pierre. Je ne suis jamais allée bien loin. Pas plus loin que la baie Verte, une fois avec papa. Est-ce que nous allons nous revoir tous les deux?

— Certainement...

— Pourquoi papa dit-il que vous n'avez qu'à traverser la mer Rouge pour vous rendre à Malpèque? La mer est rouge?

— Pas plus rouge que tes joues, Théotiste. C'est une manière de dire. Ça pourrait être simplement que, des deux côtés de la mer, entre la baie Verte et l'île, ce sont des caps rouges. Ce n'est pas comme ici, Théotiste. À Beaubassin, c'est la marée basse qui fait que le bord de la baie est rosé, de la couleur des vaches marines... À marée basse, il n'y a presque plus d'eau dans la rivière. Là-bas, les marées sont beaucoup moins grandes, mais je t'assure que la mer est bleue.

Tout au long de leur conversation, Théotiste n'avait cessé de tenir dans ses mains le chaton qui suivait son ami partout. C'était un jeune chat enjoué, d'un ton orangé avec des rayures plus foncées. Le chat se laissait faire, appréciant indiscutablement les caresses de la petite fille. Un chat comme il y en avait des dizaines qui se promenaient autour des maisons de Beaubassin avant l'incendie, qui maintenant errent en quête de leur nourriture. Celui-là n'avait rien de particulier. Pierre l'avait comme adopté, sans plus; il s'y était attaché sans trop savoir pourquoi. Pas plus qu'il ne savait pourquoi il était si attaché à sa jeune amie Théotiste. Après tout, elle n'est pas de son âge. Ses amis à lui, comme tous les jeunes de la région, se font un devoir de se tenir avec les jeunes de leur âge. Peut-être parce qu'il la connaît depuis longtemps, à cause de sa grand-mère, madame Françoise. Il s'est toujours senti bien avec elle. C'est le cœur serré, comme à l'étroit, qu'il lui dit au revoir en lui demandant de garder son chat.

— Merci, Pierre. Je vais en prendre bien soin.

Ce dernier était retourné auprès des autres qui se regroupaient au signal de départ donné par l'oncle Pierre. Cette drôle et triste caravane qui se mettait en branle en direction de l'est, c'était comme une procession, comme un enterrement silencieux.

2.1.6 Odyssée vers l'est

Le convoi avait bien progressé tout au cours de la journée. Après avoir parcouru environ une lieue, arrivé au Lac, juste au moment où on délaisse la petite rivière pour emprunter le chemin, on avait effectué une pause pour un très léger goûter. Il était étonnant que l'on ait réussi à faire tout ce chemin en une seule journée. Si en temps normal cette distance se parcourait en quelques heures, le convoi de madame Françoise exigeait que l'on fasse des arrêts fréquents pour toutes sortes de raisons, allant du bris d'un équipement à la chasse pour ramener une poule ou un jeune veau s'étant éloigné du convoi.

La baie Verte n'était pas vraiment un village. L'endroit, bien qu'il fût stratégique, n'offrait rien de particulièrement invitant pour des agriculteurs. En fait, il n'y avait qu'une seule famille qui y habitait de façon permanente. La famille de Jean-Baptiste Arseneau[59]. Ce Jean-Baptiste était nul autre que le neveu de

59. SURETTE, Paul, *Atlas de l'établissement...*, p. 83 : «Mais le fondateur de cette

madame Françoise. Le fils de Pierre à Pierre, l'ancêtre. Il y vivait modestement avec sa femme et ses trois enfants, deux garçons et une fille. Ils accueillirent avec plaisir l'arrivée de toute cette parenté et, quoique le temps ne fût pas à la fête, cet accueil chaleureux fit le plus grand bien aux voyageurs.

Jean-Baptiste s'était installé à la baie Verte parce qu'il voulait y faire la pêche. Tous ses frères et sœurs vivaient à Malpèque, pratiquaient l'agriculture et, malgré qu'ils aient été propriétaires de chaloupes et même de bateaux de plus gros tonnage, il leur était maintenant interdit de faire la pêche. Jean avait fait plaisir à son épouse en demeurant plus près de sa belle-famille. Ce marin, un commerçant, avait accepté d'accompagner la troupe vers Malpèque.

On établit le campement pour la nuit en constatant que le soleil couchant annonçait un temps inhabituel. C'était le mois de septembre, une période propice aux intempéries de toutes sortes.

Au matin, le vent s'était levé quelque peu, mais rien de vraiment inquiétant ; un ciel nuageux de septembre, sans plus. Madame Françoise n'avait pas fermé l'œil de la nuit, toussant sans arrêt, crachant le moins possible, ce qui lui laissait un goût âcre de sang dans la bouche.

Déjà, les hommes avaient commencé à charger des barques et des chaloupes de tout le butin qui se trouvait dans les charrettes. Le ton enjoué des discussions cachait la lancinante inquiétude qui nous assaille devant l'inconnu, surtout lorsque notre vie en sera complètement chamboulée.

— Dis-moi, Bénéry, tu n'as pas peur d'avoir le mal de mer ? On dirait que tu as l'air inquiet.

---

colonie (Baie Verte), l'ancien beau-frère de Vigneault (Jacques), Jean-Baptiste Arsenot, toujours jaloux de son autorité et de ses réussites commerciales, s'oppose à un tel voisinage. » Arsenot cédera finalement ses entreprises de la baie Verte à Jacques Vigneault…

C'est Joseph (Bourgeois) qui lui avait posé la question, de façon à amorcer la discussion, car il connaissait la réponse. Le jeune Pierre, que l'on surnommait amicalement Bénéry comme son frère aîné, s'avérait un marin intrépide. Bien que réservés, ils ne craignaient pas la mer, pas plus que les jeux de force et d'adresse. Il n'était pas facile de les faire lâcher prise.

— Je n'ai pas peur pour le mal de mer, si ça reste de même. Tu ne penses pas que le temps va se gâter, Joseph?

— Non... le vent est du sud. Dès que vous aurez atteint la pointe de l'ouest, vous serez à l'abri pour le reste du trajet jusqu'à Malpèque. Je me demande même si je vais prendre la peine d'accompagner Jean-Baptiste pour l'aller-retour.

— Ce ne serait pas toi, par hasard, qui craindrais le mal de mer?

— Ah! mon petit chenapan, je vais t'en faire. Sérieusement, tu n'as pas l'air dans ton assiette, Bénéry.

— C'est ma grand-mère, l'objet de mes soucis... Je suis préoccupé, elle n'est vraiment pas bien. Si je la perds, je n'aurai plus personne.

— Tu pourras toujours compter sur nous, Pierre. Ça, c'est certain. Peu importe ce qui arrivera. Bon, allons donner un coup de main aux autres; plus vite nous partirons, plus vite vous serez rendus de l'autre bord en sûreté.

Les trois plus vieux de madame Françoise avec Jean, après un bref conciliabule, s'étaient mis d'accord pour partir le plus tôt possible.

On avait placé les animaux les plus imposants dans la barque de Jean-Baptiste, plus grande que les chaloupes de Pierre et de Claude. Madame Françoise, quant à elle, avait pris place dans la chaloupe de Claude. Bénéry l'accompagnait ainsi que ses deux plus jeunes fils et Joseph Bourgeois. En ce qui concerne la petite chaloupe que les deux orphelins ne voulaient pas abandonner, on y avait placé trois cochonnets ainsi que quelques paniers servant de cages pour les volailles, puis on l'avait amarrée à la traîne de la barque de Jean-Baptiste.

Un peu avant dix heures, on mit donc les voiles pour traverser la mer Rouge en direction de Malpèque, la terre promise de madame Françoise. Son extrême faiblesse ne l'empêchait aucunement d'éprouver un sentiment de fierté pour les siens. En fait, elle ressentait une profonde sérénité, celle des gens qui, à la fin du jour, malgré la fatigue, sont heureux et éprouvent le sentiment d'avoir bien fait tout ce qu'ils avaient à faire. Le repos peut venir. Aussi, en laissant l'abri de la baie Verte, lorsqu'elle sentit la brise légère venant du large, elle ne fit que se recouvrir d'un châle de laine épaisse par-dessus ses deux gilets. Elle esquissa un sourire et serra la main de Bénéry dans la sienne.

Malgré quelques difficultés à prendre le vent, la première heure se passa correctement, le vent du sud poussant la petite flottille vers la pointe ouest de l'île. Le vent était à son mieux jusqu'à ce qu'il se mit à remonter vers l'est en prenant un peu de force. Les embarcations se trouvant protégées du vent par la terre, on progressa moins rapidement pendant l'heure qui suivit. Joseph, qui était aux manœuvres, se pencha vers Bénéry et lui souffla à l'oreille…

— Je n'aime pas cela lorsque le vent passe directement du suroît à l'est au milieu du jour.

Ce fut un peu après midi, lorsque l'on dépassa la pointe ouest de l'île, que l'on se rendit compte que le vent soufflait alors avec beaucoup plus de vélocité. La mer s'était gonflée considérablement, la houle brassait généreusement les embarcations. Les femmes, moins habituées à la mer, se regardèrent avec inquiétude, mais firent confiance aux marins. Ces chaloupes, bien construites pour la mer, ne sont pas nécessairement adaptées aux longs trajets. Elles sont idéales pour les embarquements, les débarquements, pour la pêche aussi. Cependant, le fait qu'elles ne soient pas pontées rend la vie plus difficile lorsque l'on affronte la grosse mer. Comme elles ne laissent pas ressortir l'eau qui passe par-dessus bord, celle-ci vient donc se loger dans le fond de ces barques. Il faut alors déléguer quelqu'un expressément à la tâche importante d'écoper. La flottille de madame Françoise éprouvait maintenant de la difficulté à demeurer regroupée. La barque de Jean-Baptiste maintenait le cap avec moins de voilure. Mais les chaloupes qui n'en possédaient qu'une seule éprouvaient plus de problèmes. Jean-Baptiste ralentit la cadence le plus possible, déjà que le vent de l'est leur était contraire, mais ils espéraient que la tempête, puisqu'il s'agissait maintenant bel et bien d'une tempête, n'allait pas aller en augmentant et qu'elle les laisserait gagner l'abri de la baie de Malpèque sans plus de difficulté. Mais il y avait encore plusieurs lieues à parcourir, et les fortes vagues les obligeaient à se tenir au large.

C'est la chaloupe de Claude qui éprouva le plus de difficultés à garder la bonne direction. Elle ne progressait que lentement et, avant que l'obscurité se fasse, il fallut envisager des manœuvres pour regrouper les équipages. Jean-Baptiste laissa savoir à Pierre qu'il tenterait un louvoiement pour récupérer les occupants de la chaloupe retardataire et amorça les délicates manœuvres pour virer à cent quatre-vingts degrés. Claude et Joseph ne comprirent pas immédiatement ce qui se passait, occupés qu'ils étaient à maintenir la chaloupe dans la bonne direction. Ils perdaient régulièrement de vue la barque de Jean-Baptiste. Il y avait maintenant beaucoup d'eau dans le fond de l'embarcation. Malgré toute l'énergie déployée par les plus jeunes, qui s'étaient relayés pour écoper l'eau, ils ne réussissaient qu'à moitié à suivre le rythme de la mer. De toute évidence, la chaloupe était trop chargée pour affronter une telle mer.

Lorsque la barque de Jean-Baptiste fut parvenue à proximité de la chaloupe occupée par madame Françoise, il décida qu'il était temps de sacrifier le bétail : deux gros bœufs de labour, six vaches, une demi-douzaine de veaux. La forte mer rendait encore plus difficile la cohabitation des humains avec des animaux de cette taille sur de si petits bateaux.

Ce sont tout de même des êtres vivants, au demeurant fort utiles, que l'on doit jeter par-dessus bord. Pierre, maintenant le doyen des fils de madame Françoise, à qui une partie de ce cheptel appartenait, réalisa que leur situation serait encore plus précaire une fois installés à Malpèque, mais le temps n'était plus à la réflexion, il était aux décisions rapides, et ce qui importait maintenant, c'était de ramener le plus tôt possible la famille en lieu sûr.

Il fallut beaucoup de doigté et de courage. On sacrifia le plus de choses possible, les moins utiles, dans la chaloupe qu'on allait abandonner pour procéder aux manœuvres de transfert de la chaloupe vers les barques. Bénéry et Jean, le jeune fils de madame Françoise, montrèrent une grande détermination, et firent preuve d'un courage étonnant, frisant la témérité. Madame Françoise elle-même demanda qu'on la laisse seule dans la chaloupe, pour faire plus de place pour les autres. « De toute façon, dit-elle, mon chemin se termine bientôt. » On dut littéralement la déplacer à bout de bras tellement elle était faible. Joseph et Bénéry s'occupèrent de cette tâche avec une grande délicatesse, malgré la mer agitée, malgré la noirceur de plus en plus grande. Il n'y avait aucune panique dans le clan de madame Françoise, et si on entendait des cris, c'était qu'ils étaient devenus nécessaires pour donner les ordres, pour être entendu.

Il n'y avait plus maintenant dans la chaloupe que Joseph Bourgeois et Claude qui, à titre de capitaine, serait le dernier à laisser son poste. Au moment où Joseph enjamba le bastingage, voulant sauter d'une barque à l'autre, une forte vague éloigna cette dernière et le malheureux disparu instantanément entre les deux embarcations. S'il remonta à la surface, on ne le vit pas. On n'entendit aucun cri. On regarda dans toutes les directions. Rien. Même si on avait voulu faire plus, attendre encore, la noirceur rendait vaine toute tentative de sauvetage. C'était maintenant le tour de Claude d'abandonner la chaloupe, qu'il était de plus en plus difficile de tenir attachée à la barque. Il y parvint au grand soulagement de sa jeune épouse. Le vent éloigna aussitôt les deux embarcations.

Pierre, responsable de la deuxième chaloupe, réussit à se tenir à une distance lui permettant de demeurer en contact visuel avec la barque de Jean-Baptiste. Lorsqu'ils furent en mesure de se faire comprendre, ils décidèrent qu'il fallait virer de bord pour se placer sous le vent. La manœuvre était délicate mais nécessaire. La tempête ressemblait maintenant à un ouragan. Les deux frêles esquifs durent baisser les voiles, se laisser déporter par le vent fort, par les courants, et ce, durant toute la nuit. Les femmes serrèrent les jeunes enfants contre elles. Ainsi, les uns contre les autres, ils pouvaient combattre le froid qui vous pénètre jusqu'aux os, quand les vêtements sont détrempés. On pria toute la nuit en silence.

Madame Françoise semblait s'être assoupie depuis longtemps, bien calée entre son fils Jean et son petit-fils Pierre. Lorsque le jour se fit, le vent avait diminué considérablement. On pouvait apercevoir les dunes qui fermaient la baie de Miramichi au loin. Le jeune Pierre, inquiet parce que sa grand-mère tardait à se réveiller, la toucha légèrement avec son coude; elle ne réagit aucunement. Il comprit qu'elle ne répondrait plus jamais à aucune stimulation. Elle ne verrait jamais, non plus, les siens s'installer à Malpèque. Madame Françoise avait profité de la tourmente pour se faufiler dans l'au-delà. On recouvrit son corps amaigri, inerte, désormais inhabité. C'est avec le deuil dans l'âme que les occupants des deux petits bateaux firent le reste du parcours vers la baie Verte.

2.2 La faim

2.2.1 Au revoir, madame Françoise

Ce fut un triste retour à la baie Verte pour le clan de madame Françoise… La femme et les enfants de Jean-Baptiste Arseneau remercièrent le ciel d'avoir permis le retour de leur père parmi eux. C'était un miracle d'avoir affronté un tel déchaînement des éléments naturels. Immédiatement après leur départ, le mauvais temps s'était levé et avait duré toute la journée et une grande partie de la nuit. Dans toute la région, on n'avait jamais vu une telle tempête. À Malpèque, on disait avoir essuyé une des pires tempêtes de tous les temps. De mémoire d'homme, on n'avait jamais vu chose pareille, et les Acadiens y vivaient depuis une trentaine d'années. Le vent avait soufflé si fort qu'une partie de la dune, qui ferme l'entrée de la baie, était littéralement disparue.

Si madame Françoise, la fille du Portugais, la petite-fille de Jacques Bourgeois, le fondateur de Beaubassin, avait réussi à ramener les siens vers la terre acadienne, c'était au prix de la disparition du mari de sa meilleure amie. Elle-même y laissa son dernier souffle.

Pierre, son fils le plus âgé, rassembla autour de lui les malheureux rescapés. Il récita une prière pour rendre grâce à Dieu de les avoir ramenés vivants, de même que pour le repos de l'âme des disparus. Joseph Bourgeois et Françoise Mirande étaient partis en même temps, en silence presque. Il fallait maintenant penser aux vivants, à ceux qui restent pour pleurer le départ de ceux qu'ils aimaient plus que tout.

Puisqu'il avait été hébergé chez Joseph après le décès de son père, on délégua Charles le troisième pour aller rapidement annoncer la triste nouvelle à son épouse, Marie. Une nouvelle qui allait, sans aucun doute, bouleverser sa vie. Au moins, elle avait auprès d'elle un homme sur qui elle pouvait compter pour l'aider à survivre en ces temps difficiles : son fils Michel. Ce dernier, à dix-sept ans, avait dix ans de plus que sa jeune sœur Théotiste, douze de plus que le petit dernier. Marie qui, dans la joie comme dans la peine, pensait sans cesse aux autres, proposa à Charles de retourner demeurer auprès d'elle…

— Lorsque j'ai vu la tempête se lever, je n'ai cessé de prier pour que personne n'ait pris la mer… Je n'ai pas fermé l'œil de la nuit, j'avais comme une prémonition. Dans ma tête, quelque chose me disait qu'un malheur était arrivé… Mon homme n'a pas souffert ?

— Je ne crois pas, Marie… Nous avons attendu, sans rien voir, sans rien entendre…

— Et madame Françoise ?

— Pas un mot ; nous pensions qu'elle dormait…

— Le Seigneur est venu me prendre deux êtres qui me sont chers… Et comment vais-je annoncer cela à Michel ? À ma belle-famille ?

On devait maintenant rendre les derniers hommages à madame Françoise. Ses enfants décidèrent qu'il était inutile de ramener le corps de la défunte vers la pointe Beauséjour. Depuis la destruction du village, l'église n'avait pas été reconstruite, il n'y avait plus de cimetière à proprement parler, et elle aurait certainement souhaité que l'on dispose de son corps comme on le fait pour les personnes décédées en mer, une façon de rejoindre son défunt mari… On décida donc qu'elle reposerait à la baie Verte. On plaça ses restes dans un cercueil de bois, et elle fut enterrée sur une falaise peu élevée, face à la mer, d'où l'on peut apercevoir l'île Saint-Jean.

2.2.2 Un hiver difficile

Après l'incendie de Beaubassin, après la fondation d'Halifax, à la suite des exigences et tracasseries incessantes du nouveau gouverneur Cornwallis, un fort mouvement de migration de population vers les territoires demeurés français allait se lever[60].

Évidemment, les occupants de Beaubassin, et aussi ceux de tous les villages de la Nouvelle-Écosse, formèrent une véritable vague de réfugiés Acadiens vers les hameaux situés au nord de la rivière Mésagouèche, vers l'île Saint-Jean et, dans une moindre mesure, vers l'île Royale. Ce mouvement, commencé au tournant de l'année dix-sept cent cinquante, irait en s'accentuant, les Acadiens étant l'objet d'un incroyable marchandage. D'un côté, les Anglais leur laissaient croire que rien n'avait véritablement changé, que les Acadiens avaient intérêt à demeurer sur les terres fertiles qu'ils habitaient depuis toujours; de l'autre, les autorités françaises, en la personne de l'abbé Le Loutre et des dirigeants du fort Beauséjour, les incitaient à se placer sous leur protection. On connaît déjà le rôle important des Micmacs, alliés traditionnels des Français et amis des Acadiens.

Malgré la fondation d'Halifax, les politiques des dirigeants anglais de la Nouvelle-Écosse pour attirer des colons anglophones ne donnaient que des résultats mitigés[61]. Ils se trouvaient donc dans une position telle que, même s'ils auraient souhaité, comme Shirley, le gouverneur du Massachusetts, le départ de ces entêtés de Français neutres, ils avaient le plus grand besoin des Acadiens pour nourrir leurs propres garnisons. Ainsi jouaient-ils du bâton et de la carotte pour les amener à demeurer en Nouvelle-Écosse, tout en se montrant de plus en plus exigeants concernant les conditions pour que ces

---

60. Arsenault, Bona, *Histoire des Acadiens,* p. 159: «En proie à la plus vive inquiétude, ils [les Acadiens] craignaient pour leur sécurité. C'est ainsi qu'à partir de 1749 un grand mouvement d'émigration des Acadiens de la Nouvelle-Écosse se dessina en direction des territoires français les plus rapprochés.»

61. Frégault, Guy, *Histoire de la Nouvelle-France,* chap. IV, p. 239: «Corwallis vient tenter de rattraper le temps que ses prédécesseurs ont perdu à ne pas coloniser. Il vient avec un plan précis, dont l'origine remonte à un projet du grand impérialiste William Shirley.»

derniers puissent être considérés comme des citoyens britanniques jouissant de tous les droits.

Les Anglais utilisaient la même diplomatie vis-à-vis des Micmacs, les alliés inconditionnels des Français. Les Micmacs, en particulier, étaient des guerriers redoutables qui, avec le soutien humain et logistique de leurs alliés Français, infligeaient des pertes considérables aussi bien aux militaires qu'aux navires anglais de toutes sortes qui naviguaient dans les eaux de la Nouvelle-Écosse. On n'a qu'à penser à leur réaction lors de la fondation d'Halifax [62] dans ce qu'ils considéraient comme des territoires de chasse de la plus haute importance pour leur nation. Ils s'étaient livrés alors à un massacre des colons venus prendre leurs terres.

Quant à la diplomatie française, elle n'était pas toujours gantée de blanc. L'incendie de Beaubassin et de ses hameaux environnants, commandé par Le Loutre aux Micmacs sous les yeux de Lawrence, ne laissait guère le choix à ces malheureux Acadiens. Ces derniers se retrouvaient dans des conditions matérielles difficiles et avaient comme seul choix possible la protection offerte par le fragile fort Beauséjour. Avec en prime les promesses de soutien des autorités et l'espoir de pouvoir recommencer leur vie. Le rêve de Le Loutre consistait à réinstaller une colonie française forte dans la région, de sorte que les positions de défense de la Nouvelle-France puissent être approvisionnées par une nouvelle Acadie redevenue prospère. Il était aussi de la plus haute importance stratégique, pour la France, de garder ouvert l'isthme de Chignectou [63], qui représentait le

---

62. Selon Bona Arsenault, qui cite Antoine Bernard dans son *Histoire des Acadiens,* p. 153 : « Dès les premiers mois de l'existence de la nouvelle capitale de la Nouvelle-Écosse (Halifax), les Indiens de Shubenacadie, ses ouailles [à Le Loutre] semaient l'effroi et la mort parmi les colons Anglais nouvellement installés. *Le 24 septembre, ils adressèrent au gouverneur Cornwallis une déclaration de guerre.* »

63. FRÉGAULT, Guy, *Histoire de la Nouvelle-France,* chap. IV, p. 235 : « …Tenir les Anglais refoulés au-delà de l'isthme de Chignectou et leur interdire tout accès au territoire qu'ils réclament plus à l'ouest ; c'est que, explique La Galissonnière, "si

seul chemin entre Louisbourg et Québec, la capitale de toute la Nouvelle-France, pendant plusieurs mois de l'année. Aussitôt que les Acadiens eurent abandonné Beaubassin, Lawrence y construisit un fort qui portera d'ailleurs son nom. Cette militarisation à outrance du bassin continuait d'inquiéter bon nombre de familles.

Plusieurs décidèrent de se retirer du côté de Chédaïk en essayant, par les bois, d'y amener le plus grand nombre possible de leurs bestiaux.

Quelles alternatives s'offraient à la famille de madame Françoise après l'échec de son déménagement vers l'île Saint-Jean? Les nouvelles en provenance de Malpèque faisaient référence à des dégâts considérables après le passage de la formidable tempête. Encore une fois, les récoltes s'étaient avérées fort mauvaises à l'automne. La famille avait presque tout perdu dans l'aventure, et l'hiver se pointait maintenant le bout du nez. En réalité, on avait abandonné complètement le projet de l'île Saint-Jean, et le clan était plutôt partagé pour la suite des choses.

Pierre Arseneau, qui tentait d'assumer de son mieux son nouveau rôle de chef de « famille », réunit de nouveau les plus âgés dans l'espoir de trouver, pour chacun, une façon de passer l'hiver. Sont donc autour de lui, dans un hangar appartenant à leur beau-frère Simon Vigneau, Vincent, Claude et Marie, la plus âgée des filles, déjà mariée à Germain Girouard.

— Ce que je vous propose, c'est simplement que nous retournions tous nous placer sous la protection du fort, à la pointe Beauséjour. Nous serons comme les autres réfugiés. Le Loutre affirmait que des provisions seraient envoyées de Québec pour nous permettre de passer l'hiver et que nous serions soutenus le temps de nous réinstaller. Notre mère n'est plus là, il nous faut faire face à la situation. Nous ne sommes pas les seuls

nous abandonnons à l'Angleterre ce terrain qui comprend plus de cent quatre-vingts lieues de côtes…, il faut renoncer à toute communication par terre de Canada avec l'Acadie et l'isle Royale et à tout moïen de secourir l'une et de reprendre l'autre". »

à vivre des moments pénibles. Dans tous les sentiers, sur toutes les routes, les Acadiens sont en marche, cherchant un endroit où trouver la paix et de quoi calmer leur faim.

— Rien ne nous assure que ces provisions seront disponibles. Nous ferons peut-être ce trajet pour nous placer dans une plus grande misère encore.

— Tu as raison, Vincent. Nous pourrions demeurer ici. Juste à côté, il y a aussi le fort Gaspareau avec sa petite garnison. Mais ce ne sont pas une dizaine de soldats qui réussiront à décourager une invasion des troupes anglaises, si elles décidaient une incursion. Qu'est-ce que tu proposes?

— Ma femme et moi pensons que, tant qu'à nous placer sous la protection des troupes françaises, aussi bien nous installer dans l'île Royale. Demeurer dans cette région-ci veut dire commencer par «défricher», pour reconstruire des fermes sur des terres moins fertiles, dans une région où les forts se font de plus en plus nombreux, donc plus exposée à la guerre et aux attaques de toutes sortes. Moi, je suis disposé à m'installer sur une terre à l'île Royale. Les autorités de Louisbourg ne demandent que cela. S'il le faut, nous travaillerons aux pêcheries comme marins ou comme engagés. Une chose est certaine: Louisbourg est l'endroit le plus sécuritaire pour nous. J'ai décidé de demeurer ici, à la baie Verte. Mon beau-père va nous y rejoindre avec les siens. Nous attendrons notre chance, soit avec Jean, soit avec un autre navire en partance pour Louisbourg. Il y a déjà des nôtres installés sur l'île Madame, de même qu'à Port Toulouse. Nous voulons repartir de zéro. Là aussi, on nous promet du soutien en tant que réfugiés. C'est la famille de Marguerite, la femme de Joseph (Poirier) qui m'a convaincu d'y tenter notre chance.

— C'est donc que tes beaux-parents sont en accord avec vos projets?

— C'est certain, Marie, que ce n'est pas une décision facile. Mais Marguerite et moi, nous pensons que notre vie sera meilleure si nous recommençons plus loin, assez loin pour ne pas tous les jours regretter les temps anciens, alors que nous sommes juste à côté des terres sur lesquelles nos pères ont tant travaillé et qui nous sont, à jamais, inaccessibles.

— Germain et moi (Germain Girouard, époux de Marie), nous avons décidé, avec Claude, avec Marguerite notre sœur, de nous installer à Tintamarre, sur des terres assez fertiles, le long de la jolie rivière Tintamarre. C'est juste assez loin pour ne pas avoir constamment nos anciennes terres sous les yeux. Nous pouvons nous débrouiller facilement, mieux qu'à l'île Saint-Jean.

— Marie a raison, Pierre. L'idée de Vincent se défend aussi. Nous pouvons penser que, s'il y a tant de mouvements, tant de réfugiés en temps de paix, dès que la guerre, qui finira bien par reprendre entre les couronnes européennes dans les vieux pays, sera de nouveau déclarée, nous revivrons l'enfer. Tintamarre est un bon choix pour nous, qui sommes des fermiers, et ces terres, au sud du coteau Jolicœur, se trouvent juste suffisamment éloignées des fortifications.

— C'est bon. Chacun est responsable de ses choix. Je prends avec moi les deux derniers, Joseph et Jean-Baptiste s'ils le désirent, et les orphelins de notre frère Charles, et je retourne vers la pointe Beauséjour. L'abbé Le Loutre recherche des bras pour réaliser son énorme projet de construire autour du fort une série d'aboiteaux permettant d'enrichir les terres avoisinantes des alluvions des marais. Il veut aussi reconstruire l'église… Ce n'est qu'une question de temps pour que toute la région retrouve la prospérité et le calme des temps anciens. Ce qui importe, c'est que, le plus possible, nous puissions faire porter des nouvelles aux autres membres de la famille sur la façon dont chacun se porte. N'oublions jamais qui nous sommes.

2.2.3 Solidarité oblige

Marie Cyr était demeurée, avec ses enfants, auprès de ses beaux-parents depuis le moment où Charles était venu lui annoncer la triste nouvelle de la disparition en mer de son homme. Il avait fait preuve de courage, son Joseph, comme toujours ; c'était bien l'homme qu'elle connaissait, celui qu'elle aimait tant. Elle songeait aux derniers moments qu'ils avaient passés ensemble. Les dernières semaines avaient été inquiétantes. Joseph toussait de plus en plus, comme madame Françoise, de cette toux qui ne vous lâche plus, vous arrache vos dernières forces, votre dernier souffle. Marie s'attendait au pire, elle se doutait que tout cela n'annonçait rien de bon. Elle avait de la peine, à n'en pas douter. Par contre, elle ne savait trop pourquoi, elle ressentait aussi du soulagement de ne pas avoir à affronter, à vivre avec lui les derniers moments de cette maladie, alors que l'on cherche son souffle. Les transports de la mort sont longs. Elle serait morte de chagrin de voir ainsi son Joseph diminué, crachant le sang, tout en sachant parfaitement ce qui l'attendait. Finalement, le bon Dieu avait bien fait les choses.

La mort fait partie de la vie, et la vie continue pour ceux qui restent. C'est ce que lui avait dit le vieux Claude Bourgeois, son beau-père, qui parlait avec sagesse et aussi avec l'expérience de ses soixante-quatorze ans. Le vieux Claude et son épouse, toujours vivante, aimaient avoir autour d'eux leurs enfants et leurs petits-enfants. Seulement voilà, la situation avait considérablement changé depuis l'incendie du village. D'abord réfugié à la pointe Beauséjour, le clan ne pouvait se décider d'y passer l'hiver, comptant essentiellement sur les provisions venant de Québec. Le vieux Claude avait expliqué aux siens que ces provisions passeraient par les eaux du golfe du Saint-Laurent et seraient débarquées à Gédaïc ou à la baie Verte. Il serait donc plus sage de se rapprocher, apportant ce qu'ils avaient réussi à préserver, de leurs biens, lors du grand incendie.

— Nous traversons des moments difficiles, ma bru, et il ne faut surtout pas manquer de courage. Nous nous considérons chanceux, Anne et moi, de n'avoir perdu que Marie, lorsqu'elle était encore jeune, et de pouvoir encore compter sur cinq de nos six garçons.

— Vous me connaissez, le beau-père : le courage ne m'a jamais fait défaut. Sauf que, de me retrouver avec quatre enfants sur les bras, pour ainsi dire, ce n'est pas rassurant.

— Ton plus vieux est capable. C'est un homme, il est fort en « torvis ». À dix-sept ans, il tient son bout comme aucun jeune de son âge. Puis la solidarité, l'union de la famille est la meilleure assurance contre la misère. Tu peux compter sur tous nous autres pour t'aider. Tant que je pourrai veiller sur le clan, tu auras ta place comme les autres, comme la femme de mon Joseph… Ton garçon Michel pourra te soutenir, t'aider pour la construction de ton abri, temporaire, quand nous serons arrivés à la baie Verte[64]. Et la petite Théotiste, elle réagit comment à la disparition de son père ?

— Elle savait que son père était parti avec la famille de madame Françoise. Elle questionne pour savoir si sa mort a quelque chose à voir avec la mer Rouge. À neuf ans, les enfants posent déjà beaucoup moins de questions. Il est vrai que Théotiste est une fille plus curieuse que les autres. Elle est sérieuse, le beau-père, et vaillante. Une chance que je l'ai pour m'aider. Qu'est-ce que vous pensez de la situation, le beau-père, avec votre expérience ? Croyez-vous que l'idée de Le Loutre de construire des aboiteaux autour du fort a des chances de réussir ?

— J'ai moi-même travaillé à la construction d'aboiteaux sur la rivière Mésagouèche et je peux t'assurer que l'aventure de Le Loutre a peu de chance de réussir. Cela représente un travail de plusieurs années, qui ne donnera de bons résultats qu'à long

---

64. SURETTE, Paul, *Atlas…*, p. 56 : « Quant à la famille des sœurs Gravois, la mère veuve et le frère Pierre suivent le beau-père, Claude Bourgeois, à la baie Verte. » Pierre Gravois avait épousé la jeune sœur de Joseph Bourgeois, Rosalie Marie.

terme… En plus, la région immédiate est trop exposée aux incursions des Anglais. Charles Lawrence, qui passe son temps à faire surveiller les frontières dans la région, a construit un fort sur les ruines de notre village. Les digues sont plus efficaces dans les marais salés. Tu crois qu'il va nous laisser nous réinstaller tranquillement de ce côté-ci de la rivière? Jamais. Il va tout faire pour saboter le projet.

— Pour certains, c'est la seule chance que nous avons de recommencer, en construisant un autre village, une église, un moulin, en profitant de la protection du fort…

— Tu me demandes ce que j'en pense. Je te le dis. C'est certain que je n'irai pas les décourager pour me retrouver avec Le Loutre, les Micmacs et les autorités du fort sur le dos, sans oublier ma famille. Cependant, je peux t'assurer qu'il n'y a plus d'avenir pour nous dans la région immédiate; c'est pourquoi nous irons passer l'hiver à la baie Verte. Le projet de Le Loutre vise à nourrir la garnison du fort plus qu'à réinstaller les Acadiens sur des fermes prospères, comme c'était le cas avant.

— Si c'est de même, qu'est-ce qui nous attend? Comment est-ce que vous voyez l'avenir?

— Je pense plus à vous autres, à vos enfants. À notre âge, ta belle-mère et moi… Nous et mes garçons, nous avons décidé de ne pas passer l'hiver ici. Pourquoi attendre le printemps prochain? Dans les alentours de la baie Verte ou un peu plus au nord, à Chédaïk, les terres sont assez fertiles et les aboiteaux ne sont pas nécessaires. Tu sais, ma fille, personne n'est sûr de rien, pas plus moi que les autres. Il faut d'abord passer l'hiver, après on verra. Ici ou ailleurs, il nous faut compter sur le soutien des autorités françaises pour relancer nos fermes. Peut-on se fier aux promesses des autorités de Québec? Ce sont elles qui ont brûlé les fermes de notre village; ce sont elles et leurs représentants qui nous ont incités, avec force, à venir nous réfugier en territoire français. Si ce soutien n'est pas là, ce sont des moments encore plus pénibles qui attendent notre peuple.

— En tout cas, le beau-père, moi, j'ai l'intention, avec les enfants, de vous suivre si vous n'y voyez pas d'inconvénients.

— Je te l'ai dit, ma fille, tu peux compter sur nous.

Cette longue conversation avec son beau-père fit le plus grand bien à Marie. Les Bourgeois constituaient, depuis longtemps, sa famille. Elle se sentait bien avec eux, ses enfants aussi. Elle appréciait ses beaux-frères et ses belles-sœurs.

Cependant, l'hiver ne fut pas aussi facile qu'on le pensait. Très rapidement, les provisions avaient fait défaut. Les réserves épuisées, on avait attendu les secours annoncés et l'aide de Québec. Des bateaux étaient effectivement partis de la capitale de la Nouvelle-France, une brigantine s'était pointée dans la baie de Chédaïk, mais on avait attendu en vain que des provisions soient distribuées aux réfugiés Acadiens[65]. D'abord, les garnisons des forts Beauséjour et Gaspareau avaient prélevé le nécessaire. Puis, à n'en pas douter, les Micmacs avaient exigé que l'on pensât à eux d'abord. Chédaïk est un campement micmac important. De plus, les Micmacs représentent des guerriers beaucoup plus craints des Anglais que ne le sont les Acadiens, et même si la guerre n'est pas encore formelle, elle est toujours latente. Les malheureuses populations ne sont pas au courant des décisions et évènements qui souvent se déroulent loin d'eux, au-dessus de leur tête, et qui ont des conséquences énormes sur leur quotidien. Des incursions ou raids préventifs sont toujours possibles de façon à garder l'ennemi en éveil. Résultat : la faim se lisait sur les visages. Tout faisait défaut, et de façon plus cruelle les vêtements, couvertures et tout ce qui est nécessaire pour se protéger des intempéries. Heureusement, quelques Acadiens intrépides avaient accompagné, à la fin de

---

65. ARSENAULT, Bona, *Histoire des Acadiens*, p. 160 : « Le sieur de La Roque, recenseur de l'île Saint-Jean, en 1752, décrit en termes pathétiques "l'indigence, l'angoisse et l'extrême misère" dans lesquelles vivaient ces réfugiés Acadiens. »

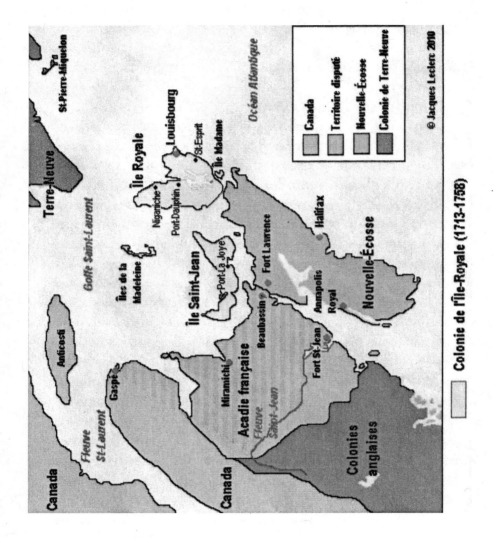

Colonie de l'île-Royale (1713-1758)

décembre, un navire affrété par les autorités de Port-La-Joie, avec un équipage incluant aussi des Micmacs, pour chasser le loup-marin aussi loin que les Ramées. Si l'huile était l'objet de ce périple, la viande rapportée par les Sauvages s'avéra un don du ciel.

2.2.4 Le printemps nourrit l'espoir

Les mois qui suivirent ramenèrent un peu de joie de vivre dans le cœur des habitants de l'Acadie française. Le printemps n'est-il pas lui-même synonyme de renaissance, d'espoir. Les Acadiens réfugiés s'étaient remis au travail, se construisant des habitations rudimentaires, plus solides, plus chaudes et se voulant permanentes. Des hameaux ne comptant jadis qu'une ou deux familles se mirent à prendre une expansion importante en accueillant des réfugiés. Le travail amorcé au début de la décennie par La Corne[66], avec la complicité des missionnaires pour rassurer les Acadiens et les attirer en territoires français, portait des fruits. Ce fut le cas des hameaux répartis en remontant la rivière Au Lac, et de Les Richardes, Tintamarre et Sainte-Anne, le long de la rivière Tintamarre, et de Memeramcook, sur la rivière du même nom. Toutes ces rivières coulent en direction nord-sud et se jettent dans la baie de Beaubassin. En profitèrent aussi Chipoudy, Petcoutiak et, plus vers l'est, La Coupe, Chédaïk, la baie Verte, sans oublier l'île Saint-Jean et l'île Royale. Tout le long du coteau Jolicœur, sur les hauteurs ou en contre-bas, des familles s'installent. Le projet de Le Loutre concernant la construction d'aboiteaux canalise des énergies et fait naître des espoirs. Il y a bien quelques escarmouches et accrochages avec les troupes du colonel Lawrence, mais les Acadiens sentent une réelle volonté des autorités de la Nouvelle-France de garder français l'isthme de Chignectou, la volonté de protéger les

---

66. Louis La Corne, officier militaire reconnu, 1703-1761.

frontières de l'Acadie française contre les tentatives d'intrusion des Anglais[67].

Ce parfum d'optimisme allait soutenir les efforts de ces réfugiés tout au cours de l'année dix-sept cent cinquante-deux. Le mouvement des familles se poursuivit cependant, de façon constante, au gré des attachements, des liens familiaux et des convictions de chacun. Le vieux Claude Bourgeois amena sa famille vers la baie Verte, puis vers Chédaïc. Il entraîna dans son sillage, entre autres, sa bru et jeune veuve Marie avec ses enfants, sans oublier la jeune Théotiste.

Dans la famille de madame Françoise, chacun mit en application ses décisions. Ainsi, on retrouva Vincent et son épouse à Port Toulouse[68], réfugiés sans moyens au milieu d'une petite communauté essentiellement tournée vers la pêche. Claude et ses sœurs, Marie et Marguerite, ont tout recommencé à Tintamarre. La plus jeune des filles, Marie-Anne, et son mari, Simon Vigneau, s'étaient rapprochés de la baie Verte, où ce dernier s'employait aux affaires de son frère Jacques dit Jacob, Maurice[69]. En ce qui concerne Pierre, avec ses deux jeunes frères et ses neveux, les enfants de son défunt frère Charles, il est retourné à la pointe Beauséjour, dans les environs du fort.

— Bonjour, Claude. Tu as fait bonne route le long de la Tintamarre?

---

67. Voir http://www2.umoncton.ca, Fonds Placide Gaudet. La Jonquière au ministre de la Marine : « Dans la belle saison il [S. de Saint-Ours] s'établira avec toute sa troupe à la pointe de Beauséjour afin d'empêcher les Anglois de s'établir sur nos terres… »

68. Voir http://www.acadian-home.org, *1752 census of Isle Royale, by Le Sieur La Roque*, transcrit vers l'anglais par Maureen McNeil. *« Census of new settlers, refugee acadians, Port Toulouse Vincent Arceneau, native of la Cadie, age 32 years, Marguerite Poirier, his wife, native of Port Royal, age 21 They have been in the colony two years. »*

69. Ce Jacques Vigneau, dit Maurice, commerçant prospère, tiendra à garder son indépendance. Il refusera de prêter le serment d'allégeance qu'exigent des Acadiens les autorités de Québec…Il fera aussi commerce avec les troupes anglaises…

— Un peu rapide, puisque je retourne avant la nuit tombée. Ce n'est pas le temps de s'éloigner pour de trop longues périodes, alors que les récoltes sont encore dans les champs.

— Tu as raison. Prends tout de même le temps d'entrer...

— Oui, oui. Il me semble que nous avions moins de travail lorsque nous nous limitions à l'élevage... Dis-moi, Pierre, vous avez toujours autant de travail au fort et sur l'église ? Tu crois que les plus jeunes pourraient s'absenter pour nous aider un peu, quelques jours seulement, dans le haut Tintamarre ?

— Cela devrait pouvoir s'arranger...

— Puisque vous vivez dans l'entourage du fort, vous n'avez pas le choix. Ils l'ont fait construire le plus près possible des habitations. Vous ne trouvez pas que les dirigeants poussent un peu fort...

— Qu'est-ce que tu entends par là, Claude ?

— Depuis que le sieur La Corne est venu, il y a deux ans je dirais, puis encore maintenant, avec le sieur Saint-Ours, depuis le retour de l'abbé Le Loutre... construire les aboiteaux, des fortifications un peu partout au nord de la Mésagouèche, tout cela se comprend bien, mais maintenant, ils exigent que nous soyons dans la milice ; ils veulent nous faire prêter un serment d'allégeance...

— Tu as raison, Claude, l'étau se resserre. Nous sommes entre deux feux. Si cela est vrai que nous sommes demeurés irrémédiablement attachés à la France, je dirais surtout à notre foi, il n'en demeure pas moins que, depuis trois générations, nous avons été des citoyens britanniques...

— Dont le roi exigeait un serment de fidélité sans réserve, comme encore aujourd'hui le nouveau gouverneur de la Nouvelle-Écosse, Corwallis ?

— On me dit que l'abbé Le Loutre repartirait dans la métropole pour tâcher de régler cette situation[70]... ce dont je doute. C'est comme si nous étions l'objet de marchandage.

---

70. Voir http://cyberacadie.com. «À la fin de décembre 1752, Le Loutre arrivait en

— C'est bien cela, avec des deux côtés la menace des Micmacs...

L'hiver suivant fut aussi pénible que le précédent. Le faible espoir suscité par les projets de reconstruction et les promesses d'approvisionnement se trouva souvent étouffé par les difficultés quotidiennes, quand ce ne sont pas tout simplement les soldats anglais qui, franchissant la rivière Mésagouèche, viennent endommager le travail accompli sur les digues et les aboiteaux des marais[71]. Quant aux secours promis aux réfugiés, que l'on a pourtant recensés et différenciés des habitants, les multiples intermédiaires prélevant au passage chacun leur part du butin empêchèrent toute assistance de leur parvenir. Parfois, on assistait tout simplement au détournement des marchandises, pire encore à la trahison, comme ce fut le cas de la part de Pichon, le commis du fort pourtant recommandé par Le Loutre lui-même. Cette situation ne pouvait qu'amener certains à douter de la justesse de leurs choix, à regretter de s'être laissé assujettir au carcan militaire qui régit la région de Beaubassin. Heureusement que les nécessités du quotidien obligent à la créativité. En d'autres mots, il faut s'organiser, survivre par tous les moyens.

2.2.5 La connaissance du pays

La vie sur la pointe Beauséjour n'est pas plus facile qu'ailleurs. Pierre à Françoise tenta de trouver une façon d'organiser son monde le mieux possible de sorte que, tout en tâchant de subvenir à leurs besoins essentiels, ils pourraient tirer profit de toute l'activité générée par la présence du fort. C'est ainsi

---

France... Selon Le Loutre, la France avait l'obligation de les [les Acadiens] reloger afin de les soustraire à la domination d'un peuple qui voulait anéantir le catholicisme... Les autorités françaises devaient ériger des "aboiteaux" ou digues... Il estimait les coûts de construction des aboiteaux à 50 000, montant que la cour lui accorda. »

71. SURETTE, Paul, *Atlas...*, p. 32.

que ses deux jeunes frères, Joseph et Jean, travaillèrent pour un temps à la construction de digues destinées aux projets de Le Loutre. En ce qui concerne ses neveux, Charles et Pierre Bénéry, ils trouvèrent à s'occuper à la reconstruction de l'église. Ils apprennent à connaître le nouveau missionnaire, François Le Guerne, qui supervise les travaux et qui s'occupe de la mission du Tintamarre. Tous sont cependant réquisitionnés pour le travail à faire afin de transformer ce qui n'était qu'un camp en un véritable fort : un travail colossal ! Personne n'est dupe : la tension énorme qui monte chaque jour un peu plus dans l'isthme de Chignectou pourrait très bien dégénérer, même si les métropoles sont en paix. C'est pourquoi la milice doit aussi se porter à la défense du fort, la petite garnison étant nettement insuffisante pour assurer sa protection. Mais en fait, que reste-t-il de cette paix ?

Trois ans seulement séparent Pierre Bénéry[72] de son oncle Jean, la même différence d'âge entre lui et son frère aîné. Pourtant, il se sent beaucoup plus à l'aise avec son oncle. Cela provient du fait que Bénéry, le préféré de madame Françoise et demeurant chez elle, a partagé la paillasse de son oncle Jean durant quelques années. Cela crée des liens, des complicités, inévitablement. Cette affection est réciproque. C'est pourquoi, lorsque l'on s'adressa secrètement à Jean pour qu'il agisse, à l'occasion, comme courrier entre les différents postes de défense de la région, il pensa instantanément d'y associer son jeune neveu.

— Nous serons des courriers pour des missions importantes, officielles comme on pourrait dire.

— Pas vraiment, Bénéry. Disons que ce qu'on nous demande, c'est plutôt d'effectuer des courses, de temps en temps, entre les différentes garnisons, d'agir comme commissionnaires. Il s'agit de rendre de petits services, de nous placer au service du roi, justement. Nous connaissons assez bien la région pour cela, toi

---

72. Pierre Arseneau, fils de Charles à Charles à Pierre, dit Bénéry.

et moi ; nous n'avons jamais cessé de courir les bois en toutes saisons, jamais raté une occasion de traquer le gibier, petit ou gros. Nous pouvons faire équipe aussi bien que n'importe qui. Maman nous a assez souvent encouragés à taquiner le poisson des rivières en utilisant les méthodes des Micmacs, à vivre dans les bois, comme eux.

— Cela signifie que nous serons tout le temps sur les routes, Jean ?

— Non. Juste de temps en temps. Nous formerons une équipe. Il est probable que les autorités du fort, avec l'abbé Le Loutre, souhaitent en avoir quelques-unes qui peuvent se relayer, pour éviter les soupçons.

— Je vais regretter mon petit travail sur l'église. J'aime beaucoup les tâches d'apprenti charpentier que l'on me confie. C'est agréable de travailler le bois. Les charpentiers qui m'emploient disent que j'ai beaucoup d'habileté.

— Tu pourras poursuivre tes activités, Bénéry, comme moi sur les aboiteaux, sauf que, de temps à autre, nous serons absents pour quelques jours, une semaine au plus. Nous serons à la chasse, à la pêche ou encore partis voir une tante malade dans quelque endroit de l'Acadie…

2.3 Le sort d'un peuple

2.3.1 Un colonel lieutenant-gouverneur

Ainsi la vie s'organise-t-elle lentement pour les Acadiens réfugiés en Acadie… Cette situation incroyable indique bien la confusion complète dans laquelle ce petit peuple tente de trouver un minimum de paix et de tranquillité. Les forts Beauséjour et Gaspareau, en territoire français, et le fort Lawrence construit sur les ruines mêmes du village, du côté anglais, ne sont que les signes visibles des enjeux énormes qui se rencontrent dans cette région. Les intérêts supérieurs des deux métropoles s'opposent, exigeant des Acadiens qu'ils choisissent entre les deux camps : soit irrémédiablement la France en devenant des traîtres, des réfugiés dans la nouvelle Acadie française, abandonnant là leurs terres, fruit du travail de plusieurs générations ; soit l'Angleterre, en se soumettant aux exigences du serment que leur demande le gouverneur Cornwallis[73], s'exposant du même coup aux représailles des leurs, comme de leurs alliés Micmacs. Le temps n'est plus à la neutralité. Voilà la trame selon laquelle se présente l'avenir immédiat de cette malheureuse population, prise en otage pour des considérations purement stratégiques. Ceux qui ont accepté de traverser la frontière incertaine entre les deux « Acadies » pour se diriger vers le nord se retrouvent indiscutablement en territoire français. Ils sont donc, aux yeux des autorités anglaises d'Halifax, des perfides pour lesquels il ne faut avoir aucune considération. Pour les dirigeants de la Nouvelle-France et les autorités des forts français, ils constituent les éléments essentiels au renforcement des positions et au maintien d'une liaison entre Québec, la capitale de la Nouvelle-France, et Louisbourg, la sentinelle assurant la liberté des communications maritimes dans le golfe du Saint-Laurent, permettant de maintenir ouverte la route maritime menant vers Québec.

On le devine bien, toutes ces considérations sont loin des préoccupations quotidiennes de ces gens simples et industrieux. Ils sont cependant bel et bien considérés, par les autorités françaises, comme des réfugiés et inscrits comme tels sur les recensements. Marie Cyr est parfaitement consciente de son statut de déplacée, et encore davantage depuis qu'elle est veuve. Après quelques hivers de privations pour elle et ses enfants, elle se demande vraiment ce qu'il va advenir d'eux. Pour l'instant, elle a l'assurance de son beau-père de bénéficier du soutien de

---

73. Voir http://cyberacadie.com. Cornwallis fut le fondateur d'Halifax en 1749 (dans la baie de Chibouctou), « sa nomination comme gouverneur inaugurait une nouvelle politique du gouvernement britannique... ».

toute la famille, mais qu'est-ce que cela peut signifier quand on a tout perdu ? Quand même les autorités de Québec ne peuvent tenir leurs engagements concernant les provisions, que l'on avait pourtant formellement promis de fournir aux réfugiés.

Le vieux Claude Bourgeois avait tâché de garder ses enfants auprès de lui le plus possible. Marie, sa belle-fille, épouse de son fils Joseph, n'est plus seule à vivre le veuvage. C'est le cas de deux de ses beaux-frères, dont Jean-Jacques[74] qui a lui aussi perdu sa femme, ce qui le laisse avec trois jeunes enfants sur les bras. Malgré toute sa bonne volonté, le vieux Claude ne peut placer sa famille entière à l'abri de tout ce qui guette les humains quand la famine et la maladie conduisent inéluctablement les plus faibles vers la mort. Les voilà maintenant à l'aube d'un nouvel hiver qui ne manquera pas d'exiger que l'on aille à l'extrême limite de ses forces physiques, mais surtout que l'on puise au plus profond de son imagination les moyens de survivre.

On manque de tout. Si la nourriture se trouve au cœur des préoccupations, il est aussi essentiel de protéger les siens contre les rigueurs du climat. Il faut également déployer des trésors d'imagination pour vêtir adéquatement les corps déjà affaiblis par une alimentation déficiente.

— Jean-Jacques, est-ce que la nouvelle maison de Marie sera prête avant l'arrivée des grands froids ?

— Je pense bien, papa. Si je continue d'avoir du soutien comme cette semaine, nous aurons tôt fait de monter le carré, et peut-être aussi la toiture. Les orphelins de madame Françoise sont venus nous aider, et le jeune Pierre Bénéry démontre pas mal de talent pour le maniement des outils. Il va faire un sacré bon charpentier, il ne craint pas de se hucher dans le faîte…

— C'est de valeur d'avoir été obligé de reconstruire un abri de plus, mais il était clair que je suivrais la famille Bourgeois.

---

74. Voir http://www.acadian-home.org/census1752.html pour la baie Verte. Il était marié à Claire Bourg.

Je vous avais prévenu, le beau-père. Celui-ci sera beaucoup plus chaud que le précédent; dans l'autre, on voyait le jour de partout. Dire que mon Joseph nous avait construit une si belle maison; Théotiste en parle encore. Toute cette période l'a profondément affectée. Elle a difficilement accepté que ce soient les Sauvages qui ont mis le feu à notre maison. Quelques mois plus tard, elle perdait son père. Heureusement, elle a une bonne constitution. Vous savez qu'elle participe aux travaux comme les garçons? Laissez-moi vous dire qu'elle ne donne pas sa place. Une chance, Jean-Jacques, que tu acceptes de faire tout ça avant l'hiver, autrement, je ne sais pas ce que j'aurais fait.

— C'est juste naturel, Marie. Mais je t'assure qu'avec ton plus vieux et les deux orphelins, on va te terminer cela en peu de temps. Ce ne sera pas encore la maison que vous aviez avant, toi et Joseph, dans le village, mais asteure, c'est ce que tout le monde construit. Vous savez, le père, un plancher à même le sol, un carré de maison en bois debout, dont on calfeutre bien les joints, et le tour est joué.

— Je sais bien, Jean-Jacques. Mais comment faire autrement? Nous manquons de tout, et personne ne sait pour combien de temps nous serons encore ici. Je ne suis pas très optimiste. D'après les nouvelles qui nous parviennent des Terriau et des Mius, aux Mines, le gouverneur de la Nouvelle-Écosse, Hopson, aurait quitté Halifax pour rentrer en Angleterre. Ce serait nul autre que le colonel Charles Lawrence qui prendrait sa place; ils l'auraient nommé lieutenant-gouverneur. Par ici, nous le connaissons trop bien, et il y a de quoi nous inquiéter…

— Ce n'est pas lui qui nous aime le plus…

— Je ne crois pas qu'il y ait grand monde qui l'aime, un point c'est tout! Et pas juste par ici, Marie.

— En tous les cas, les habitants de la région doivent vivre tous les jours avec, devant les yeux, sur les ruines de nos propres maisons, un fort qui porte son nom… Ce n'est certainement pas pour nous protéger. Nous sommes pris au piège. C'en était trop pour moi, c'est pourquoi nous sommes venus nous installer dans le coin de Chédaïc.

En effet, la venue de Charles Lawrence comme lieutenant-gouverneur de la Nouvelle-Écosse n'augurait rien de bon pour les Acadiens. Ce militaire de carrière était maintenant en Nouvelle-Écosse depuis 1747, et il connaissait parfaitement les enjeux de la région. Après son affectation à Louisbourg, à l'époque de la guerre de Succession d'Autriche, il était demeuré en Nouvelle-Écosse, surveillant les frontières dans la région de Beaubassin. Surtout, il connaissait parfaitement les Acadiens, leurs qualités comme leurs défauts. Lawrence[75] s'était construit une réputation d'intransigeance, même auprès des colons protestants venus s'installer dans la région d'Halifax; plusieurs l'accusèrent de violence. Ce qui ne fait aucun doute, c'est qu'il fera preuve d'une dureté qui ne fléchira jamais dans sa volonté de mettre au pas ces Acadiens récalcitrants.

On peut tenter d'expliquer son attitude envers le peuple acadien par une personnalité aux allures inhumaines, par une haine inexplicable envers ces mauvais sujets britanniques. En réalité, faut-il s'étonner d'une telle attitude chez un militaire de carrière qui épousa le point de vue simpliste qu'il trouva dans la correspondance de ses prédécesseurs, c'est-à-dire que, même si les Acadiens ne devaient pas être punis, ils devaient être obligés de prêter le serment d'allégeance? Cette position peut facilement se comprendre. Mais ce qui se comprend moins, c'est l'entêtement qu'il mit à les y contraindre. Et encore plus, les moyens extrêmes qu'il allait déployer. Il y a le contexte,

---

75. Le «règne» de Cornwallis dura trois ans (1749-1752). Il fut marqué par une dureté sans précédent envers les Acadiens. La maladie forcera son successeur, Hopson, à quitter Halifax un an plus tard (novembre 1753). Charles Lawrence fut nommé pour le remplacer. Ce dernier entra officiellement en fonction comme lieutenant-gouverneur le 21 octobre 1754, et il le demeurera jusqu'en 1756, quand Hopson annulera le poste. Lawrence fut alors fait gouverneur…

évidemment, mais il allait agir de sa propre autorité, commettre des actes d'une ampleur telle qu'ils ont peu d'équivalents dans l'ère moderne, et tout cela alors qu'il n'est que le lieutenant-gouverneur, alors que les autorités britanniques n'ont aucun plan de cette nature, et que personne ne lui a transmis d'ordre en ce sens.

2.3.2 Une drôle de chambre d'assemblée

L'insistance mise par Cornwallis sur le serment sans condition qu'il exigeait maintenant des Acadiens ramène inévitablement à l'avant-scène le rôle joué par les « députés acadiens » depuis le traité d'Utrecht. L'Acadie étant une colonie anglaise depuis dix-sept cent treize, lorsque le gouverneur Richard Philipps ordonne, en dix-sept cent vingt, aux Acadiens de Port-Royal de se choisir six députés, qui devront discuter de la question du serment d'allégeance inconditionnelle par lequel ils promettaient de rester fidèles au roi de Grande-Bretagne, George Ier, tant qu'ils habiteraient la Nouvelle-Écosse, quelles alternatives s'offraient alors aux Acadiens pour faire valoir leur point de vue[76]? Auraient-ils pu agir autrement?

La réalité est que les députés acadiens, choisis annuellement à partir de dix-sept cent vingt, vont refuser, année après année, de prêter un serment inconditionnel. Les Britanniques n'auront pas le choix: ils devront tolérer cette position, n'ayant pas, jusqu'à la fondation d'Halifax, les moyens militaires de les y forcer. La situation allait évoluer quelque peu au fil des ans, mais, mis à part l'épisode où le lieutenant-gouverneur Arsmstrong réussira, en dix-sept cent vingt-six, à faire accepter un serment aux habitants de la rivière Annapolis en inscrivant dans la marge de la traduction française une clause que demandaient

---

76. Les Acadiens souhaitaient s'engager à demeurer neutres dans l'éventualité d'une guerre entre la France et l'Angleterre...

les Acadiens selon laquelle ils étaient exemptés de porter les armes contre la France, les Acadiens voudront s'en tenir à une parfaite neutralité.

Plusieurs Acadiens s'en remettront au serment de fidélité proposé aux habitants de Chignectou et des villages dépendants et accepté par Robert Wroth en dix-sept cent vingt-sept, au moment de la venue sur le trône de George II. Ils feront souvent référence aux trois conditions acceptées par le représentant du nouveau monarque[77].

Avec la venue de Lawrence comme lieutenant-gouverneur, il ne leur sera plus possible d'invoquer quelque raison que ce soit pour éviter d'avoir à prêter le serment de fidélité inconditionnel, sans risquer de perdre tous leurs biens. Pourtant, Lawrence était déchiré, sachant qu'il avait toujours besoin des Acadiens. Aussi aurait-il souhaité faire rentrer en Nouvelle-Écosse ceux qui en sont sortis. Il les accuse d'entêtement, de tricherie, de partialité envers les Français, d'ingratitude envers Sa Majesté britannique, qui les comble de grâces et de protections. S'ils refusent le serment, mieux vaut qu'ils disparaissent.

Comment faire comprendre toutes ces subtilités aux jeunes gens qui se pressent autour de lui ? C'est la question que se pose le vieux Claude Bourgeois. Lui-même, malgré son âge avancé, ne sait pas trop bien quelle serait la meilleure attitude à adopter. Avant sa mort, son fils Joseph avait parlé de retourner s'installer sur son ancienne propriété[78], de se soumettre aux demandes

---

77. Ces conditions étaient celles-ci :
   – Qu'ils seront exemptés de prendre les armes contre qui que ce soit tandis qu'ils seront sous la domination du roi d'Angleterre.
   – Qu'ils seront libres de se retirer où bon leur semblera et qu'ils seront déchargés du seing qu'ils auront fait aussitôt qu'ils seront hors de la domination du roi de la Grande-Bretagne.
   – Qu'ils auront leur pleine et entière liberté de leur religion et d'avoir des prêtres catholiques, apostoliques et romains.

78. SURETTE, Paul, *Atlas...*, p. 33 : Joseph Bourgeois ne fut pas le seul à être tenté par ce retour... Le 24 septembre 1753, «quelque 80 familles réfugiées du Beaubassin, pour la plupart du Lac, soumettent au conseil d'Halifax une requête où ils

des autorités anglaises. Comme les autres, il s'était retenu par crainte de représailles des Français eux-mêmes. Les amis de l'abbé Le Loutre, les Micmacs, ne faisaient pas de quartier à personne, et quiconque faisait un tel geste devenait plus qu'un traître, il devenait un ennemi à abattre.

Claude Bourgeois a souvent entendu parler de ce serment que l'on exigeait des Acadiens. Son grand-père Jacques, à titre de député acadien d'Annapolis Royal, avait apposé son nom au serment d'allégeance, prêté le vingt-deux janvier dix-sept cent quinze. Son propre frère Charles, quant à lui, était l'un des signataires de la réponse des habitants de Beaubassin concernant ce même serment.

— Grand-père, vous, auriez-vous prêté ce serment inconditionnel ?

— Jamais ! Tu sais bien, Théotiste, que moi, ton grand-père, je n'aurais jamais été capable de renoncer à ce que nous sommes. N'oublie pas que mon grand-père à moi était venu de France, que nous sommes pour toujours Français. De toute façon, juste l'idée qu'il me faudrait renier la religion de mes pères me rend malade. Risquer de me retrouver pour l'éternité dans les flammes de l'enfer, tu n'y penses pas !

— C'est payer pas mal cher pour son ciel, vous ne trouvez pas, grand-père ? Papa, avant de périr noyé, avait parlé d'accepter les conditions des Anglais afin de pouvoir retourner sur la terre ancestrale…

— Ton père, comme moi et tous les autres, nous nous demandions quand tout cela allait bien se terminer. Va falloir que notre roi, Louis, réalise un jour que nous sommes là, nous les Acadiens, ses fidèles sujets.

— Je ne suis pas très vieille, mais je n'ai jamais connu autre chose que les disputes, la méfiance et la crainte des Anglais.

---

expriment leur désir de revenir à leurs anciennes terres et suggèrent sous quelles conditions cela pourrait se faire. »

— La France est une grande nation, ma petite-fille. Elle ne va pas laisser l'Angleterre faire à sa guise éternellement. Il ne faut jamais perdre espoir. Avec l'aide de nos alliés Abénakis, Micmacs, avec le soutien des autorités du Canada, nous allons retrouver très bientôt la paix et la tranquillité. Je ne perds pas espoir de connaître ce bonheur de mon vivant. Il faut prier, prier beaucoup, Théotiste.

2.3.3 Une occasion en or

Le temps passa sans que l'on fasse beaucoup appel à la jeune équipe de Cointin et Bénéry (on ne les appelait déjà plus autrement que par leur surnom). Il faut dire que, chez les Acadiens, la tradition veut que l'on relève le prénom d'un des membres de sa famille immédiate. Le nom de famille n'est presque jamais utilisé pour désigner quelqu'un, et comme les prénoms ont aussi une fonction de mémoire, il faut trouver une façon d'identifier clairement de qui il s'agit. On peut parfois ajouter qu'il s'agit du garçon d'un tel et rappeler ainsi le prénom de son père, y ajouter celui de son grand-père et même de son arrière-grand-père, si c'est nécessaire. Pierre à Charles, à Charles, à Pierre. N'est-il pas beaucoup plus simple de l'identifier par son surnom : Bénéry ?

Tous ces Acadiens réfugiés, entassés autour du frêle fort Beauséjour, étaient trop occupés à assurer leur survivance quotidienne pour se préoccuper des allées et venues de ces quelques jeunesses, des orphelins qui, pour ne pas eux-mêmes mourir de faim, disparaissaient quelques jours dans les bois. Au fil des rencontres et des amitiés amérindiennes, ils complétaient ainsi leur éducation de survivance. Et s'il leur arrivait de faire bonne chasse en tombant sur un gros gibier, ils seraient pour quelques jours les héros ayant permis à la communauté d'apaiser un tant soit peu sa faim, de ramener pour un moment le sourire sur le visage d'un ancien. Parfois, on profitait de ces escapades pour visiter quelques amis déplacés ailleurs sur le vaste territoire de l'Acadie.

Au début de l'année dix-sept cent cinquante-quatre, Bénéry s'était rendu à Chédaïc, question d'aller saluer le vieux Claude Bourgeois. Toute sa famille venait de s'installer là. Leur souhaiter la bonne année, c'était la raison officielle. Bénéry avait aussi gardé beaucoup d'affection pour Marie, la mère de Théotiste, son amie d'enfance un peu plus jeune que lui. Il avait toujours senti en lui comme un désir de la protéger. Depuis sa toute petite enfance, à l'époque heureuse où il accompagnait sa grand-mère Françoise, il adorait se retrouver en sa compagnie.

Rien n'était jamais compliqué avec Théotiste. Elle était curieuse, enjouée mais réservée, et Bénéry la retrouvait toujours avec grande joie. Il ne demeura que quelques jours, mais il allait conserver de sa visite des souvenirs impérissables qui réchaufferaient pour longtemps son cœur dans les moments de solitude. Marie démontrait tellement de courage, et Théotiste, dans sa treizième année, devenait de plus en plus une jolie jeune fille.

L'hiver avait été difficile; encore un autre, avec son lot de difficultés. Le sort de ces réfugiés était loin d'être enviable, car tout faisait défaut. Quel avenir leur était réservé? Rien n'était certain, et cette question devenait lancinante. Heureusement, le printemps ne se fit pas attendre, et très tôt on s'activa aux travaux essentiels. Personne ne pouvait demeurer inactif, car tout était encore à faire. D'abord les digues, dont les travaux étaient retardés faute de main-d'œuvre; personne ne croyait plus vraiment aux chances de voir ce travail colossal aboutir. Chacun préférait, lorsque c'était possible, se soustraire à ces corvées. Tous espéraient améliorer leur quotidien et cultiver quelques denrées pour les temps difficiles qui ne manqueraient pas de revenir.

Bénéry avait remarqué depuis quelques jours, parmi les rares navires ancrés dans la baie de Beaubassin, une chaloupe[79] qui l'avait particulièrement intriguée. On lui avait dit qu'elle

---

79. Voir http://www.mrugala.net. Glossaire sur les navires. Chaloupe: petit navire à un mât et un foc. Appelé aussi *sloop*.

était la propriété de Joseph Dugas. Ce dernier était venu discrètement, déjouant les sentinelles du fort Lawrence, avec l'intention de se procurer les bêtes à cornes dont il avait absolument besoin pour honorer ses contrats d'approvisionnement avec les autorités de Louisbourg. Joseph Dugas était un Acadien fort bien connu, dans la force de l'âge. Sa réputation le précédait et on disait de lui qu'il était riche[80]. C'est le nom de cette chaloupe – l'*Espoir* – qui amena Bénéry à se rapprocher, à s'enhardir jusqu'à rencontrer son capitaine.

Ce ne fut pas difficile, surtout que Joseph Dugas était aussi à la recherche de jeunes marins et que cette région de Beaubassin avait toujours été reconnue comme idéale pour y recruter ce genre de main-d'œuvre. Les jeunes Acadiens, surtout les orphelins comme Bénéry, étaient naturellement attirés par la double perspective d'une vie libre et la possibilité de trouver ainsi une façon de gagner leur vie. Il en avait parlé avec son oncle Pierre, qui ne l'avait pas découragé.

— Alors, mon jeune, tu serais prêt à t'embarquer sur l'*Espoir*? Comment tu t'appelles?

— Je suis Pierre à Charles, à Charles, à Pierre Arseneau.

— C'est donc bien long!

— On m'appelle aussi Bénéry.

— J'aime mieux ça. Tu n'es pas bien grand, mais t'as l'air costaud, Bénéry. T'as jamais navigué?

— Heu… pas vraiment. Il n'y a pas beaucoup de pêcheurs à Beaubassin… Mais j'ai toujours aimé la mer et, avec le défunt Joseph Bourgeois, j'ai souvent fait des petites excursions. Je ne suis pas un peureux, vous allez voir. Pis j'ai 15 ans.

— Tu parles beaucoup. À quinze ans, mon jeune, je commandais déjà mon propre bateau[81]. Alors, si tu veux

---

80. S'il l'avait été, la guerre de 1744-1748 l'avait ruiné. Voir http://cyberacadie.com: Joseph Dugas. «Le recensement de 1752 décrit Dugas comme un "habitant-caboteur"; ses biens étaient maigres.»

81. *Idem.* «Joseph Dugas était tout jeune quand sa famille s'installa dans la nouvelle

t'embarquer, t'as intérêt à écouter plus qu'à parler. Ne m'as-tu pas dit que ton arrière-grand-père s'appelait Pierre? Pierre Arseneau, le fameux «pirate» de capitaine?

C'était la première fois que Bénéry entendait parler ainsi de son ancêtre. Il ne savait pas trop que répondre. Dugas avait posé la question avec un sourire au coin des lèvres. Aussi commença-t-il immédiatement à mettre en pratique les recommandations de son capitaine. Il ne répondit pas. C'est Dugas qui reprit la conversation.

— T'as peu de temps pour faire tes adieux à ta famille, mon Bénéry. Demain, il nous faut avoir embarqué les quelques dizaines de bêtes à cornes que j'ai été à même de marchander dans la région et nous appareillerons immédiatement après pour Louisbourg. Pas question de laisser aux hommes de Lawrence le temps de nous intercepter.

— Ça ne sera pas long, les adieux, capitaine. Je suis orphelin depuis longtemps.

Louisbourg: le mot résonnait encore dans la tête de Bénéry. Combien de fois avait-il rêvé de marcher dans les rues de cette ville fortifiée! Cette idée le remplissait de joie. Quelle aventure! La possibilité de réaliser enfin une partie de ses rêves l'excitait au plus haut point. S'embarquer comme mousse sur un navire, comme son ancêtre qui, après avoir traversé les océans, avait parcouru les côtes de l'Atlantique, le golfe du Saint-Laurent et la baie Française. Naviguer avec Joseph Dugas, faire son apprentissage sous les ordres d'un capitaine qui, à son âge, était déjà commandant de son propre navire! Bénéry était tout à fait disposé à faire avec Dugas son «matelotage».

C'est la tête remplie de ses projets que Bénéry alla annoncer la nouvelle à ses oncles. Après les recommandations succinctes de son oncle Pierre, qui ne fit que lui confirmer qu'il était

---

colonie de l'île Royale (île du Cap-Breton). En 1729, à l'âge de 15 ans, il commandait le *Nouveau Commerçant* faisant le cabotage entre Louisbourg et l'île Saint-Jean.»

désormais seul responsable de sa destinée, il se retira avec ses deux oncles, Joseph et Jean, les deux « Cointin », question de les faire envier un peu en fumant une dernière pipée, en cachette.

— Ben, mon Bénéry, tu nous surprends encore une fois. Je ne pensais jamais que tu aurais le cœur de t'embarquer dans une telle aventure.

— Vous avez fini de m'étriver, tous les deux ?

— La vie de marin n'est pas ce qu'il y a de plus facile. Tu le sais.

— Tu oublies que « papa » y a laissé sa vie ? Je le sais encore plus depuis que nous avons perdu le père de Théotiste et grand-mère Françoise. Je sais aussi qu'il n'y a rien de bon pour moi ici. Même les autorités du fort ne nous font pas confiance. La situation ne peut qu'empirer à la pointe et dans les environs du fort. Nous serons bientôt forcés de nous joindre à la milice, même si nous n'en avons pas tout à fait l'âge. Je souhaite seulement assurer mon avenir en explorant des endroits nouveaux en attendant qu'il soit possible de nous fixer définitivement. C'est le métier de notre ancêtre ; il n'y a pas de honte à faire sa vie sur la mer. Je crois bien que j'aimerais, plus tard, faire ma vie à la pêche.

— Tu n'as jamais été aussi bavard, Bénéry. On pourrait jurer que tout sort tout d'un coup.

— Ce doit être l'excitation. Il faudra que j'apprenne à retenir ma langue. Pourtant, je n'ai jamais été un grand parleur. Vous allez me manquer, tous les deux. Ça, c'est certain.

— Il y aura peut-être une fille aussi qui pourrait te manquer ?

— Ne vous occupez pas de ça.

2.3.4 La situation change

Bénéry ne mit pas très longtemps pour rassembler les rares effets personnels qu'il possédait. Quelques vêtements chauds, un chandail de laine tricoté par sa grand-mère Françoise, auquel il tenait beaucoup, des petits outils qui ne le quittaient jamais, en particulier un couteau qui se glisse dans un étui en peau de renard que lui avait fabriqué un ami Micmac. Son baluchon pouvait être considéré comme un ami fidèle toujours prêt à l'aventure. Il ne lui pesait pas beaucoup sur l'épaule, au moment où il rejoignit le navire qui deviendrait, en quelque sorte, sa nouvelle maison. Cela lui faisait tout drôle de penser qu'il s'embarquait ainsi pour l'aventure, sur les mers. Il pensa à son père, qu'il n'a presque pas connu, pas plus que son grand-père. Ces hommes, il ne les connaissait que par sa grand-mère Françoise. Lui, Pierre dit Bénéry, il serait celui qui suivrait les traces de son arrière-grand-père, que Joseph Dugas avait appelé le « pirate ».

Bénéry eut tôt fait de mettre fin à ses rêvasseries. Lorsqu'il arriva sur la grève, l'équipage s'employait déjà à rassembler la trentaine de bêtes à cornes, avant de les diriger dans de petites barques jusqu'à la chaloupe qui attendait à courte distance du rivage.

— Allez! Tu es le petit nouveau? Aide-nous à embarquer tout ça. Place-toi de ce côté avec le Mousse, pour ne pas que les bêtes dévient. Grouille-toi, on n'a pas toute la journée.

Le ton ne souffrait pas de réplique; aussi Bénéry s'exécuta-t-il rapidement, en allant se placer avec celui qu'on lui avait désigné comme le Mousse. L'ordre intempestif lui était venu d'un grand gaillard qui dépassait tous les autres d'une bonne tête. Lorsque les bêtes furent toutes dans la cale de l'*Espoir*, Bénéry regarda plus attentivement son compagnon. Le Mousse était le fils le plus âgé de Joseph Dugas, et son père comptait en faire un marin de première classe. À douze ans, on ne peut pas dire qu'il montrait tous les signes d'un apprenti docile et vaillant. Il était plutôt paresseux et peu doué pour la discipline. Lorsqu'on considérait sa petite taille, la grosseur de ses membres, on doutait qu'il pût être d'une quelconque utilité sur un navire.

L'équipage le surnommait le Mousse, autant pour marquer le fait qu'il était le fils du capitaine que pour désigner les fonctions qui étaient les siennes sur le navire.

— Bonjour, on m'appelle le Mousse. Et toi, t'es Bénéry, d'après ce que m'a dit mon père.

— Je m'appelle Pierre…

— Laisse faire le Pierre. Tout le monde s'appelle Pierre ou Joseph sur ce foutu navire, la moitié de l'équipage, si je ne me trompe pas.

— C'est bon, Bénéry, ça va faire. Et toi?

— Le Mousse, ça ne sera pas difficile à retenir.

— Va pour le Mousse. Il y a longtemps que tu fais partie de l'équipage?

— Depuis toujours. Depuis que je suis capable de me traîner à quatre pattes, papa est toujours sur mon dos. Je suis content que tu te joignes à nous.

La conversation fut interrompue lorsqu'un ordre retentissant demanda à tout l'équipage de prendre son poste pour les manœuvres d'appareillement. Bénéry se contenta d'observer et suivit le Mousse, se disant que son rôle sur l'*Espoir* risquait de ressembler beaucoup au sien. Bien qu'il eût fait quelques courses avec Joseph (Bourgeois), Bénéry se rendait bien compte qu'il avait encore tout à apprendre de ce qu'il y a à faire sur un navire. À commencer par apprendre à bien connaître les noms de ses différentes composantes. Distinguer bâbord et tribord n'était pas difficile, de même la proue et la poupe, mais chaque partie d'un navire se désigne par un mot particulier. Il faut différencier le bau du beaupré, le premier étant la poutre supportant le pont d'un navire, le second étant le mât oblique à l'avant d'un voilier, qui se prolonge par un bout-dehors. De même pour les différentes voiles, bien que la chaloupe ne soit pas le plus compliqué des navires. Il lui faudrait encore apprendre à reconnaître le sens des commandements qui sont adressés à l'équipage, qui souvent se résument à un mot, une expression. « Carguer » veut dire replier les voiles autour de la vergue ; « choquer », diminuer la tension d'un cordage ; « déferler », déployer, larguer les voiles. Pour l'instant, Bénéry savoure les premiers glissements de l'*Espoir* sur les eaux calmes et rosées de la baie de Beaubassin.

Il jeta un dernier regard vers le lieu où il vécut son enfance, puis vers la pointe Beauséjour, sur laquelle est érigé le frêle fort du même nom. Il se sentit seul tout à coup, moins brave que la veille avec ses oncles « Cointin ». Il ne sait rien de ce qui l'attend...

— Allez ! Viens, Bénéry, allons déposer tes affaires.

— Le Mousse, dans quel coin tu niches ?

— Cela dépend du temps qu'il fait. Avec le chargement que nous avons, il n'est pas question de la cale.

Bénéry sentait déjà que les contacts seraient plus faciles. La discussion était plus familière et Bénéry ferait tout pour que Mousse devienne son allié. Pour rien au monde, il ne voulait l'indisposer à son égard.

— Je vais dire comme toi. Ça nous prend tout de même un abri.

— Le gaillard, marin d'eau douce ! Le gaillard avant. Ne t'avise jamais de fouiner autour du gaillard arrière sans autorisation, tu risquerais de te faire frotter les oreilles, et même pire encore. C'est là le domaine de Faraud. Le jour où nous pourrons tenir la barre, nous aurons accès à la dunette.

— Qui est Faraud ?

— Faraud, c'est le second, le seul officier avec le capitaine. C'est leur domaine. Avec le beau temps qui viendra – je préfère l'été –, nous pourrons aussi dormir à la belle étoile. Ça sent souvent moins mauvais que dans la cale avec les animaux. J'oubliais. Ne va jamais appeler le second par son surnom ; tu as remarqué la largeur de ses mains ? Il s'appelle Pierre Sauvage. Sauvage, c'est son nom de famille. Pourquoi ? Il ne le sait pas lui-même. Faraud n'entend pas toujours à rire, il a l'air dur et possède une force surprenante, mais c'est un cœur tendre, surtout depuis qu'il a une petite Josette de dix-sept mois qui l'attend à la maison.

Les nombreuses tâches, autant dans la cale que sur le pont, avaient épuisé le nouveau marin. Lorsqu'il retrouva le gaillard avant, il ressentit comme une boule dans l'estomac. Était-ce le peu qu'il avait mangé depuis le matin? N'était-ce pas, au contraire, les premiers vrais effets du tangage de l'*Espoir*?

Le voyage vers Louisbourg allait durer quatre ou cinq jours, peut-être une semaine; tout dépendrait des vents. Mais le temps n'avait plus vraiment d'importance pour Bénéry. Le temps qu'il fait ou qu'il fera, oui. Mais le temps qui passe, non! Son univers se résume maintenant aux dix ou quinze brasses de longueur de l'*Espoir,* en comptant le dépassement du beaupré. Ses pensées, il pouvait les répartir dans sa tête dans trois petites boîtes: la plus grosse serait celle pour ce qui se passe sur le navire. Ainsi, les premiers jours, il n'avait pas manqué d'observer attentivement les membres de l'équipage dont il faisait maintenant partie. Joseph Dugas, le capitaine, n'avait rien du tempérament de son fils. Grisonnant des cheveux et de la barbe, il était solitaire, parlait peu, mais on devinait à son regard qu'il était un homme bon. Bénéry se disait qu'il pourrait bien s'entendre avec son capitaine si un problème survenait. Quant au second, Faraud, c'était une autre paire de manches. Bénéry avait compris de ses discussions avec le «Mousse» qu'il valait mieux ne pas avoir affaire à lui. Comme on le ferait devant un ours, la meilleure attitude consiste à ne pas le regarder dans les yeux et à se retirer en faisant marche arrière. Ce géant avait pour mission de faire exécuter les ordres du capitaine. Pierre Sauvage, à vingt-sept ans, dans la force de l'âge, n'avait aucune difficulté à imposer le respect au reste de l'équipage. L'*Espoir* comptait aussi quatre marins. Il y avait d'abord deux *boys*: Jean, et Pierre qui avait épousé la sœur du capitaine. Puis Jean-Baptiste La Soude, un célibataire vivant avec sa mère Judith

Petitpas, veuve et demeurant à Port Toulouse. Le quatrième s'appelait Gabriel Jean. C'était un Micmac sans âge ni famille, que Joseph Dugas avait pris avec lui lors d'un voyage à l'île Saint-Jean, d'où il était originaire. Bénéry et le Mousse complétaient un équipage de huit. Ils auraient pu être plus nombreux pour opérer ce petit navire. Cette chaloupe était le bateau idéal pour se faufiler dans les endroits les plus difficiles à naviguer. Rapide, facile à manœuvrer, ayant un faible tirant d'eau, elle pouvait apparaître et disparaître en moins de temps qu'il n'en faut pour le dire.

Dans la deuxième boîte, il plaçait toutes les pensées entourant la prochaine destination de l'*Espoir*. C'était la partie qui lui permettait de s'évader loin de l'espace restreint dans lequel se déroulait maintenant sa vie. L'aventure, découvrir des ports nouveaux! Les océans sont vastes, mais la mer n'est pas seulement remplie de morues et de mammifères marins, elle est peuplée d'une multitude de navires, parfois amis, souvent hostiles. Pour quiconque sait bien l'observer et pour tous ceux qui veulent apprendre à bien la connaître, la mer est terriblement vivante.

Finalement, dans la troisième boîte se pressent toutes les autres pensées touchant les êtres qu'il aime, ce qui lui reste de sa famille, ses amis, les Bourgeois aussi, sans oublier Théotiste.

Après seulement quelques jours passés sur le navire, Bénéry ne ressentait plus ses petits malaises à l'estomac, et son corps s'était adapté aux mouvements gracieux du navire. Il préférait le long mouvement de la houle. Depuis qu'ils avaient quitté la baie Française pour tourner en direction du sud et finalement de l'est et du nord-est, à une bonne distance de la terre, les vagues de l'océan Atlantique soulevaient lentement le navire dans un roulis qui le portait à dormir. Il s'adaptait lentement aux tâches qui étaient les leurs: soigner le mieux possible les animaux dans la cale pour qu'ils soient en bonne santé quand ils arriveront à destination, participer aux travaux de la cuisine avec Gabriel Jean, se rendre disponibles au moment des grandes manœuvres.

Après qu'ils eurent laissé Chibouctou[82] derrière eux depuis une bonne journée, le capitaine ordonna que l'on se rapproche quelque peu de la terre. Bénéry profita d'un moment où Gabriel semblait bien disposé, que le mousse était déjà reparti après la préparation des légumes pour la soupe, pour questionner le Micmac.

— Dis-moi, Gabriel, pourquoi se rapproche-t-on de la terre ? Va-t-on arriver bientôt à Louisbourg ?

— Non, pas tout de suite. C'est une façon pour le capitaine de saluer sa famille en passant en face de Port Toulouse. Nous avons dépassé la baie de Chédabouctou, mon jeune. Tu arrives à l'île Royale. Si nous n'avons pas de vents contraires, demain, tu découvriras Louisbourg.

L'Indien s'était exprimé en français dans un langage que Bénéry avait très bien compris. Le Micmac parlait lentement, comme l'étaient tous ses mouvements. Tout ce qu'il faisait était empreint de douceur. Comme si son esprit, comme si ses gestes étaient complètement détachés de ses pensées qui, elles, pouvaient voyager à des lieues d'où ils se trouvaient.

— Tu as déjà vu Louisbourg ?

— Non, Gabriel. D'après ce que l'on m'en a dit, c'est une grande ville.

— Tu parles si c'est une grande ville. On y retrouve de tout. Tu as intérêt à te méfier. Les soldats n'entendent pas à rire avec les jeunes marins comme toi qui ne tiennent pas leur place.

— Ne t'en fais pas, Gabriel. Tu crois que je pourrai visiter la ville ? Faraud va-t-il nous demander de demeurer à bord de l'*Espoir* ?

— Nous devrions passer deux jours dans le port, le temps de débarquer la cargaison et, pour Joseph Dugas, de régler quelques affaires avant de repartir pour Port Toulouse.

---

82. Halifax.

C'est par un temps magnifique, vers la mi-journée, que le petit navire fit son apparition à quelque distance de l'entrée du port de Louisbourg. Porté par un faible vent du suroît, il se faufila entre les récifs nombreux qui offraient une défense naturelle extraordinaire pour la forteresse que Bénéry, étendu sur le beaupré, cherchait à apercevoir. À peine dépassé le cap sur tribord, s'ouvrit devant ses yeux une baie incroyable avec, tout au fond, la forteresse dont on devine les fortifications. Ne gardant que le foc, ayant cargué les autres voiles, l'*Espoir* traversa doucement toute la rade et alla s'accoster fièrement juste à côté d'un brigantin et de plusieurs goélettes en train de débarquer leur cargaison de morues vertes.

Bénéry en avait le souffle coupé. L'ampleur des fortifications et la grandeur de la ville dépassaient tout ce qu'il avait pu imaginer. Sans être encore descendu sur le quai, il pouvait entendre le bruit et imaginer l'activité intense qui se déroulait dans la ville, à quelques pas de lui.

Les instructions de Faraud, lancées avec force, comme s'il avait voulu que toute la population de Louisbourg sache que c'était lui qui venait de prendre possession de la ville, ramenèrent Bénéry et les autres membres de l'équipage à la réalité. Il y avait du travail à faire avant même de songer à mettre les pieds sur le quai…

Bénéry n'avait pas eu le temps de beaucoup visiter Louisbourg ; juste assez pour admirer la richesse de la résidence du gouverneur et de parcourir les rues étroites et grouillantes de la ville. Il en était encore émerveillé et ne souhaitait qu'une chose : revenir le plus rapidement possible. Mais Joseph Dugas avait rapidement réglé ses rares affaires et avait décidé de précipiter son retour à la maison, pour quelques jours seulement. En réalité, les affaires de Joseph Dugas avaient déjà été plus florissantes. C'était à l'époque où il jouissait d'avantageux contrats d'approvisionnement de Louisbourg en toutes sortes de denrées. Il fallait nourrir cette ville, dont la population dépassait les six mille personnes et qui ne pouvait compter sur la population environnante.

À cette époque, Joseph Dugas pouvait tout aussi bien commercer avec les Acadiens de la Nouvelle-Écosse que ceux de l'île Saint-Jean, mais les choses avaient changé, surtout depuis la dernière guerre : il avait été formellement défendu à tous les Acadiens de la Nouvelle-Écosse de vendre des denrées aux Français, réduisant de beaucoup les possibilités pour Dugas. Celui-ci, cependant, avait bien l'intention de se reprendre et n'hésitait pas à contourner certaines interdictions pour se rendre à la baie Verte afin de se procurer ce que ne pouvait lui fournir l'île Saint-Jean, en particulier lors de mauvaises récoltes.

2.3.5 Bénéry trouve de la parenté

Quant au Port Toulouse, il n'avait rien de comparable avec Louisbourg. Ce petit havre de pêcheurs était cependant parfaitement situé pour l'activité qui assurait sa survivance. Il comptait environ cent cinquante habitants, auxquels il fallait ajouter une cinquantaine de réfugiés Acadiens venus d'un peu partout des villages acadiens de la Nouvelle-Écosse, subissant les tracasseries du nouveau gouverneur d'Halifax, Charles Lawrence. Après Louisbourg, Port Toulouse constituait la principale communauté de l'île Royale. Si Bénéry, comme les autres Acadiens, se demandait pourquoi il n'y avait pas plus des leurs qui avaient quitté leur village pour s'installer sur l'île Royale après le traité de dix-sept cent treize, comme la France les invitait à le faire, il allait comprendre en découvrant un peu plus cette île aux paysages fabuleux. De la même façon que la France interdisait aux Acadiens de l'île Saint-Jean de s'adonner à la pêche pour les forcer à travailler leurs terres afin de nourrir Louisbourg, il était interdit aux caboteurs, comme Jos Dugas, de commercer avec les Acadiens de la Nouvelle-Écosse... Il fallait, au contraire, les encourager à quitter la Nouvelle-Écosse et à se déplacer du côté de l'Acadie française... Les Anglais allaient aussi interdire aux Acadiens de la Nouvelle-Écosse de commercer avec les autorités de Louisbourg – qui avaient besoin du fruit du labeur des Acadiens – de façon à nourrir la population d'Halifax. Ainsi, privés de cette lucrative activité qu'est la pêche, qui était réservée aux entreprises françaises, basques et bretonnes, et réalisant le peu de potentiel de l'île pour les activités agricoles, les Acadiens furent peu nombreux à s'installer sur l'île Royale. La majorité de la population de Port Toulouse n'était donc pas d'origine acadienne : elle était venue en grande partie de Plaisance, à Terre-Neuve, toujours après le traité d'Utrecht, puisque ce dernier cédait aussi Terre-Neuve à l'Angleterre.

Pour l'instant, l'*Espoir* est de retour à la maison. Elle pointe son beaupré plein suroît en raidissant le cordage qui l'attache à son ancre, dans le petit port grouillant d'activité.

Bénéry et le Mousse sont encore de corvée pour un ménage en règle de la cale du navire. Faraud exige qu'elle soit nettoyée de fond en comble avant qu'ils puissent mettre les pieds dans le doris pour se rendre à terre.

— Il doit avoir ses raisons, je suppose...

Bénéry essayait de calmer son compagnon, qui fulminait et brassait cavalièrement les outils de nettoyage, se trouvant ainsi à réduire à néant les efforts que Bénéry faisait pour accélérer le travail.

— Oui, ses raisons ! J'aimerais bien les connaître. Ce sont toujours les mêmes : mon père veut me dompter... Il est en train de me faire détester la navigation. Toi, ce n'est pas pareil, tu n'as pas de parenté à Port Toulouse et, de toute façon, tu n'as même plus de famille.

— Tu te trompes, le Mousse. J'ai un oncle qui doit être ici. En tout cas, ils avaient décidé, lui et sa femme, de venir y tenter leur chance. Mon oncle Vincent. Cela te dit quelque chose ?

— Peut-être, mais je ne peux pas dire que je les connais. Il passe beaucoup de monde à Port Toulouse. Il y a un va-et-vient… Pas autant qu'à Louisbourg, mais il y a beaucoup de passants. Et puis, on est presque toujours en mer.

Cette conversation avait ramené le calme, et les deux compères s'appliquèrent à astiquer la cale pour tenter de plaire à Faraud, sans trop comprendre la nécessité d'une telle corvée. Sautant dans le doris, le Mousse s'est emparé des rames. Il eut tôt fait d'échouer l'embarcation sur le rivage. Bénéry comprit alors que la technique est plus importante que la grosseur des bras, en ce qui concerne l'art d'être un bon rameur.

— J'y pense, Bénéry… Ton oncle, c'est un petit court aux cheveux frisés?

— On peut dire.

— Il est avec les réfugiés Acadiens, mais je ne crois pas qu'il ait de maison. Je me demande s'il ne demeure pas avec Charles Poirier. Tu vois là-bas, en retrait sur la colline. Tu peux t'informer là; ils vont te trouver ton oncle, s'il ne s'est pas envolé avec sa jeune épouse.

— Merci, le Mousse. N'oublie pas de me faire signe dès que ton père a besoin de nous.

— Oui, oui, ne t'inquiète pas pour cela. On ne va pas t'oublier ici.

Bénéry ne mit que quelques instants pour se rendre à l'habitation indiquée. La femme qui l'accueillit s'affairait dans le jardin par cette journée agréable de printemps. Elle avait à ses côtés un jeune enfant âgé d'environ quatre ans. Ce n'était pas sa tante, mais Marguerite Vigneau, l'épouse de Charles Poirier, le beau-frère de son oncle Vincent.

— Bonjour, mon petit, comment tu t'appelles?

— Il se nomme Charles; et toi?

— Charles, c'était le prénom de mon père. Je suis Pierre Arseneau, le neveu de Vincent. Je sais que lui et sa femme Marguerite Poirier devaient s'installer à Port Toulouse. Vous les connaissez?

— Certain qu'on les connaît. C'est notre beau-frère, et ils ont même habité avec nous un bout de temps. Puis, ils se sont construit une petite maison juste à côté. Regarde là-bas, juste là.

Elle avait montré du doigt une minuscule demeure, à quelques mètres à peine de l'endroit où ils se trouvaient.

— Mais tu ne trouveras pas ton oncle Vincent à la maison avant midi. Marguerite doit cependant s'y trouver à l'heure qu'il est.

— Je ne veux pas la déranger tout de suite. Si vous voulez, je peux vous donner un p'tit coup de main, en attendant midi.

— Ce n'est pas de refus, ne serait-ce que pour tenir Charles occupé.

Les retrouvailles furent chaleureuses et Vincent était bouleversé de revoir quelqu'un de sa famille, depuis l'épisode de la traversée ratée vers l'île Saint-Jean. Il y avait maintenant quatre ans qu'ils s'étaient installés à Port Toulouse, en grande partie pour faire plaisir à son épouse, de huit ans sa cadette, qui souhaitait demeurer auprès de son jeune frère.

Cette décision de s'installer en territoire demeuré français, non loin de la forteresse de Louisbourg, n'avait pas été la plus heureuse pour le jeune couple. En réalité, ils étaient eux aussi des réfugiés, ni plus ni moins qu'entretenus, dépendants du commandement de Port Toulouse. Vincent était présentement occupé à travailler avec Jean Boudrot à la construction d'un bateau devant servir à transporter du bois vers Louisbourg. Pour Charles Poirier, la situation n'avait pas été plus simple après qu'il se fut construit avec la permission et l'assurance formelle de la part du propriétaire qu'il lui cèderait gratuitement le terrain. Le propriétaire, un monsieur Langlois de l'île Madame, était revenu sur sa parole et lui demandait maintenant cent écus. Que faire quand on n'a presque rien, que l'on a mis toute son énergie pour améliorer ce que l'on croit posséder? Les Acadiens ne sont déjà plus respectés dans leur propre pays.

— Allez, Pierre, donne-nous des nouvelles des autres membres de la famille. Comment ça se passe pour les gens de Beaubassin ? Dépêche-toi de tout nous raconter. Comment se fait-il que nous te retrouvions à Port Toulouse ?

— Tout le monde m'appelle Bénéry, maintenant, et le surnom m'est resté. Je suis devenu un mousse sur la chaloupe de Joseph Dugas, l'*Espoir*. Je suis logé et nourri et je peux voyager. C'est ce que je peux espérer de mieux, vous ne trouvez pas ? La situation est difficile partout pour les Acadiens. À Beaubassin, on n'en parle pas : le village a été démoli et Lawrence a fait construire un fort sur l'emplacement du village. Les Acadiens se sont réfugiés ici et là, dans l'isthme de Chignectou, entre la pointe Beauséjour et baie Verte. Dans toute l'«ancienne Acadie», de Port-Royal au bassin des Mines, les Acadiens pensent à fuir. Toutes les tracasseries du nouveau gouverneur Lawrence font en sorte que personne n'est plus sûr de rien. Comme la dernière guerre n'a rien résolu entre la France et l'Angleterre, c'est la confusion la plus totale. De nombreux Acadiens sont décidés à quitter leur ferme et leur village. Le serment que l'on exige de nous est sans condition, autrement les Acadiens perdent tous leurs droits. Les hommes de Lawrence ont les instructions les plus sévères concernant la fourniture, par les Acadiens, de toutes denrées et tous biens vendus aux Français, qu'ils soient de Québec ou de Louisbourg. Les rumeurs, de plus en plus fortes, parlent de l'intention de Lawrence d'en finir avec les Acadiens. Sa hargne est légendaire. Même les immigrants anglophones lui reprochent ses attitudes et la violence de ses actes.

— Des réfugiés, Bénéry... Si tu crois que la situation dans laquelle nous nous trouvons, en tant que réfugiés, est plus intéressante, tu te trompes. J'en ai long à te raconter à ce sujet...

2.3.6 Le sort en est jeté

L'un et l'autre avaient raison : la situation des Acadiens en dix-sept cent cinquante-quatre est pratiquement intenable. Cette année marqua officiellement l'entrée en fonction de Charles Lawrence comme lieutenant-gouverneur de la Nouvelle-Écosse. Cette nomination n'allait pas faciliter les choses pour les Acadiens. Demeurer en Nouvelle-Écosse, choisir de rester au pays de leurs ancêtres ? C'était faire le choix des tracasseries d'un gouverneur décidé à faire payer ces sujets entêtés. Depuis sa venue en Nouvelle-Écosse, Lawrence aurait souhaité faire revenir les Acadiens qui en étaient sortis. Il commença par les accuser de tous les torts, puis il en vint à désespérer, allant jusqu'à déclarer : « … s'ils refusent le serment, mieux vaut qu'ils disparaissent. »

L'alternative ? C'est partir pour l'Acadie française, accepter de tout laisser derrière soi, accepter la vie de réfugié avant de pouvoir recommencer à zéro, sans véritable assurance d'une vie meilleure. Beaucoup d'Acadiens, en particulier à cause de la question du serment, que beaucoup croyaient réglée depuis longtemps, vont opter pour l'inconnu.

Le vingt-sept septembre dix-sept cent cinquante-quatre, Lawrence donne des instructions sévères à ses subalternes concernant l'attitude à adopter à l'égard des Acadiens. Ainsi, nulle excuse ne sera acceptée si l'on n'apporte pas du bois pour le chauffage et les piquets du fort : « Les soldats s'empareront des maisons des Acadiens pour en faire du combustible[83]. » Le même jour, Lawrence interdit formellement, dans une proclamation, toute exportation de blé. Les Acadiens ont-ils d'autres options que de se soumettre à ces vexations pour demeurer dans leur pays ? Non !

---

83. Encyclopédie *Histoire du Québec*.

Une semaine plus tard, le trois octobre de la même année, Alexandre Murray inaugure l'ère des dénonciations et des prétextes inventés de toutes pièces. Ainsi, on arrête l'abbé Daudin et cinq des notables de Pissiguit, on les amène à Halifax pour leur faire subir un interrogatoire et en les menaçant d'expulsion. Ce que l'on met en cause, ce sont les droits de propriété des Acadiens, dans la perspective où ces derniers, n'ayant pas prêté le serment sans condition, auraient perdu tous leurs droits.

Ces convictions, Lawrence les avait acquises en parcourant la correspondance des anciens gouverneurs de la Nouvelle-Écosse. Il en était venu à la conclusion que, même si les Acadiens ne devaient pas être punis, ils devaient être obligés de prêter le serment d'allégeance sans condition. Encouragé en ce sens par le gouverneur Shirley du Massachusetts, qui aurait dit des Acadiens qu'ils étaient les plus odieux habitants de la Nouvelle-Écosse, on peut penser que, sans doute, le sort des Acadiens en était jeté.

Vincent Arseneau et son neveu ne sont pas au fait de tout ce qui se trame dans la tête du gouverneur de la Nouvelle-Écosse… Vincent, lui, sait parfaitement ce que signifie la vie de réfugié. Lui et sa jeune épouse sont maintenant à Port Toulouse depuis quatre ans. Heureusement qu'ils n'ont pas encore d'enfant. De peine et de misère, ils se sont construit cette cabane, devant laquelle ils sont assis à discourir sur ce qui pourra advenir de leurs compatriotes. L'homme place maintenant tous ses espoirs dans la construction de ce bateau auquel il travaille avec Jean Boudrot, qui accepte de le prendre dans son projet d'utiliser le bateau pour transporter le bois dont a besoin la forteresse de Louisbourg. Cela prend du temps pour construire un bateau, même s'il ne s'agit pas d'un gros. Heureusement, dans la famille du défunt Charles à Charles, on fit toujours montre d'un talent certain pour le travail du bois. De toute façon, il s'agit aussi d'une nécessité, de la même façon qu'il faut avoir des projets, garder l'espoir.

— Vous regrettez d'être venus vous installer ici à Port Toulouse, mon oncle Vincent?

— Pas vraiment, Bénéry. De toute manière, Marguerite n'aurait pas accepté de vivre loin de sa famille. Surtout après l'épisode raté de Malpèque. Son père, sa mère, ses frères et sœurs sont tous ici. On pourrait être mieux, sans doute, mais au moins quand on est ensemble, on peut s'entraider. On trouve toujours le moyen de manger. Aurions-nous été mieux ailleurs? Je ne crois pas que nous retrouverons la vie heureuse de jadis.

— Jadis, comme à l'époque, à Beaubassin?

Il y eut un long silence, comme si on eût voulu se remémorer l'époque heureuse de la vie sur la ferme, en retrait du village de Beaubassin. Une vie simple mais combien heureuse, sous la gouverne de madame Françoise. Retrouver un peu de cette vie de famille sans nuages… On en vient à tenir pour acquis certaines réalités. Surtout dans notre enfance, on croit que tout sera toujours pareil, immobile, puis survient un événement, parfois près de nous, un décès par exemple, qui bouleverse complètement la situation. Cela n'avait pas été le cas chez le défunt Charles, car madame Françoise avait réussi à garder vivant cet esprit d'un clan bien soudé.

Parfois il s'agit d'un événement, en apparence anodin, qui peut se dérouler loin de nous, dont on n'entend à peu près pas parler, qui tout à coup vient nous rejoindre dans ce que nous avons de plus précieux. Une guerre, par exemple, qui vient vous prendre un mari, un fils, faisant ainsi basculer votre univers.

— Allez, Bénéry, donne-moi des nouvelles des autres. Comment vont-ils?

— Tout ne va pas si mal, mon oncle. C'est un peu oncle Pierre qui a pris la relève de grand-mère Françoise. Pas pour les plus vieux, mais pour nous autres, je dirais, moi, les « Cointin » et les autres.

— Les « Cointin » ?

— Jean et Joseph. À eux aussi, le surnom leur est resté. Nous avons passé plus de temps dans les forêts, avec les amis Micmacs, qu'à vraiment nous occuper à des tâches régulières. On a fait toutes sortes de petits travaux autour du fort, sur l'église. Le gros de l'ouvrage fut la construction d'une route terrestre reliant le fort Beauséjour au fort Gaspareau. Au fond, je crois que nous étions plus utiles en rapportant quelque gibier pour aider au menu quotidien. Nous sommes devenus des spécialistes de la région.

— Y a-t-il encore des habitations autour du village?

— Quelques unes, mais elles sont en retrait, puisque les Anglais ont construit un fort sur les ruines du village. Beaucoup de familles sont passées du côté nord de la rivière Mésagouèche. La vie est difficile pour tous. Plus Lawrence va se montrer exigeant, plus la situation va devenir tendue, plus les gens seront dans l'incertitude. En plus de la misère, il y a la peur, mon oncle Vincent. Peur des Anglais, peur de la dénonciation, peur de la dépossession. Ici au moins, les soldats anglais ne risquent pas de venir vous déranger.

— Pas pour l'instant, Bénéry.

— Tout ce que je peux vous dire, c'est que de plus en plus des nôtres songent à quitter les villages fondés par nos ancêtres pour s'installer dans les régions demeurées possessions françaises. Et ce n'est pas par plaisir, comme la famille du vieux Claude Bourgeois, qui s'est installée à Chédaïc. Ça bouge.

— Et Louisbourg, raconte-moi comment t'as aimé la forteresse, mon Bénéry.

— Ah! Louisbourg. Je ne l'ai pas visitée à mon goût. Je ne peux pas vous en dire beaucoup. Mais j'y retournerai assurément. Je n'ai jamais vu autant de monde entassé derrière les murs de cette forteresse. Ça, c'est une forteresse!

III

Le grand dérangement

3.1 Guerre ou pas

3.1.1 *Théotiste apprend la vie*

Malgré les nombreux déplacements dont il était témoin, malgré un va-et-vient ininterrompu, le vieux Claude Bourgeois avait toujours hésité à trop s'éloigner de sa propriété, de sa terre. Il est difficile de dire adieu au travail de toute une vie ; on est porté à garder espoir. Même après l'incendie du village, il avait continué à s'interroger, à peser le pour et le contre. Puis, il s'était laissé convaincre de déménager, avec toute sa famille, dans l'isthme de Chignectou, à la baie Verte. Quelque temps après, ce fut un autre déplacement un peu plus au nord, à Chédaïc. Toujours considérés, avec tous les siens, comme des réfugiés, ils doivent tenter de subvenir à leurs besoins. Le statut de réfugié, malgré toutes les promesses des autorités de la Nouvelle-France, n'apporte rien à manger. La vie est difficile, mais les Acadiens ne perdent jamais espoir. On pourra les traiter de naïfs, ils refusent de se laisser abattre. Il n'y a plus seulement les habitants de Beaubassin qui se sont réfugiés vers les territoires français. De plus en plus, les Acadiens de la Nouvelle-Écosse fuient leur village à cause des tracasseries du gouverneur Lawrence. Des gens de Pissiguit, de Cobeguit ne se sentent plus en sécurité, en particulier depuis la fondation d'Halifax, et encore moins depuis la construction d'une route terrestre reliant la nouvelle capitale à leur village.

Malgré tout, la vie s'organise, elle suit son cours, reprend ses droits. En ce début de l'été dix-sept cent cinquante-quatre, la douceur du temps rappelle que la nature est remplie de promesses. Le vieux Claude Bourgeois et les siens en oublient le froid des derniers mois. Les portes ouvertes de leurs cabanes laissent pénétrer les chauds rayons du soleil. On aura le temps, après les récoltes, de bien calfeutrer les fentes entre les madriers en prévision de l'hiver prochain. Pour l'instant, tout appelle aux travaux des champs, à la préparation du potager, à la cueillette des mollusques. On a moins faim : le cœur aussi se nourrit d'espoir.

Marie se sent ragaillardie par le beau temps, elle s'active du matin au soir ; on ne pourra pas l'accuser de manquer de courage. Veuve depuis quelques années, elle doit continuer de prendre soin de ses quatre enfants. Comme convenu, elle a suivi le vieux Claude. Après tout, ses enfants portent le nom de Bourgeois. La vie reprend aussi ses droits dans le cœur des humains. Que pourrait-elle répondre aux invitations de son beau-frère Jean-Jacques, lui aussi veuf avec trois enfants ?

Ses avances se font de plus en plus pressantes. Il faut le comprendre : à trente ans, on déborde d'énergie, on a la tête remplie de projets.

Cette situation n'est pas simple pour la jeune veuve. Ils se côtoient quotidiennement, comme leurs enfants... Marie s'est toujours bien entendue avec le jeune frère de son défunt, elle le trouve bien et tout... S'il n'y avait pas cette éternelle question : que vont dire les gens ? Ils diront bien ce qu'ils ont envie de dire. Ils parlent déjà certainement dans son dos. Par jalousie aussi, parce qu'il est beau, le Jean-Jacques ! Pourtant, Marie hésite encore ; elle n'a pas osé en parler à son plus vieux, pas plus qu'à Théotiste. Elle craint particulièrement la réaction de cette dernière, plus imprévisible. Mais la vie exige que l'on pense aux vivants, aux bouches à nourrir.

C'est quoi au juste, la vie? Et la mort ne fait-elle pas partie de la vie? Marie, complètement accaparée par ses réflexions, en avait oublié l'heure du goûter. Elle ne s'était même pas aperçue que sa fille Théotiste était là depuis un bon moment à l'observer.

— Au lieu d'être là à te moquer, tu ferais mieux de m'aider à retirer les mauvaises herbes.

— Je ne me moque pas du tout, je vous observais. Vous n'arrêtez jamais une minute. Vous allez attraper mal dans le dos. Tenez, je vous ai apporté un petit goûter, avec une bière d'épinette.

— Merci, ma fille. Ce n'est pas de refus. Il fait chaud aujourd'hui, une vraie belle matinée. As-tu pétri la pâte comme je te l'avais demandé?

— Oui, ne vous inquiétez pas, maman.

— Toi aussi, Théotiste, tu as l'air pas mal dans la lune, ces temps-ci. Cela serait-il l'effet de l'été? Ton cœur de femme se laisse-t-il porter par la douceur du temps? Il me semble que l'on n'a pas vu Bénéry et sa bande depuis un bout de temps. Y aurait-il un lien de cause à effet?

— Vous n'êtes pas fine, maman. Vous savez bien qu'il n'y a rien entre Bénéry et moi; on est comme frère et sœur, c'est tout. Et puis, il ne pourrait pas toujours être par ici. On ne sait même pas où il se trouve. Orphelin, c'est la plus triste vie que l'on puisse imaginer. Pas de famille, pas de maison, trop jeune pour être considéré comme un homme. C'est vrai, il me fait un peu pitié. Je pense souvent à lui.

— Ne t'en fais pas, ma fille. Je le connais bien, le Bénéry, il est rempli de ressources. C'est un vaillant pas mal débrouillard. Lui et ses oncles, les « Cointins », en savent plus sur la vie dans les bois que beaucoup des Micmacs qui se trouvent par ici, et certainement plus que tous les soldats de Lawrence qu'ils pourraient rencontrer sur leur chemin. Quand tu es capable de faire face aux loups…

Peut-être autant pour faire dévier la conversation que par intérêt, Théotiste pensa préférable de changer de sujet. De toute façon, elle n'était pas certaine d'être prête pour le mariage, loin de là. Dans sa tête, elle laissait aller ses rêves. Elle pouvait imaginer les princes les plus charmants, son cœur, elle le tenait très fort et lui interdisait toute faiblesse.

De plus, elle avait été intéressée par la discussion qu'elle avait eue lors de sa rencontre avec les voisins nouvellement arrivés sur les bords de la jolie baie de Chédaïc.

— Parlant des Micmacs, maman, vous avez remarqué le campement qui s'est installé dans le fond de la baie de Chédaïc? C'est toute une installation : ils sont de deux à trois cents. Nous nous sommes approchées hier, avec les cousines. Il y avait des jeunes filles indiennes qui cueillaient des mollusques. Une d'elles parlait un peu notre langue. Nous avons conversé longuement et avons décidé, finalement, de devenirs des amies.

— Je ne suis pas certaine que ce soit une bonne idée, Théotiste. Ton oncle Jean-Jacques me disait justement hier que nous nous sommes peut-être installés trop près de leur campement d'été. Soyez prudentes.

— Les Micmacs sont nos amis depuis toujours. C'est vous qui me racontiez à quel point madame Françoise avait confiance en leur connaissance de tout ce qui s'appelle herbes médicinales, purges et traitements de toutes sortes. Ils sont vraiment nos alliés. Ils détestent encore plus que les Acadiens les tuniques rouges des Anglais.

— Cela ne fait aucun doute, ma fille. La preuve : l'abbé Le Loutre en a toujours une bande qui le suit dans tous ses déplacements.

— C'est ainsi chez les Micmacs comme dans toutes les nations indiennes, maman : les hommes sont d'abord des guerriers. Ils s'occupent de la chasse pour apporter de quoi nourrir la bande, puis, lorsque le campement est installé, ils ont tout le temps de faire valoir leurs qualités de guerriers. Tout autant pour défendre leurs territoires que pour assurer des alliances[84].

— Qui t'a raconté tout cela?

— Katarina, maman. C'est incroyable tout ce qu'elle m'a appris. Je trouve leur façon de vivre fascinante, beaucoup plus respectueuse de la nature que la nôtre. Ils se déplacent avec les saisons, même s'ils vivent le plus souvent le long de la côte…

Théotiste aurait pu jaser longuement sur tout ce qui concerne la vie et les mœurs des Indiens d'Amérique. Ce qu'elle n'avait pas dit à sa mère, c'est que son amitié avec Katarina ne datait pas de la journée précédente. Cela faisait maintenant plus de deux semaines qu'elles se rencontraient régulièrement sur la plage. C'est Marie qui ramena la conversation sur le sujet qui la tenaillait depuis longtemps.

— Qu'est-ce que tu penses de ton oncle Jean-Jacques?

— Mon oncle Jean-Jacques est un jeune homme charmant. Pourquoi?

— Tu ne trouverais pas qu'il est trop jeune pour moi?

— Maman! Vous avez donc des idées fixes, aujourd'hui. Ce serait-y le beau temps qui vous fait un tel effet?

— Tu vas encore te moquer de moi, ma fille. Mais qu'est-ce que tu dirais si j'acceptais de l'épouser, comme il me le demande?

— Je suis désolée, maman. Je ne savais pas. Vous me prenez vraiment par surprise, je ne me serais doutée de rien. Vous ne pensez pas que je pourrais avoir quelque objection que ce soit? Vous en avez parlé à mon frère Michel?

---

84. Voir http://www.heritage.nf.ca/aboriginal/mikmaq_culture.html. «*Such leadership* [du chef choisi pour son prestige] *was particulary important in resolving conflicts within a group, negotiating alliances with other poeple, going to war with enemies, and making decisions about when and where to hunt and fish.*» Mais «la guerre demeurait l'ultime recours. Les conflits entre nations étaient résolus par la diplomatie et le consensus».

— Je ne le vois presque plus, celui-là, il nous aurait abandonnés, ça serait pas différent. Jean-Jacques en a parlé à ton grand-père, le vieux Claude. Celui-ci nous conseille d'aller voir le bonhomme Forest, en attendant la visite d'un missionnaire…

Marie se sentit rassurée par la réaction de sa fille. Pour rien au monde, elle n'aurait voulu se brouiller avec elle. Théotiste avait été au centre des plus beaux moments de sa vie de couple avec son premier mari.

Mais cette dernière avait bien d'autres sujets de préoccupation que les affaires de cœur de sa mère et de son oncle Jean-Jacques. De toute façon, elle devait souvent prendre soin de ses cousins plus jeunes qu'elle. Cette nouvelle lui ferait un bon sujet de discussion avec son amie Katarina…

Théotiste aimait bien l'endroit où la famille Bourgeois s'était installée. Les Acadiens avaient construit leurs « maisons » à environ une demi-lieue de la côte, en un endroit où une pointe s'avance dans la baie, laissant sur sa droite une longue plage de sable, riche de mollusques que l'on peut cueillir facilement lorsque la mer se retire. L'eau de la baie se réchauffe rapidement au printemps, ce qui rend la cueillette fort agréable. Ces « coques », apprêtées de diverses façons, peuvent très bien constituer l'essentiel d'un bon repas. Du côté du nord-ouest, la baie s'enfonce dans la forêt pour rejoindre les rivières qui s'y laissent couler doucement. C'est là, à proximité de la rivière, que les Micmacs installent chaque fin de printemps leur campement d'été. De l'extrémité de la pointe, il est possible d'apercevoir les « wigwams » ainsi que la fumée qui s'élève du campement. Bien protégé par l'île qui ferme la baie, l'endroit est agréable à vivre. En défrichant du côté sud, les Acadiens découvraient des terres dont le sol n'avait peut-être pas la richesse de celui du bassin de la baie Française, mais qui était très bien capable de les nourrir, eux et leurs troupeaux.

Théotiste avait fait la connaissance de sa nouvelle amie Katarina par un bel après-midi. Elle et ses cousines, les filles de son oncle Jean-Jacques, étaient tout autant à s'amuser qu'à cueillir des «coques». Elles avaient fait la rencontre d'un groupe de jeunes filles amérindiennes qui accompagnaient quelques enfants sur la plage. Théotiste et ses amies avaient été étonnées non seulement de l'habillement des jeunes Micmacs, mais aussi de la légèreté de leurs comportements, de la liberté qu'ils adoptaient dans leurs jeux. Des comportements qui apparaissaient nettement inacceptables aux jeunes Acadiennes. Sans pour autant voir que le péché, les coutumes des Blancs et celles des Amérindiens étaient, du point de vue de la chasteté, à l'opposé. C'est lorsqu'un jeune frère de Katarina, âgé d'une dizaine d'années à peine, eut fait à Théotiste des approches qui n'avaient rien d'ambigu, malgré la barrière de la langue, que s'engagea la discussion sur la façon dont chaque nation percevait sa place dans l'univers.

À treize ans, il n'est pas question pour une jeune Blanche d'accepter de commettre des gestes d'impureté qui risqueraient de la rendre moins intéressante pour un prétendant. Au contraire, elle doit faire montre de la plus grande retenue, autant du point de vue de la religion que du point de vue de ce qui est acceptable par la communauté dans laquelle elle vit.

— Dis-moi, Katarina, vous n'avez pas adopté comme nous la religion de Jésus?

— Oui, oui. Mais on ne veut pas pour autant abandonner complètement notre façon de vivre. Le Dieu des grandes robes noires, c'est un dieu qui s'ajoute aux dieux que nous célébrons. Dieu est partout; nous le respectons et l'implorons dans tout ce qui nous entoure. Avant de partir à la chasse, à la pêche et surtout avant de partir à la guerre, nous implorons les dieux de nous soutenir.

— Que faites-vous du péché d'impureté?

— Péché? La nature est ainsi, Théotiste. C'est le «Nisgam[85]», le Créateur, qui nous a faits ainsi que nous sommes, comme il a

---

85. *Idem.*

fait le Soleil et la Lune… Alors, qu'est-ce que le péché ? Toutes les choses vivantes ont une âme.

— À voir aller ton jeune frère, il n'y avait pas de doute. Si ce n'était pas de la fornication qu'il avait en tête….

— Tu vois, Théotiste, pour nous, la fornication, cela n'a pas vraiment de sens. Premièrement, les enfants de chez nous sont élevés dans une liberté plus grande que chez les Blancs. Ce qu'il faut leur apprendre, c'est le respect, c'est-à-dire craindre qu'en ne respectant pas la création de Dieu ils peuvent attirer sur eux la foudre de ce dernier. Les robes noires ne nous enseignent-ils pas que l'amour est ce qu'il y a de plus fort ? Que Dieu est miséricordieux, que son amour est plus fort que tout ?

Théotiste était impressionnée des connaissances de sa jeune amie. Elle-même était loin de pouvoir s'exprimer avec autant de facilité sur le sujet. Il faut dire que, dans sa famille, la religion occupe une place importante, mais qu'elle n'est pas objet de fréquentes discussions. Tout est entendu depuis longtemps. Comme elle trouvait jolie sa nouvelle amie, avec sa longue chevelure d'un noir éclatant, son visage et sa peau d'une blancheur surprenante, toujours souriante ! Théotiste, qui ne s'était jamais trouvée très jolie, enviait quelque peu Katarina.

— Dis-moi, Théotiste, n'est-ce pas Dieu qui t'a créée ?

— Oui, et alors ?

— Alors, pourquoi tout serait-il péché ? Chez mon peuple, avant d'être promise à son mari, la jeune fille agit comme il lui plaît. Lorsqu'elle est l'épouse d'un homme, c'est autre chose. Mais avant cela, son futur époux aura fait la preuve, en vivant de deux à trois ans dans la famille de sa future épouse, qu'il est capable de subvenir à ses besoins. Pour nous, le mot amour désigne toute la vie d'un homme et d'une femme. Il n'y a pas de « péché » dans l'amour[86].

---

86. « Il n'y avait pas de mots dans le langage mi'kmaw pour "époux" et "épouse", ou pour le "sexe". À moins que deux personnes consentent à s'allier, chacune était libre de jouir de son corps comme elle l'entendait. Une fois que les partenaires et leurs

Il y avait dans toutes ces conversations de quoi alimenter les rêves les plus fantaisistes comme les plus doux de notre jeune Théotiste. Celle-ci devait, tout au long de l'été, poursuivre son apprentissage des coutumes des Micmacs, qu'elle trouvait, pour plusieurs, remplies de sens. Le genre de vie des Micmacs, comme celui des autres tribus qui se déplaçaient, au gré des saisons, d'un lieu à l'autre, leur permettait de ne pas épuiser les ressources, de suivre les déplacements du gibier et des ressources marines, qui constituaient une bonne partie de tout ce dont ils avaient besoin. Théotiste se rendit même au campement, au fond de la baie, et apprit à fabriquer un wigwam. Ceux de l'été, plus grands, pouvaient accueillir de dix à vingt-quatre occupants, alors que ceux fabriqués pour la saison d'hiver, de forme conique, pouvaient abriter de dix à douze personnes[87].

Ce qui impressionna le plus la jeune fille fut le rapport qu'entretenait le chasseur micmac avec l'objet de sa convoitise. Ces grands navigateurs, astronomes sans instrument, pourchassaient le gibier à des lieues de leurs campements. Katarina lui expliqua aussi que c'est l'animal qui offre sa vie au chasseur, non pas le chasseur qui lui prend la vie. C'est donc pour respecter l'animal, pour l'honorer, que le chasseur utilisera toutes les parties de l'animal, aussi bien la chair ou la peau, les os ou les griffes, les boyaux. On en fait des vêtements, des bijoux, qui parfois nous transmettent les qualités de l'animal qui se sacrifie pour notre bien…

---

familles avaient consenti à une union, la fidélité était exigée au nom de l'autodiscipline. Après l'union, toutefois, les deux partenaires étaient libres de se séparer en tout temps. »

87. Voir http://museum.gov.ns.ca : « D'ordinaire, c'étaient les femmes qui construisaient le wigwam, presque toujours dans une journée. La base ou charpente de la construction consistait en cinq perches d'épinette attachées au sommet avec des racines d'épinettes et étalées à la base… Le sommet du wigwam restait ouvert pour permettre à la fumée du foyer de s'échapper, et, s'il faisait mauvais temps, on le couvrait d'un collet d'écorce. À l'intérieur, le wigwam était tapissé de brindilles de sapin, de nattes tissées et de fourrures, et une grande peau servait de porte. »

3.1.2 Des Acadiens à la tête dure

Les affaires de Joseph Dugas avaient jadis été plus florissantes, lorsque les contrats d'approvisionnements se négociaient directement avec le gouverneur de Louisbourg, sans être soumis à aucune condition sur la provenance des produits. C'était alors la belle époque. Avec son père Joseph, constructeur et navigateur originaire du bassin des Mines, avec son beau-père Joseph Leblanc, dit Le Maigre, ils avaient, eux aussi, débuté par le transport du bois de chauffage pour la garnison de Louisbourg. Au milieu des années dix-sept cent trente s'était ajouté un lucratif contrat de trois ans pour l'approvisionnement de la garnison en bœuf frais. Si le gouvernement français exige que le bœuf provienne du Canada, il est plus rentable de se le procurer chez les Acadiens de la Nouvelle-Écosse[88]. Cependant, lors de la chute de Louisbourg en dix-sept cent quarante-cinq, Dugas collabore brièvement avec les autorités anglaises, jusqu'à ce que les Micmacs pillent son navire en représailles. Depuis ce temps, il effectue encore quelques voyages de ce genre, de façon ponctuelle. Mais vers les années dix-sept cent cinquante, les voyages les plus courants ont une tout autre cargaison.

— Ramasse ton baluchon, cela presse, Bénéry. On appareille dans quelques minutes, aux alentours de midi.

— Je te rejoins sur la grève dans pas longtemps, le temps de saluer mon oncle Vincent et la famille de Marguerite. On part dans quelle direction, le « Mousse » ?

— Si tu penses que cela m'intéresse. Tout ce que je sais, c'est que nous avons intérêt à nous grouiller.

Le Mousse était reparti en coup de vent. Bénéry se dépêcha de saluer ses hôtes et leur promit de revenir prochainement. En réalité, ils étaient tous deux fort contents de cette situation : ils auraient la chance de se revoir occasionnellement. Ainsi,

---

88. Robichaud, Armand G., *Les flibustiers de l'Acadie*, p. 134.

Vincent recevrait plus souvent des nouvelles de sa famille, et pour Bénéry, cela lui faisait un pied-à-terre lorsque l'*Espoir* prendrait quelques jours de repos à Port Toulouse.

L'ancre à peine levée, le petit navire avait bordé sud-ouest pendant plus d'une heure sans que l'on eût senti le moindre roulis. Vers la fin du premier quart, le capitaine commanda un changement de cap: l'*Espoir* largua sur tribord. Toujours à lège, le navire semblait trop léger pour résister au vent qui venait maintenant avec force. Bénéry alla retrouver son abri au gaillard avant, auprès du Mousse et de Gabriel Jean.

— Sapristi! Ça brasse.

— Bienvenue dans le détroit de Chédabouctou[89], mes amis.

— Ce n'est pas la première fois que je passe par ici, Gabriel. Tu peux parler pour Bénéry. T'apprendras que le mauvais temps ne me fait plus rien. L'*Espoir* peut bien chavirer cul par-dessus tête, je vais me rouler dans ma paillasse et piquer un bon somme. Si on ne me dérange pas tout le temps.

— Ouais, le Mousse, t'es pas à prendre avec des pincettes. Quelle mouche t'a encore piqué?

— C'est toujours pareil. On appareille en nous prévenant à la dernière minute, sans nous dire d'aucune façon dans quelle direction on va. On semble attendre que le gros temps se pointe pour lever l'ancre. Toi, ce n'est pas la même chose, Gabriel; rien ne te fait rien. C'est comme si t'avais juste une face, toujours la même.

— Tu sauras, mon gars, qu'il faut apprendre à faire confiance au capitaine; c'est lui le seul maître à bord, après Dieu. Il faut apprendre à se taire aussi, le Mousse. Moins l'équipage en sait avant le départ, moins il y a de risques que quelqu'un laisse aller sa grande langue. Je ne nommerai personne. En mer, il est préférable de savoir où l'on va, mais par les temps qui courent, moins il y a de gens au courant de notre destination, moins il

---

89. Détroit de Canseau.

y a de risques de rencontrer des navires ennemis qui pourraient avoir de mauvaises intentions, en vouloir à notre cargaison.

— C'est bon, Gabriel, c'est bon…

— En ce qui concerne ma face, tu es encore trop jeune pour comprendre. Mais tu aurais peut-être intérêt à prendre garde. J'ai été des années où j'ai connu toutes les humeurs. Toujours la même idée derrière la tête. Sans cesse à la recherche de cette eau-de-vie qui vous brûle la gorge et vous rend joyeux. On en boit jusqu'à ce qu'on voie le fond de la cruche. Puis, le lendemain, on ne se souvient plus de ce que l'on a fait le jour précédent. Jusqu'à ce que quelqu'un d'autre t'apprenne le mal que tu as fait à ceux que tu aimes. Alors, pour oublier, il te faut encore de l'eau-de-vie. J'étais comme cela, comme beaucoup des bons guerriers de mon peuple. Puis un jour, j'ai rencontré le capitaine, à Port-La-Joie sur l'île Saint-Jean, et je me suis embarqué… J'ai toujours la même face, mais les idées dans ma tête, elles sont droites.

Le Mousse n'avait pas attendu la fin de l'exposé de Gabriel; il s'était assoupi, la voix de l'Indien au ton monotone étant presque couverte par le bruit du vent dans les cordages. Quant à Bénéry, il n'avait pas dit un seul mot, mais n'avait rien manqué des propos de Gabriel. Il découvrait un peu plus ceux qui constituaient maintenant sa nouvelle famille. Profitant du fait que Gabriel semblait beaucoup plus enclin à la confidence que de coutume, il poursuivit la discussion, se recouvrant lui aussi d'un lainage.

— Ce n'est pas trop chaud pour le mois de juillet…

— C'est normal, le temps s'est couvert. Comme le vent souffle du nord depuis deux jours…

— Dis-moi, Gabriel, il y a longtemps que tu navigues sur l'*Espoir*?

— Le temps ne compte pas vraiment pour moi, tu sauras. Il faut se contenter de vivre le moment présent. Comme maintenant, essayer de trouver ce qu'il y a de beau dans le mauvais temps. Je dirais que cela doit bien prendre trois ans pour parler le langage des Blancs, peut-être quatre. Je me souviens clairement de mes premiers jours à bord de l'*Espoir*. Ce premier voyage m'avait marqué ; c'était tout au début du printemps, je crois bien. Il y avait encore de la glace dans les eaux le long des côtes.

— Qu'est-ce qui fait que tu t'en souviennes si précisément ?

— Le chargement que nous allons prendre doit ressembler à celui que nous avions pris à ce moment-là.

— De quoi s'agit-il ?

— Si t'as rien à faire, Bénéry, j'ai tout le temps de te raconter cet épisode, avant que nous arrivions dans la baie d'Antigoniche.

Le Sauvage se cala dans son hamac, ferma presque les yeux, qui fixaient un point quelconque de l'horizon, et commença lentement son récit.

— Le capitaine, comme aujourd'hui, ne nous avait aucunement prévenus de notre destination. Ce n'était pas non plus son premier voyage du genre, et ce ne fut pas le dernier. Je dirais qu'à toutes les lunes, quand ce n'est pas plus souvent, l'*Espoir* effectue ce genre de voyage. Donc, après notre départ de la rivière du nord, à l'île Saint-Jean, après avoir navigué toute la nuit par vent contraire, nous arrivâmes près des côtes dans la baie de Tatamagouche. Nous allions y prendre des réfugiés de ton peuple que nous avions pour mission de traverser vers l'île Saint-Jean.

— Qu'est-ce que ce voyage avait de particulier ? Ce n'est pas rare que les Acadiens décident de passer à l'île Saint-Jean…

— Je sais, Bénéry. Quoique, à ce moment-là, cela ne faisait que commencer. Ce qui m'avait frappé, c'est l'histoire que m'avait racontée le plus ancien du clan[90]. Douaron qu'il s'appelait, Charles Douaron ; il venait de Pissiguit. Après que les

---

90. LANCTÔT, Léopold, *L'Acadie des origines*, p. 138.

Anglais se furent installés sur nos terres sacrées, à Halifax, et qu'une route militaire relia l'endroit à Pissiguit, les Acadiens ne se sentirent plus en sécurité et demandèrent au gouverneur le droit de quitter leurs terres. Ce qu'on leur refusa. Entendant parler que certains de leurs cousins de Cobéquid se préparaient à émigrer en quantité vers l'île Saint-Jean, lui et sa «tribu» décidèrent de les rejoindre. C'était l'hiver au moment où Douaron avec sa femme, ses fils et ses gendres, presque toute la famille Daigre, s'était mis en marche. Il y a plusieurs lieues entre Pissiguit et Cobéquid, un voyage qui devait bien prendre plus de quinze jours. Un voyage difficile pour les vieillards et les enfants : lui-même avait plus de soixante-quinze ans, et sa femme était aussi âgée que lui. Tous s'étaient embarqués dans des traîneaux, car il n'était pas question d'entreprendre un tel voyage par mer, surtout pas par la baie Française. Ce sont les bien-portants qui tiraient ces traîneaux dans la neige. Ils devaient cabaner les nuits autour de grands feux. On s'abritait dans des trous dans la neige. Ce n'était que la première étape du voyage, mon Bénéry. Tu sais que, de Cobéquid à Tatamagouche, il faut encore franchir plusieurs lieues à la marche, une distance encore plus grande que la première, en escaladant des montagnes, pour finalement atteindre les côtes. À Cobéquid, le gendre de Charles Douaron, Charles Therriot, sa femme Angélique et leur fils dont j'oublie le nom se sont joints au groupe. Ce n'est qu'au printemps suivant qu'ils empruntèrent un chemin qu'avaient défriché les Acadiens vers Tatamagouche, autant pour faciliter la contrebande avec l'île que pour ménager leur fuite si le besoin s'en faisait sentir. Comme aujourd'hui, les tuniques rouges des Anglais n'osaient pas s'aventurer dans les bois. Lorsque finalement nous les retrouvâmes, ils attendaient depuis quatre jours, cachés dans les bois.

— Tu sais, Gabriel, je pourrais te raconter une histoire presque semblable, beaucoup plus tragique encore que celle que tu viens de me raconter. Celle de ma famille, une aventure qui a mal tourné en direction de Malpèque.

— C'est le vieux Douaron lui-même qui m'a raconté cette histoire. Il n'avait jamais perdu espoir et, malgré ses soixante-quinze ans, plutôt que de se soumettre à la volonté des Anglais, il était prêt à recommencer sa vie ailleurs.

— Tu crois que nous irons chercher d'autres «Charles Douaron» pour les transporter vers l'île Saint-Jean ou vers l'île Royale?

— Je ne crois pas qu'il reste beaucoup de Douaron à Pissi-guit. Mais je ne serais pas surpris, à voir le nombre de navires que nous rencontrons portant pavillons rouges, qu'il se prépare une autre grande guerre. Une fois pour toutes, il nous faudra chasser les tuniques rouges de nos terres. Après seulement, nous vivrons en paix.

C'est finalement vers la baie Verte que se trouvait la destination de l'*Espoir,* mais le sage Gabriel avait deviné le contenu de la cargaison. Cette fois, il s'agissait de familles que Le Loutre avait convaincues de se déplacer vers cette île devenue une terre d'espoir. Bénéry aurait l'occasion de traverser avec succès cette mer Rouge, de donner à ces familles la chance que la sienne s'était vu refuser. Ah! si seulement ils avaient pu compter sur l'*Espoir,* au lieu de leurs petites barques non pontées, leur vie aurait pris une tournure différente. Pour l'instant, il lui faut, avec le reste de l'équipage, entasser du mieux qu'ils le peuvent toute une quantité hétéroclite de biens et de produits qu'il faut loger en des endroits de la cale servant à séparer les animaux de toutes les tailles des humains. Heureusement que la distance à parcourir n'est pas considérable. Mais la mer est pleine de surprises, et si, après la traversée du détroit de Chédabouctou, elle s'est calmée, rien ne nous dit qu'elle le sera encore dans quelques heures.

3.1.3 C'est où, Ohio ?

Théotiste ne sut jamais que son jeune ami Bénéry était venu si près de chez elle. Lui, il aurait bien apprécié la liberté dont il jouissait il y a peu de temps encore. Une petite journée de marche lui aurait suffi pour rendre visite à ses amis. Seulement voilà, sa nouvelle vie, sa nouvelle famille, son travail, tout le retient maintenant à son navire. À peine terminé l'embarquement, l'*Espoir* reprenait la mer en direction de Port-La-Joie.

Ce que l'on ne sait pas ne fait pas mal. Aussi Théotiste était-elle tout occupée à ses amitiés amérindiennes. On voyait quotidiennement ensemble les deux jeunes filles qui se rendaient mutuellement visite, qui occupaient une bonne partie de leur temps à échanger sur des sujets variés, parfois sérieux à l'extrême, mais le plus souvent sur les questions que toutes les jeunes filles de treize ans se posent. Elles appréhendaient maintenant le moment où la jeune Katarina suivrait les siens vers leurs campements d'hiver. Les amitiés à cet âge occupent toute la place. Elles sont à la vie, à la mort.

En cet après-midi de la fin du mois de septembre, elles se retrouvent toutes deux chez le grand-père de Théotiste, le « Vieux » Claude. Théotiste a elle-même insisté auprès de ses grands-parents pour que son amie puisse assister à l'événement. C'est que l'on attend de la grande visite, un moment d'une grande solennité, qui ne se produit que très rarement : la visite du missionnaire en tournée dans le village de Chédaïc, qui va en profiter pour officialiser le mariage de Marie et de Jean-Jacques.

Il s'agit de l'abbé Le Guerne, le jeune missionnaire que Mgr de Pontbriand, l'évêque de Québec, a accepté d'envoyer en renfort à l'abbé Le Loutre en dix-sept cent cinquante-trois. En effet, l'abbé Le Loutre[91] s'était souvent lamenté auprès de

---

91. Voir http://cyberacadie.com : « À la fin de décembre 1752, Le Loutre arrivait en

son supérieur, se disant surchargé par ses nombreuses fonctions et attributions de grand vicaire pour toute l'Acadie, de missionnaire des Sauvages et d'homme d'État. Le jeune missionnaire Le Guerne commençait donc sa deuxième année auprès des réfugiés Acadiens, ceux de Beauséjour, de Tintamarre, puis s'étaient ajoutées les missions voisines de Chipoudy, Petitcoudiac et Mémeramcouk. Depuis quelques jours, il rendait visite à ses ouailles ayant quitté Beauséjour pour s'installer plus à l'est dans l'isthme de Chignectou. Après les salutations d'usage, les prières usuelles en de telles circonstances, ce fut la cérémonie de l'union des deux nouveaux mariés. On sortit ce que l'on trouva de mieux à offrir à l'homme de Dieu.

Ce dernier n'était pas difficile. Issu d'une famille pauvre et connaissant l'extrême indigence de ses hôtes, il eut tôt fait de les rassurer, de les mettre à l'aise.

— Je suis venu chez vous, monsieur Claude, pour marier votre fils, évidemment, mais aussi pour prendre de vos nouvelles. Vous et votre épouse demeurez les doyens de ce petit hameau qui prend de l'expansion tous les jours.

Le jeune abbé parlait avec un accent breton prononcé, calmement. On devinait qu'il se sentait parfaitement bien auprès de ces gens simples, qui vivaient une période pénible, mais qui, par ailleurs, conservaient espoir et faisaient montre d'une joie de vivre étonnante. La famille rassemblée écouta longuement, en silence, le jeune abbé parler de son apostolat.

— J'ai de quoi m'occuper. Le territoire que je dois parcourir s'étend sur quarante lieues ; j'ai sous ma garde plus de trois cents familles, soit près de deux mille âmes. Il me faut donc

France et, sitôt dans la métropole, il sollicita une audience à la cour... Le Loutre insista auprès... sur le fait que les Acadiens ne pouvaient pas continuer à vivre dans l'incertitude, ballottés entre deux pouvoirs... Selon Le Loutre, la France avait l'obligation de les [les Acadiens] reloger afin de les soustraire à la domination d'un peuple qui voulait anéantir le catholicisme. »

voyager par rivières et portages. Je passe plusieurs mois par année à «pèleriner» d'un poste à l'autre.

Ce fut le «Vieux» Claude qui le premier osa interrompre l'exposé du missionnaire.

— Nous avons quitté les alentours de la pointe Beauséjour en pensant qu'ici, dans cette région, nous serions plus tranquilles pour recommencer.

— Vous êtes sur le bon chemin, monsieur Bourgeois. Dieu ne vous abandonnera pas dans ces moments. Il faut prier et cultiver l'espoir. Chaque jour, des Acadiens comme vous quittent l'Acadie anglaise pour venir grossir la population des missions que nous desservons[92]. Pour cette année seulement, plus de trente familles, sans compter une douzaine d'immigrants isolés, se sont ajoutées. Il a fallu bâtir une nouvelle église à Chipoudy. Dans les marais de Tintamarre, aussi à Memramcouk et à Petitcodiac, nous construisons, comme sous le fort Beauséjour, des digues qui permettront d'offrir des terres fertiles aux nouveaux colons.

Le missionnaire avait de quoi se réjouir, il travaillait quotidiennement auprès de ce peuple. Ce qui le préoccupait, c'était d'abord les âmes de ses fidèles et la tranquillité de leur esprit. Il n'avait pas pour autant rassuré le vieil homme sur la situation qui prévalait dans la région.

— C'est donc, monsieur l'abbé, que les tracasseries du gouverneur d'Halifax continuent d'inquiéter les Acadiens…

— Comme le prêche l'abbé Le Loutre, la France veut voir tous les Acadiens passer en territoire français… Mais vous avez raison : toutes ces questions qui entourent les serments d'allégeance sans conditions, de même que les récentes directives à

---

92. Voir http://id.erudit.org/iderudit/301576ar : «Mgr Pontbriand, au printemps de 1753, lui [à l'abbé Le Loutre] dépêcha le jeune abbé Le Guerne pour lui prêter main-forte. Celui-ci desservit d'abord un poste près de Beauséjour, Tintamar, sur la rivière du même nom. Un an plus tard, il prit charge de trois autres missions voisines, Chipoudy, Petcoudiac et Memramcouk.»

propos de la fourniture de bois et la vente de blé à l'extérieur de la colonie, sont suffisantes pour inquiéter les Acadiens. La situation est de plus en plus tendue partout en Amérique, vous savez. Et, selon ce que l'on peut deviner, l'Europe se préparerait aussi à connaître d'autres moments de grandes tensions.

— Qu'est-ce qui vous permet de parler de cette façon? Avez-vous des nouvelles précises, monsieur l'abbé?

— Ne vous trompez pas, monsieur Claude. Je ne m'occupe jamais des choses politiques : mon temps est entièrement consacré au salut des âmes, au bien-être spirituel des enfants de Dieu. J'ai là suffisamment de quoi occuper tout mon temps. Je laisse à l'abbé Le Loutre, dont c'est la responsabilité, ainsi qu'aux autorités de Louisbourg et de Québec, le soin de voir aux affaires du roi. Cela étant dit, je peux bien vous dire à vous que les nouvelles que nous avons de ces régions, en particulier de l'Ohio, n'ont rien pour nous rassurer quant au temps que pourra encore tenir la paix, toute relative, que nous connaissons présentement.

La curiosité l'emportant sur la retenue pourtant de mise en de telles circonstances, Théotiste ne put retenir sa question, par ailleurs fort pertinente, forçant le jeune missionnaire rougissant à regarder dans la direction où se tenaient les deux jeunes filles.

— C'est où, l'Ohio, monsieur l'abbé?

— C'est que la Nouvelle-France est immense, ma fille… Malgré la perte de la Nouvelle-Écosse, il y a loin encore entre le Canada et la Louisiane. C'est toute cette immense étendue au-delà des rivières et des mers, vers l'ouest, puis vers le sud. Elle n'est présentement occupée que par les Sauvages, nos alliés, mais on doit sa découverte à des explorateurs dédiés à notre cher souverain. L'affaire dont on parle beaucoup ces temps-ci dans toute la colonie, c'est l'assassinat de Jumonville, le printemps dernier, par un détachement de soldats anglais de la lointaine Virginie, alors qu'il était en mission de paix, justement, dans ces lointaines contrées.

Réalisant qu'il s'était déjà beaucoup trop avancé sur les affaires du roi, le jeune missionnaire retourna rapidement au salut des âmes, et s'occupa du couple à marier dans une cérémonie tout ce qu'il y a de plus simple, avant de remercier ses hôtes et de les rassurer que le Seigneur Jésus ne les abandonnerait pas à leur triste sort.

Ce dont avait parlé l'abbé Le Guerne, c'est la célèbre affaire Jumonville qui allait passionner les débats, tant en Amérique que dans les vieux pays. Bien avant Jumonville, il y avait eu Cavelier de La Salle, Joliette et Marquette qui s'étaient rendus jusqu'en Louisiane. En réalité, l'Ohio est l'autre coin chaud de l'Amérique. Immédiatement après le dernier et inutile conflit intercolonial de dix-sept cent quarante-quatre à dix-sept cent quarante-huit, les autorités de la Nouvelle-France avaient envoyé en Ohio La Galissonnière, avec le mandat d'y installer de façon durable la présence française. Toute une série de forts fut construite. Ce faisant, les Français pouvaient s'assurer aussi du contrôle des Sauvages qui y habitaient[93]. Cette présence française dans la région inquiète les autorités des colonies anglaises, qui vont jusqu'à demander aux Français, en dix-sept cent cinquante-trois, de se retirer. Cette requête étant bien sûr refusée, ils y construisent à leur tour un fort. En mai dix-sept cent cinquante-quatre, une altercation se produit impliquant Jumonville, en mission lui aussi dans cette région. L'altercation fait dix morts du côté des Français et un seul chez les Anglais menés par George Washington, un jeune colonel de la Virginie. C'est après l'échauffourée que Jumonville aurait été assassiné. Les Anglais accusent un chef indien hostile aux Français d'avoir fait le coup. Cela était suffisant pour faire augmenter la tension en Amérique, une tension déjà énorme du côté de l'Acadie et de la Nouvelle-Écosse.

---

93. Source: Wikipédia, L'encyclopédie libre.

3.1.4 Un hiver déterminant

Il ne restait que peu de temps à l'automne, l'*Espoir* faisant normalement relâche pour les mois d'hiver. Bénéry s'attendait donc à devoir se trouver promptement un logement pour cette période. L'automne plus doux que de coutume avait permis à Joseph Dugas d'effectuer quelques voyages additionnels. Après ceux vers l'île Saint-Jean pour y conduire des familles acadiennes, Joseph Dugas avait mis à exécution quelques projets qu'il avait en tête. Le prétexte était de profiter de la température clémente pour transporter du bois de chauffage vers la forteresse. Dugas en fit un premier, puis, n'ayant pas réussi à obtenir un entretien avec le gouverneur Drucourt récemment nommé à ce poste, il en effectua un deuxième...

Ces voyages vers Louisbourg étaient sans cesse un plaisir pour les membres de l'équipage. Lors du deuxième séjour, prolongé quelque peu à cause des affaires du capitaine, l'équipage, sans oublier les jeunes mousses, en profita largement. Il régnait une atmosphère de fébrilité derrière les murs de la forteresse en cette période de l'année. Marchands, marins, pêcheurs, soldats, tous se mêlaient à la population civile et se préparaient à écouler les longues journées d'hiver en s'ennuyant le moins possible. Tous cependant n'arrivaient pas à étaler leurs épargnes de façon à les faire durer jusqu'au printemps[94].

Bénéry profita au maximum de ces précieux moments, parcourant les rues, se permettant de rêver devant les façades des boutiques, s'arrêtant aux portes des magasins du roi. Il

---

94. Voir http://fortress.uccb.ns.ca : «À analyser de près la réponse de la population de Louisbourg, au moins cette partie qui regroupe les soldats, les matelots et les pêcheurs, à l'offre hôtelière, on constate une certaine irresponsabilité chez la clientèle. Le besoin d'évasion, la volonté d'oublier les rigueurs de Louisbourg, sont plus forts que le souci du lendemain. Le soldat boira toute sa paie plutôt que de penser à économiser ce qui lui est nécessaire pour l'hiver suivant.»

était impressionné par l'étroitesse des rues, par la beauté des maisons construites par les riches marchands et les notables de Louisbourg. Il aurait bien aimé jeter un coup d'œil à l'intérieur de la résidence du gouverneur, être à même d'apprécier la beauté de ses appartements que l'on disait aussi bien décorés et tenus qu'à la cour du roi Louis XV. S'il avait pu, au moins, se rendre à l'intérieur de la cour qui constituait, avec les remparts à l'arrière du château, le donjon du roi... On retrouvait là les écuries, tous les animaux destinés aux besoins de la maison du gouverneur, incluant la basse-cour. Il y régnait aussi une activité débordante, puisque les militaires affectés à la protection de la forteresse occupaient toute la partie droite du château. Il ne devait même pas y penser! Et, lorsqu'il passait devant la sentinelle montant la garde à la porte du château, il augmentait la cadence afin de ne pas être interpellé et, qui sait, pour un motif futile, se retrouver dans la prison, juste en face... Il redescendait alors les rues vers le port afin d'y retrouver l'agitation des marins attablés et en train de discuter, en prenant un gobelet de rouge dans un des nombreux cabarets ouverts dans les maisons privées.

Malgré toutes ses démarches, Dugas fut obligé de se contenter de ses contacts habituels auprès des autorités de Louisbourg. Il décida donc de régler quelques détails, de placer les commandes pour le printemps, avant de retourner passer l'hiver à Port Toulouse. Quelques cas de variole ayant été signalés, il pensa qu'il était préférable de remettre ses affaires au printemps. La mer se faisait grosse en cette troisième semaine de décembre, mais rapidement après être pénétrée dans le chenal menant vers Port Toulouse, l'*Espoir* comprit que la période de repos annuelle était arrivée.

Avant de prendre congé des membres de son équipage, Dugas les réunit chez lui autour d'une table bien garnie, ornée de quelques cruches d'eau-de-vie ramenées secrètement de Louisbourg.

— La vie de marin est suffisamment difficile comme cela, profitez donc des semaines qui viennent pour retrouver une vie de famille.

Le capitaine ne faisait jamais de longs discours, comme beaucoup des gens de mer; il prêchait plutôt par l'exemple. En particulier quand le capitaine n'a plus rien à prouver, quand ses états de service soutiennent une réputation qui fait le tour de la colonie et davantage encore. Ce fut au tour de Pierre Sauvage de prendre la relève du capitaine. Les membres de l'équipage se regardèrent, sourire en coin, ayant l'air de vouloir dire: «Regardez-le, il veut se faire voir.» Il faut dire que le second en imposait non seulement par sa taille, mais aussi par une grande fierté qui se dégageait de sa personne. Pendant qu'il parlait, il tenait sa petite Josette sur ses genoux. Mise à la perfection grâce à la garde-robe qu'il avait rapportée de Louisbourg, on pouvait bien reconnaître la fille de son père.

— Pour moi, on n'aura pas un gros hiver de glace. Faudrait pouvoir effectuer les «radoubs» sur l'*Espoir* assez rapidement pour être prêt de bonne heure dans le mois de mars. Qu'est-ce que tu en penses, Joseph?

— C'est bien possible. Quoique, dans le golfe du Saint-Laurent, on ne peut jamais savoir. Le long des côtes de l'île Royale et de la Nouvelle-Écosse, il n'y a jamais beaucoup de glace, l'hiver. Tu as raison, Pierre, il faut être prêt à toute éventualité. J'ai l'impression que ça va bouger tôt ce printemps dans les eaux entourant l'Amérique septentrionale. Les échos qui me sont parvenus à Louisbourg laissent à penser que les nouveaux gouverneurs de la colonie, Vaudreuil à Québec, le premier vrai Canadien à gouverner la Nouvelle-France, et Drucourt à Louisbourg, voudront consolider la présence française autant dans les eaux du Saint-Laurent, dans la baie Française, que dans tout l'Atlantique. Il ne faut pas négliger la dispute pour le contrôle des régions sauvages de l'Ohio. Cette histoire de l'assassinat de Jumonville est loin d'être réglée. Il ne faudrait pas se surprendre, le printemps revenu, de croiser de nombreux navires aux couleurs du roi George[95].

Ce fut Jeanne Pinet, l'épouse de Pierre Sauvage, qui, l'air éploré, posa la question qui amena un silence complet dans la maison. Même le Mousse, qui avait commencé à harceler Jean-Baptiste La Soude pour qu'il s'amuse à tirer du poignet, fut bien obligé de se taire.

— Vous ne pensez tout de même pas que nous pourrions nous retrouver en guerre?

— Ça, ma fille, on ne sait jamais. Je dirais que nous le sommes presque tout le temps, en guerre. Je ne veux pas vous épeurer, mais chaque fois que nous prenons la mer, nous risquons de rencontrer un ennemi, guerre ou pas. Depuis que Lawrence est devenu gouverneur à Halifax, il fait la vie dure aux gens de notre peuple, qu'ils accusent de tous les maux, à un point tel que nos frères ne se sentent plus en sécurité dans l'Acadie. Nous en savons quelque chose, nous, l'équipage de l'*Espoir*. Ça, c'est ce que nous savons! Dans les lointaines régions sauvages de l'Ouest, les altercations sont fréquentes entre les troupes des colonies anglaises et les soldats du régiment de Carignan. En Europe, les rois de France et d'Angleterre n'ont de cesse de se quereller. La guerre reprendra, c'est prévisible.

Joseph Dugas réalisa qu'il n'aurait pas dû aller si loin. Ce n'était pas son habitude d'inquiéter les créatures avec les aventures qui ne manquaient pas de survenir à tous les marins qui sillonnent les eaux des mers. Il voulut donc ramener la discussion à des sujets moins tristes pour la période des Fêtes, une période de repos dans laquelle ils entraient...

— Ne vous en faites pas. Si le grand mât de l'*Espoir* est plus haut que les douze brasses de longueur de notre *sloop,* c'est que nous faisons confiance au ciel. C'est lui qui décide

95. Roi d'Angleterre.

de ce qui nous attend. Il faut lui faire confiance. Faut nous préparer à toute éventualité. Pierre, tu regrouperas une équipe avec Gabriel. Dis-moi, Bénéry, on m'a dit que tu te débrouillais assez bien avec une scie et un marteau.

— J'aime travailler le bois, c'est certain.

— C'est bon. Tu vas t'organiser chez ton oncle Vincent pour l'hiver?

— Oui, oui. J'aurais même travaillé sur le bateau des Boudrot.

— Cela ne te dérange pas de faire équipe pour «radouber» l'*Espoir*?

— Absolument pas, Joseph, au contraire.

Bénéry n'était pas surpris que son capitaine, qu'il n'hésitait même plus à tutoyer, le garde avec lui pour l'hiver. Après tout, Joseph Dugas n'était pas si âgé que cela. Bénéry avait observé longuement le valeureux capitaine, il connaissait le sens de ses silences, il pouvait interpréter les moindres expressions de son visage. Il avait confiance en cet homme. Et le capitaine appréciait la présence de sa jeune recrue.

3.1.5 Au printemps 1755

Déjà quinze jours de passés dans le mois de mars et encore tant de travaux à faire avant que l'*Espoir* puisse reprendre la mer. On a beau prendre les meilleures résolutions au monde, il se produit toujours quelque événement pour contrecarrer nos plans. C'est à peu près le discours que se tient Joseph Dugas pour diminuer sa colère, quand il pense au retard dans les travaux à effectuer sur son navire. Cette fois, c'est un peu de sa faute, puisqu'il ne s'était pas procuré suffisamment d'étoupe, lors de son dernier passage à Louisbourg, pour calfeutrer adéquatement la carène de l'*Espoir*. C'est Bénéry qui lui a suggéré de s'enquérir auprès des Boudreau, qui pourraient éventuellement lui en avancer temporairement. Quotidiennement, Joseph a l'occasion de découvrir le sens de la débrouillardise de son nouveau protégé. À seize ans, Bénéry a pris de l'assurance, son corps, sous l'effet du travail exigeant de marin, s'est transformé. Il est devenu un homme capable de tenir son bout. Il n'aura jamais la stature d'un Faraud, mais il est solide et fait montre d'une endurance étonnante. C'est comme si l'hiver qui s'achève lui avait donné l'occasion, grâce à une alimentation saine et suffisante, de parfaire sa santé. Joseph eut aimé que son fils, sur qui il compte tant, ait démontré la même ardeur au travail. À sa défense, Joseph Dugas doit reconnaître qu'il n'a peut-être pas aidé celui qui assurera sa lignée en l'amenant avec lui, sur l'eau, si jeune. Il n'avait que six ans. Mais avait-il seulement le choix ? Veuf depuis peu, le capitaine n'avait que des filles : Marguerite, dix ans, qui avait, selon la tradition, hérité du prénom de sa défunte mère ; Anne, huit ans, Marie, cinq ans, et Françoise, trois ans. Heureusement, sa nièce, Marie Brault, acceptait de les garder à la maison, mais n'en avait-elle pas suffisamment sur les bras sans lui ajouter un garçon plutôt difficile ? Pour l'instant, il lui faut accélérer les travaux, car le beau temps se pointe. Joseph, comme son navire, sent l'appel du large. La concurrence est forte pour ceux qui sont dans le cabotage, puis le veuvage est lourd pour un homme de quarante ans. Il n'est pas le seul à regarder la mer : quelques goélettes sont déjà sorties à la morue, qui continue de se faire abondante.

Les échos qu'il a reçus des pêcheurs sortis en mer, Joseph Mathurin, des Langlois de l'île Madame, qui s'étaient arrêtés à Louisbourg, contenaient des nouvelles peu rassurantes. Si l'hiver avait été assez tranquille en Acadie, une épidémie de petite vérole s'était répandue dans la population de Louisbourg, de sorte que l'on dénombrait une quantité inhabituelle de décès. Quelques cas aussi au fort Beauséjour, mais on avait évité le pire.

— Les autorités du port furent donc incapables de prévenir l'épidémie ? Quelques cas avaient été signalés en décembre. On dit que c'est une maladie épouvantable.

— Oui, Pierre. Il est préférable que l'on ne rapporte pas cette maladie à Port Toulouse : ta petite Josette pourrait en mourir, en rester défigurée ! Ce n'est pas une maladie nouvelle. On dit qu'aux premiers temps de la colonie elle avait fait des ravages, surtout chez les populations sauvages.

— J'en ai quelque peu entendu parler par les gens de mon peuple, Joseph. Je pense que je ne serai pas du prochain voyage à Louisbourg…

— Voyons, Gabriel ! Je ne t'ai jamais entendu parler de cette façon, ça ne serait pas pour faire peur à Pierre. Me semble que je te trouve un petit air…

— Vous pouvez bien en rire tous les trois. Ma petite Josette est ce qui existe de plus beau au monde. Cela ne me retiendra pas de faire mon travail, même s'il doit me conduire à Louisbourg, vous saurez.

— Calme-toi, Pierre, l'épidémie est chose du passé. D'après ce que l'on m'a raconté, il s'agit d'une maladie[96] terrible. D'abord, on se sent fiévreux pour une semaine, même plus, avec des frissons, des maux de tête, des nausées. Puis l'apparition de taches rouges sur la peau, mais encore plus sur le visage, fait que, si tu as la chance de ne pas en mourir, tu demeures défiguré par les pustules. Ce ne sont pas des bonnes nouvelles… Par ailleurs, les rumeurs racontent aussi que les fortifications de la ville d'Halifax vont rapidement. Le gouverneur aurait-il des craintes que la France ne se décide, une fois pour toutes, de chasser les Anglais de nos terres ? Qu'en dis-tu, Gabriel ?

— Ce serait là la seule façon d'en finir. Moi, je suis de la partie.

— Dépêchons-nous de lancer l'*Espoir*…

---

96. Voir http://dictionnaire.reverso.net. Petite vérole ou variole : maladie infectieuse grave caractérisée par l'apparition de pustules qui en séchant laissent des cicatrices.

L'équipe de Joseph Dugas, qui badine tout en mettant la dernière main aux travaux à effectuer sur leur chaloupe, avait-elle été entendue de leur souverain Louis XV ?

Au printemps, on s'affaire en France à préparer l'envoi de trois mille six cents hommes vers la Nouvelle-France, deux divisions que l'on dirige vers le port de Brest. Une première escadre est envoyée, comptant neuf vaisseaux, dont sept sont armés en flûte, c'est-à-dire légèrement, pour leur faciliter le transport de fret destiné à Québec. Une deuxième division, moins imposante, était destinée à Louisbourg. En tout, c'est une trentaine de navires qui partent vers l'Amérique. On dit que le roi George, lorsqu'il apprit la nouvelle, était si en colère qu'il chargea l'amiral Boscowen[97], le dix-huit juin, d'attaquer le convoi, tout cela sans déclaration de guerre. Boscowen ne réussissant qu'à capturer deux des navires, il dirige la flotte anglaise vers les navires de pêche et de commerce qu'elle se met à arraisonner, semant la panique et la colère dans le port de Louisbourg. Le printemps de dix-sept cent cinquante-cinq voit les esprits s'échauffer rapidement. Pour l'instant, Vaudreuil, le nouveau gouverneur général de la Nouvelle-France, peut se réjouir, mais le printemps est loin d'être terminé.

C'est que Boscowen n'est pas le seul à s'activer au nom du roi d'Angleterre. Le quatorze avril dix-sept cent cinquante-cinq, arrive en Virginie le brigadier général Braddock[98] avec deux régiments de troupes anglaises régulières. L'Angleterre se rend aux demandes répétées des gouverneurs de ses colonies,

---

97. Voir http://faculty.maianopolis.edu : *Quebec History*. « Le 8 juin 1755, en pleine paix entre les deux couronnes, le vice-amiral, à la tête d'une escadre de 12 vaisseaux de ligne, enveloppa en mer trois unités de la flotte de l'amiral Dubois de la Motte, l'*Acide*, le *Lys* et le *Dauphin*... Le 26 juin, Boscowen écrit à sa femme : "Commencer ainsi la guerre entre deux nations sans ordre absolu ni déclaration me donne fort à réfléchir. D'aucuns me blâmeront ; mais, comme il s'agit d'agression, un plus grand nombre me louera." »

98. Voir http://wikipedia.org. « Le général Braddock était un soldat et le commandant en chef britannique en Amérique du Nord lors de la guerre de Sept Ans. »

qui réclamaient des troupes suffisantes pour une attaque massive sur la maigrichonne et squelettique Nouvelle-France qui, malgré sa faible population, menace les colonies pourtant lointaines de la Virginie et du nord de la Caroline, jusqu'à la Géorgie.

Toujours au cours de ce même printemps, les gouverneurs de toutes les colonies anglaises avaient tenu une rencontre à Alexandria, sur le Potomac. Tous y étaient : Dinwiddle pour la Virginie, Morris, gouverneur de la Pennsylvanie, et Shirley pour le Massachusetts, ainsi que les représentants des colonies New York, du Maryland et de la Caroline du Nord. Guerre ou pas, on y décide, pour le printemps, un plan en quatre points visant à sceller une fois pour toutes le sort de la Nouvelle-France.

Comme il est impératif de briser cette série de forts français – pas moins de vingt-quatre – qui constituent un bouclier protégeant le Canada, le général Braddock devra s'emparer de tous les forts situés sur la frontière de l'Ohio. Il doit prendre le fort Duquesne, le plus au sud, près de la rivière Monongahela, qui protège l'accès au fleuve Mississippi. Les Anglais y avaient érigé un fort dont les Français s'étaient emparés.

Quant à William Shirley, son objectif est le fort Niagara. Celui-là assure le contrôle des Grands Lacs. Il y a plus de soixante-dix ans que Cavelier de La Salle y avait érigé des fortifications, devinant l'importance stratégique des lieux. Pour le colonel William Johnson, ce sera le petit fort de Crown Point : c'est le point le plus rapproché de Montréal.

En ce qui concerne le quatrième objectif militaire, il est confié au colonel Monckton [99]. Appuyé de deux mille hommes, miliciens des colonies anglaises, il doit s'emparer du fort Beauséjour. Ce dernier assure la présence française dans l'isthme

---

99. Voir http://wikipedia.org. « Robert Monckton (24 juin 1726-1782) fut un officier de l'armée britannique et un administrateur colonial en Amérique du Nord britannique. »

de Chignectou et protège ainsi la liaison terrestre entre Louis-bourg et Québec, chef-lieu de la Nouvelle-France. Les deux mille hommes de Robert Monckton sont répartis dans deux bataillons, l'un sous les ordres de John Winslow [100] et l'autre de George Scott. Ce qui n'est pas dit, mais qui est aussi convenu, c'est qu'un autre projet, plus vaste, entendu avec le gouverneur de la Nouvelle-Écosse, comporte une solution globale au « problème acadien ».

3.2 Chute de fort Beauséjour

3.2.1 L'espoir en eau trouble

Bénéry, allongé sur le beaupré, à l'extrémité avant, juste à la rencontre du bout-dehors sur lequel on fixe les focs, scrute attentivement l'horizon devant lui. En fait, ce n'est pas l'horizon, mais plutôt la brume qu'il tente de percer, cherchant à deviner ce qui peut se trouver derrière ce mur épais. Il y a déjà un bout de temps qu'il est ainsi, dans cette position inconfortable. Combien de temps? Il ne saurait le dire. Mais assez pour regretter sa paillasse, assez pour espérer que l'on vienne le soustraire à cette responsabilité et prendre sa place. Faraud avait été on ne peut plus clair : « Sous aucune considération, tu ne dois quitter ton poste. Et ne relâche jamais la vigilance, ne va pas t'endormir, surtout. » Comme s'il était possible de trouver le sommeil dans une telle position…

Depuis que l'*Espoir* avait repris la mer, il y avait maintenant plus d'un mois et demi, le capitaine était plus inquiet. On sentait qu'à tout moment pouvait survenir une rencontre inopportune. Chaque jour, peu importe l'endroit où l'on navi-

---

100. *Idem.* « John Winslow : officier et fonctionnaire né le 10 mai 1703 à Marshfield, au Massachusetts. Déjà major général depuis 1754, il prend le grade de lieutenant-colonel du régiment de provinciaux levé par Shirley… pour les fins de son plan concernant les Français neutres… »

guait, on pouvait tomber sur un navire ennemi. Lors du premier arrêt de la saison à Louisbourg, Bénéry avait trouvé la ville moins joyeuse, plus animée certes, mais la petite vérole, que l'on venait tout juste d'éradiquer, avait comme fait disparaître le goût de rire et de s'amuser. De plus, on faisait grand bruit, parmi les équipages des goélettes de pêche et chez les navires marchands, du danger de se voir arraisonner par les bateaux de la flotte navale de l'Angleterre qui sillonnaient les eaux de l'Atlantique Nord [101]. Il est vrai que l'île Royale est juxtaposée à la Nouvelle-Écosse, que Terre-Neuve est une colonie britannique ; donc, tout navire français s'adonnant à la pêche dans les eaux poissonneuses au sud de Terre-Neuve est susceptible de rencontrer des navires ennemis. En temps de paix, on n'a pas trop à s'inquiéter, mais lorsque la guerre est imminente, comme c'est le cas au printemps de dix-sept cent cinquante-cinq, le risque est grand. Lors de sa première année de navigation, en dix-sept cent cinquante-quatre, Bénéry avait surtout navigué entre les côtes de l'isthme de Chignectou et de l'île Saint-Jean, transportant les pauvres familles acadiennes qui, ne sachant plus où trouver refuge, choisissaient de rejoindre des leurs à Port-La-joie ou ailleurs sur l'île Saint-Jean. Sa deuxième année à bord de l'*Espoir* s'annonçait plus palpitante...

Joseph Dugas s'était vu confier une importante mission, celle de se rendre ravitailler le poste stratégique dans la défense de l'Acadie française et aussi de toute la Nouvelle-France, installé tout au nord de la baie Française, là où se jette la rivière Saint-Jean. Après l'interception, par les Anglais, du navire chargé de transporter le ravitaillement de Louisbourg vers le poste français de la rivière Saint-Jean, Boishébert, qui commandait ce poste, attendait avec impatience l'arrivée de ces biens essentiels. Le

---

101. Voir http://www.san.beck.org: English-French War 1754-57 : « *In the spring of 1755, Admiral Boscoven commands a large fleet... In 1755, admirals Boscoven and Edouard Hawke captured about three hundred French merchant vessels and six thousand men.* »

capitaine Joseph Dugas en avait vu d'autres ; cependant, cette mission était particulièrement délicate. Il savait que le secteur était de toute évidence surveillé par les autorités anglaises. Il lui fallait donc faire preuve d'une grande prudence, surtout qu'il était spécialisé, si l'on peut dire, dans la navigation côtière[102]. Sa petite chaloupe, que les Anglais appelaient *sloop,* pouvait facilement passer inaperçue en se cachant dans les anses ou les petites baies, mais il y a long de côte entre Louisbourg et l'embouchure de la rivière Saint-Jean, surtout qu'il faut longer la Nouvelle-Écosse sur toute sa partie sud, avant de remonter vers le nord pour accéder à la baie Française. Dugas avait emprunté cette route à de nombreuses occasions, au nez même des navires anglais qui se rendaient à Annapolis Royal. Il n'y avait pas si longtemps encore, c'est la route qu'il avait prise afin d'acheminer un chargement de viande pour ses commandes avec Louisbourg, mais le contexte était différent, et il le savait bien.

Jusqu'à présent, il avait été aidé par la brume, les premiers jours du trajet depuis Louisbourg jusqu'à ce qu'il pénètre dans la baie Française. Un temps brumeux, juste ce qu'il faut, lui avait permis de progresser à pleines voiles sans craindre d'être aperçu de qui que ce soit.

— Le Mousse… Le Mousse, va prévenir Faraud, qu'il vienne tout de suite.

— Qu'est-ce qu'il y a encore ? Il n'y a pas moyen de se reposer. Fais donc ton quart.

— Si je bouge d'ici, le Mousse, c'est pour aller voir directement le capitaine. Tu t'arrangeras avec Jos. Ça presse.

C'est en maugréant que, finalement, le Mousse s'exécuta.

— Tu as vu quelque chose ? demanda à voix basse le second.

— Je pense deviner, sur bâbord juste là, regarde, comme la forme d'un navire. S'il s'agit bien d'un navire, Faraud, je n'en ai jamais vu un aussi gros.

---

102. Comme beaucoup d'Acadiens qui faisaient du cabotage…

— Bénéry, ne bouge pas de ton poste. Oui, c'est bien un navire, un gros, tu as raison et j'espère seulement que la brume ne va pas se lever tout de suite. Si tu vois autre chose, envoie le Mousse me chercher...

— Sur bâbord, toute! ordonna le capitaine à son second.

Il lui laissa la barre, puis alla rejoindre Bénéry. Escomptant que la brume lui en laisserait le temps, il avait décidé de couper juste à l'avant du navire de guerre britannique pour filer plein nord vers la côte, où il pourrait placer son navire dans une petite baie, bien à l'abri du regard des Anglais. Bénéry en eut le souffle coupé; il craint un moment l'abordage. De son poste inconfortable, il eut le privilège d'apercevoir de près le beaupré de la frégate anglaise. Aidé à la fois par la brume du matin, par le fait que la frégate britannique avait remisé une grande partie de sa voilure, réduisant ainsi considérablement sa vitesse, l'*Espoir* coupa à la barbe même du navire anglais, puis se glissa dans une petite baie et s'y plaça à sec de toile. Quelques minutes plus tard, la brume se leva complètement...

— Faraud, mets un canot à la mer, prends avec toi Gabriel et Bénéry, et n'oublie pas d'apporter la lunette. Tâche donc d'aller à terre et de trouver un promontoire, question de jeter un coup d'œil.

— Jos, ça serait-y que tu penses qu'il y en aurait d'autres comme celle-là dans les parages?

— Comme celle-là, je n'en sais rien, mais nous pourrions avoir des surprises.

Bénéry, qui était demeuré près de Faraud, avait suivi la conversation entre le second et son capitaine. Il se sentit autorisé à poser une question, ce qu'il faisait rarement depuis l'avertissement de Jos, le premier jour qu'il s'était joint à l'équipage.

— C'est peut-être la peur, mais il me semblait que le bateau de ce matin était plus gros que la frégate française qui accompagnait les renforts destinés à Louisbourg, celle que nous avons vue il y a trois semaines. Vous ne pensez pas?

— Il n'y a pas de doute, mon jeune. Je reconnais une frégate juste à la façon dont elle est gréée. Tu devrais en être capable, toi aussi, à les voir de si près. Celle que nous avons croisée ce matin était plus grosse, tu as raison. Elle devait bien porter une cinquantaine de canons, plus quatre cents hommes d'équipage. C'est plus que toute la population de Port Toulouse, mon Bénéry. Allez, on a suffisamment perdu de temps. Soyez prudents, surtout évitez de vous faire voir. Il n'est pas question de laisser notre cargaison tomber entre les mains des autorités de Port-Royal.

Joseph Dugas ne s'était jamais résigné à nommer Port-Royal autrement, même si les Britanniques la dénommaient maintenant Annapolis Royal. Intérieurement, Bénéry se sentait choyé de prendre place dans le canot en compagnie de Faraud et de son ami Gabriel. Il se voyait partir en excursion avec quelques vivres, une cruche d'eau. Une fois sur le rivage, ils camouflèrent le canot et, marchant une demi-lieue en direction de l'est, ils escaladèrent un cap leur donnant une vue sur la baie Française, en direction sud. C'est Bénéry, dont l'œil s'était passablement aiguisé depuis qu'il s'était joint à l'équipage de l'*Espoir*, qui aperçut le premier les nombreux navires qui faisaient voile vers le soleil levant.

— Jos, je ne sais pas trop ce que cela peut signifier, mais nous avons pu compter plus d'une vingtaine de navires, si ce n'est pas trente. En tenant pour acquis que la frégate de ce matin était déjà avancée vers l'est, c'est donc qu'il y en avait trois en tout qui escortaient le convoi. J'en ai le souffle coupé. Tu n'as pas l'intention de poursuivre ton chemin vers l'embouchure de la rivière Saint-Jean? Ce serait se jeter dans la gueule du loup.

— Nous avons une cargaison à livrer, Pierre. Boishébert compte sur nous, et les autorités de Louisbourg aussi. Loin de rebrousser chemin, il nous faut poursuivre jusqu'à la rivière Saint-Jean – nous y serons à l'abri –, puis remonter jusqu'au poste un peu plus au nord. Nous préviendrons Boishébert afin qu'il envoie des courriers prévenir les autorités de Québec de ce que nous venons de voir.

— Mais où cette flotte peut-elle bien se diriger? Nous ne sommes pas en guerre.

— Peut-être que oui, que nous le sommes, justement! Pas officiellement, mais cela ne devrait pas tarder. Pour moi, il n'y a pas de doute possible: cette armada est destinée, tôt ou tard, à se retrouver en face du fort Beauséjour.

— Port-Royal n'est aucunement menacé, présentement. Quant à Pissiguit, une route terrestre relie maintenant le village à Halifax. De toute façon, nous serons bientôt fixés sur la question. Allez, nous attendrons la tombée de la nuit avant de lever l'ancre et de poursuivre notre course. Demain, le vingt-huit mai, nous pourrons prévenir Boishébert.

À Annapolis, le convoi, comportant plus de deux mille hommes, fit jonction avec une escadre venue de Halifax, puis reprit sa route jusqu'au fort Lawrence, où il s'arrêta le deux juin[103].

3.2.2 Une ordonnance

Peu importe que ce soit par les hommes de Boishébert ou par un courrier à mocassins, les autorités du fort Beauséjour furent informées, dès les cinq heures du matin, qu'une flotte de quelque quarante navires anglais attendait à l'arrière du cap Maringouin que la marée lui permette d'avancer un peu plus profondément vers les embouchures des rivières La Planche et

---

103. FRÉGAUT, Guy, *Histoire de la Nouvelle-France*, chap. VI, «La déportation des Acadiens», p. 249: «Après y avoir opéré sa jonction avec une autre escadre venue d'Halifax, la flotte poursuit sa route jusqu'au fort Lawrence, où elle s'arrête le 2 juin. Deux jours plus tard, 2000 provinciaux et 250 soldats anglais campent sur la "belle route" qui relie Beauséjour à Gaspareau. Le 5, ils sont à un mille de Beauséjour... »

Mésagouèche, à quelque distance du fort Lawrence, sur les rives mêmes sur lesquelles Jacques Bourgeois et ses colons étaient descendus au moment de la fondation de Beaubassin, il y a plus de quatre-vingts ans.

La surprise est énorme, la perspective inquiétante pour le commandant du fort Beauséjour, Louis Du Pont Duchambon de Vergor. Dès que la nouvelle lui parvient, il se presse de demander du renfort à Louisbourg, à Québec, puis il envoie à tous les Acadiens qu'il peut joindre l'ordre d'accourir à la défense du fort et de tout l'isthme de Chignectou.

On n'eut pas à chercher longtemps pour trouver Jean Cointin. Depuis quelques jours, lui et une dizaine d'hommes étaient justement affectés aux travaux de consolidation et de réparation du fort. Constatant l'état de délabrement des lieux, le commandant n'avait eu d'autre possibilité, après avoir lui-même laissé le fort dépérir, que d'exiger que l'on procède aux travaux les plus urgents. Trop peu, trop tard!

Jean Arseneau, le plus jeune fils de madame Françoise, avait passé l'hiver dans les environs du fort. Il avait, comme son frère Joseph, dit aussi Cointin, vingt-deux ans, sans qu'ils soient jumeaux. C'est donc qu'il n'y avait que la durée d'une grossesse entre les deux. Deux beaux gaillards élevés à Beaubassin, ayant une connaissance enviable de la région. Même si Joseph avait récemment quitté le célibat, il n'avait d'autre option que de se porter, comme son frère, à la défense de l'Acadie française. Tous deux en avaient suffisamment sur le cœur pour détester non seulement le gouverneur Lawrence, mais toutes les tuniques rouges qu'il pouvait envoyer pour détruire, chaque fois un peu plus, le travail de leurs ancêtres. Joseph avait pris la place de Bénéry auprès de son frère Jean dans l'équipe qu'ils formaient, et qui s'était mise à la disposition des autorités du fort.

Cette fois, leur mission fut de se rendre le plus rapidement possible au fort Gaspareau, du côté est de l'isthme de Chignectou, à baie Verte, afin d'informer le commandant Villeray de la présence des forces britanniques au fort Lawrence, juste devant Beauséjour.

Ce fut pour eux un jeu d'enfant. Ils auraient préféré qu'on les délègue pour observer les manœuvres auxquelles se prêtaient les troupes britanniques qui, à la faveur de la marée haute, s'étaient approchées des rives et étaient à même de descendre les contingents et tout le matériel de soutien que demande une telle expédition. Il y avait longtemps que l'on n'avait pas été témoin d'une telle activité dans la baie de Beaubassin. Vers les cinq heures de l'après-midi, les navires d'escorte britanniques fermaient l'estuaire de Beaubassin, pendant que l'on terminait rapidement l'installation des tentes et des entrepôts. Pour loger les deux mille soldats, deux rangées de tentes occupaient un vaste champ sur le flanc de la falaise sur laquelle était construit le fort Lawrence. Mais cela, on pouvait facilement le voir à partir du fort Beauséjour même. Il en serait ainsi pour les jours à venir. L'ennemi se préparait ouvertement, à la face même des faibles troupes françaises. Si on pouvait toujours déplacer vers le fort Beauséjour les hommes et le matériel, il était trop tard pour délimiter un périmètre qui aurait permis de maintenir les forces britanniques au-delà d'une portée de fusil. De plus, les constructions dans le voisinage du fort, au cours des cinq dernières années, rendaient difficile la défense de l'environnement immédiat.

La course des garçons vers le fort Gaspareau ne prit que huit heures, aller et retour. Aussi furent-ils à même d'observer, au soleil couchant de cette belle journée de printemps, allongés sur leur carène au fond de la baie de Beaubassin, les quarante navires britanniques arrivés le matin. À quoi devaient-ils s'attendre, ils ne le savaient pas trop. Mais au fond d'eux-mêmes, leur cœur se serra en pensant à leur mère, madame Françoise, à leur père, ainsi qu'à tous les anciens.

Ils n'eurent que peu de temps pour les attendrissements, puisqu'on leur intima l'ordre de se tenir prêts pour la première heure le lendemain matin. Ils devaient repartir vers la côte, vers les villages les plus éloignés du fort, les informer de l'ordre du commandant selon lequel tous les Acadiens devaient rapidement affluer vers le fort. On pouvait facilement supposer que les Britanniques préparaient un grand coup.

Ils mirent deux journées bien remplies pour effectuer le trajet jusqu'à Chédaïc. Les deux Cointins devaient d'abord remonter la rivière Tintamarre jusqu'au village du même nom, une occasion pour Joseph de saluer sa jeune épouse demeurant chez sa sœur Marguerite, remariée à Joseph Bernard. Puis, ils repartirent vers Memramcouk, et finalement arrivèrent à Chédaïc. Le message était partout le même : « Tous les Acadiens réfugiés et les habitants en mesure de prendre les armes devaient se porter immédiatement à la défense du fort Beauséjour, sous peine de mort. » Il n'y a plus de possibilité pour les Acadiens de prétendre à une quelconque neutralité. En acceptant de suivre l'abbé Le Loutre et de s'installer en territoire français en tant que réfugiés, ils se plaçaient sous l'autorité du commandant du fort qui assurait leur protection. Marie Cyr, veuve de Joseph Bourgeois, remariée récemment à Jean-Jacques Bourgeois, frère de son premier mari, accueillit avec plaisir les deux frères Arseneau.

— Quel bon vent vous amène par ici, les jeunes ? Théotiste, va prévenir Jean-Jacques que nous avons de la belle visite.

— Oui, c'est justement à lui que nous voulons parler.

— Ce ne sera pas long, il est allé quelques minutes chez le vieux Claude, en attendant le repas. Vous allez manger avec nous ?

— Ce n'est pas de refus, Marie. Les trois derniers jours, nous n'avons pas arrêté beaucoup, Jean et moi.

— Quand il y en a pour cinq... On partagera ce qu'il y aura à mettre sur la table.

— Juste à sentir l'odeur du bon pain frais... Il y a longtemps que cela ne nous est pas arrivé. N'est-ce pas, Joseph ?

Théotiste ne mit que quelques minutes à revenir avec son beau-père, qu'elle appelait tout simplement Jean-Jacques, pour ne pas se mêler en l'appelant «mon oncle». Ce dernier était tout heureux de son rôle de maître de la maison. Il salua avec empressement les deux visiteurs.

— Ben, si c'est pas de la belle visite! Toujours partis à l'aventure, les Cointin?

— Nous venons tout juste d'arriver, Joseph et moi. Nous n'avons pas encore eu le temps d'expliquer le but de notre visite. Justement...

— Ça ne presse pas, les amis, vous ferez cela à table devant une bonne soupe chaude. Marie, avons-nous le temps pour une goutte d'eau-de-vie?

— Si vous pensez qu'elle est meilleure que notre soupe... Qu'est-ce que tu en penses, Théotiste?

— La soupe peut attendre encore. Elle ne fatigue pas au-dessus du feu, dans l'âtre.

—Un petit «remontant» ne serait pas de refus, mais on est peut-être mieux de ne pas y toucher tout de suite. Nous devons reprendre la route immédiatement après souper.

— Non, non, pas question. Vous allez demeurer avec nous pour la nuit. Vous repartirez demain. N'est-ce pas, Marie?

Les Cointin éprouvaient une gêne palpable à devoir annoncer l'objet de leur visite. L'attitude de Jean-Jacques laissait à penser que, de son côté, il ne souhaitait pas entendre ses deux amis, comme s'il avait une prémonition. Quelque chose lui disait qu'il était mieux de ne pas entendre. Il sentait qu'un nuage planait sur son bonheur retrouvé, depuis que Marie avait accepté de se mettre en ménage avec lui, de fonder une nouvelle famille, et que leur mariage avait été consacré lors de la visite de l'abbé Le Guerne, il y avait maintenant six mois. Alors, c'est Théotiste qui amena la conversation sur un sujet qui lui tenait à cœur, pendant que l'on se rapprochait de la table.

— Comment se fait-il que Bénéry ne soit pas avec vous ? Nous ne l'avons pas revu depuis presque un an et demi. Pour quelqu'un qui était passé nous souhaiter la bonne année…

— C'est pourtant bien vrai. Normalement, c'est lui qui devrait se retrouver avec moi à la place de Joseph. Bénéry nous a quittés il y a plus d'un an maintenant…

— Comment ? Il est mort ? Et nous ne l'aurions pas su ?

— Voyons, Théotiste, reprends-toi.

— Non, il est bien vivant. Enfin, je le crois. Bénéry s'est embarqué comme mousse sur l'*Espoir,* le *sloop* de Joseph Dugas, qui était venu brièvement dans les environs afin de compléter un voyage de viande fraîche pour ses contrats avec Louisbourg. Cela ne nous a aucunement surpris. Bénéry est orphelin, encore plus jeune que nous… Depuis que maman nous a quittés… Puis, il avait toujours rêvé de partir à l'aventure. Logé et nourri, comme il nous a expliqué. Nous n'avons eu aucune nouvelle de lui depuis ce temps. À Port Toulouse – c'est là où réside Joseph Dugas –, il doit avoir rencontré notre frère Vincent.

— Ce que nous savons, c'est que Joseph Dugas, avec d'autres caboteurs comme lui, a effectué de nombreux voyages vers l'île Saint-Jean, y transportant des Acadiens qui désiraient traverser pour fuir les « saudits » Anglais, comme aurait dit ma défunte mère.

— C'est donc pour cela, Théotiste, que nous n'avons plus eu de nouvelles de lui. Je soupçonnais qu'il y avait quelque chose de grave, une bonne raison pour qu'il ne vienne pas te dire bonjour de temps en temps…

— Maman, vous n'allez pas recommencer, et devant de la visite, en plus.

— Laisse-moi te dire, Théotiste, que si tu t'inquiètes pour Bénéry, ce n'est pas nécessaire. Il est mieux placé que tous nous autres autour de la table. Joseph et moi, nous n'avons pas de bonnes nouvelles à vous apprendre. Nous sommes en mission, Jean-Jacques. Le commandant du fort Beauséjour, de Vergor, nous envoie, avec d'autres courriers, pour prévenir tous les Acadiens réfugiés et les hommes en état de prendre les armes de se rendre au fort, sous peine de mort.

— Mon Dieu! Cointin. Sommes-nous en guerre?

— Non. Pas officiellement…

— Mais alors, que se passe-t-il?

— Ma pauvre Marie, le fort doit être assiégé au moment où nous nous parlons. Depuis deux jours, il y a une quarantaine de navires qui mouillent dans la baie de Beaubassin, et trois frégates portant les couleurs du roi George ferment la baie. Il y a peut-être deux mille soldats, peut-être même plus!

— Mais si la situation est désespérée à ce point, pourquoi aller y risquer votre vie? Jean-Jacques, il n'y a pas de raisons pour que tu ailles avec eux au fort Beauséjour! Si la situation est sans issue, comme vous le prétendez, aller vous battre contre les Anglais ne fait que nous placer dans une position encore plus délicate dans les jours qui viendront. C'est ton propre père, Jean-Jacques, qui disait, il n'y a pas si longtemps, qu'il retournerait peut-être finir ses jours sur sa terre, près du fort Lawrence, si on le laissait en paix. Vous croyez, après que les Acadiens auront pris les armes contre les soldats anglais, que ce serait possible?

— Ne mêle pas mon vieux père à ça, veux-tu, Marie?

— Marie a raison, d'une certaine façon, Jean-Jacques. Mais cela ne te dispensera pas de te diriger le plus rapidement possible vers le fort Beauséjour.

— Nous avons avec nous un ordre écrit du commandant du fort enjoignant à tous les réfugiés acadiens de prendre les armes, sous peine de mort.

— C'est donc que nous n'avons pas le choix. Ni moi ni personne à Chédaïc?

— C'est exact, Jean-Jacques, mais n'oublie pas que cette ordonnance du commandant se trouve aussi à nous protéger, d'une certaine manière. Car si, comme cela est toujours possible, les choses tournent à notre désavantage, nous pourrons toujours prétendre, avec raison, que nous avons été forcés de prendre les armes, que ce fut contre notre gré. Moi, je te le dis sans hésitation, je suis d'avis qu'il faut en découdre une fois pour toutes avec ces satanées tuniques rouges venues de Boston pour se placer à la disposition du plus grand ennemi du peuple acadien, Charles Lawrence lui-même !

— Je suis porté à penser comme toi, Jean. Mais j'ai une femme, des enfants. Il faut que je pense à mes vieux parents encore vivants.

— C'est la même misère partout où nous sommes passés, Jean-Jacques. Les mêmes inquiétudes. Il faut souhaiter que le gouverneur de la Nouvelle-France de même que celui de Louisbourg entendent l'appel à l'aide du commandant de Vergor. L'enjeu est trop important, ils doivent nous envoyer des soldats. Les rumeurs laissent entendre que des renforts sont arrivés déjà à Québec et à Louisbourg.

La discussion qui se tenait chez Jean-Jacques Bourgeois était reprise de manière presque identique dans toutes les cabanes et maisons des Acadiens, dans tous les villages de la nouvelle Acadie française. Même dilemme, mêmes déchirements. Pourtant, ils furent nombreux à prendre le chemin du fort Beauséjour, contre leur gré, pour la plupart.

Au lever du jour, les frères Cointin reprirent la route vers la baie Française. En suivant la route de retour vers le fort, ils arrivèrent, vers le milieu du jour, au Pont-à-Buot, que les Acadiens avaient construit, permettant de franchir la rivière Mésagouèche, le seul endroit où il était facile de traverser les rives escarpées de cette rivière. Les Anglais s'y étaient déjà rendus, pour découvrir que les Français avaient brûlé le pont, question de ralentir les troupes anglaises. Tous les habitants se trouvant entre le pont et le fort furent forcés d'y trouver refuge.

3.2.3 Je te fais le serment

Dans toutes les humbles demeures, ce fut avec tristesse que l'on vit les hommes acadiens se préparer pour obéir à l'ordre du commandant du fort Beauséjour. Chez le vieux Claude Bourgeois, la situation n'était pas différente. Durant sa longue vie, il en avait vu de toutes les couleurs. Il s'était finalement laissé convaincre que le mieux, pour lui et pour sa famille, était d'abandonner sa terre dans l'Acadie de ses ancêtres et de se retirer en territoire français. Et maintenant, malgré le serment de fidélité que son grand-père Jacques Bourgeois avait pourtant accepté de signer à Annapolis Royal en dix-sept cent quinze, bien que, quelques années plus tard, en dix-sept cent vingt-sept, son père Charles et les habitants de la région de Chignectou aient eux aussi prêté le serment conditionnel accepté par Robert Wroth, le représentant du nouveau roi, il doit se résigner à voir ses enfants partir en guerre contre l'Angleterre [104].

Pourquoi a-t-il fallu que le gouverneur Lawrence revienne sur cette question du serment d'allégeance à la couronne

---

104. Contenu du serment conditionnel négocié par les Acadiens de la région de Chignectou avec Robert Wroth, ainsi que les conditions s'y rattachant. Voir http://gallica.bnf.fr : *Reconstitution d'un chapitre perdu de l'histoire d'Amérique*.

« Je promets et je jure sincèrement que je seray fidèle et obéiray véritablement à Sa Majesté le Roy George Second. Ainsy Dieu me soit en aide.

Je Robert Wroth Enseigne et Adjudant des Troupes de sa Majesté le Roy George Second, promets et accorde au Nom de mon Maître et de l'Honorable Lawrence Armstrong Escuyer Son Lieutenant Gouverneur et Commandant en Chef de cette Province aux habitants de Chignectou et dépendances qui auront signé le Serment de Fidélité au Roy George Second, les articles cy dessous qu'ils m'ont demandé.

Sçavoir

1- Qu'ils seront exemptés de prendre les armes contre qui que ce soit tandis qu'ils seront sous la domination du Roi d'Angleterre.

2- Qu'ils seront libres de se retirer où bon leur semblera et qu'ils seront déchargés du seing qu'ils auront fait aussy tôt qu'ils seront hors de la domination du Roy de la Grande-Bretagne.

3- Qu'ils auront leur pleine et entière liberté de religion, et d'avoir des prêtres catholiques, apostoliques et romains. »

Robert Wroth

britannique ? Voilà ce qui les a amenés, après l'incendie de leur village, à se réfugier dans la nouvelle Acadie française. Malgré cela, il n'a pas encore la paix. Les Anglais menacent maintenant le fort Beauséjour avec des forces démesurées. N'ont-ils pas eu suffisamment de misère au cours des cinq dernières années ? L'ordonnance, sous peine de mort, du commandant du fort Beauséjour ne laisse pas le choix aux Acadiens de prendre les armes contre les soldats britanniques. Mais les Acadiens sont bien conscients que ce geste ne pourra en aucune façon améliorer leur situation, pourtant précaire.

Voilà ce que rumine en silence le vieux Claude Bourgeois, ce qui tourbillonne dans sa tête pendant qu'il observe sa vieille épouse, les larmes aux yeux, disant au revoir à ses fils. Lui est exempté ; pourtant, il aurait bien donné ce qui lui reste de vie pour empêcher ses fils de devoir exposer la leur. Claude, Michel, Olivier et Jean-Jacques, les quatre fils qui lui restent, sur qui il compte pour ses derniers jours. Puis ses gendres, ses petits-fils. Il les recommande tous à Dieu.

Pour Marie Cyr, c'est la crainte de perdre son homme. Si elle devait de nouveau se retrouver veuve, qu'adviendrait-il d'elle ? Elle chassa rapidement cette pensée et réalisa que son fils le plus âgé, Michel, était lui aussi du groupe qui venait tout juste de prendre la direction du fort Beauséjour.

— Maman, prenez sur vous, rien ne nous dit qu'il va leur arriver malheur.

— Je sais, Théotiste, je sais, mais c'est plus fort que moi. Nous venions juste de retrouver une vie un peu plus agréable, plus facile, et tout risque de s'effondrer de nouveau.

— Pensez à mémé et pépé Bourgeois. Ils étaient en pleurs, l'air détruit, absent…

— Tu as raison, la guerre n'épargne personne.

— Chez les Micmacs comme chez tous les peuples sauvages, la guerre fait partie de la vie.

— Toi et tes Sauvages…

— Je disais cela pour vous encourager. J'écoutais les Cointin hier au souper. Ils avaient l'air de penser qu'avec les miliciens et les combattants micmacs ajoutés aux soldats de la garnison du fort, ils pourraient tenir tête à ces maudits Anglais.

— Retiens ta langue, Théotiste. Pour l'amour de Dieu !

— Excusez-moi, maman. C'est plus fort que moi. Mais ils sont la cause de tous nos malheurs. Vous avez vu la mine de pépé Bourgeois. Les Anglais m'écœurent.

— Ton grand-père et ta grand-mère Bourgeois sont chanceux, d'une certaine manière, de pouvoir vivre si vieux, les deux ensemble.

— Vous êtes inquiète pour Jean-Jacques ? Vous l'aimez beaucoup.

— Voyons, Théotiste, qu'est-ce qui t'arrive, ce matin ? L'amour, l'amour, il n'y a pas que cela. C'est certain que je tiens à lui. Jean-Jacques est un homme bon, vaillant. On ne peut pas élever des enfants tout seul, pas plus une femme qu'un homme, tu sauras.

— Je sais, maman. Vous aviez quel âge quand vous avez épousé papa ?

— Je venais juste d'avoir seize ans. Pourquoi ?

— Rien. Je pensais justement à la différence d'âge entre vous et Jean-Jacques.

— La vie n'était pas facile chez ton grand-père Guillaume.

— Quel âge aviez-vous quand mon frère Michel est né ?

— J'allais avoir dix-sept ans quelques jours plus tard. Ton père n'est pas mort de vieillesse, Théotiste, il avait à peine quarante ans. Il s'est noyé, je t'ai tout raconté cela…

— Je réalisais simplement qu'il y a le même écart d'âge entre vous et Jean-Jacques qu'il y avait entre vous et papa. C'est tout.

— Qu'est-ce que tu veux dire ? Tu ne penses tout de même pas au mariage Théotiste, à treize ans ?

— Presque quatorze, madame ma mère !

— Ça ne serait pas d'avoir eu des nouvelles de Bénéry qui te met toutes ces idées-là dans la tête? À treize ans, ma fille, ça ne presse pas. Avec tout ce qui se passe actuellement! Les hommes doivent se porter à la guerre sous peine de mort, et madame rêve au mariage!

— Ni au mariage ni à me retrouver avec un bébé sur le dos, vous saurez. J'ai assez de prendre soin de Pierre, de mes cousins et cousines…

— Ce n'est pas à cause de cela que tu poses toutes ces questions, ce matin, tout de même.

— Ah non! maman. Aucunement. J'adore les enfants, vous le savez. Mais je suis vraiment trop jeune. De toute façon, probablement que je ne me marierai jamais.

Le temps de revenir à la maison, Théotiste avait réussi à changer les idées de sa mère. Voilà ce qu'elle tenait à faire. La mère et la fille s'étaient toujours bien entendues, bien qu'elles ne fassent pas quotidiennement la causette.

Rien n'empêche Théotiste, lorsque la noirceur la force à prendre sa paillasse, de s'interroger sur ce qu'il peut advenir de son ami Bénéry. Elle tente de l'imaginer parcourant les mers, faisant face à mille et un dangers, risquant chaque jour de rencontrer des navires anglais. Les Cointin avaient parlé d'une flotte de quarante navires…

3.2.4 Faire mouche à la perfection…

Les deux semaines que dura l'absence de son homme lui semblèrent interminables. Rien ne réussissait à diminuer l'inquiétude qui la rongeait. À chaque instant, elle s'imaginait recevant la nouvelle fatale du décès de son Jean-Jacques, tombé sous les balles des soldats britanniques. Même les prières incessantes ne réussissaient pas à calmer son angoisse, à lui permettre de trouver le sommeil. Lorsqu'elle fermait les yeux, elle voyait le cadavre ensanglanté et abandonné de celui qui avait pris toute la place dans son cœur. Elle se gardait bien de s'ouvrir, de laisser paraître quoi que ce soit de l'angoisse qui l'étouffait devant ses beaux-parents déjà tellement éprouvés, et surtout devant sa fille. Décidément, se dit-elle, je n'ai plus le même courage, la même force devant les épreuves de la vie. À cet instant précis, elle eut une pensée pour son amie, madame Françoise, et cela lui redonna un peu de courage.

Justement, le courage n'était pas la qualité première du commandant français du fort Beauséjour. Les Acadiens, toujours un peu espiègles, même dans les moments les plus surprenants, allaient jusqu'à dire que la longueur de son nom servait à lui laisser le temps de réfléchir à la décision qu'il ne prendrait pas. Louis Dupont du Chambon de Vergor n'était peut-être pas à la hauteur que son nom laissait supposer[105].

Il faut dire à sa décharge que la situation devant laquelle il se trouve est précaire. L'ennemi déterminé qui lui fait face dispose de moyens considérables en comparaison des siens. S'il pouvait, en principe, faire appel à quelque mille quatre cents Acadiens dans la région, ces derniers n'étaient pas nécessairement entraînés aux opérations militaires régulières, c'est le moins que l'on puisse dire. Ces mêmes Acadiens, misérables, dénudés, constatant l'ampleur des effectifs et des moyens en face d'eux, réalisent parfaitement la précarité de la situation dans laquelle ils pourraient se retrouver en prenant les armes contre le roi d'Angleterre.

Ils sont nombreux à se rendre à l'appel du commandant, après que ce dernier eut signé une ordonnance leur enjoignant de le faire sous peine de mort. Ils pensent que cette ordonnance les placera à l'abri de représailles, au cas où ils seraient pris les armes à la main.

---

105. « *The commander, a dull, stuttering, uneducated man, had little heart for a fight with the superior force.* » Voilà ce qu'en dit, dans *Beaubassin*, John G. McKay, p. 31. J'ai longuement cherché le sens que McKay voulait donner au mot *stuttering*, et je crois que « pissou » serait approprié.)

De Vergor dispose de cent soixante-cinq soldats réguliers et de trois cents volontaires acadiens et micmacs, qu'il oppose aux deux mille trois cents soldats et miliciens anglais. Les forces en présence sont inégales, on le voit bien. Mais sa négligence à entretenir le fort, à préparer la place, en cas d'une possible attaque, ne peut être imputée à personne d'autre. Il va utiliser au maximum le matériel dont il dispose, mais sera incapable de tirer profit des hommes à sa disposition. On peut même se demander si ces derniers voulaient se battre [106].

Deux semaines de siège, occupées par les Britanniques à des préparatifs en vue d'une attaque, et quelques bombardements suffirent à convaincre de Vergor de la nécessité de négocier la reddition. Quatre cent cinquante Acadiens et Micmacs avaient bien tenté de retenir les Britanniques à quelque distance du fort en installant un avant-poste sur les bords de la rivière Mésagouèche, mais ils durent rapidement céder sous la pression. Les bombardements commencèrent le quatorze juin, mais le seize, lorsqu'un gros obus, allumé à distance, détruisit une casemate à l'intérieur du fort en tuant tous les occupants, de Vergor n'eut plus le choix. Même si les Britanniques considérèrent que la reddition était sans condition, on retrouve dans le texte l'autorisation pour de Vergor et ses hommes de se retirer à Louisbourg; en fait, ils y seront conduits sur des navires de transport britanniques, en passant par la baie Française. Un autre article assure que les Acadiens trouvés dans le fort seront relâchés sans châtiment, sous prétexte qu'ils avaient été forcés de prendre les armes...

Demeurait encore le minuscule fort Gaspareau. Son commandant, Villeray, ne pouvait même pas songer à défendre l'endroit, car il n'avait qu'une trentaine de soldats et artificiers à opposer au détachement de cinq cents hommes que Winslow avait conduits jusqu'à la baie Verte dans la journée du dix-huit

---

106. FRÉGAULT, Guy, *Histoire de la Nouvelle-France,* chap. VI. p. 250.

juin [107]. Comme il s'agissait plus d'un entrepôt que d'un fort, on reprocha par la suite à Villeray, avec raison, de ne pas l'avoir brûlé au lieu de le livrer.

Les frères Cointin, plusieurs des volontaires acadiens, surtout des jeunes célibataires sans famille, se retrouvèrent du jour au lendemain complètement désorientés, laissés à eux-mêmes. Le sort des familles acadiennes qui s'étaient agglutinées autour du fort Beauséjour au cours des cinq années précédentes, pensant qu'elles y seraient plus en sécurité, n'était guère plus enviable. Celles qui se trouvaient dans les environs immédiats du fort avaient vu leurs maisons brûlées une autre fois, sous prétexte d'assurer un espace libre permettant la défense de ce dernier. Les autres ne savaient plus à quoi s'attendre.

C'est en maugréant que les frères Cointin remontèrent le ruisseau Coupé en direction de Tintamarre pour y rejoindre leur frère aîné Pierre Arseneau qui, lui, s'il s'était rendu au fort comme les autres, n'y était pas demeuré, préférant retourner avec les siens, quelques jours plus tard. Tous sont accueillis par leur sœur Marie.

— Ah! Jean et Joseph, que je suis contente de vous voir! C'est donc vrai, tout est terminé?

— Tout est terminé, Françoise, pour le moment. Va savoir ce qui nous attend maintenant qu'il n'y a plus de garnison française dans la région. Bonjour, Pierre, comment vas-tu?

— Assez bien. Je suis content que vous soyez là. Racontez-nous comment se sont déroulées les dernières journées.

— Je peux te dire que tu as bien fait de revenir rejoindre les nôtres. Les derniers jours dans le fort, ce n'était plus possible. Il y avait beaucoup trop de monde. On se marchait carrément sur les pieds. Après que l'on eut détruit les habitations les plus

---

107. John G. McKay, *Beaubassin*, p. 33: «*Perhaps as a result of the same apathy that had left Beauséjour defensively deficient, the situation at Gaspareau was deplorable, with no well, few of the daily necessities of life and the fort itself in a poor state of readiness.* »

proches du fort, il fallut héberger toutes ces familles. À voir leur mine découragée, ça n'avait rien de bon pour le moral. Surtout après que nous avons été forcés de céder l'avant-poste. Jean et moi y étions, les forces étaient inégales. Le commandant aurait dû lancer des attaques surprises dès l'arrivée des « rouges ». Ne pas les laisser prendre place et s'installer. Avec les Micmacs, nous aurions, la nuit, été en mesure de les ralentir, d'éviter qu'ils construisent un autre pont, qu'ils creusent des tranchées.

— Je ne crois pas, Joseph. À partir du moment où ils furent à même d'installer un gros canon à portée du fort, il était impossible pour nous de provoquer une bataille en règle, un affrontement rangé. Nous étions piégés.

— Jean, c'est pour cela que je ne suis pas resté au fort. Si au moins nous avions pu organiser des escadres, comme le dit Joseph, à partir de l'extérieur du fort… Comment se fait-il que les « rouges » réussirent à creuser des tranchées, à installer leurs canons la nuit et que nous les ayons laissés faire ?

— Tu as peut-être raison. Maintenant, il est trop tard. De Vergor et ses hommes, officiers et soldats, seront à Louisbourg dans quelques heures… et les Anglais bien installés dans le fort Beauséjour.

— Après l'explosion de la casemate, de Vergor s'est empressé de demander l'arrêt des combats. Ce fut la décision la plus rapide de sa vie. Il a même organisé un souper avec le colonel Monckton et ses officiers, hier soir, avant de s'embarquer, lui et ses hommes, ce matin, sur les navires anglais…

— Qu'est-ce qui nous attend, maintenant ?

— Cela, Françoise, personne ne le sait.

— Toi et Pierre, tenez-vous prêts à tout avec les enfants. Joseph et moi, on va demeurer dans les parages, nous n'avons pas le choix. Je crois bien que les choses ne vont pas en demeurer là…

Il fallait compter sur Lawrence pour la suite des choses. En attendant, le colonel Monckton et ses collaborateurs savourent leur victoire. Leurs soldats occupent solidement tout l'isthme de Chignectou, le fort Lawrence construit sur les ruines de Beaubassin, le fort Beauséjour, rebaptisé fort Cumberland, et le fort Gaspareau. Marie Cyr, mère de Théotiste, ne pensait aucunement à toutes ces questions de stratégie lorsqu'elle aperçut le groupe d'hommes qui approchait de la maison.

— Théotiste! Va prévenir les gens chez ton grand-père, ils s'en reviennent. Merci, mon Dieu!

— Qui ça, ils s'en reviennent?

— Ton frère et tes oncles, voyons donc, Théotiste. Va prévenir ton grand-père.

Partout, dans toutes les familles acadiennes, la joie de revoir les leurs revenir en vie provoquait la même euphorie. La guerre est le métier des soldats, des miliciens et des volontaires. Lorsque l'on est obligé d'y aller, c'est tout autre chose.

Jean-Jacques Bourgeois se fit un plaisir de résumer, pour son père et sa mère ainsi que pour toute la famille réunie, le déroulement des derniers jours.

— Comment se fait-il qu'ils vous aient laissés partir librement? Ils auraient pu vous garder prisonniers.

— Papa, au moment de la capitulation, nous n'étions plus que trois cents Acadiens environ. Plusieurs avaient demandé de retourner auprès de leur famille, ceux qui demeuraient plus près. Le fort débordait de monde, les soldats, les réfugiés des alentours, les volontaires, les Micmacs. De Vergor a obtenu que nous ne soyons pas punis, et ils nous ont laissés retourner dans nos familles.

— C'est difficile à comprendre. Beaucoup de personnes ont perdu la vie?

— La situation aurait pu être plus critique. Il y avait beaucoup de blessés lors des jours précédant la chute du fort. Mais à lui seul, le tir précis qui a fait mouche, faisant exploser la casemate, a tué sept officiers français et fait de nombreux blessés. Nous étions tout près de l'explosion. Nous avons été chanceux de nous en tirer avec seulement quelques égratignures. C'est à ce moment que de Vergor a renoncé à poursuivre le combat.

— Que va-t-il nous arriver, maintenant?

— Ça, Marie, c'est la question que tout le monde se pose. Nous en discutions en revenant. Nous avons aperçu de loin un contingent de plusieurs centaines de soldats qui se dirigeait vers la baie Verte et le fort Gaspareau. Toute la région de Chignectou est sous leur contrôle. Faut attendre... Quelqu'un, quelque part, peut-être, va réaliser qu'une poignée de soldats, quelques Micmacs et les Acadiens démunis ne suffiront pas à faire reculer les Anglais.

— L'abbé Le Loutre et ses amis Micmacs? Ils ont été faits prisonniers?

— Tu sais bien, Jean-Jacques, que Théotiste s'inquiète de ses amis Micmacs.

— Les Micmacs se sont bien battus, en particulier à l'avant-poste, que nous n'avons malheureusement pas été en mesure de maintenir plus que quelques heures. Mais ils ont réussi à s'enfuir. Ils sont plus à l'aise dans de petites attaques rapides, imprévues, que dans des batailles en règle. De même pour l'abbé Le Loutre: personne ne l'a revu après l'explosion de la casemate. On raconte que quelqu'un l'aurait aperçu, déguisé en femme de chez nous, cherchant à fuir les Anglais, qui auraient tous été heureux de lui mettre la main au collet. Si c'est vrai, je n'en ai aucune idée.

L'abbé Le Loutre s'est effectivement rendu à Québec avant de s'embarquer pour l'Europe, mais il fut intercepté par les Anglais, qui le gardèrent à vue dans les prisons anglaises. Ainsi prenait fin un engagement de vingt ans de ce missionnaire en Amérique, auprès des Acadiens et des Micmacs, pour leur apporter les lumières de la religion, mais aussi dans son rôle d'agent français[108]. Les Acadiens de la région de Beaubassin

---

108. Voir http://cyberacadie.com. À propos de l'abbé Le Loutre: «Le missionnaire

étaient bel et bien abandonnés à leur sort, pendant que les Micmacs pensaient perdre un guide, un allié dévoué.

3.2.5 Entre Louisbourg et Québec

Les Acadiens, autant ceux de la Nouvelle-Écosse que ceux de l'Acadie française, se sentent bien seuls après la perte du fort Beauséjour. En perdant le contrôle de l'isthme de Chignectou, c'est comme si on avait coupé le cordon ombilical entre Louisbourg, place forte de l'Acadie française, et Québec, chef-lieu de toute la Nouvelle-France. Louisbourg est situé trop loin des nouveaux postes acadiens de la région de Chignectou. Tournée vers l'Atlantique, la forteresse est isolée, trop loin pour venir au secours des malheureux Acadiens, dont la situation est de plus en plus précaire. Québec est encore plus éloigné, géographiquement parlant, que Louisbourg. La perte de ces deux postes importants que sont Beauséjour et Gaspareau aura des conséquences pour toute la Nouvelle-France. Les communications terrestres entre Québec et Louisbourg, que les autorités ont voulu faciliter grâce à la route reliant la rivière du Loup et le lac Témiscouata, seront détournées pour emprunter la rivière Miramichi. En perdant l'abbé Le Loutre, les Français se voient privés d'un maillon important de leur stratégie avec les peuples sauvages, en particulier avec les Micmacs. Le Loutre avait acquis une réputation enviable auprès des Sauvages, et sa connaissance de la région et des enjeux stratégiques pour toute la Nouvelle-France faisait de lui un élément clé de la politique française, capable d'identifier, dans l'esprit des Indiens, les

---

révéla sa pensée quant à "l'utilisation des Indiens" dans une lettre au ministre de la Marine datée du 29 juillet 1749: "Comme on ne peut s'opposer ouvertement aux entreprises des Anglois, je pense qu'on ne peut mieux faire que d'exciter les Sauvages à continuer de faire la guerre aux Anglois. Mon dessein est d'engager les Sauvages de faire dire aux Anglois qu'ils ne souffriront pas que l'on fasse de nouveaux établissements dans l'Acadie… Je feray mon possible de faire paraître aux Anglois que ce dessein vient des Sauvages et que je n'y suis pour rien." »

intérêts de l'Église et ceux de l'État. Malgré toute l'affection qu'il portait aux Acadiens, ces intérêts pouvaient parfois différer de ceux de ces derniers [109].

Au début de juin, Joseph Dugas était parvenu à livrer, comme prévu, les provisions destinées au poste de la rivière Saint-Jean dirigé par Boishébert. Réussissant à se cacher de la flotte menant les hommes de Monckton vers la baie de Beaubassin, il avait finalement atteint la petite garnison de Boishébert, qui attendait impatiemment ces provisions. Ce premier voyage devait être suivi d'un deuxième vers la mi-juillet. À Louisbourg, on jugea préférable de reporter quelque temps ce deuxième envoi, puis on prévint Dugas que tout était annulé, avant de se raviser... Si Joseph Dugas n'était pas l'homme le plus patient, il n'avait pas tellement le choix.

Bénéry ne détestait aucunement cette attente imprévue de l'*Espoir,* ancrée dans la baie de Louisbourg. On assistait à un incessant va-et-vient de navires de toutes sortes, portant pavillon français surtout, mais aussi de l'Espagne, et quelle surprise ce fut de voir apparaître des navires anglais! Bénéry, qui prenait plaisir à parfaire ses connaissances en matière de navires et de pavillons, s'amusait en compagnie du Mousse, tentant de deviner la forme, la dénomination, la provenance et le tonnage des différents navires pénétrant dans la rade. Joseph Dugas, qui venait tout juste d'amarrer son canot sur l'*Espoir,* passant près des deux inséparables, s'arrêta quelques instants.

— Alors, les jeunes, vous avez terminé? Le cabestan a été bien enduit de graisse de loup-marin?

— Oui «pâ». Bénéry pis moi, nous pensions prendre le canot pour descendre à terre après-midi...

— Ce ne sera pas nécessaire de prendre le canot, nous allons nous accoster en face du magasin du roi d'ici deux heures.

---

109. Cyberacadie.com : Jean-Louis Le Loutre.

— Enfin, nous retournons sur la rivière Saint-Jean? J'aime ça quand nous partons pour un long voyage. Pas toi, Bénéry?

— Pas encore, les jeunes. En attendant, nous partons pour le Havre-Saint-Pierre, à l'île Saint-Jean. Ça vous rappellera des souvenirs. Cette fois, la course sera différente : nous passerons du côté nord. Direction du nordet. Tout plutôt que de pourrir ici.

— Joseph, ce sont bien des navires anglais qui sont entrés dans la rade depuis ce matin? À moins que je me trompe. Je ne comprends plus rien. Ça veut dire que nous acceptons que des navires ennemis arrivent de cette manière, qu'ils puissent pénétrer sans embêtements jusqu'à quelques verges de la forteresse?

— Ne t'énerve pas, Bénéry. Tu as raison, ce sont bien des navires de transport britanniques, les mêmes qui ont failli nous surprendre il y a trois semaines. Ils font tout juste débarquer les soldats français de la garnison du fort Beauséjour.

— Je comprends encore moins. Que se passe-t-il?

— Eh oui! ces navires anglais viennent reconduire les soldats et les officiers qui assuraient la défense du fort.

— Une autre défaite! C'est donc que les Anglais occupent maintenant les deux côtés de la rivière Mésagouèche, le fort Beauséjour et le fort Lawrence!

Tout l'équipage était maintenant rassemblé autour de son capitaine, écoutant le récit de ce qui s'avérait une défaite cinglante pour les Français.

— Et aussi le fort Gaspareau, mon jeune. Mais ce n'est pas terminé. Avec de telles attaques en temps de paix, la guerre va reprendre. Les renforts arrivés ce printemps vont se mettre en marche.

— Et que va-t-il advenir des volontaires, des Acadiens qui se trouvaient autour du fort? Mes oncles, Pierre, les Cointin? D'après toi, Joseph, sont-ils tous prisonniers?

— De Vergor aurait obtenu qu'on les laisse tous aller parce qu'ils ont été forcés de prendre les armes contre leur gré. Mais les Acadiens vivant dans l'entourage immédiat du fort se trouvent certainement à la merci des Anglais, qui occupent maintenant toutes les places fortes dans l'isthme de Chignectou.

Ce fut tout un choc pour l'équipage. Les jours suivants, le jeune Bénéry sembla perdu dans ses pensées, il parla peu. L'*Espoir* effectua son voyage aller-retour vers l'île Saint-Jean sans trop d'embûches. Elle avait eu à se protéger d'un fort vent venant de l'est en passant une nuit dans la petite baie de Nigoniche, sans plus. Son capitaine était rompu au cabotage, connaissait tous les recoins, anses et criques de cette région. Un paysage gigantesque, gargantuesque, d'une beauté qui donne des frissons, mais en même temps combien inhospitalier. À Louisbourg, on informa Jos Dugas qu'il partirait le plus tôt possible en direction de la rivière Miramichi. Boishébert, ayant dû abandonner son poste sur la rivière Saint-Jean, était remonté en amont de la rivière Miramichi, où les Anglais n'avaient pas osé s'aventurer. Avant de laisser son petit fort délabré, « il avait pris soin de faire éclater ses quatre canons et de brûler ses magasins presque vides »...

Le trajet de Louisbourg jusqu'à l'embouchure de la rivière Miramichi ramena le petit navire de Jos Dugas vers le détroit de Chédabouctou, puis, naviguant en ayant l'île Saint-Jean sur tribord et l'isthme de Chignectou sur bâbord, il remonta rapidement vers Miramichi, poussé par une légère brise du sud-est.

— Le décor est différent de celui de l'île Royale. Tu ne trouves pas, Bénéry?

— C'est incroyable, Gabriel. Nous sommes loin des caps et des falaises qui couronnent l'île Royale du côté du cap Nord, comme lors du dernier voyage. Ici, tout est plat. Lorsque nous longions l'île Saint-Jean, pendant que le soleil était à pic dans le ciel, le décor rouge et vert sur fond bleu semblait se perdre à l'horizon ; par contre, dès que nous avons pris la direction du noroît, il n'y avait plus qu'une bande blanche, très mince, séparant le bleu du ciel, du bleu de la mer.

— Tu parles bien, Bénéry. Cette bande blanche, ce sont les dunes qui protègent l'embouchure de la rivière Miramichi. C'est un peu chez moi, ici. Depuis deux heures que nous remontons lentement cette rivière, je me sens replongé dans mes souvenirs d'enfance, à l'époque où je venais avec mes parents y passer les hivers. C'est un lieu sacré pour les gens de mon peuple. Tu as vu cette île sur bâbord, pas tellement grande, recouverte d'épinettes géantes? Chaque année, nous y venions. La glace nous servait de pont avec la rive sud. Ici reposent les âmes de mes ancêtres, Bénéry.

— Toi aussi, Gabriel, tu parles bien. J'aime le ton que tu as pour parler des choses du passé. Mes ancêtres... J'ai à peine connu mon père et ma mère. Mis à part grand-mère Françoise.

Les deux marins durent rapidement mettre fin à leur dialogue poétique. Le capitaine, ayant avancé aussi loin que possible avant la noirceur, décida que le temps était venu de se mettre à l'ancre. Gabriel pourrait toujours continuer de communier avec les âmes de ses ancêtres, étendu sur le pont de l'*Espoir* par cette nuit magnifique de l'été dix-sept cent cinquante-cinq.

Le lendemain, on eut tôt fait de rejoindre le campement érigé par Boishébert pour loger son petit détachement d'une trentaine d'hommes. L'accompagnaient quelques centaines de réfugiés acadiens et de Sauvages [110].

On mit quelques canots à la mer et on procéda rapidement au débarquement des provisions destinées à subvenir aux besoins de la petite garnison. Bénéry jeta un coup d'œil vers son capitaine, qui tenait une discussion fort animée avec le lieutenant Boishébert.

---

110. ARSENAULT, Bona, *Histoire des Acadiens*, p. 166: «La chute des forts Beauséjour et Gaspareau avait entraîné l'évacuation du détachement de soldats canadiens cantonné sur la rivière Saint-Jean, au Nouveau-Brunswick actuel. Il ne restait plus que le lieutenant de Boishébert, dans les solitudes de Miramichi, à la tête d'une trentaine d'hommes de garnison et de quelques centaines de réfugiés acadiens et de Sauvages.»

— Alors, vous n'avez pas rencontré de navires suspects en venant?

— Pas cette fois, lieutenant. Heureusement, à cause du beau temps, nous aurions été obligés de nous dissimuler durant le jour. Les navires anglais hésitent à s'aventurer seuls dans cette région. Disons qu'il y a beaucoup de petits navires comme le mien qui font le cabotage entre les différents postes de l'île Saint-Jean et de l'île Royale. Il faut aussi compter ceux qui font la pêche et les Micmacs qui peuvent vous aborder en pleine mer avec leurs grands canots. Le golfe du Saint-Laurent est encore sous le contrôle des Français. Pour combien de temps encore?

— Voilà la question, Jos. Personne ne sait pour combien de temps encore. Maintenant que la route terrestre est coupée entre Québec et Louisbourg, il faudra que nous mettions à profit les gens de ton espèce, Jos.

— Les gens de mon espèce sont effectivement très utiles, n'est-ce pas, lieutenant Boishébert? Surtout lorsqu'ils risquent leur vie pour venir vous approvisionner.

— Vous êtes bien rétribué pour cela, monsieur Dugas. N'est-ce pas le cas?

— Justement! Pas toujours. Il fut un temps où les contrats étaient intéressants, il y a longtemps, mais par les temps qui courent...

— Disons, Jos, qu'il doit vous arriver de temps à autre de vous servir à même la cargaison que vous transportez?

— C'est une accusation, lieutenant? Je vous demande bien pardon, il y a longtemps que je fais ce métier et c'est la première fois que l'on m'insulte de la sorte.

— Ne le prends pas mal, Jos. Je disais cela tout simplement. Personne n'est obligé de se laisser mourir de faim. Je dois m'assurer que j'ai bien mon compte, tu sais. J'ai de nombreuses personnes sous ma responsabilité. Mes soldats, les volontaires acadiens et aussi des Micmacs qui me sont précieux, en particulier dans cette région. Maintenant que les Anglais contrôlent, pour ainsi dire, toute la baie Française, nous avons dû abandonner notre poste sur la rivière Saint-Jean pour venir protéger la liaison avec Miramichi, qui permet l'accès au golfe du Saint-Laurent. Moi et mes hommes, nous sommes seuls pour assurer la protection des Acadiens qui se trouvent dans ces régions. La perte du fort Beauséjour est tragique…

— Je suis bien disposé à oublier cet incident, lieutenant, mais ne faites pas erreur sur la personne. J'ai ma réputation.

— Ça va, Jos. Nous sommes entre nous.

— Vous avez raison, lieutenant, la perte du fort Beauséjour est tragique pour ces Acadiens qui ont accepté d'abandonner leurs terres pour se placer sous la protection de la France. Ils se retrouvent de nouveau sous l'emprise des Anglais. Que va-t-il advenir d'eux? C'est la question qu'ils se posent tous eux-mêmes.

— Ils auraient tous dû se révolter contre l'envahisseur, supporter de Vergor jusqu'au bout.

— Vous prétendez que c'est de leur faute si de Vergor a capitulé?

— Je ne dis pas cela, mais vos compatriotes, voulaient-ils vraiment se battre[111]?

La discussion se poursuivit longuement entre les deux hommes, qui ne partageaient pas nécessairement toujours le même point de vue. Bénéry, qui jusque-là n'était pas allé sur la berge, sauta dans le canot où se trouvait Gabriel. Celui-ci s'apprêtait à prendre la direction du groupe d'hommes de Bois-hébert, qui s'affairaient à remiser et à classer tout ce que l'on venait de descendre. Premièrement, il se dit que cela n'était pas

---

111. Guy Frégault, dans le chapitre VI de son volume *Histoire de la Nouvelle-France*, p. 250, cite la correspondance de Boishébert à Drucourt du 10 octobre 1755: «Il faut espérer que le mauvais traitement qu'ils ont leur fera sentir combien il leur est avantageux d'être sous notre domination. Ils seroient beaucoup plus à plaindre s'ils ne s'étoient pas comportés en vray lâches, lorsque M. De Vergor a été attaqué.»

possible, puis il regarda de plus près, attentivement. Bénéry n'avait pas revu son frère Charles depuis plus deux ans. C'est vrai que lui et son frère aîné n'avaient pour ainsi dire pas été élevés ensemble, lui par sa grand-mère Françoise, Charles ayant vécu quelques années chez Joseph Bourgeois. C'est Bénéry qui s'avança le premier.

— Charles, tu ne reconnais pas ton frère ?

— Pierre, c'est bien toi ? Je n'en crois pas mes yeux. Comme tu as changé. Laisse-moi te regarder. Que fais-tu ici ? Est-ce que tu fuis la région de Beaubassin ? Veux-tu te joindre aux volontaires qui suivent le lieutenant Boishébert ?

— Je ne peux pas répondre à toutes ces questions à la fois. Non, je ne fuis pas la région de Beaubassin. Il y a maintenant deux ans que je navigue sur l'*Espoir,* avec le capitaine Joseph Dugas.

— Tout le monde le connaît, celui-là. C'est pour cela que tu as pris de la force : la navigation est plus facile que la vie dans les bois. C'est grand-mère Françoise qui serait heureuse de te voir ainsi.

— Je n'ai plus dix ans, Charles. J'en ai maintenant dix-sept ! Et je ne regrette pas de m'être embarqué avec Jos Dugas. Mais toi, que fais-tu avec Boishébert ? Je suppose que tu pourchasses les tuniques rouges, qu'avec les Micmacs tu fais partie de ceux qui sèment la terreur chez les Anglais ? Tu as combien de scalps à ton crédit ?

— Ne te moque pas, Pierre. Je suis comme toi, seul. Alors, je me suis joint au lieutenant Boishébert avec des amis micmacs rencontrés lors d'une expédition de chasse. Cela me convient parfaitement.

— Alors, comment se fait-il que je ne t'ai pas vu lorsque l'*Espoir* s'est rendu au poste de la rivière Saint-Jean, au début de juin ?

— Je n'y étais pas à ce moment-là. J'avais effectué une liaison avec un courrier au lac Témiscouata. Une fois, je me suis rendu jusqu'à Québec. Quelle ville! Le Canada est une belle colonie, aussi. J'aime beaucoup cette vie, Pierre[112] : nous devons apprendre à nous débrouiller, nous vivons dans la nature. Tu te souviens de nos jeux, avec les canots, lorsque nous étions jeunes?

— Parfaitement. Je suis matelot, souviens-toi, et on me surnomme Bénéry. Je suis très heureux de voir que tu te portes bien, Charles, que tu passes au travers. Je ne t'oublie pas. Nous nous reverrons, qui sait? Tout peut survenir dans les prochains mois.

La conversation dura de longues minutes, jusqu'à ce que Faraud envoie le Mousse prévenir Bénéry que le départ était imminent. Les deux frères durent se séparer, jurant de se revoir coûte que coûte.

3.3 La déportation

3.3.1 De nouveau sous le joug des Anglais

- Mise en scène

La perte du fort Beauséjour est significative à bien des égards. Le fait que Charles Lawrence ait obtenu, de ses confrères gouverneurs des autres colonies anglaises d'Amérique, des moyens aussi considérables, en temps de paix, montre l'importance stratégique du fort et de toute la région de Chignectou. Que l'on confie au colonel Monckton des effectifs aussi nombreux pour déclencher une telle opération témoigne de la priorité que Lawrence et le gouverneur Shirley du Massachusetts accordent au règlement de cette situation. Le problème posé par la présence acadienne en Nouvelle-Écosse et dans toute l'Acadie française, ajouté au crucial enjeu colonial qu'est le contrôle de

---

112. Pierre Bénéry.

la région de la vallée de l'Ohio, est tellement considérable que, pour la première fois, l'Amérique sera la cause du déclenchement d'une guerre entre les puissances européennes que sont la France et l'Angleterre.

Les Acadiens, ceux de la région de Beaubassin en particulier, connaissent bien ces enjeux. Depuis dix-sept cent treize qu'ils repoussent l'idée de tourner le dos complètement à la France, de peur de devoir renier leurs croyances religieuses en prêtant un serment d'allégeance sans condition à la couronne Britannique.

Or, depuis la venue de Charles Lawrence dans la région, comme militaire d'abord, puis comme lieutenant-gouverneur et finalement comme gouverneur, les Acadiens n'ont eu de cesse d'être harcelés, objets de décrets aussi inacceptables les uns que les autres. Le fait que le gouverneur revienne sur la question du serment sans condition, alors que les Acadiens ont accepté, au cours des ans et en différentes circonstances, après dix-sept cent treize, de prêter des serments conditionnels, les rend de plus en plus inconfortables. Il leur est devenu plus difficile de se justifier, de prétendre à la neutralité qu'ils assurent avoir sans cesse respectée.

C'est donc souvent à regret, avec le déchirement dans l'âme, qu'une partie de ces valeureux Acadiens se sont décidés à quitter leur maison, les terres mises en valeur par leurs ancêtres, et à traverser la frontière incertaine séparant la Nouvelle-Écosse de l'Acadie française, parfois en se rendant aux arguments, aux promesses des autorités françaises, quelquefois aux engagements de l'abbé Le Loutre.

Ils ont donc fondé de nouveaux villages; ou encore, d'autres sont partis vers l'île Saint-Jean et vers l'île Royale. Entre dix-sept cent quarante-neuf et dix-sept cent cinquante-deux, plus de six mille Acadiens auraient quitté la Nouvelle-Écosse. Ce chiffre allait encore augmenter considérablement jusqu'en dix-sept cent cinquante-cinq.

Il leur est même arrivé que ce soient les Français, aidés par les Micmacs, comme lors de l'incendie du village de Beaubassin, qui ne leur laissent guère le choix de tenter de refaire leur vie ailleurs. Si le dernier conflit intercolonial, celui de dix-sept cent quarante-quatre à dix-sept cent quarante-huit, n'avait rien changé en Amérique, le traité d'Aix-la-Chapelle n'avait rien résolu des enjeux liés à la position précaire des Acadiens vivant en Nouvelle-Écosse.

Au contraire, la guerre de Succession d'Autriche a démontré aux autorités britanniques, à Charles Lawrence en particulier, que la colonisation anglaise de la Nouvelle-Écosse est un échec. Il demeurait encore trop d'Acadiens dans la colonie. Dans un rapport remis à Lawrence par Belcher, le juge en chef de la Nouvelle-Écosse, en dix-sept cent cinquante-cinq, il est estimé que la colonie peut compter huit mille Acadiens pour trois mille Anglais, après presque quarante ans d'appartenance britannique. Certains prétendent qu'il y avait douze mille Acadiens encore en territoire anglais, parlant français, de religion catholique, occupant les meilleures terres et ne voulant pas prêter un serment de fidélité inconditionnel au roi d'Angleterre...

En ce début d'été dix-sept cent cinquante-cinq, il y a ce que les Acadiens vivent quotidiennement, dans la région de Beaubassin, maintenant occupée entièrement par les hommes du colonel Monckton. Il y a aussi ce que les Acadiens des régions de Grand-Pré et de Port-Royal subissent alors que, depuis mai, on leur a retiré leurs armes et toutes les petites embarcations dont ils pouvaient disposer. Cela, ils le vivent à chaque instant de leur existence. Voilà qui est largement suffisant pour les inquiéter. Mais il y a aussi tout ce qu'ils ne peuvent pas savoir, tout ce qu'ils ne peuvent deviner, tout ce qui est maintenant décidé, connu par très peu de gens, et qui les concerne. Un plan véritable, pensé entièrement par « un homme audacieux, actif et intelligent, mais cruel, ambitieux, dénué de tout scrupule et rude au possible avec ses inférieurs [113] ».

Ce plan, c'est celui de Charles Lawrence. Ce dernier, grâce à son ascendant sur son conseil, sur les magistrats et les fonctionnaires à son service, par le soutien qu'il reçoit du gouverneur du Massachusetts et du Board of Trade qui, en fermant les yeux sur les décisions unilatérales de Lawrence, confirme qu'il les partage, va procéder, pendant les mois qui suivent, à un véritable nettoyage ethnique dans la colonie anglaise de la Nouvelle-Écosse.

Ainsi, lorsque Monckton accepte de laisser repartir chez eux les Acadiens présents au fort Beauséjour après la reddition du commandant de Vergor, c'est pour mieux les retenir dans la région, pour ne pas qu'ils fuient, pour ne pas qu'ils se révoltent. Pour mieux les châtier plus tard. Lawrence avait déjà donné ordre à Monckton de les chasser du pays [114].

La conjoncture, attribuable à l'instabilité, à l'incertitude régnant en Amérique, est favorable à la mise en exécution du plan du gouverneur Lawrence. Ce qu'il lui faut, ce dont il a besoin, c'est un semblant de justification sur le plan légal, autrement la confiscation des terres des Acadiens constituerait un vol. Il l'obtiendra avec le rapport Belcher, qui ne fait qu'appliquer le raisonnement de son maître ; puisque les Acadiens n'ont jamais prêté le serment d'allégeance sans conditions aux souverains britanniques, ils ne sont donc pas de véritables sujets anglais. S'ils ne sont pas sujets britanniques, ils ne peuvent pré-

---

113. BRUCHÉSI, Jean, *Histoire du Canada pour tous*.

114. FRÉGAULT, Guy, *Histoire de la Nouvelle-France*, p. 251 : « Par ailleurs, le vainqueur de Beauséjour a bien fait de laisser croire à ces habitants qu'ils seraient "pardonnés" : il s'agissait de ne pas les pousser au désespoir, de ne pas "provoquer une fuite au Canada". (Lawrence à Robinson, 30 novembre 1755). Cela était dit en langage de politicien. En termes clairs, c'eût été beaucoup plus simple : si l'on avait fait croire aux Acadiens de Beauséjour qu'ils seraient "pardonnés", c'était pour ne pas leur inspirer le courage du "désespoir", pour les empêcher de s'évader et pour se servir de leurs bras avant de sévir contre eux. »

tendre avoir des droits. S'ils n'ont pas de droits, ils ne peuvent donc posséder des titres de propriétés. S'ils ne veulent pas prêter ce serment sans conditions, ce sont de mauvais sujets. Il faut donc les chasser[115].

Pas question de plaider, même si le droit britannique de l'époque le prévoit. Les Acadiens ne seront même pas entendus.

Lawrence a encore besoin des moyens matériels et physiques pour procéder. Ils lui viendront de Boston. On tire profit de la présence des militaires venus pour la prise du fort Beauséjour en les gardant disponibles dans la région. Ainsi, le colonel Robert Monckton aura la responsabilité de la région de Chignectou. Le colonel John Winslow sera délégué pour la région du bassin des Mines, comprenant Grand-Pré. Pour ce qui concerne Pisiguit et Cobéquid, on confie la responsabilité des opérations au capitaine Alexander Murray. Finalement, le major John Handfield sera préposé à l'arrestation des méfiants Acadiens de Port-Royal. Les vieux navires nécessaires à l'opération de nettoyage seront loués auprès des amis du gouverneur Shirley : Apthorpe, Hancock, Baker et Saul[116].

Quant au prétexte immédiat, il reste à trouver. Pour la région de Beaubassin, la présence des Acadiens au fort est suffisante. Pour les autres, ce sont les députés acadiens de la région de

---

115. FRÉGAULT, Guy, *Histoire de la Nouvelle-France*, p. 255 : « Belcher a résumé les principes de la politique anglaise en Acadie. C'est le 28 juillet 1755. Le même jour où le Conseil de la Nouvelle-Écosse prend sa décision ; ou plutôt, car son rôle est modeste, il se contente de déclarer : "Comme il avait été décidé antécédemment d'expulser les habitants français de la province s'ils refusaient de prêter le serment, il n'y avait plus par conséquent qu'à prendre les mesures nécessaires pour opérer leur expulsion à à décider à quels endroits les expulser." Lawrence et les conseillers, avec qui siègent les amiraux Boscowen et Mostyn, recommandent "à l'unanimité" de "disperser" les Acadiens dans les colonies américaines : il faut éviter qu'ils puissent se regrouper et rentrer dans la province, déterminés à "malmener" les colons qui pourraient s'être établis dans leurs fermes » (séance du Conseil tenue chez le gouverneur, à Halifax, le lundi 28 juillet 1755).

116. BECK, Sanderson, *English, French, and Indian War 1754-1763* : « *The contractors Apthorpe, Hancock, Baker, and Saul were friends of Shirley. They provided the transports and seized the cattle whithout paying compensation.* »

Grand-Pré et de Port-Royal, signataires de la pétition envoyée à Halifax, et par laquelle ils demandent qu'on leur remette leurs armes et leurs embarcations, qui fourniront à Lawrence le prétexte pour la grande scène.

• La vie sans la présence du fort

Cinq ans après l'incendie de leur village, les Acadiens de Beaubassin, malgré tous les espoirs qu'ils avaient placés et entretenus concernant leur sécurité en traversant sur la rive nord de la rivière Mésagouèche, se retrouvent au point de départ. La réalité fait qu'en ce mois de juillet dix-sept cent cinquante-cinq, pendant qu'ils sont occupés à travailler leurs champs, ils se retrouvent de nouveau en territoire occupé par les Anglais. Plusieurs ont vu, pour la deuxième fois en cinq ans, brûler leur maison, être détruit le fruit de leur labeur quotidien. Leur situation est encore plus déplorable qu'en dix-sept cent cinquante. Cette fois, ils sont laissés à eux-mêmes, ne pouvant compter sur personne. Les Anglais, sous le commandement de Robert Monckton, se sont installés au fort Beauséjour, qu'ils ont rebaptisé fort Cumberland, ayant presque abandonné le fort Lawrence. Les Acadiens se demandent bien ce que tout cela leur a donné de déménager de quelques lieues. Les voilà maintenant seuls, n'ayant pratiquement personne vers qui se tourner pour demander un avis, un conseil, sauf ceux qui sont la source même de tous leurs malheurs : les Anglais. Les Acadiens ignorent les ordres secrets que Monckton a reçus de Lawrence dès le trente et un juillet, ils ne savent pas que leur sort est déjà décidé. La noblesse de son projet n'empêche pas Lawrence de demeurer terre à terre dans ses instructions : «Afin de les empêcher de s'enfuir avec leurs bestiaux, il faudra avoir grand soin que ce projet ne transpire pas, et le moyen le plus sûr pour cela me paraît d'avoir recours à quelque stratagème qui fera tomber les hommes, jeunes et vieux, surtout les chefs de famille, en votre pouvoir. » Si les hommes de Lawrence ramènent la lancinante question du serment sans condition, c'est tout simplement que cela fait partie de la grande scène théâtrale qui se joue, devant un public restreint, dans la salle du Conseil de la Nouvelle-Écosse, à la fin de juillet dix-sept cent cinquante-cinq.

Après le passage raté vers l'île Saint-Jean, Pierre Arseneau avait ramené une partie de ce qui restait de la famille de madame Françoise. Ils s'étaient regroupés autour du fort Beauséjour, à la pointe Beauséjour, travaillant quotidiennement, sans relâche, à rebâtir une maison, une ferme, une église, un village, des aboiteaux... Aujourd'hui, alors qu'il tente de rassurer les siens, de conseiller ses deux plus jeunes frères Jean et Joseph, les Cointin, Pierre Arseneau est plus que perplexe, au bord du découragement.

— Il faut nous remettre, retomber sur nos pieds. Au moins, nous sommes tous vivants, Pierre. Depuis que les Anglais occupent le fort, que les hommes de Vergor ont été reconduits à Louisbourg, nous avons une certaine tranquillité. Nous avons été capables d'effectuer le travail aux champs, les récoltes s'annoncent bonnes.

— Une certaine tranquillité! Tu veux rire, Joseph. Avec toutes ces tuniques rouges qui se promènent autour du fort! C'est tout ce que nous voyons: des contingents de soldats britanniques faisant la navette entre les forts, qu'ils occupent tous les deux. Tu oublies qu'il y a deux semaines nous étions à leur faire la guerre.

— Jean et moi, on ne peut pas l'oublier, tu le sais bien, Pierre. C'est pour cela que je te dis que nous sommes heureux d'être toujours vivants. Qu'est-ce qui va nous arriver maintenant? On voudrait bien le savoir. Qui pourrait nous le dire?

— Il n'y a que l'abbé Le Guerne qui peut nous informer des intentions entretenues par les Anglais à notre égard; et encore, personne ne connaît vraiment ce que Lawrence mijote.

Par moments, quand je m'arrête à penser à la situation, je me dis, maintenant que les Anglais ont presque abandonné le fort Lawrence, construit sur les ruines du village, que l'on soit ici ou sur la terre de notre défunt père, qu'est-ce que ça peut changer?

— Tu chavires ou quoi?

— Les Français sont partis; débrouillez-vous! L'abbé Le Loutre et ses Micmacs aussi. Ils nous ont complètement abandonnés devant l'ennemi, après nous avoir forcés à nous installer ici pour notre sécurité. Je ne suis pas le seul à penser ainsi, croyez-moi. J'ai pu parler avec les Bourgeois, le fils du vieux Claude; eux aussi, ils songeraient à retourner sur leurs terres. Ici ou là, qu'est-ce que cela change? Partout, ce sont les Anglais. Nous n'avons plus à craindre les représailles de l'abbé ni de ses Micmacs, pas plus que des menaces des Français. Cela peut paraître ridicule, mais c'est la terre de notre père.

— Présentement, on peut penser de cette manière. Mais attention, la France n'a pas dit son dernier mot. Ce que nous avons pu apprendre, Jean et moi, par des vaillants guerriers micmacs que nous avons rencontrés dans les environs de Tintamarre, c'est que les armées françaises du Canada ont infligé une terrible défaite aux troupes anglaises, au fort Dusquesne. Ils nous ont assuré que même le grand chef des armées ennemies avait été tué. Il y a dix jours à peine, Pierre. Les autorités de Québec et de Louisbourg ne vont pas nous abandonner. Avec les Broussard et d'autres, nous n'arrêterons pas de harceler les troupes anglaises qui sont cantonnées par ici. Ces soldats, si courageux qu'ils puissent être, ne connaissent pas la région. Ils n'oseront pas s'aventurer loin des campements. Les Micmacs seraient trop heureux de pouvoir faire quelques scalps... Il faut attendre, surtout ne pas perdre courage, Pierre.

— Nous qui pensions te demander conseil. Maintenant que tu n'as plus vraiment besoin de nous ici, pour le moment, nous pensions repartir à l'aventure...

— Des fois, je pense ainsi; d'autres fois, je pense comme vous. Je suis bien heureux du travail que nous avons fait. Je vais me préparer pour bûcher du bois en prévision de l'hiver... Si j'avais un conseil, je vous dirais de prendre la direction de Tintamarre, ou encore de Memramcook, dans les environs, et de tenter de rencontrer l'abbé Le Guerne : c'est le seul qui pourrait vous être de bon conseil. Vous n'oubliez pas de me tenir informé.

— Ne t'inquiète surtout pas, Pierre. Nous pousserons sûrement jusque dans le bout de Chédaïc, en faisant attention de ne pas tomber sur une patrouille anglaise du fort Gaspareau, quoique... Nous n'avons pas nécessairement remis toutes les armes[117].

— Je ne veux pas en savoir plus.

En particulier dans l'environnement immédiat du fort, où beaucoup de maisons ont été détruites en prévision de l'affrontement du mois de juin, leurs perspectives d'avenir semblaient pour le moins incertaines. Mais les Acadiens avaient-ils seulement un avenir?

3.3.2 La grande mascarade

Pierre Arseneau avait rapidement mis de côté cette idée de retourner sur la terre ancestrale. Quand il regardait les récoltes remplies de promesses que laissaient deviner les espaces qu'il avait ensemencés avec l'aide de sa femme et de ses frères, il retrouvait tout son courage. Les Acadiens étaient ainsi faits : après quatre générations ayant travaillé avec acharnement à

---

117. Baudry, René, «Un témoin de la dispersion acadienne : l'abbé Le Guerne», *Revue d'histoire de l'Amérique française,* vol. 7, n° 1, 1953, p. 35 : «Dans les semaines qui suivirent la prise du fort Beauséjour, les commandants anglais se firent apporter toutes les armes des Acadiens, puis, à diverses reprises, essayèrent sans succès de leur faire prêter le serment d'allégeance sans condition. Déjà, le plan d'expulsion était arrêté.»

mettre en valeur des terres qui produisaient généreusement, ils ne voyaient pas d'autres pays possibles. Ils ne connaissaient rien d'autre et refusaient d'envisager leur vie ailleurs, pensant que rien au monde ne pourrait égaler leur Acadie. Jusqu'aux derniers instants, cette naïveté, qui les porte à espérer et à croire aux vaines promesses qu'on leur faisait miroiter, les rendit fragiles et vulnérables.

— Quel bon vent t'amène jusqu'ici, Jean-Jacques ?

— Je suis venu jusqu'au moulin, alors j'ai poussé jusqu'à la forge à côté. J'ai quelques outils à réparer pour le travail dans le bois. Faudra préparer l'hiver, peu importe la situation. Pierre, tu ne me dis pas que toi aussi tu as songé à retourner à Beaubassin ?

— Assurément, mes frères les plus jeunes ne l'ont pas trouvé drôle, mais en y pensant bien, nous ne serions pas plus mal positionnés par rapport aux Anglais.

— C'est exactement ce que mon père disait. D'un autre côté, les occupants sont en place. Ils vous ont enlevé vos armes. Nous sommes entièrement à leur merci. Je n'ose pas imaginer ce qui pourrait nous arriver. Nous autres, dans la région de Chédaïc, nous sommes loin et n'avons pas grand-chose à craindre, pour l'instant…

— Tu as raison, Jean-Jacques. Nous sommes complètement sans défense. Et la chasse au gros gibier à l'automne ?

— C'est l'abbé Le Guerne qui me disait qu'il avait échangé longuement avec l'abbé Lemaire, pasteur à Rivière-aux-Canards, et que cette question de la confiscation des armes et des embarcations est embêtante pour les Acadiens.

— Comment, embêtante ? Tu veux dire que cela n'a absolument aucun bon sens.

— Tu sais, Pierre, que cela fait depuis le mois de mai, avant que les troupes anglaises viennent faire le siège du fort Beauséjour, que, dans toutes les régions – bassin des Mines, Grand-Pré, Port-Royal –, les Acadiens se sont fait retirer leurs embarcations, peu importe la taille, puis retirer leurs armes. Je dis embêtante, à cause de l'envergure que cette affaire est en train de prendre.

— Ce n'est pas possible. À quoi pensent les autorités ?

— D'après ce que m'a expliqué l'abbé Le Guerne, partout les Acadiens ont signé une pétition pour demander qu'on leur remette ces outils essentiels. Ils ont fait valoir leur nécessité « soit pour défendre nos bestiaux qui sont attaqués par les bêtes sauvages, soit pour la conservation de nos enfants et de nous-mêmes ». Les Anglais prétendent que les Acadiens auraient pu utiliser ces embarcations pour approvisionner les Français…

— C'est incroyable. Que nous reste-t-il de liberté ? C'est une vie impossible.

— Ce n'est pas tout. Toujours selon ce qu'aurait déclaré l'abbé Lemaire, ce qui est certain, c'est que les délégués [118] aca-diens de ces régions furent convoqués à Halifax au début de ce mois par le gouverneur, et qu'ils s'y trouvent toujours… Les citoyens de Pisiguit et de Cobéquid sont très inquiets. Les délé-gués seraient tous emprisonnés sur l'île George, dans le port d'Halifax.

— Mais voyons donc, Jean-Jacques. Les embêtements et les tracasseries ne cesseront donc jamais ? L'abbé Le Guerne, qui a rencontré à quelques reprises le colonel Monckton, nous conseille de ne pas nous opposer aux demandes des autorités, de nous montrer soumis. Ce seraient là les recommandations de l'abbé Le Loutre et du commandant de Vergor, avant de quitter. À force de soumission, d'acceptation, de renoncement, n'allons-nous pas mourir étouffés, Jean-Jacques ? Pourquoi aurait-on emprisonné les délégués acadiens ?

— Ce que l'on peut deviner, c'est encore la question du ser-ment d'allégeance sans conditions qui est en cause.

— Encore plus incroyable !

---

118. On leur donne le nom de députés, bien qu'ils soient désignés.

C'est à une véritable mise en scène que se sont prêtés Lawrence et son Conseil vis-à-vis de ces malheureux délégués acadiens au début de juillet dix-sept cent cinquante-cinq. À partir de dix-sept cent vingt, ces députés étaient choisis annuellement pour servir d'intermédiaires entre l'administration coloniale et la population française de la Nouvelle-Écosse. Un simulacre de représentation, puisqu'il est connu que toutes les colonies britanniques ont le privilège de jouir d'une assemblée législative élue devant conseiller le gouverneur, sauf les Acadiens... Il est facile de comprendre que c'est pour éviter toute possibilité de révolte ou de soutien aux troupes françaises du fort Beauséjour que Lawrence fit retirer toutes les armes et les embarcations des Acadiens avant l'attaque dudit fort. Lorsqu'ils convoquèrent la vingtaine des délégués, après que les habitants lui eurent adressé une pétition, le plan de Lawrence était bien arrêté. Il les amena devant le Conseil, puis débuta par une lecture article par article du mémoire «arrogant». En fait, il s'agit de la pétition qu'ils avaient remise au commandant militaire de leur région, le mois précédent. Il les dénonce, leur fait des remontrances, les traite de mauvais citoyens incapables de reconnaître la générosité et la grandeur des bienfaits que la couronne britannique leur témoigne.

Puis, sans autre préambule, on leur demande de prêter sur-le-champ le serment d'allégeance au souverain George II. On peut comprendre que ces délégués hésitent, demandent à pouvoir consulter leurs concitoyens, les habitants qu'ils sont censés représenter. À chacun de décider pour soi, répliquent les membres du Conseil, qui leur donnent vingt-quatre heures pour réfléchir. Les Acadiens maintiendront leur position, cela était prévisible. Cette position était celle de leurs pères et de leurs grands-pères. Des dizaines et des dizaines de délégués, comme eux, choisis entre dix-sept cent vingt et dix-sept cent quarante-neuf, auraient présenté la même réponse. Ils tiennent à être exemptés de porter les armes contre la France. Alors, on les emprisonne, puisqu'ils ne peuvent plus être considérés comme des citoyens britanniques. Ils seront détenus jusqu'à ce qu'on les déporte en France.

Ces Acadiens auront beau revenir à la charge, se dire disposés à accepter ce serment tant honni. Trop tard, ils n'en auront pas la permission. Le gouverneur a obtenu ce qu'il cherchait. La « grande scène » est terminée. Ainsi commençait à petit bruit le « grand dérangement ». Le Conseil pourra adopter les décisions qui découlent de cette attitude. La cause sera entendue le vingt-huit juillet. La déportation est décidée.

Tout est prêt. Dans les heures qui suivent, les directives secrètes sont acheminées à Monckton et aux autres dirigeants militaires des différentes régions acadiennes de la Nouvell-Écosse. C'est donc Lawrence qui écrivit, en tant que lieutenant-gouverneur, l'ordre d'expulsion. Il n'y avait en Grande-Bretagne aucun plan militaire qui eût pu donner le mandat d'expulser les Acadiens. Le grand metteur en scène ne fut jamais blâmé. Nous sommes en juillet, et les autorités du Board of Trade ne furent prévenues qu'en novembre, lorsque le nettoyage ethnique fut terminé. Loin de condamner sa conduite, on offrira à Lawrence une promotion [119].

3.3.3 Ruses et perfidie

Pour différentes raisons, incluant la proximité des villages de l'isthme de Chignectou avec les régions sauvages du nord, où il était difficile de poursuivre ceux qui seraient tentés de s'évader, il fut décidé de déporter les Acadiens de la région de Beaubassin en premier. Ils étaient aussi, avec les habitants de Cobéquid au fond du bassin des Mines, les plus éloignés de l'entrée de la baie Française.

---

119. FRÉGAULT, Guy, *Histoire de la Nouvelle-France*, p. 248.

Le huit août dix-sept cent cinquante-cinq, le gouverneur Lawrence prévient Monckton que les navires destinés au transport des Acadiens vont arriver bientôt dans la baie de Beaubassin, ajoutant : « Il faudra faire tous les efforts possibles pour réduire à la famine ceux qui tenteraient de se cacher dans les bois. » C'est le signal que l'opération peut débuter. Le lendemain, Monckton lance donc un appel aux habitants et aux réfugiés de toute la région, pour le rassemblement au fort Beauséjour, ils pourront « entendre la lecture des ordres de Son Excellence le gouverneur ».

Pierre Arseneau et ses deux frères, comme beaucoup des habitants des alentours du fort, sont très méfiants de cet appel du colonel Monckton. Les Acadiens se demandent si cette invitation ne recèle pas quelque piège, au point que très peu se déplacent au moment convenu, ce qui force Monckton à remettre la rencontre au lendemain. Ce dernier se donne plus de chance en précisant bien que l'objectif de la rencontre porte sur « l'arrangement du gouverneur d'Halifax pour la conservation de leurs terres ».

— Il n'y avait pas beaucoup de colons aux alentours du fort. Ils avaient formé quelques attroupements et ils discutaient, cherchant à savoir ce que pouvait avoir à nous dire « Son Excellence ». Très peu se sont approchés des portes du fort. C'en était même drôle de voir l'énervement des tuniques rouges, qui ne savaient plus trop bien comment se comporter. Cela a duré presque deux heures, jusqu'à ce que quelqu'un se décide et que les messagers de Monckton viennent nous prévenir que la rencontre était remise à demain. En ajoutant que le message du gouverneur portait sur la conservation de nos terres. Joseph et moi, nous observions cela de loin. Qu'est-ce que tu en penses, Pierre ? Crois-tu vraiment que Lawrence va nous proposer des choses intéressantes à propos des terres ?

— Difficile à dire. Ce que j'ai entendu des habitants des différents villages, c'est que les Anglais ne seraient pas chez eux.

D'après les anciens, comme nous ne sommes pas en guerre, il n'y a pas eu de changement des frontières. Ils occupent le fort à la suite de la reddition des Français, mais cela ne leur donnerait aucun droit sur les terres de ce côté-ci de la rivière Mésagouèche.

— Cela veut-il dire que tu as l'intention de te rendre au fort demain ?

— Je ne sais pas, Joseph, ce que vous en pensez, toi et Jean... Vous souhaiteriez que nous profitions du fait que les troupes venues d'Angleterre et des autres colonies britanniques sont dispersées dans les différentes régions de la Nouvelle-Écosse pour nous soulever... Mais faut être raisonnables. Si vous avez réussi à camoufler vos armes, n'oubliez pas que la majorité d'entre nous les avons remises. Ça ne fait aucun sens de penser qu'un groupe d'Acadiens, malgré le nombre, malgré la rage que nous entretenons envers les tuniques rouges, même avec le soutien des vaillants guerriers micmacs, puisse arriver à quelque chose contre les soldats du colonel Monckton.

— Raisonnables, raisonnables ! Est-ce à dire qu'il faut tout accepter dans la soumission la plus complète ?

— C'est ce que vous aurait recommandé l'abbé Le Guerne, si vous étiez allés lui demander conseil. Pour l'instant, c'est la meilleure attitude. Je ne dis pas, si les armées françaises continuent à infliger des défaites importantes aux armées britanniques, que la situation ne pourrait pas être retournée, mais...

— Jusqu'à maintenant, tout ce dont nous avons entendu parler du colonel, c'est le « sapré » serment sans conditions... Tu ne crois pas qu'il y a quelque chose de louche dans cette affaire-là ?

— Je me demande, Jean, si l'arrangement pour les terres ne serait pas à propos de celles situées dans le village de Beaubassin. Peut-être qu'ils veulent nous proposer un règlement final...

— Cela me donnerait la nausée de retourner dans le fort en me faisant ouvrir les portes par un garde britannique...

Ils furent quatre cents, comme Pierre Arseneau, à se rendre au fort Beauséjour en ce lundi onze août dix-sept cent cinquante-cinq. Ils provenaient des environs immédiats de Beauséjour. Presque tous les hommes de Wescok, Aulac et baie Verte. D'autres étaient venus de plus loin, des trois rivières Chipoudy, Peticoudiac et Memramcook. Aussitôt, les portes se referment et Monckton leur annonce brutalement que « leurs terres, leurs biens et leurs effets étaient confisqués au profit de la couronne et qu'eux-mêmes sont faits prisonniers ». Cent cinquante parmi eux seront détenus au fort Lawrence. Pour éviter de trop inquiéter la population, on leur laisse croire d'abord qu'ils seront transportés à l'île Saint-Jean. En bon gestionnaire, le gouverneur avait demandé que l'on laissât les familles nourrir les prisonniers. Cette mesure lui permettait de s'assurer qu'elles seraient à sa merci, le moment venu. On peut mieux maintenant évaluer la valeur de l'article permettant aux Acadiens de retourner chez eux, sous prétexte qu'ils auraient été forcés de prendre les armes contre leur gré.

Le même jour, Lawrence fait parvenir des ordres d'expulsion, toujours des plus secrètes, au colonel John Winslow à Grand-Pré, au capitaine Alexandre Murray à Pissiguit et au major J. Handfield à Annapolis Royal, leur ordonnant de brûler les maisons acadiennes et de détruire les moyens de subsistance de ceux qui réussiront à échapper à la déportation.

Depuis la défaite française au fort Beauséjour et la venue du colonel Monckton au commandement des troupes d'occupation, l'abbé Le Guerne avait fait montre de sagesse. Si au début il avait hésité quant au parti à prendre, il s'en était finalement tenu aux recommandations de l'abbé Le Loutre, qui, avant de prendre la fuite, lui avait fortement suggéré de faire preuve de soumission. Prudent de nature, préférant de loin s'occuper de ses fidèles plutôt que de choses matérielles, il était demeuré sur ses gardes. Les événements des derniers jours le bouleversaient considérablement. En voyant une partie de ses ouailles gardée prisonnière, il regrettait de ne pas s'être montré plus alerte au cours des deux derniers mois. Mais il était totalement débordé, et de toute manière, la situation serait-elle différente? Aurait-il été en mesure de modifier le cours des choses?

Jean Arseneau, dit «Cointin», frère de Joseph dit aussi «Cointin», tous deux fils de madame Françoise, fut donc en mesure de rejoindre l'abbé Le Guerne juste avant que celui-ci quitte pour Memramcook, où il prétendait se trouver en plus grande sécurité.

— Merci de me recevoir, monsieur l'abbé. On m'a prévenu que vous alliez partir pour Memramcook [120]. Je ne vais pas vous faire perdre trop de votre temps...

— Ah! Cointin! Entre, n'aie crainte de me déranger. Je ne suis pas pressé plus qu'il ne faut. Vous êtes connus dans la région vous, les «Cointin». C'est avec plaisir que je veux te consacrer ces moments.

— Connus? Pas tellement, pas comme les Broussard, monsieur l'abbé. C'est plutôt que Joseph et moi, nous étions des porteurs de mauvaises nouvelles, en quelque sorte, surtout à l'époque où nous étions volontaires au fort Beauséjour. Maintenant que Joseph est marié, il est plus porté à demeurer à la maison, ici à Tintamarre. Il aurait bien dû ne jamais en sortir pour se rendre au fort. Nous avons deux sœurs qui demeurent ici, à Tintamarre: Françoise, qui est mariée avec Pierre Derayé – ils ont un gars et trois filles –, et aussi Marie, mariée avec Germain dit Jacques Girouard. Moi, je demeure le plus souvent chez Pierre... Vous allez trouver que je vous fais perdre un temps précieux, mais depuis que mes frères Pierre et Joseph

---

120. BEAUDRY, René, «Un témoin de la dispersion, Abbé Le Guerne», *Revue d'histoire de l'Amérique Française*, vol. 7, n° 1, 1953, p. 36: «L'abbé Le Guerne entreprit alors de protéger ce qui restait de son troupeau. Il dut d'abord se protéger lui-même et se garder de tomber aux mains de l'ennemi. Il prit donc ses hardes à Tintamarre et se retira vers Memramcouk. À deux reprises, Monckton lui envoya des lettres insidieuses pour l'inviter à lui rendre visite.»

sont gardés prisonniers par les Anglais, avec les autres chefs de famille, je tourne en rond. Il y a déjà quelque temps, Pierre nous avait lui-même recommandé de venir vous voir, vous demander conseil...

— Ah! mon ami, la situation est désespérée. Je ne sais plus très bien à quoi m'en tenir. Il y a quelques jours encore, j'espérais que le colonel Monckton disait vrai, alors qu'il laissait entendre que l'on trouverait un terrain d'entente au sujet du serment sans conditions.

— Les jeunes ne croient pas tellement à cette vieille recette, monsieur l'abbé. Je suis désolé.

— Ne sois pas désolé... Tu t'appelles comment, déjà? Je ne sais plus très bien avec vos surnoms.

— Moi, c'est Jean.

— Ne sois pas désolé, Jean. Je crois que nous avons maintenant la preuve que la question du serment est bel et bien dépassée. Je peux vous parler franchement, comme je l'ai déjà dit à plusieurs de mes fidèles. J'ai eu l'occasion de rencontrer, par deux fois, le colonel Monckton, qui est par ailleurs un personnage «respectable». Chaque fois, il s'est montré d'une grande gentillesse. Ses nombreuses attentions à mon égard étaient peut-être dictées par des intérêts fourbes, et encore, depuis qu'ils gardent vos chefs de famille, il me proposait de nouvelles rencontres. Que je me suis empressé de décliner poliment... il va de soi.

— La fourberie, monsieur l'abbé, comme pour attirer les hommes au fort, il y a quelques jours. J'avais pourtant conseillé à notre frère de ne pas se rendre au fort. Que voulez-vous, il se sent l'héritier, le gardien du patrimoine familial. Il est l'aîné et se sent responsable... Qu'est-ce que l'on attend à Louisbourg et à Québec pour diriger des troupes dans la région?

— J'ai signalé par écrit au colonel Monckton que je lui trouvais toutes les qualités et qu'il gardait mon estime, mais que je craignais les intentions de son supérieur, le gouverneur

Lawrence. Pour ce qui concerne les troupes françaises, n'oublie pas de Boishébert...

— Lawrence! Ah! celui-là! Excusez-moi, monsieur l'abbé, j'ai de la difficulté à me retenir lorsqu'il est question de Lawrence.

— Il n'y a pas de mal... Je suis complètement dévasté et je ne cesse de prier depuis que j'ai appris qu'il avait ordonné au colonel J. Winslow l'arrestation des trois derniers prêtres encore en service dans des paroisses acadiennes de la Nouvelle-Écosse. L'abbé Jean-Baptiste Chauvreux, pasteur à Grand-Pré, l'abbé Lemaire, pasteur à Rivière-aux-Canards, l'abbé Henri Deaudin, pasteur à Port-Royal... Ce ne peut-être qu'une âme noire pour arrêter, sans raison, les bergers et laisser les troupeaux de fidèles sans les lumières du Suprême guide. Priez, mon enfant, priez!

— Sans doute, monsieur l'abbé, et nous le faisons. Mais nous voulons faire plus. Mon frère Pierre a une femme et des enfants. Joseph laisse seule sa jeune épouse en pleurs, et ma sœur craint pour son homme. Pour le moment, Monckton autorise les familles à apporter de la nourriture pour les prisonniers, mais cela va durer combien de temps? Nous voulons les sortir de là. Tous!

— Une chose est certaine:personne ne doit traîner dans les environs du fort. Vous risqueriez d'être ramassés par les Anglais. Je suis aussi inquiet et, de toute évidence, il ne faut plus se soumettre et prendre des risques inutiles. C'est pour cette raison que je préfère m'éloigner un peu plus du fort. Tous les hommes et les jeunes hommes comme toi doivent se tenir le plus loin possible des soldats anglais. La situation est aussi préoccupante pour les familles qui sont privées du soutien de leur chef. Comment en effet blâmer les femmes et les enfants de ne pas vouloir trop s'éloigner de leur mari, de leur père?

— Il y a tous les travaux à terminer sur les fermes, monsieur l'abbé. Pierre voulait justement couper du bois en prévision de l'hiver qui s'en vient.

— Votre frère demeure sur la pointe Beauséjour, je crois?

— Oui, monsieur l'abbé.

— Ce sont les plus exposés. Tu dois recommander à ta sœur et à tes belles-sœurs de se montrer très prudentes, de prendre le moins de risques possible... De se retirer avec les enfants dans les bois.

— Vous savez bien que je ne vais pas abandonner mes neveux et nièces, et toute ma famille. Nous sommes orphelins, monsieur l'abbé, et pour parler franchement, je commence à trouver que les Anglais prennent beaucoup de place... Qu'avons-nous à perdre?

— Je le sais bien, mon fils... Je pense que tu pourrais te joindre au lieutenant de Boishébert. Il poursuit la lutte et se charge d'assurer le plus possible la protection des vôtres...

— J'y ai pensé. Un de nos neveux, du même âge que moi, lui aussi orphelin, se trouve déjà avec l'équipe du lieutenant, mais ne peut-on rien entreprendre de plus direct pour libérer les prisonniers du fort?

— Je dois te dire à regret que je ne crois pas, mon enfant. Les forces anglaises sont trop nombreuses... Mais si ta détermination est telle, n'hésite pas à te joindre aux braves qui suivent le lieutenant de Boishébert. Je te bénis, mon enfant.

3.3.4 Prisonniers

Le premier choc passé, on réalise rapidement le sérieux de la situation. Les hommes prennent conscience que le colonel Monckton a utilisé la ruse pour les attirer dans ce guet-apens. Les réactions sont diverses, varient selon les individus. L'incrédulité fait tout de suite place à une colère sourde, mais bien réelle. Très peu ont réussi à trouver le sommeil la première nuit passée en réclusion.

Pour ces hommes, jeunes et moins jeunes, il s'agit d'un retour en arrière. Quelque chose leur échappe. Il n'y a pas deux mois, alors qu'ils étaient à la merci des Anglais à la suite de la reddition des forces françaises et de leur départ pour Louisbourg, une clause de la capitulation les autorisait à repartir chez eux libres. Et là, par la ruse, on les ramène prisonniers dans le fort, en voulant les priver de tous leurs biens, pour éventuellement les déporter.

Ils sont plus de quatre cents dans l'enceinte du fort. Avec la garnison, on manque d'air, comme s'il y avait trop de monde par cette chaleur écrasante de la mi-août. Ils sont à l'extérieur; quelques-uns se sont rassemblés dans un coin, se méfiant bien afin de ne pas être entendus par les soldats assurant la garde à proximité des portes du fort.

— Tu sais bien, Pierre (Arseneau), qu'il n'y a pas de danger d'être entendu; à peu près personne de ces gardes ne comprend notre langue.

— Peut-être, Joseph, mais on n'est jamais assez prudent...

— Tu en as la preuve que nous ne sommes jamais assez prudents...

— Je t'en prie, Joseph, la situation est loin d'être drôle, ne fais pas de farce.

— Je n'ai pas le goût, moi non plus, de faire des farces, Germain. Je voulais juste rappeler à Pierre que Jean et moi, pas plus tard qu'avant-hier, nous lui disions qu'il fallait être prudent, que les Anglais pouvaient nous préparer un coup comme celui-là.

— N'empêche que tu t'es laissé convaincre, toi aussi, comme moi, qu'il fallait être présents, au cas où la question des terres aurait été discutée. Comme les autres, nous sommes nombreux.

— Tu as raison, Germain. Faut que je pense un peu comme vous autres, maintenant que je suis marié. Pouvez-vous bien me dire pourquoi ils nous ont laissé partir au mois de juin, en nous racontant des histoires? On ne pouvait pas vraiment savoir qu'ils nous préparaient une telle saloperie. Comment allons-nous nous en sortir?

— Baisse le ton, Joseph! On nous regarde de travers. Je ne voudrais pas que l'on s'organise pour nous séparer. Il paraît qu'il y en a un groupe d'une centaine qui seront déplacés au fort Lawrence. S'ils venaient à apprendre que nous sommes de la même famille, ils pourraient se méfier de nous. Dorénavant, nous serons plus vigilants, nous réduirons les moments où nous nous retrouverons ensemble, à l'écart. Tu sais bien, Joseph, que, s'ils nous ont laissé partir en juin en nous retirant nos armes, c'était pour ne pas provoquer de révolte, pour nous garder dans la région.

— Pour nous avoir sous la main, pour plus facilement nous prendre au piège. Mais je suis d'accord, Pierre, nous sommes mieux ici qu'à côté, au fort Lawrence. Celui-ci, nous l'avons construit, encore récemment nous travaillions à le réparer. Nous en connaissons tous les coins et recoins. On ne sait jamais… Cela ne vous donne pas des idées? Moi, en tout cas, je ne vais pas moisir ici. J'ai une femme qui m'attend à l'extérieur.

— Chut!

— Penses-tu que l'idée de nous déporter, c'est aussi une ruse pour nous faire peur, ou s'agit-il de quelque chose de possible? Nos femmes doivent être mortes d'inquiétude.

— Ils vont avoir besoin de nombreux navires, si c'est cela qu'ils veulent faire. À l'île Saint-Jean, semble-t-il. Notre défunte mère avait donc bien raison: il faudra attendre pour voir ce qu'il en est vraiment. Tout est possible. Une chose est sûre, ils ne peuvent pas nous garder indéfiniment prisonniers ici. Pour l'instant, ils vont laisser nos familles apporter ce qu'il faut pour nous tenir en vie, mais cela ne peut durer éternellement. Même nos familles, avec l'automne qui va arriver…

— C'est bien pour toi, Pierre, mais pour Joseph et moi, les femmes sont loin. Tintamarre est à plusieurs lieues. Votre sœur Marie, qui n'est déjà pas trop bien, doit se mourir d'inquiétude. Au moins, Marie-Josephe va rester avec elle.

— Ne t'inquiète pas, Germain. Elles vont trouver le moyen de se débrouiller. Je suis certain que Jean est passé par chez vous à l'heure qu'il est, qu'il trépigne d'impatience, en attendant de pouvoir faire quelque chose pour venir nous aider. Ma douce Françoise ne va pas vous oublier…

— Moi, je prétends que c'est sérieux, leur affaire. Ils sont à la recherche des nôtres. Ce matin sont arrivés au fort une douzaine d'Acadiens, que les tuniques rouges auraient arrêtés. Des Girouard, justement Germain, Jacques et François; il y aurait aussi des Poirier, des Boudrot et un dénommé Joseph Terriot, tous de la région Au Lac. Ce sont des réfugiés, eux aussi.

— Oui, ça va se poursuivre, j'ai l'impression, comme tu dis, Joseph. Ils en auraient arrêté trois autres de Wescok.

— Nous devrons rapidement nous montrer alertes, nous assurer que les provisions qui parviennent des nôtres nous sont remises directement. Nous aurons peut-être l'occasion d'y déceler des messages, ou encore, en retournant les paniers vers l'extérieur, leur faire parvenir quelques nouvelles de l'intérieur.

Monckton sait bien que le compte à rebours est commencé. Il doit agir rapidement pour attirer et détenir le plus possible d'hommes de la région de Beaubassin. Il est parfaitement conscient que cette région, dont il est responsable, n'est pas facile à circonscrire, que ses soldats, lorsqu'ils partent à la recherche des Acadiens, sont exposés à de nombreux dangers. Les Acadiens, avec leurs indéfectibles alliés Micmacs, sont de redoutables guerriers, d'une efficacité inquiétante dans des tactiques de harcèlement et d'embuscades. Comme les navires arriveront dans quelques jours, il aura devant lui une population qui sera de plus en plus méfiante. Il lui faut donc faire preuve d'astuce afin que chaque jour qui passe lui permette de réunir davantage de prisonniers à déporter. Ses soldats partent ainsi parcourir la vaste région, dans toutes les campagnes, pour y débusquer ceux qui par malheur s'exposent le moindrement. Il faut s'imaginer le climat de terreur et d'inquiétude qui va régner dans toute l'Acadie au cours de cette fin d'été et de cet automne fatidique pour le peuple acadien [121].

3.3.5 L'opération fait tache d'huile

Au cours de l'été dix-sept cent cinquante-cinq, Joseph Dugas n'est pas retourné avec son petit navire dans la région de la baie Française. Les nouvelles glanées tant à Port Toulouse qu'à Louisbourg auprès des différents voyageurs laissent à penser qu'il y a beaucoup de navires qui parcourent les côtes entre Halifax et Cap Fourchu [122], et encore plus au nord jusqu'à l'entrée de la baie Française. En fait, une grande partie de la flotte de Boscowen encombre encore le port d'Halifax.

Pendant que l'*Espoir* fait voile en direction des côtes de l'isthme de Chignectou, croisant sur sa route l'île de Pictou, le plan mis en branle par Lawrence avec la prise du fort Beauséjour et l'emprisonnement des délégués acadiens dans l'île George doit respecter ses échéanciers. Ainsi, après le coup fourré opéré par Monckton dans la région de Beaubassin le quatorze août, le colonel Winslow arrive à Grand-Pré avec trois cents hommes pour superviser la déportation dans cette région densément peuplée du bassin des Mines. Il sera soutenu dans ce travail par le capitaine Alexandre Murray, installé au fort Édouard, pour la région immédiate de Pissiguit.

Malgré les distances énormes entre les différents villages et celles séparant souvent les habitations les unes des autres, les nouvelles voyagent rapidement. L'inquiétude qui s'est emparée des familles dont les hommes furent arrêtés et gardés prisonniers au fort Beauséjour s'est rapidement répandue dans

---

121. Pierre Arseneau est le fils de madame Françoise, comme Joseph dit Cointin, marié vers 1753 à Marie-Josephe Gaudet. Quant à Germain dit Jacques Girouard, il est l'époux de Marie Arseneau, fille de madame Françoise.

122. Petit havre extrêmement difficile d'accès de l'île Royale (Cap-Breton), à quelques lieues de Louisbourg.

l'Acadie, rendant la population encore plus craintive à l'égard des soldats anglo-américains qui avaient maintenant été affectés dans les régions acadiennes de la Nouvelle-Écosse. Cette situation allait rendre la filière Cobéquid-Tatamagouche encore plus attirante pour les Acadiens désirant fuir la Nouvelle-Écosse en traversant vers l'île Saint-Jean.

Pour une des rares fois depuis que Bénéry et le Mousse partagent le même univers, c'est le fils du capitaine qui cherche à secouer son ami, qu'il trouve soucieux.

— Que se passe-t-il, Bénéry? Tu n'es plus le même depuis quelque temps. Pourtant, nous avons un temps superbe. Je ne me souviens plus de la dernière tempête, tellement cela fait longtemps. Tu ne serais pas malade à la mer?

— Je me sens parfaitement bien, le Mousse. Si c'est juste pour me faire étriver, tu peux t'en retourner jouer avec le chat.

— Ne le prends pas comme ça, Bénéry. Justement, il n'y a pas de mal à s'étriver, se taquiner, juste pour plaisanter. On dirait que tu as changé, Bénéry. Je pensais que tu étais bien avec nous autres. Que la navigation, le grand large, c'était ta vie. Tu ne te plais plus avec nous autres?

— Qu'est-ce que tu vas inventer, le Mousse? On dirait que tu ne peux jamais être sérieux plus de cinq minutes. Faudrait que tu vieillisses un peu, que tu réfléchisses avant de parler. Dans la vie, il peut se produire toutes sortes de choses. Il faut penser un peu à ce qui se passe ailleurs, à ce qui peut tracasser les autres, à ce qu'ils peuvent avoir en tête, à ce que les autres peuvent vivre, justement. On dirait qu'il y a juste toi qui comptes...

— Tu n'es pas obligé de m'insulter, Bénéry. Pour une fois justement, comme tu dis, que je m'intéresse à ce que tu vis... Si c'est de même, reste avec tes idées noires.

— Excuse-moi, le Mousse. Reste ici, je ne sais pas trop ce qui me prend. Je ne me sens pas trop bien depuis quelque temps. Tu as raison, ce n'est pas de l'ennui, c'est plus quelque chose comme la maussaderie. Je vois tout dans la grisaille depuis que nous avons appris que le fort Beauséjour est aux mains des Anglais. Aussi loin que je suis capable de remonter dans mon enfance, nous ne réussissons jamais à prendre le dessus sur « eux autres ». Nous reculons.

— Justement, Bénéry, tu devrais y être habitué, non ?

— Ça, c'est juste un côté de la médaille. Tout ce qui me reste de famille, à part mon oncle Vincent que je vois de temps à autre à Port Toulouse, demeure encore dans cette région. Forcément, je me demande ce qui peut bien advenir d'eux. Avec tout ce qui se passe, tout peut survenir. Tout est tellement imprévisible. J'aimerais ça, parfois, me retrouver avec eux, me retrouver sur le terrain, à parcourir les bois avec mon oncle Jean. Le reste de l'équipage, ce n'est pas la même chose. Une bonne partie d'entre eux ne sont pas tout à fait des Acadiens, à part chez vous, le Mousse, bien entendu.

— Une chance qu'ils ne t'entendent pas, Bénéry.

— Ce n'est pas que je ne suis pas bien. Prends Gabriel, je peux dire que c'est mon ami. Peut-être justement parce que nous sommes tous les deux sans famille…

— Gabriel est pire que toi. Il ne voit jamais personne.

— C'est bien vrai ce que tu dis, le Mousse. Je ne suis pas juste. Il y a deux semaines, à moins que ce ne soit trois, lorsque je suis tombé tout à coup sur mon frère Charles, je suis comme retourné dans ma petite enfance. Je ne suis pas fait comme tout le monde.

— Il n'y aurait pas une amourette en dessous de cette tristesse ? Pire encore, une passion ?

— Ah ! mon voyou ! Je te préviens.

L'*Espoir* poursuivit encore pendant quelques heures la course que tout le monde sur le navire avait appris à connaître par cœur, jusqu'au rivage en face de Tatamagouche. Le *sloop* devait prendre à son bord quelques familles venues au travers des bois depuis les rives de la rivière du Nord, à proximité de Cobéquid.

À peine avait-on mis les doris à la mer que l'on aperçut les gens qui, à coup de grands signes de la main, cherchaient à prévenir les rameurs d'accélérer la cadence.

Même le calme légendaire de Gabriel ne réussit pas à diminuer la frayeur des malheureux qui, ayant dû abandonner une bonne partie de tout ce qu'ils possédaient de biens, arrivaient essoufflés et affamés pour prendre la direction de l'île Saint-Jean. Les chefs de famille encadrant ces malheureux expliquèrent qu'une partie du groupe ayant pris une demi-journée de retard avait été rejointe, de toute évidence, par un détachement de soldats britanniques. On se pressa de prendre le chargement, et on plaça rapidement le navire, son équipage et sa cargaison humaine à l'abri d'éventuels poursuivants.

— Dis-moi, Pierre[123], as-tu été à même de comprendre comment il se fait que moins de la moitié des gens que nous devions prendre soient là ?

— Selon Jean-Baptiste Hébert, des retardataires auraient été capturés par des soldats anglais, de toute évidence.

— Comment cela, des soldats anglais non loin d'ici ? C'est nouveau, ils ne se sont jamais aventurés aussi loin dans la forêt. Ils ont trop peur de tomber sur un groupe de braves Micmacs et de perdre leurs cheveux. Hébert est-il bien certain de ce qu'il avance ?

— Certainement. Selon lui, il y aurait plus de quatre cents Acadiens gardés prisonniers au fort Beauséjour depuis cinq jours. Ils seraient éventuellement déportés vers l'île Saint-Jean. De plus, la garnison du fort Édouard serait augmentée considérablement[124].

— « Sapré » nom de Dieu ! Ils veulent nous voler notre gagne-pain.

---

123. Pierre Sauvage, le second, surnommé Faraud.

124. Pour une chronologie des faits reliés à la déportation, se référer à Paul Delaney sur le site Acadian-home.org

— Tu ne crois pas, Jos, que tout cela sent mauvais?

— Que veux-tu que je réponde? Avec Lawrence, il faut s'attendre à tout. Ce fanatique ne peut que vouloir notre perte.

Bénéry, qui écoutait cette conversation en retrait, ne trouva rien qui pouvait le rassurer, calmer ses inquiétudes. Dans quelques jours, la région du bassin des Mines se verrait servir la même médecine que celle de Beaubassin. Certains Acadiens ont la rage au cœur. De la même façon, les soldats britanniques développeront une haine réelle envers les Français neutres qu'ils ont pour tâche de chasser de la Nouvelle-Écosse par tous les moyens.

3.3.6 Un peu plus haut

Le vieux Claude Bourgeois avait installé les siens dans la région de Chédaïc, pensant qu'ils seraient plus loin du danger, loin des interminables discussions et disputes, alors que deux forts[125] se regardaient constamment dans les yeux, en chiens de faïence, un sur la rive sud, l'autre sur la rive nord de la rivière Mésagouèche. Les Bourgeois ne sont plus les seuls à côtoyer le campement d'été des Micmacs; d'autres familles se sont aussi déplacées au cours des mois à partir des villages de Memramcook et de Tintamarre, Chédaïc n'étant, en quelque sorte, que le prolongement de la paroisse de Memramcook. Cela n'avait pas autorisé les fils de la famille Bourgeois à prendre congé de la défense du fort Beauséjour, au moment où de Vergor se préparait à faire face aux attaques des Anglo-américains.

Le vieux Claude prend maintenant connaissance avec effroi des derniers événements survenus dans la région. Il ne cesse de se réjouir de la décision des siens de ne pas s'être rendus à l'«invitation» du colonel Monckton, pour entendre les «arran-

---

125. Le fort Lawrence, construit sur l'emplacement même de Beaubassin, et le fort Beauséjour, construit par les Français tout juste à côté sur les hauteurs, que les Anglais rebaptiseront fort Cumberland... après 1755.

gements» du gouverneur concernant leurs terres. Cette décision n'était pas la sienne, mais celle de ses fils, qui en étaient venus à la conclusion que Lawrence n'avait aucun pouvoir sur les terres sur lesquelles ils avaient construit leurs chétives cabanes. Tout cela n'augurait rien de bon. Et ils avaient eu raison, puisque beaucoup de leurs amis se trouvent maintenant prisonniers au fort Beauséjour, que les Anglais ont rebaptisé effrontément fort Cumberland.

La nouvelle s'est répandue comme une traînée de poudre partout dans l'isthme de Chignectou, dans toute l'Acadie. Privées des chefs de famille, privées de leurs conjoints, de leurs hommes, les femmes aussi se voient prisonnières. Retenues près des leurs, se mourant d'inquiétude, tâchant de leur faire parvenir le nécessaire pour qu'ils ne manquent de rien. Comment pourraient-elles, sans les bras de leurs hommes, de leurs fils, parvenir à effectuer tout le travail qui doit être fait sur la ferme, en plein milieu du mois d'août?

Le vieux Claude ne se sent plus le courage d'imposer ses vues. Les décisions que le clan doit prendre sont trop chargées de conséquences pour les siens. Il accepte de participer aux discussions, de donner son point de vue, mais préfère ne pas orienter le choix ultime. En cette soirée chaude du mois d'août, autour d'un petit feu, on discute doucement, mais aussi avec nervosité des derniers événements.

— Je ne vois pas très bien comment les soldats anglais pourraient s'aventurer jusque dans les parages. Cela représente plusieurs lieues de marche, surtout qu'ils ne connaissent pas tellement la région; ils risquent de se perdre, de s'enliser dans les marécages. En particulier s'ils partent du fort Gaspareau.

— Peut-être bien, Paul (Bourgeois, frère de Jean-Jacques), mais peut-être que tu te trompes aussi. Personne ne le sait. Le fort Gaspareau n'est pas si loin. Moi, je pense que si, comme les gens le disent, les prisonniers étaient déportés, les Anglais n'iraient pas seulement déporter les hommes pour laisser les femmes, les enfants, et les vieillards… Ils feraient tout pour déloger le plus de personnes possible.

— Ça ne doit pas être vrai, c'est certainement une invention. Personne ne peut s'approcher suffisamment du fort pour parler à ceux qui sont prisonniers à l'intérieur. Comment de telles informations auraient-elles pu sortir du fort? Je crois que tu t'inquiètes pour rien, Jean-Jacques.

— N'oublie pas que les familles sont autorisées à faire passer à l'intérieur des victuailles pour les leurs. Donc, les femmes peuvent se rendre jusqu'au fort. Les soldats anglais ne comprennent pas le français… Ce ne sont pas les moyens qui manquent, Paul. Ce qui est sûr, c'est qu'il y a presque une semaine qu'ils sont prisonniers, et que les arrestations n'ont pas cessé. Tous les jours, on ramène au fort de nouveaux prisonniers acadiens. J'ai appris qu'ils en avaient amené d'aussi loin que Tatamagouche. Pire, le lendemain, ils ont brûlé des bâtiments…

— Tatamagouche, tu le sais, Jean-Jacques, c'est un peu la porte de sortie des Acadiens du bassin des Mines qui cherchent à fuir vers l'île Saint-Jean. Les Anglais désirent peut-être couper cette route.

Marie, qui suivait avec intérêt l'échange entre les deux frères, voulait en connaître un peu plus sur les intentions de son homme.

— Qu'est-ce que tu as en tête, Jean-Jacques? Tu ne veux tout de même pas que nous partions d'ici? Nous commençons à peine à nous faire un chez-nous. Tout le travail que nous avons déployé pour défricher et travailler la terre ne fait que commencer à nous payer de retour.

— J'ai bien peur que oui, Marie. Pour l'instant peut-être pas, mais si ce n'est pas maintenant, ce sera plus tard… L'hiver, tu le sais comme moi, n'est pas la meilleure saison pour recommencer à nous bâtir des maisons ni pour transporter le peu de biens que nous avons… Je crains que les soldats anglais ne fassent des incursions, qu'ils ne se lancent à la recherche des

Acadiens partout dans la région. S'il n'y a rien à craindre de la petite garnison du fort Gaspareau, la situation est plus sérieuse en ce qui concerne le fort Beauséjour. Les troupes anglaises se sont dispersées dans toutes les régions acadiennes, mais les soldats sont demeurés nombreux dans le fort... Ils peuvent se mettre à notre poursuite. Comment veux-tu que nous résistions à quatre cents soldats qui apparaîtraient dans le coin ? Je pensais que nous serions davantage en sécurité en nous éloignant d'ici. Peut-être un peu plus haut, le long des côtes, vers le nord.

— Qu'est-ce que tu fais de Boishébert ? N'a-t-il pas la responsabilité de nous protéger ?

— Justement, nous serions un peu plus près de sa base ; il se serait déplacé avec son régiment et rapproché de la rivière Miramichi...

— Selon Katarina...

— Théotiste, ne recommence pas...

— Laisse-la terminer... Théotiste, qu'allais-tu dire à propos de Katarina ?

— Ce n'est pas tellement important, je suis désolée. Je voulais simplement satisfaire ma curiosité. Katarina me raconte toutes sortes d'histoires effrayantes ; je me demandais si cela était bien la vérité. C'est tout.

— De quoi était-il question, Théotiste ? Parle maintenant.

— Elle disait que les braves guerriers micmacs sont à nouveau sur le pied de guerre. Leur haine des tuniques rouges et des Anglais n'aurait en rien perdu de sa vigueur. Selon elle, ils jurent qu'ils poursuivront sans relâche les soldats anglais jusqu'à ce qu'ils comptent des milliers de scalps... Je me demandais si c'était simplement pour me faire peur, pour que je fasse des cauchemars. Elle a ajouté que les Français payaient pour les scalps des soldats Anglais, des colons aussi, que l'abbé Le Loutre faisait le même commerce. Vous croyez que toutes ces atrocités sont véridiques ?

— Cette pratique se fait des deux côtés, Théotiste. Les Micmacs sont nos frères depuis toujours. Ailleurs, dans les immenses étendues de l'Amérique, certaines tribus sont alliées des Anglais, et elles aussi s'adonnent à ces pratiques barbares. Cette façon de faire, si barbare qu'elle vous paraisse, est préférable à celle de donner la mort au vaincu. Cela ne se fait assurément pas sans douleur ; le pauvre est humilié, mais il peut toujours survivre...

— Vraiment ? C'est incroyable... Ils peuvent faire des scalps sans tuer les gens ?

— Oui... Théotiste, qu'est-ce que tu préférerais, mourir ou perdre une partie de ton cuir chevelu ?

— Je ne sais pas[126]...

— Bon ! Cela suffit pour les histoires d'horreur, de quoi nous faire tous faire des rêves épouvantables cette nuit. Tout cela ne répond pas à la question, Jean-Jacques. Qu'allons-nous faire ?

Théotiste n'était pas fâchée que l'on délaisse ce sujet, qu'elle avait pourtant elle-même introduit dans la conversation. Sans retenue malgré les adultes qui l'entouraient, elle enchaîna sur la question de sa mère.

— Jusqu'à quel endroit nous faudrait-il monter pour nous placer en sécurité, Jean-Jacques ? Jusqu'à Miramichi ?

— Je ne sais pas trop bien. Miramichi me semble un peu loin. Il y a une autre baie, tout aussi jolie que celle où nous nous trouvons, à quelque cinq ou six lieues d'ici ; nous y serions tout aussi bien...

---

126. Voir http://www3.sympatico.ca/Chronologie 1744- : « Le "scalp Proclamation" (édicté sous le gouverneur Cornwallis de la Nouvelle-Écosse) garantit la somme de cent livres à toute personne qui tuera un Indien mâle de plus de douze ans, le cuir chevelu servant de preuve, cent cinq livres pour tout mâle retenu captif, cinquante livres pour des femmes et pour des enfants de moins de douze ans tués dans le combat, et cinquante-cinq livres s'ils sont retenus captifs. » Cette proclamation ne fut jamais abrogée...

— Ce qui risque de décourager ton père et le reste de la famille, c'est de devoir recommencer ailleurs... Tu ne penses pas, Paul ?

— Que veux-tu, Marie ? Je suis obligé de dire comme Jean-Jacques : si le genre d'habitations que nous construisons par les temps qui courent n'est pas aussi confortable qu'il y a dix ans, il a au moins l'avantage de ne pas prendre de temps à construire.

— Je suis d'avis que nous ne devons, sous aucun prétexte, prendre des risques inutiles, toujours nous réserver une retraite rapide, avec tout le nécessaire, pour qu'à la moindre alerte nous puissions nous cacher dans les bois. Il faudra prévoir des abris où cacher quelques animaux... Pour l'instant, il ne faut rien précipiter, mais je ne voudrais pas nous laisser surprendre...

3.4 Une opération généralisée

3.4.1 D'autres navires anglais

De toutes les opérations militaires planifiées par les dirigeants des colonies britanniques d'Amérique du Nord à leur rencontre du printemps, pour l'année dix-sept cent cinquante-cinq, seule celle confiée au colonel Monckton, concernant le fort Beauséjour, fut couronnée de succès. Lawrence et Shirley, gouverneurs respectivement de la Nouvelle-Écosse et du Massachusetts, qui avaient secrètement envisagé une opération plus vaste, plus généralisée, peuvent donc poursuivre avec application l'achèvement de leur plan concernant les « Français neutres » qui ralentissent le développement d'une colonie anglaise en Nouvelle-Écosse, représentant une « menace » pour la sécurité des colonies de la Nouvelle-Angleterre. Les Français, tout à savourer leurs éclatantes victoires dans la vallée de l'Ohio, semblent ignorer le drame qui se joue en Acadie. Déjà abandonnés par les troupes françaises, privés du soutien de leurs missionnaires et pasteurs religieux, les Acadiens découvrent lentement ce qu'on leur réserve.

L'été se fait encore bien sentir lorsque débute cette troisième semaine du mois d'août. Winslow, installé depuis quelques jours à Grand-Pré avec ses trois cents soldats, convoque les délégués acadiens [127], les hommes et les notables des alentours, à l'église de Grand-Pré pour le vingt août. Cette fois, ce n'est que pour leur intimer l'ordre de nourrir les troupes qui l'accompagnent. Les Acadiens ont-ils le choix ? Ces derniers craignaient que ce ne soit qu'une mise en scène, comme au fort Beauséjour. Peut-être avaient-ils raison aussi, bien qu'à Grand-Pré personne n'a pris les armes contre les soldats britanniques. Ils ne peuvent pas davantage savoir ce qui se déroule, le jour même, dans la baie de Chignectou...

Jean «Cointin» était revenu en direction de la pointe Beauséjour, chez son frère, à mi-chemin entre Tintamarre et le fort. Il savait qu'il devait faire preuve de prudence, mais, d'un autre côté, il ne voulait pas laisser l'épouse de Pierre, Françoise [128], seule avec les enfants et tout le travail à effectuer. Une fois les récoltes terminées, les siens en sécurité, il verrait ce qu'il pourrait faire de mieux pour libérer les prisonniers.

— Bonjour, Cointin, tu as vu Marie, Marie-Josèphe et l'abbé Le Guerne ?

---

127. THIBODEAU, Serge Patrice, *Journal de John Winslow à Grand-Pré,* Perce-neige, p. 90 : «**Le 20 août.** Aujourd'hui, plusieurs députés et les principaux habitants se sont présentés comme demandé, lesquels j'ai informés que j'étais envoyé ici selon les ordres du roi afin de prendre le commandement de l'endroit, et qu'étant à court de provisions, les habitants devaient m'approvisionner d'ici à ce que je reçoive mes provisions par la mer, ce à quoi ils ont agréé en me disant qu'ils trouveront ensemble les moyens de pourvoir à mes besoins samedi, et qu'ils continueraient de le faire tant que je ne serai pas délivré de cette situation. Aujourd'hui, j'ai tracé les limites de notre camp. Me suis logé dans l'église. Mot d'ordre Lawrence.»

128. Françoise Poirier, fille de Louis et de Cécile Mignaud, épouse de Pierre Arseneau, à Charles à Pierre, portait le même prénom que sa belle-mère et que sa belle-sœur...

— Oui, j'ai parlé avec l'abbé Le Guerne juste avant qu'il parte pour Memramcook. Il a été très aimable. Il connaît la famille. Surtout à cause de Marie, il connaît aussi Joseph.

— Comment est-ce que les femmes prennent cela? J'imagine qu'elles sont trop inquiètes pour voir à tout ce qu'il y a à faire.

— Je les ai rassurées en leur disant que tu t'organiserais pour que les hommes ne manquent de rien. Puis, la femme de Joseph donne un bon coup de main à Marie. Je leur ai demandé, comme Le Guerne, de se montrer prudentes.

— Toi aussi, Jean... Je trouve que tu prends trop de risques. Nous ne sommes pas tellement éloignés du fort. Une patrouille de tuniques rouges peut nous tomber dessus à tout moment.

— Je suis prudent, Françoise, ne t'inquiète pas. La vie des bois, ça me connaît. Je sens le gibier à des lieues, pense donc si je ne sens pas ces « pourritures »... Je ne serai ici que le temps de terminer les récoltes et d'engranger ce qu'il faut.

— Qu'est-ce que tu as l'intention de faire?

— J'aimerais bien venir en aide à ceux qui se trouvent en dedans, Françoise. Est-ce que pour cela je ferais mieux de me cacher dans les bois des alentours pour m'occuper de vous autres? L'abbé Le Guerne pense que je devrais rejoindre les forces de Boishébert. Je ne suis pas encore décidé. Il me semble que les grands chefs à Louisbourg et à Québec ne donnent pas beaucoup de signaux manifestant qu'ils se préoccupent de notre sort. Qu'est-ce que tu en penses, Françoise?

— Moi, tu sais, je ne connais pas grand-chose à toutes ces questions. Si je pouvais retrouver mon homme. J'ai trois jeunes enfants... La plus vieille n'a que cinq ans, tu sais, et le petit Firmin vient tout juste d'avoir un an.

— Je sais, c'est comme si c'étaient les miens... Vous êtes assez bons de me prendre avec vous autres.

— Exagère pas, tu n'es jamais là. Qu'est-ce qui va nous arriver, à tous?

— Je n'en sais rien. C'est justement ce qui me rend fou de rage… nous sommes le vingt et un août, Françoise. Il y en a au moins pour dix jours, juste à terminer les récoltes…

— Terminer les récoltes pourquoi? Tu as vu les navires dans la baie? Ils sont arrivés hier…

— Il y en avait un gros qui faisait son entrée tout à l'heure, je l'ai aperçu en montant la côte; il se joignait aux autres.

— J'en ai compté huit, hier. Ce que l'on entend de plus en plus, c'est qu'ils vont déporter les prisonniers. Vers l'île Saint-Jean, paraît-il…

— Ça, j'en doute, Françoise… Tu ne crois pas que ce serait plus court pour eux par la baie Verte… Pourquoi neuf navires pour transporter de trois à quatre cents personnes?

— Ils sont maintenant beaucoup plus que quatre cents. Ils furent forcés d'en déplacer cent cinquante au fort Lawrence. Chaque jour, il arrive de nouveaux prisonniers. Les patrouilles sont aux aguets; les Acadiens, traqués comme des bêtes.

— Pour charger tous ces navires, il leur faudrait vider toutes les habitations de tous nos villages, c'est certain. Il faudrait trouver une façon de les faire sortir de là, Françoise. Comment ça se passe lorsque vous allez porter des provisions au fort?

— Jusqu'à maintenant, ils ne nous laissent pas entrer dans l'enceinte. Nous remettons les paniers de provisions en disant que c'est pour Pierre Arseneau… Les gardes se chargent de remettre les provisions.

— Donc, vous ne pouvez pas leur parler?

— Pas directement, Jean, mais les hommes en dedans nous voient approcher, et il est toujours possible de se parler en suivant les palissades, là où les remparts sont moins larges. Comme les gardes ne comprennent pas notre langue, nous pouvons jaser à notre aise. Il est toujours possible de griffonner quelques mots et de les cacher dans le pain. Ça, j'y ai pensé Jean, mais comme je ne sais pas écrire…

— Pas besoin de longues lettres d'amour, Françoise, quelques mots peut-être.

— Certainement.

— Tu pourrais utiliser un grand panier? On peut y placer autre chose que de la nourriture?

— Je comprends où tu veux en venir, Jean. Réalises-tu: s'ils se font surprendre avec un outil quelconque dans leur panier?

— Sans manche, Françoise... Un outil sans manche.

— Mon panier est passablement grand, cela est vrai, car je dois prévoir ce qu'il faut pour Joseph.

— Joseph, il doit bien être fou de rage contre lui-même. C'est mieux que personne ne lui cherche noise. Privé de sa Marie-Josèphe, il ne doit pas sourire aux tuniques rouges.

— Je dois aussi penser au beau-frère Germain...

— Nous n'avons rien à perdre, Françoise. À n'en pas douter, Pierre va comprendre le message. Ils feront ce que bon leur semble avec l'outil.

— Et si nous nous faisons prendre?

— La situation ne peut pas être plus désespérée qu'elle l'est maintenant. Tu n'es pas d'accord?

— Probablement...

— Ce n'est pas tout, Françoise. Dès demain, et pour les jours qui viennent, je me mets au travail pour construire, en retrait de la maison, un abri bien dissimulé dans les bois, qu'il ne faudra révéler à personne. Le jour, nous tâcherons d'avancer le travail des champs autant que possible; le soir venu, faudra que tu te retires à l'abri.

— Tu penses nécessaires toutes ces précautions, Jean?

— Plus que jamais, Françoise. J'ai appris, chez les Broussard, que les fils du vieux Claude Bourgeois, Michel et Jean-Jacques, avaient été surpris par un contingent de soldats. Ils auraient été amenés immédiatement au fort Lawrence. Je les connais assez bien pour savoir qu'ils furent prudents, quoique Michel soit connu pour n'avoir peur de rien... Lorsque j'aurai terminé ici, je retournerai sans perdre de temps vers Tintamarre pour placer les autres en sécurité. Il faudra prévoir, dans la retraite, les outils et le nécessaire, si jamais nous devions déménager rapidement.

— Bonté divine, Jean, tu as pensé à tout. C'est l'abbé Le Guerne qui t'a tant inspiré?

— Je ne le sais pas, la belle-sœur. Le bon Dieu, sinon la haine des Anglais. Je ne m'en suis pas confessé à l'abbé Le Guerne, mais depuis que je suis tout petit, nous avons perdu notre père, notre mère, perdu la terre à laquelle nous étions tant attachés, sur laquelle les anciens avaient tellement mis d'efforts. Il me semble que toutes nos difficultés sont de leur faute. Allez, Françoise, bon courage et mettons-nous immédiatement au travail.

3.4.2 Les esprits s'échauffent

Si les Acadiens se sentent bien seuls, les Français n'ont pas totalement abandonné leurs ambitions en ce qui concerne l'Acadie. Ragaillardies par leurs succès militaires dans la région des Grands Lacs, les autorités de la Nouvelle-France, Vaudreuil en particulier, sont toujours conscientes de l'importance stratégique de la région où les Acadiens se débattent. La perte de l'abbé Le Loutre se fait sentir, mais Vaudreuil mise beaucoup sur Boishébert, son lieutenant dans la région, pour poursuivre la lutte contre les forces britanniques et maintenir la présence française dans l'isthme de Chignectou. En aucun temps cette volonté ne fléchira. Cependant, les Acadiens ne formeront jamais un peuple agressif. Si plusieurs combattront jusqu'à l'extrême limite – et Vaudreuil cherchera à utiliser les Acadiens dans cette lutte à finir –, il va de soi que la majorité de la population acadienne aurait souhaité que la France se porte davantage à sa défense, consacre plus de ressources à conserver sous la tutelle de son roi, ce peuple si attaché à ses symboles et à la religion catholique. Alors, Vaudreuil et Boishébert n'ont d'autre option que de s'appuyer sur leurs alliés « indéfectibles », à savoir les peuples indigènes de l'Atlantique. Ces derniers, Micmacs bien sûr, mais aussi Malécites et Abénakis, constitueront la principale force de frappe des Français. Leur bravoure, leur haine sans borne des Anglais et leur indéfectible fidélité aux Français susciteront une certaine retenue chez l'adversaire.

La résistance des Micmacs aux visées expansionnistes des Anglais n'est pas nouvelle. Il y a belle lurette qu'ils sèment la terreur chez les colons britanniques installés le long des rives de l'Atlantique, d'Halifax jusque dans les petits villages de la Nouvelle-Angleterre. N'hésitant pas à s'attaquer directement aux navires anglais, ils « levèrent des chevelures », aussi bien chez les militaires que dans la population civile, pour les revendre aux Français. C'est ainsi que la population de Louisbourg, en ces années de fin de régime, pouvait compter jusqu'à six cents « Sauvages ».

De l'autre côté, le colonel Monckton, héros des affrontements printaniers, voyait maintenant le temps filer, réalisait qu'il ne progressait guère dans le sens des ordres qu'il avait reçus du lieutenant-gouverneur. Lawrence comptait sur lui et sur ses hommes pour agir avec célérité dans cette région, afin de laisser filer le moins possible d'hommes en mesure de représenter une menace à ses projets.

Avec le mois de septembre étaient apparus dans la baie les navires promis par Lawrence pour le transport des populations, et Monckton était loin du compte. Les patrouilles qu'il envoyait à la recherche des Acadiens se cachant dans les bois faisaient parfois des captures intéressantes, mais le nombre de prisonniers n'augmentait pas à son goût. Il se rendait compte que ses soldats hésitaient à s'aventurer trop profondément à l'intérieur de la forêt lorsqu'ils étaient trop peu nombreux. Le risque de tomber dans une embuscade tendue par les braves de Boishébert était bien réel. Ces derniers ne faisaient pas de quartier et se montraient avides du cuir chevelu de leurs ennemis. Autrement, lorsqu'ils étaient trop nombreux, ils étaient forcément moins mobiles, donc moins efficaces, ne réussissant qu'à capturer des vieillards, des femmes et des enfants qui se montraient trop téméraires. Le temps n'était pas encore venu pour eux. Au début, Monckton avait cru possible pour lui d'amadouer le seul prêtre demeuré auprès des Acadiens. Il avait reçu le pasteur à quelques reprises, mais avec le temps, ce dernier en était venu à rejeter poliment toutes ses invitations. La dernière réponse écrite qu'il avait reçue, bien qu'elle fût toujours polie, montrait bien la méfiance qui s'était emparée de lui. Aucun doute que le travail de l'abbé Le Guerne consistait maintenant à prévenir ses ouailles contre les intentions malveillantes des soldats britanniques.

Les hommes de Monckton en étaient venus à détester au plus haut point les Acadiens [129]. Ils se montraient plus agressifs, plus violents, et on assista à une escalade de terreur.

Après avoir respecté ses engagements, finalisé le gros des récoltes avec sa belle-sœur Françoise, Jean était reparti à Tintamarre, cherchant à placer en sécurité les membres de sa famille avant de se lancer à la recherche des troupes de Boishébert. Il ne fit qu'une journée de marche en direction de la rivière Saint-Jean avant de tomber sur un petit groupe de fidèles de celui-ci. Ils acceptèrent de le prendre avec eux et poursuivirent leur chemin vers le campement principal. Boishébert faisait la navette entre Miramichi et le poste en amont de la rivière Saint-Jean,

---

129. BAUDRY, René, *Un témoin de la dispersion acadienne, l'abbé Le Guerne*, p. 38 : « Cette petite guerre de surprises et d'embuscades prit vite un caractère de férocité. Si les Micmacs et les Malécites ne martyrisaient pas leurs prisonniers, ils avaient le casse-tête facile et pratiquaient avec adresse l'art du scalp. Les Rangers et leurs commandants, eux aussi de mœurs assez rudes, voulurent rivaliser de cruauté avec les Sauvages, et donnèrent des ordres sanglants. Un évadé de ce party avait ordre de se saisir de tous les Acadiens dans cet endroit, de faire mourir incontinent tous ceux qui s'y trouvaient en état de porter les armes, de leur lever la chevelure… Vous avez commencé, nous continuons sur ce même ton… »

qu'il jugeait essentiel aux liaisons avec Québec. Ce fut avec plaisir qu'il retrouva Charles, son neveu, frère de Bénéry.

— Sois le bienvenu dans la vraie vie, mon oncle « Cointin ». Vous êtes seul; comment se fait-il que Joseph ne soit pas avec vous?

— Laisse tomber le « mon oncle », nous n'avons que deux ans de différence. Oui, je suis seul, Charles. Tes oncles, Joseph, Pierre et Germain, sont tous prisonniers au fort... Les « Rouges » sont sur les dents. Il y a quelque chose de gros qui se prépare. Michel et Jean-Jacques sont tombés dans une embuscade. Ils sont emprisonnés au fort Lawrence; les Anglais se méfient certainement d'eux... Ils cherchent à éliminer les chefs de clans. Quant à moi, je ne savais pas au juste où je serais le plus à même d'être utile. J'en ai parlé à l'abbé Le Guerne. Finalement, je suis retourné chez Pierre. Françoise et moi avons discuté de quelques actions visant à leur permettre de tenter l'évasion... Je pense que j'ai convaincu les femmes de se montrer prudentes avec les enfants, en se réfugiant dans les bois. On ne sait pas à quoi s'attendre, sauf qu'il y a une dizaine de navires qui se bercent tranquillement dans la baie. Ce n'est certainement pas pour venir acheter des bêtes à cornes afin de les revendre à Louisbourg.

— Nous allons nous défendre, « Cointin ». Tu peux me croire, et avec force, tu verras. Je suis heureux de ne plus être seul de la famille. Les Acadiens ne sont pas nombreux avec le lieutenant Boishébert, cela fera du bien.

— Je ne suis pas certain que nous réussirons à nous débarrasser des Anglais, cette fois-ci.

— Les Anglais se sont vu infliger toute une raclée pas plus tard qu'hier, alors que tu remontais la rivière Tintamarre. Nous poursuivions les troupes de Monckton...

— J'arrive donc trop tard?

— Attends un peu, tu vas te réjouir. Paraît-il que Boishébert avait été prévenu depuis un bout de temps que les troupes de

Monckton préparaient un grand coup autour de Chipoudy[130]. Comme ils cherchent à s'emparer de tous les hommes, alors ils poussent de plus en plus loin du fort. Ils n'hésitent pas à semer la terreur sur leur chemin, mettant le feu dans toutes les fermes... Nous sommes donc partis à leur rencontre avec un contingent de quelque cent vingt-cinq combattants, à peine quelques soldats réguliers, une vingtaine des nôtres et des guerriers Malécites. Les Anglais étaient trois cents, bien comptés, c'est pourquoi il nous fut impossible de les affronter en bataille rangée. Ce n'est pas une bonne stratégie lorsque nous sommes inférieurs en nombre, alors nous fûmes obligés de les laisser poursuivre leur chemin. En remontant vers Chipoudy et Petitcoudiac, ils brûlèrent tout sur leur chemin. Mais nous les attendions sur le chemin du retour au moment où les damnés mettaient le feu à l'église de Petitcoudiac. Nous en tuâmes pas moins de quarante sur place, et en blessèrent bon nombre d'entre eux. D'autres périrent noyés en se précipitant vers leurs embarcations[131].

— Bien fait! Et alors...

— Alors, voilà! Il ne faut pas baisser les bras, Jean. Pour ne pas être tous massacrés, ils ont été forcés de laisser derrière eux leurs morts. Autant de chevelures sur le marché de Louisbourg...

— Et de notre côté?

— Une seule perte de vie à déplorer, Jean!

Cet épisode du vingt-sept août allait ouvrir les yeux à bon nombre de familles acadiennes installées le long des rivières Chipoudy et Petitcoudiac, qui comprirent alors les dangers

---

130. Arsenault, Bona, *Histoire des Acadiens,* Leméac, p. 180: «Le 26 août 1755, le lieutenant Boishébert, commandant français à Miramichi, ayant sous ses ordres 125 hommes et un groupe d'Indiens, tous exaspérés contre les Anglais, surprend 200 soldats anglais...»

131. «Ce coup, dit Le Guerne, fit plus trembler les Anglais que tous les canons de Beauséjour.»

réels auxquels ils étaient exposés. Ils comprirent l'importance de se dissimuler dans les bois, de fuir vers des lieux plus sécuritaires. Cela leur permit d'éviter la déportation, mais au prix de quels sacrifices...

3.4.3 Grand-Pré

Dans le clan des Bourgeois, on est inconsolable, et on a bien vite compris l'ampleur du vide laissé par l'arrestation de Michel et de Jean-Jacques...

— Papa n'a pas prononcé un seul mot depuis qu'on lui a annoncé la nouvelle.

— Il lui reste ses deux plus vieux garçons, toi et Claude. Mais moi, que me reste-t-il, Paul ? Que vais-je devenir ?

— Reprends-toi, Marie. Tes enfants sont grands assez pour t'aider. Ton Michel et Théotiste peuvent très bien te soutenir jusqu'à ce que Jean-Jacques revienne... Je suis aussi persuadé que Jean-Jacques et Michel ne vont pas demeurer les bras croisés à ne rien faire. Ils vont « ressoudre », je te le « sermente » ! Puis, on est là aussi, les Bourgeois.

— T'es bien fin de m'encourager, mon Paul. Mais au fort Lawrence ! Un pareil « boutte » ! D'après ce que l'on dit, c'est là que l'on garde les plus dangereux. Dangereux, mon Jean-Jacques... Ils vont les déporter, Paul ! Puis, on est tellement loin du fort, on ne peut pas leur rendre visite...

— Ce que je sais, Marie, c'est qu'il faut que la consigne soit rigoureusement suivie : se tenir à l'abri dans les bois, n'en sortir que par obligation, en étant certain qu'il n'y a aucun danger.

— Je me demande parfois si nous ne serions pas mieux de nous constituer prisonniers, nous aussi, Paul. Le destin est vraiment trop cruel.

Si elles demeuraient souvent sans répliques, les incursions des troupes de Monckton ne demeuraient pas sans échos. Dans toutes les campagnes acadiennes, les nouvelles se répandirent des razzias opérées par les contingents britanniques, avec leurs lots d'horreurs. Femmes, enfants, vieillards, tous étaient maintenant ramenés vers le fort Beauséjour, après que l'on eut eu soigneusement mis le feu aux récoltes et aux bâtiments : maisons, fermes, églises, dans le but de forcer les habitants à se rendre ou encore de les réduire à la famine. Ce fut le cas le premier septembre, alors que les Britanniques procédèrent à la destruction de toutes les maisons autour du fort Gaspareau, près de la baie Verte, quelques jours seulement après qu'ils eurent mis le feu à plus de deux cents bâtiments le long des rivières Chopoudy et Petitcoudiac.

L'arrivée de soldats dans la grande région du bassin des Mines, s'ajoutant à ceux déjà présents au fort Édouard, et la présence de Winslow et de ses hommes à Grand-Pré lançaient un signal clair aux habitants acadiens. Malgré leur attachement à leur coin de terre, la majorité d'entre eux se montrèrent plus prudents. Malgré leur volonté de fuir, de se placer en sécurité avec les leurs, les possibilités qui s'offraient à eux étaient extrêmement limitées, pour ne pas dire nulles. Traverser la baie Française pour se rendre en territoire « français », à Chipoudy ou ailleurs, n'était un gage d'aucune sécurité. Se rendre à l'île Saint-Jean représentait tout un périple, une organisation considérable. L'attente de secours venant de Québec ou de Louisbourg demeura vaine. En désespoir de cause, les Acadiens pouvaient décider de tout abandonner, de prendre la direction des bois, en pensant rencontrer les troupes de Boishébert et ainsi espérer éventuellement être secourus. Dans une lettre [132], datée du premier septembre, le major Handfield informe Winslow que des Acadiens de la région de Port-Royal ont fui dans les bois environnants avec leurs biens. La plupart de ces malheureux auront-ils d'autre issue que de se rendre quelques jours plus tard ?

---

132. THIBODEAU, Serge Patrice, *Le journal de John Winslow à Grand-Pré,* Perce-Neige, p. 123.

Tous les jours, de nouveaux prisonniers font leur apparition dans l'enceinte du fort. Pierre Arseneau et les siens cherchent à en apprendre le plus possible sur ce qui se passe à l'extérieur.

— Comment on t'appelle, le jeune?

— Jacques Terriot. Nous avons été surpris par les Anglais au moment où nous traversions à sec la rivière Hébert.

— Moi, c'est Pierre Arseneau; lui, c'est Joseph, mon frère. Nous sommes ici depuis presque un mois... Tu as vu les navires dans la baie?

— Certainement. Nous sommes un groupe de jeunes de la rivière aux Canards. Nous pensions fuir vers le nord. Lorsque nous avons été surpris, nous n'avons rien tenté pour résister, tellement ils avaient l'air enragés.

— Vous avez été chanceux de garder votre chevelure... Vers le nord?

— Premièrement, je pensais rencontrer un oncle qui vit depuis longtemps par ici, le long de la rivière Tintamarre, il se nomme Joseph, après...

— Joseph Terriot? Mais nous le connaissons. Il n'était pas du groupe tombé dans le piège de Monckton, il y a un mois. Nous ne savons trop ce qu'il devient. Tu peux t'en informer aux autres.

— Nous aussi, justement, nous avons évité de justesse de nous retrouver prisonniers à Grand-Pré. Vendredi dernier, le cinq septembre, plus de quatre cents hommes de par chez nous sont tombés victimes de la ruse des Anglais, qui avaient ordonné à toute la population de se réunir dans l'église de Grand-Pré pour trois heures. Le chef militaire devait nous informer des dernières volontés de «Son Excellence» au sujet des propositions qu'il avait faites aux habitants.

— Saloperie! La ruse ou la force[133]! De vrais fourbes...

---

133. ARSENAULT, Bona, *Histoire des Acadiens*, Leméac, p. 182: «Le 11 août 1755, les instructions de Lawrence à Winslow: "Pour rassembler et embarquer les habitants,

— Ne crie pas, Joseph… On pourrait nous surprendre. Notre mot d'ordre ici : passer inaperçus. Continue, Jacques.

— Aussitôt les gens réunis dans l'église, ce curé nouveau genre – il habite le presbytère – leur indiqua qu'ils étaient tous prisonniers. Les femmes, les enfants et les vieillards furent relâchés, et les hommes et jeunes hommes en état de porter les armes gardés prisonniers dans l'église. Les femmes ont raconté avoir compris de l'interprète qu'il était désolé[134], mais qu'il s'agissait des ordres qu'il avait reçus…

— Une vraie saloperie, en effet ! Quels étaient ces ordres ?

— Je ne me rappelle pas tout ce que nous a raconté la mère du Richard qui était de notre groupe. En gros, ils s'emparent de tout : maisons, bétail de toutes sortes, sauf l'argent et quelques biens facilement transportables. Puis, il aurait ajouté que nous serions tous enlevés de cette province… Déportés.

— À l'île Saint-Jean ?

— Aucunement mention du lieu, Pierre.

— Pierre s'accroche au fait qu'ici les soldats laissent entendre que ce serait à l'île Saint-Jean… Il ne faut rien croire de ces gens. Tu penses vraiment qu'ils vont nous faire le cadeau, à nous et à la France, de nous regrouper tous dans cette colonie française ?

– Je pense comme Joseph. Nous avons compris que c'était sérieux quand cinq navires sont apparus dimanche, deux jours plus tard, dans le bassin des Mines en face de Grand-Pré. Alors, comme nous sommes célibataires, nous avons décidé de

---

vous devez avoir recours aux moyens les plus sûrs et, selon les circonstances, vous servir de la ruse ou de la force." »

134. « Le devoir qui m'incombe, leur dit-il, quoique nécessaire, est très désagréable à ma nature et à mon caractère, de même qu'il doit vous être pénible, à vous qui avez la même nature. » Cité par Bona Arsenault à la p. 183 de son *Histoire des Acadiens*. Cette phrase amènera l'historien Guy Frégault à parler en ces termes dans son chapitre sur la déportation des Acadiens : « Cette niaiserie est une des rares considérations humanitaires qui se soient exprimées en Amérique, à l'époque, sur le sort des Acadiens. »

prendre la fuite et de tenter de rejoindre quelque régiment allié des Français... Nous avons malheureusement failli.

— Ce n'est pas chose facile de rejoindre Boishébert, par les temps présents. Mais tout n'est pas perdu, puisque ses hommes ont infligé une sévère correction aux soldats du colonel Frye. Il y eut de nombreux morts dans son camp, alors que Boishébert ne perdit qu'un seul homme...

— Tout cela est bien vrai, Pierre, mais cela ne l'a pas empêché de ramener une trentaine de femmes et enfants, après avoir soumis aux flammes de l'enfer plus de deux cents bâtiments... Ce que nous racontèrent ces malheureux ramenés au fort.

— Nous devons continuellement conserver espoir. Il n'est pas vrai que le Tout-Puissant va nous abandonner complètement à la merci de ces brigands, ces voleurs [135].

Le capitaine Alexandre Murray utilisa le même stratagème pour leurrer les habitants de Pissiguit ainsi que ceux de Cobéquid, leur faisant signifier la même proclamation imaginée par Winslow pour le huit septembre.

Plusieurs des habitants de ces régions avaient déjà traversé en Acadie française. C'est pourquoi beaucoup de ceux toujours présents, par leur comportement, amenèrent Murray à mentionner, dans une missive à Winslow, qu'il est« surpris de l'indifférence réelle ou apparente des femmes des Acadiens prisonniers à cet endroit. Je crains toutefois, ajoute-t-il, qu'il y ait des pertes de vie avant que nous ayons terminé le rassemblement, car vous savez que nos soldats les détestent et que, s'ils trouvent quelque prétexte pour les tuer, ils n'y manqueront pas [136]... »

---

135. Thibodeau, Serge Patrice, *Journal de John Winslow à Grand-Pré*, p. 158 : « Recensement: bœufs 1269, vaches 1557, jeune bétail 2181, moutons 8690, cochons 4190, chevaux 493. Les Acadiens de Grand-Pré pouvaient se nourrir. Hommes 483, femmes mariées 337, fils 527, filles 576, sous-total 1494, vieillard et infirmes 820, total des noms rapportés 2743... »

136. Cité par Bona Arsenault, dans *Histoire des Acadiens*, p. 183.

Seule différence avec les procédés de Monckton à Beauséjour : les Acadiens de Grand-Pré, après des représentations auprès de Winslow, ont obtenu que chaque jour, jusqu'au dix septembre, vingt hommes puissent sortir, rejoindre leur famille et rapporter des provisions pour les autres.

3.4.4 Premiers embarquements

On pouvait lire dans *The New York Gazette* du vingt-cinq août dix-sept cent cinquante-cinq la dépêche suivante, datée du 9 août et provenant d'Halifax : « Nous voici avec un grand et noble dessein : l'expulsion des Français neutres de cette province... Si nous y réussissons, ce sera une des plus grandes choses que les Anglais auront jamais faites en Amérique ; car tout le monde en convient, la partie du pays qu'ils possèdent offre d'aussi bon sol qu'il y en ait dans le monde : si nous pouvions mettre de braves agriculteurs anglais à leur place, cette colonie abonderait en denrées de toutes sortes [137]. »

Jean « Cointin » avait heureusement convaincu ses sœurs et belles-sœurs de ne pas se montrer trop empressées dans leurs visites au fort. Surtout Françoise, qui demeurait le plus près. Au contraire, elles s'étaient limitées au minimum et, suivant le conseil de Jean, avaient aménagé, à une demi-lieue de leur maison, des retraites avec tout le nécessaire de survie en cas de fuite. Le climat était tel que la rencontre inopinée avec un détachement de soldats s'avérait hautement risquée, probable. Depuis que la population du bassin des Mines avait, elle aussi, été prévenue d'une éventuelle déportation, la présence des navires, autant dans la baie de Chignectou qu'en face de Grand-Pré, avait fait grimper de beaucoup la tension dans toutes les régions acadiennes. Le gouverneur Lawrence, inquiet

---

137. Cyberacadie, tiré du *Manifeste Beaubassin,* publié le 25 octobre 2002 dans *L'Acadie Nouvelle.*

d'une possible rébellion, avait donné des ordres précis de procéder avec célérité et rigueur à l'embarquement des Acadiens les plus « agités ».

— Dis-moi, Joseph, as-tu une idée de ce qui cause toute cette agitation ce matin à l'intérieur du fort? On jurerait que le feu est pris...

— Je n'en ai aucune idée. Toi, Germain?

— On me dit qu'ils se préparent à procéder au déplacement de prisonniers, à l'embarquement dans les navires... Nous sommes faits. Tu sais bien, Pierre, que nous n'aurons jamais le temps de terminer notre projet...

— Chut! Ne parle pas trop fort. Au contraire, il représente maintenant notre seule chance de salut. Il faut absolument que vous disiez aux autres de se tenir le plus tranquilles possible.

— Nous devons éviter de nous faire remarquer. Il s'agit là de la meilleure façon, pour nous, d'éviter d'être envoyés sur les navires. Donc, ils ont déjà commencé à regrouper les hommes?

— Oui, oui Pierre. D'après ce que m'a dit le Terriot de la rivière aux Canards, il y a un quart d'heure, ils en avaient regroupé une cinquantaine tout près de l'entrée du fort.

— C'est certain que, s'ils nous embarquent tous... nous aurons tout fait cela pour pas grand-chose.

— Joseph, c'est la dernière fois que je te le répète: il s'agit là de notre seule chance. Il faut accélérer le travail... Vous savez bien qu'ils ne peuvent pas tous nous placer sur les navires immédiatement. À moins que le départ soit pour bientôt, ce qui m'étonnerait. Si leur intention est de tous nous déporter, ils sont loin du compte, car nous ne sommes pas le huitième de la population de la région. Les femmes et les enfants, ainsi que les vieillards, peuvent toujours être regroupés plus tard, mais ils sont loin d'avoir arrêté tous les hommes entre la rivière Saint-Jean et l'île de Cocagne... D'un autre côté, nous sommes bien le dix septembre, et la saison avance. S'ils nous transportent vers l'île Saint-Jean, ils ont tout le temps.

— Île Saint-Jean ! Je n'y crois pas, tu le sais, Pierre…

— Moi non plus. Ce serait trop aisé pour nous de revenir, tu ne trouves pas ? Bénéry se ferait un plaisir de nous ramener à bord de l'*Espoir*.

— Alors, tant mieux. Cela nous donne encore du temps… En accélérant le travail, nous sommes dans la bonne direction, assurément !

— Il est probable qu'ils vont attendre juste avant le départ pour transférer tous les prisonniers sur les navires. Il est beaucoup plus commode pour eux de nous garder à l'intérieur du fort…

Tout accaparé par son projet, le clan de madame Françoise ne voit pas le temps passer et s'accroche littéralement à son coin de terre, tout en se faisant le plus discret possible.

Une cinquantaine de prisonniers du fort Beauséjour seront embarqués en ce dix septembre, donnant le premier signal que les vieux navires venus de Boston n'attendent pas inutilement dans la baie.

Le même jour, au bassin des Mines, cent quarante et un adolescents et quatre-vingt-neuf hommes mariés sont embarqués de force sur cinq navires finalement arrivés aux derniers jours du mois d'août. Cet embarquement donna lieu à des scènes navrantes, selon les mots mêmes de Winslow, qui prenait le temps de noter précieusement ces moments dans son journal[138].

---

138. Il est possible de consulter une bonne partie du journal de Winslow en ligne en se rendant sur le site de l'université de Moncton, dans le rapport des archives canadiennes, vol. 2, 1905, Ottawa. Bona Arsenault en cite de larges extraits dans son livre *Histoire des Acadiens,* à la page 186, en ce qui concerne cet embarquement : « Ils s'avançaient en priant, en chantant, en se lamentant, et sur tout le parcours d'un mile et demi, les femmes et les enfants venus au-devant d'eux priaient à genoux et pleuraient à chaudes larmes… » Un livre publié récemment chez Perce-Neige par Serge Patrice Thibodeau offre la traduction complète du journal de Winslow et rend encore plus accessible ce récit.

Le lendemain, onze septembre, Lawrence ordonne à Monckton l'embarquement des hommes mariés détenus à Chignectou de façon à obliger leurs épouses à se rendre, quitte à déporter ces hommes sans leurs familles.

À la mi-septembre, Winslow procède au recensement des prisonniers détenus dans l'église de Grand-Pré ; quatre cent quatre-vingt-trois hommes, chefs de famille et garçons aînés en état de porter les armes, trois cent trente-sept femmes mariées, cinq cent vingt-sept cadets et cinq cent soixante-seize filles. Dans les jours qui suivent, on brûle plus de deux cents bâtiments dans la région de baie Verte. C'est l'ultime besogne à exécuter pour les soldats britanniques afin de terminer le nettoyage…

Le vingt septembre, c'est l'embarquement des femmes et des enfants à Chignectou. Il n'y a plus d'illusion possible pour les Acadiens ayant succombé aux traquenards de Monckton pour vider la région de Beaubassin de ses habitants.

3.4.5 Le départ se fait attendre

Ces hommes et ces femmes que l'on embarqua de force dans les cales de ces vieux navires demeureront prisonniers dans des espaces exigus, mal aménagés pour le transport de passagers, jusqu'à la fin du mois d'octobre. Le tonnage de plusieurs de ces navires ne dépasse pas celui de l'*Espoir*. Ce sont pour la plupart des *sloops* pouvant parfois atteindre les cent cinquante tonneaux au maximum, dont la vie utile tire à sa fin. Les ordres sont de respecter le rapport de deux déportés par tonneau. Ne sachant rien de ce qui les attendait vraiment, devant subir les changements de température fréquents de l'automne, alors que l'humidité et le froid peuvent vous transpercer jusqu'aux os, ces malheureux Acadiens, privés de la clarté du jour, dans l'anxiété la plus totale, n'avaient plus que la prière pour refuge.

Durant cette longue attente, le harcèlement se poursuit. Nombreuses sont les embuscades visant à rassembler le plus d'Acadiens avant le départ de ces navires, dont le coût de location au mois sera assumé par le cheptel que l'on volera à ces mêmes victimes. C'est bien là le comble de la dépossession. L'abbé Le Guerne à beau se démener et parcourir, tant que cela lui est possible, tout le territoire. Il est incapable de convaincre ces malheureux de l'inévitable. À peine est-il parvenu à obtenir qu'ils se placent à l'abri du danger, qu'ils s'en trouvent pour oublier ses recommandations et retourner dans leur maison, s'exposant aux exactions des hommes de Monckton.

— Maman, tu crois ce que l'on raconte à propos de ces femmes que les Anglais auraient fustigées ? Je n'en reviens pas de toutes ces horreurs dont nous sommes témoins.

— Bien sûr que oui, Théotiste. Personne n'inventerait des histoires pareilles, juste pour faire peur.

— Fustiger à mort de pauvres vieilles femmes. Faut-il ne pas avoir de cœur ! Pire encore : il faut qu'ils n'aient ni mère, ni femme, ni fille. Heureusement que papa n'est plus là pour voir cela.

— C'est pour cela, Théotiste, qu'il nous faut demeurer dans ces refuges aménagés à l'écart de la maison. On ne sait jamais. Je ne peux détacher mon esprit et mes pensées de ce que peuvent vivre Jean-Jacques, Michel et tous les autres. Ne ferions-nous pas mieux de nous constituer prisonniers ?

— Jamais ! Il nous faut faire preuve de force. Maman, vous savez bien que les Anglais sont informés que nous sommes installés en plein territoire micmac et qu'ils tremblent de peur. Il n'y a pas de danger.

— Veux-tu te taire, enfin ? C'est avec des croyances comme celles-là que l'on se fera prendre, Théotiste. Toi, avec ta foi illimitée à l'égard des Micmacs, tu finiras par nous perdre tous. D'abord, les Anglais ne doivent pas savoir que nous sommes là, sinon ils seraient venus nous chercher. Je veux bien me montrer forte, mais je t'en prie, Théotiste, il faut écouter les recommandations de l'abbé Le Guerne, comme nous le demandait

Jean-Jacques et ton grand-père Bourgeois. Pour le moment, au moins…

— Je sais bien, maman. De toute façon, les braves de la nation micmac sont venus ; ils en sont aux préparatifs pour amorcer leur migration. Dans quelques jours, ils partiront vers les territoires de chasse, où ils traqueront le gros gibier, l'hiver venu.

— Qui vous a parlé de ces femmes que l'on aurait fustigées ?

— C'est ton oncle Paul qui aurait rencontré un Maurice – en fait, il s'agit de Jean Vigneau, dit Maurice, il est marié avec une Arseneau, Élizabeth.

— C'est une fille de madame Françoise, une tante de Bénéry ?

— Non, non, Théotiste. J'ai posé la même question que toi. Tu vois, je m'intéresse tout autant que toi à la famille de Bénéry… C'est une tante éloignée, de l'île Saint-Jean.

— Maman, vous n'êtes pas fine, encore une fois !

— Alors voilà : la famille de Jean Vigneau et plusieurs autres de la baie Verte sont passées par ici en chemin pour Kakane, enfin je pense que c'est cela qu'il m'a dit. Ils fuyaient alors que les Anglais brûlaient tous les bâtiments…

— Quelle tristesse ! Quelle désolation !

— L'abbé Le Guerne chercherait à rassembler, dans cette région de Kakane, le plus possible de gens : les malheureux orphelins, les vieillards, les femmes et les enfants de ceux que l'on garde au fort et sur les navires.

— Cocagne, maman. Si j'en crois ce que Katarina m'en a dit, c'est une jolie baie à quelque cinq ou six lieues d'ici, vers le nord. Pas aussi belle que celle de Chédaïc, et l'eau ne doit pas s'y trouver aussi chaude en été, mais ils y seront bien cachés.

— Tu m'interromps tout le temps, Théotiste… Laisse-moi terminer… Dans la région de la baie Verte, justement, les Anglais auraient battu une femme qui serait morte des coups de bâton qu'elle aurait reçus. Ce ne serait pas la seule fois que les Anglais utilisent la violence pour soutirer des renseignements à propos des endroits où pourraient se cacher des Acadiens. Ils ont recours à toutes sortes de violences. Cette situation est invivable : nous sommes dans l'incertitude la plus affligeante, toujours en alerte. Théotiste, je t'en prie, pour toi, pour les enfants, nous devons faire preuve de la plus grande prudence dans tous nos déplacements…

Cette incertitude, ces inquiétudes, cette vie toujours en alerte, l'abbé Le Guerne s'en ouvrira à ses supérieurs à Québec. Il en fait mention dans ses lettres. De même, il faut que Boishébert en ait parlé au gouverneur général de la Nouvelle-France, puisque ce dernier, dans une lettre au ministre de la Marine datée du trente octobre dix-sept cent cinquante-cinq, utilise les termes suivants : « Ils ont fustigé deux femmes et les ont fait mourir sous leurs coups, ils en ont aussy fait fustiger plusieurs autres et usent de toutes sortes de violences à leur égard. Aussi monsieur de Boishébert, pour se venger de ces cruautés, se propose de ne pas racheter les prisonniers que les Sauvages feront à Beauséjour [139]. »

Rares sont les familles acadiennes qui ont la chance – encore faut-il se demander s'il s'agit bien d'une chance – de demeurer unies, intactes, et qui pourront éviter de trébucher sous les rapines des soldats britanniques.

3.4.6 La résistance

Nombreux sont ceux qui prétendent que les Acadiens se montrèrent passifs lors des jours qui précédèrent leur déportation. Plusieurs affirment qu'ils auraient pu faire preuve d'une plus grande résistance à l'endroit de leurs bourreaux, que les Micmacs furent plus vindicatifs, que les Acadiens auraient dû se battre avec une plus grande détermination.

---

139. Consulté via Internet sur le site http://www2.umoncton.ca : Généalogie des familles acadiennes.

C'est faire peu de cas de ce qu'avait vécu ce peuple pacifique au cours des quarante-deux années précédentes, constamment tiraillé entre, d'un côté, un maître voulant que, pour prouver sa pleine allégeance, il aille jusqu'à renier sa foi et accepte de prendre les armes contre son ancien maître, et, de l'autre côté, la France qui, après l'avoir sacrifié, eut voulu que l'Acadien quitte tout pour recommencer ailleurs, dans une incertitude tout aussi grande. Prétendre une telle chose, c'est aussi oublier que le maître du jeu fait preuve de la plus grande perfidie afin de maintenir les Acadiens dans l'ignorance de ce qui les attend vraiment. Il suggère lui-même à ses collaborateurs qui ont la responsabilité des opérations sur le terrain tous les stratagèmes, subterfuges, même le mensonge pour arriver à ses fins. Lorsque l'on s'apprête à vous déraciner, que l'on voit brûler sa maison, anéantir le travail de toute une vie ; quand le bourreau dispose de moyens incommensurables, qu'il est déterminé ; quand le maître du jeu vous a retiré toutes vos armes, tout moyen d'évasion, qu'il retient prisonnier votre mari, votre fils, votre enfant ; lorsque votre protecteur, chez qui vous êtes réfugié, vous abandonne totalement, où trouver la force, les moyens de se révolter contre l'oppresseur ?

Malgré tout, les Acadiens, qui de tout temps firent preuve d'une grande indépendance, d'un entêtement loin de toujours les aider, tentèrent de résister en plusieurs occasions. L'épisode de Joseph Brossard dit Beausoleil est un exemple de courage. Quelques mois avant le Grand Dérangement, lorsque les Anglais assiègent le fort Beauséjour, Broussard se livre à des assauts contre l'envahisseur, capture même un officier anglais. Les officiers français racontent à l'époque que Broussard est considéré comme l'un des Acadiens les plus braves et les plus entreprenants.

Le seize juin dix-sept cent cinquante-cinq, jour de la capitulation du fort Beauséjour, il va même jusqu'à attaquer le camp anglais, accompagné de soixante hommes, et n'en perd qu'un.

Audacieux, il approche le colonel Monckton deux jours plus tard et lui propose d'agir comme médiateur entre les Anglais et les Indiens, se procurant ainsi son amnistie[140].

Au bassin des Mines, au moment de l'embarquement devenu nécessaire pour mieux contrôler les prisonniers, les jeunes refusèrent d'obtempérer aux ordres des soldats, disant qu'ils ne partiraient pas sans leurs pères. Winslow raconte qu'il dut demander à ses hommes de mettre la baïonnette au canon et de s'avancer vers eux. On les embarqua de force. Pendant la soirée du sept octobre, vingt-quatre de ces jeunes ont déserté les vaisseaux, bien qu'il y ait eu huit hommes de garde sur chaque navire, à part l'équipage. On négociera leur retour, après avoir utilisé la menace de mesures punitives sur les familles de ces jeunes. On utilisa le même procédé avec les prisonniers du fort Beauséjour, décidant l'embarquement des hommes considérés comme les plus récalcitrants.

Il ne faut pas oublier que, le premier septembre, une grande partie de la population de Port-Royal est allée se réfugier dans les bois environnants avec ses biens. Ces habitants réaliseront, quelques jours plus tard, qu'ils n'ont que peu d'options devant eux. Plusieurs reviendront fatalement, se disant prêts à écouter les ordres du roi. Les autres ont persisté, de sorte qu'ils sont nombreux, les habitants de Port-Royal, comme ceux des régions du bassin des Mines et de Beaubassin, à avoir évité la déportation. Et il y aura de nombreux autres exemples de la résistance acadienne à l'acharnement dont ils seront victimes.

— Ah! Si je suis content de vous voir! Je n'y croyais plus. Mais vous avez tous des airs de déterrés vivants.

— Tu peux rire de nous autres, Jean. Rien n'empêche qu'on leur a joué tout un tour, à Monckton et à ses hommes. Nous

---

140. Équipe de production du Centre de documentation de l'université de Moncton, consulté via Internet.

allons tous déguerpir au plus vite, nous mettre à l'abri le plus loin possible.

— Attends un peu, Pierre. Tu ne trouves pas que nous sommes bien cachés, parfaitement à l'abri dans ces cabanes? Il est hors de question pour qui que ce soit de demeurer dans les maisons, ni le jour ni la nuit. Dis-moi : combien ont pu s'évader en même temps que vous?

— Au moins quatre-vingts, sinon plus. Qu'en dis-tu, Germain?

— Surette me disait que nous étions quatre-vingt-cinq, quatre-vingt-six.

— Aïe! C'est incroyable, une pareille bande. Et ils n'ont rien vu?

— Rien. La tempête nous a grandement aidés. Il faisait un vrai temps de chien, personne n'osait mettre le nez dehors, de sorte qu'une fois à l'extérieur on pouvait ramper tout à notre aise jusqu'au petit sentier qui descend la colline en direction de la rivière Petitcodiac. Si nous avions pu prévenir ceux qui étaient gardés du côté sud, juste à côté de la porte principale, nous aurions pu vider le fort sans qu'ils s'en aperçoivent. Attends que Joseph revienne avec sa femme, il va te raconter comment il se sentait en rampant dans le tunnel.

— Lui qui n'a jamais aimé être enfermé dans un espace restreint. Il y a longtemps que vous aviez décidé de percer ce tunnel?

— On avait commencé à en parler en petit groupe, avant qu'apparaissent les outils sans manche dans les paniers de provisions. Là, on s'est sérieusement mis au travail, jour et nuit. Dès qu'il nous était possible, il y avait quelqu'un qui piochait la terre. Cela faisait bien cinq à six brasses à creuser, sous les remparts.

— À quel endroit exactement avez-vous creusé? Moi, j'aurais opté pour le côté de la casemate en bois...

— On en a discuté un peu. Germain était de ton avis, moi je pensais que ce serait plus à l'écart du bord de la mer, qui risquait aussi de couvrir les bruits… C'est là que nous avons concentré nos efforts, entre la casemate du suroît, où on retrouve un des deux puits et la poterne. Tu sais, cette petite porte dérobée. Ce que les Anglais n'ont pas deviné, c'est que plusieurs d'entre nous ont travaillé à la construction du fort ou à son entretien. Nous savions exactement à quelle profondeur nous devions creuser, le genre de sol auquel nous avions affaire. Comme il nous fallait éviter la porte principale, où se tiennent toujours un grand nombre de sentinelles, et ne pas oublier que les Anglais ont creusé des tranchées derrière lesquelles ils ont monté leur campement, notre choix était limité.

— Ça va leur porter un coup; tant mieux! Étiez-vous quatre-vingts dans le coup? Cela m'apparaît beaucoup…

— Pas loin d'une trentaine, Jean. Les autres ne furent mis au courant qu'à la dernière minute. Nous avons eu très peur de ne pas avoir le temps de terminer avant qu'ils se décident à tous nous embarquer dans ces foutus bateaux, il y a quinze jours. Les jours suivants, nous avons mis les bouchées doubles, si je peux m'exprimer de cette façon… Quand hier ils ont commencé l'embarquement de femmes et d'enfants, nous avons compris.

— Surtout que le gros temps s'était pointé le nez.

— Alors, Jean, quelle est au juste la situation à l'extérieur? Va-t-on recevoir des renforts de Québec, de Louisbourg?

— J'aimerais bien pouvoir t'encourager, Pierre, mais Boishébert n'a pas obtenu plus d'hommes pour assurer notre protection. Lui et ses hommes, auxquels il faut ajouter des Acadiens comme nous, font tout leur possible pour nuire aux tuniques rouges, mais j'ai peur que nous ne puissions éviter le pire. Des navires sont arrivés aussi au bassin des Mines et on a déjà commencé le chargement.

Certains navires tardaient à se présenter aux moments prévus, ce qui retardait d'autant les opérations et inquiétait les hommes de Lawrence, qui voyaient la saison avancer. Cette évasion [141] démontrait aussi que les Acadiens ne se faisaient plus guère d'illusions sur le sort qu'on leur réservait.

141. Baudry, René, *Revue d'histoire de l'Amérique française,* vol. 7, n° 1, 1953, p. 37 : « Le 30 septembre, 86 prisonniers s'évadèrent du fort Cumberland (Beauséjour). Ils avaient creusé un étroit passage d'une trentaine de pieds sous les remparts et s'enfuirent par là, à la faveur d'une nuit de tempête. Cette fuite mortifia grandement Monckton, car, malgré tous ses efforts, le nombre des prisonniers n'augmentait pas vite. Les partis qu'il envoyait en chasse ici et là ne rapportaient que de minces succès. Au cours de l'automne, ils vinrent plusieurs fois en incursion dans les missions de Le Guerne. Mais le gouverneur Vaudreuil avait donné l'ordre aux habitants de se retirer dans les bois, à une demi-lieue de leurs maisons ; les soldats de Monckton ne purent récolter que quelques prisonniers, le plus souvent des femmes ou des jeunes gens. Pour se reprendre, ils se livrèrent au plaisir de brûler les maisons et de razzier les bestiaux. »

IV

La longue marche

4.1 1755 - 1756

4.1.1 Odyssée

Comme il fallait s'y attendre à la suite de cette évasion spectaculaire, la tension monta considérablement dans l'isthme
de Chignectou, puis dans toute l'Acadie. Elle fit prendre
conscience à Monckton de l'impossibilité devant laquelle il se
trouvait de réunir beaucoup plus d'Acadiens de la région avant
que le mauvais temps, premiers signes de l'hiver, fasse son
apparition. Lawrence ordonna donc le départ des navires pour
le treize octobre.

C'est ainsi que huit petits navires, emportant au fond de leur
cale onze cents Acadiens de la région de Beaubassin, mirent les
voiles pour aller se placer en attente des autres, qui viendraient
du bassin des Mines et de Port-Royal, à l'ouverture de la baie
Française. Chacun des capitaines avait reçu des ordres précis
quant au lieu vers lequel était destinée sa « cargaison »; ainsi,
cinq de ces bateaux, transportant plus de six cents personnes,
devaient prendre la direction de la Caroline du Sud. Deux
autres, ayant à leur bord plus de quatre cents malheureux,
devaient se diriger vers la lointaine Géorgie. Sur un des navires
d'escorte, le *Syren,* étaient placés sous haute surveillance vingt

et un Acadiens considérés comme très dangereux, que l'on devait débarquer à Charleston, en Caroline du Sud. Malgré la tristesse de ce départ, nous avons la preuve que Monckton n'avait pas réussi à rassembler autant d'Acadiens que ce qu'il avait planifié, uniquement à cause du fait que deux des navires qui attendaient dans la baie, en face de Beauséjour, repartirent à vide. C'est donc que le nombre de personnes déportées est plus faible que celui escompté. Ces misérables devront encore attendre deux semaines, ballottés par une mer de plus en plus mauvaise, comme la qualité de la nourriture qu'on leur sert, avant de finalement prendre la direction de l'exil.

Le vieux Claude ne vit pas revenir ses fils. Il dut se faire à l'idée qu'ils se trouvaient sur les navires qui avaient quitté la baie de Beaubassin... Il ne pouvait s'imaginer que, gardés sous haute surveillance, ils avaient été séparés à l'embarquement, Jean-Jacques se retrouvant sur le brigantin le *Two Brothers,* un navire de cent soixante et un tonneaux dont le capitaine est James Best. On le compte parmi un groupe de dix-neuf, en tant qu'hommes seuls, lui et ses beaux-frères, les frères de sa première épouse Claire Bourg. Partis le treize octobre, ils arrivèrent en Caroline du Sud le onze novembre de la même année.

Son frère Michel est quant à lui prisonnier sur le *Prince Frederick,* qui fait voile vers la lointaine Géorgie. Ce navire de cent soixante-dix tonneaux était commandé par Will Trattles. La grande partie de sa «cargaison» est constituée d'hommes que l'on sépare de leurs familles, de leurs épouses et de leurs enfants...

C'est donc que Marie Cyr et sa fille Théotiste ont toutes deux évité la déportation, pour le moment à tout le moins, mais au prix de quelles souffrances et privations? Quel sera leur sort et celui de tous ces malheureux: vieillards, épouses, enfants, laissés seuls? Survivront-ils? Il leur faut d'abord éviter de tomber aux mains des hommes de Lawrence...

Le clan de madame Françoise ne fut pas totalement épargné. Ainsi, sur l'*Edward Cornwallis,* jaugeant cent trente tonneaux, s'entassent deux cent dix malheureux. Parmi eux, nous trouvons Pierre Derayer [142], son épouse Françoise Arseneau, fille de Françoise Mirande, et dix de leurs enfants. Quant à sa jumelle Marie-Anne [143], elle fait route vers la Géorgie ; son mari Simon Vigneau dit Maurice, comme tout le clan Vigneau, est prisonnier sur le *Jolly Phillip.* Ils ont deux garçons et deux filles…

Le lendemain et les jours suivants, dans la confusion la plus totale, ce fut l'embarquement dans la région du bassin des Mines. Winslow, plus stratégique, plus systématique que Monckton, et aussi aidé par le fait que, dans cette région, la population acadienne est plus regroupée, réussira avec ses collaborateurs à réunir un grand nombre de prisonniers. C'est par son journal personnel que nous est parvenue une grande partie des informations concernant ce triste épisode. À Grand-Pré seulement, il faudra six navires remplis à pleine capacité – un de ceux-là dépassera de cinquante-deux la limite [144] prévue – pour prendre à bord les onze cents Acadiens destinés au Maryland, à la Virginie et à la Pennsylvanie.

L'opération se poursuivra de cette façon jusqu'au vingt-trois octobre. À Pissiguit, quatre navires, chacun ayant une surcharge, prendront près de mille personnes, et il faudra encore qu'un certain nombre des habitants embarquent sur un des vaisseaux en partance de Grand-Pré. Par exemple, des deux cent quatre-vingt-six passagers à bord du *Dolphin,* cinquante-six sont considérés comme excédentaires. On peut facilement imaginer la promiscuité, l'inconfort s'ajoutant à l'immense détresse de ces familles souvent séparées, sans aucune idée

---

142. LEBLANC, Ronnie-Gilles, *Du Grand Dérangement…,* Collection Mouvance, p. 295 : « *The passenger list of the ship* Edward Cornwallis, *130 tons…* »

143. *Idem.,* p. 345 : « *A reconstituted passenger list of the schooner* Jolly Phillip… »

144. Le rapport prévu était de deux personnes par tonneau…

précise des lieux où on les déposerait, totalement démunies, désemparées, sans aucune ressource, même pas celle de pouvoir communiquer dans leur langue le malheur qui les afflige.

À la Pointe-des-Boudreau, sise entre les embouchures de la rivière aux Mines et de la rivière aux Canards, après avoir entassé six cent quatre-vingt-huit malheureux sur quatre navires, six cents autres attendaient encore, faute de place. Ils seront finalement déplacés vers Grand-Pré, s'ajoutant à des cargaisons humaines pourtant bien remplies. Tous les navires partant de la Pointe-des-Boudreau étaient destinés à la Virginie. Le vingt-sept octobre, avec trois escortes, les quatorze navires des Mines partent à leur tour pour rejoindre les huit autres venus de Chignectou à la sortie de la baie Française. Cette même journée, le *Helena,* avec à son bord trois cent vingt-trois personnes, quitte aussi Annapolis Royal pour le Massachusetts.

À la fin du mois d'octobre, Winslow peut écrire dans son journal que les villages de son district ont été brûlés, que Grand-Pré le sera dès que les derniers habitants seront déportés. Entre le deux et le sept novembre, on incendiera deux cent cinquante-cinq maisons[145], deux cent soixante-seize étables, onze moulins et une église, mais pas celle de Grand-Pré. La place est nette. Ainsi, sur une population de deux mille sept cent quarante-trois personnes recensées par Winslow, deux mille cent dix furent dispersées. Seulement six cent trente-trois échappèrent à Winslow et à ses hommes en se cachant dans les bois, pour ensuite tenter de rejoindre une terre d'accueil.

Le huit décembre, six navires avec à leur bord la moitié de la population d'Annapolis Royal prendront la mer. Ils sont escortés par la *Baltimore* jusqu'à New York, en route pour la Caroline du Nord (la destination de deux cent trente-deux personnes) et le Connecticut (où seront débarqués les six cents autres).

---

145. THIBODEAU, Serge Patrice, *Journal de John Winslow à Grand-Pré,* Perce-Neige, p. 260: «1755. Bâtiments incendiés par le lieutenant-colonel John Winslow dans le district des Mines.»

Jusqu'au trente décembre, et même plus tard, les navires transporteront jusqu'à six cents autres Acadiens vers les colonies anglaises du sud.

Ce n'était pas là qu'une petite affaire ; l'ampleur de « l'opération » saute aux yeux. Pour Lawrence, il ne s'agissait que d'une première étape. Pour les Acadiens qui survivraient à cette traversée, à ce déracinement, allait commencer une longue errance, une longue marche. Et si le projet de Lawrence de faire de la Nouvelle-Écosse une véritable colonie britannique sur les ruines de l'Acadie allait se concrétiser, il ne se débarrasserait pas totalement des Acadiens.

Il fait une chaleur à vous cuire sur place. Un soleil de plomb vous oblige à chercher un peu d'ombre, malgré le fait que nous sommes le quatre décembre. Le petit groupe d'hommes qui discute calmement fait plutôt pitié à voir. Si c'est la fin d'une étape, c'est loin d'être la fin du voyage... Après si longtemps à se morfondre au fond d'une cale, manquant de tout mais surtout d'espace, il fait bon de se retrouver les deux pieds sur terre, de se laisser chauffer par le soleil. Pouvoir enfin retirer ses vêtement souillés, se laver convenablement, tout cela n'est pas suffisant pour faire oublier que l'on est séparé des siens, loin de son chez-soi, perdu. Mais l'espace d'un moment s'occuper de sa personne, retrouver un peu de dignité, cela est bon ! Ils sont près de six cents à être descendus sur cette île à l'entrée du port de Charleston, une île de sable qui protège l'entrée du port et que l'on nomme Sullivan's Island.

Partis de la baie de Chignectou le 13 octobre, ils auront à essuyer une foudroyante tempête avant de terminer leur course vers la mi-novembre à l'entrée du port de Charleston. Dans le cas du *Two Brothers,* les déportés échoueront dans leur tentative de prendre le contrôle du navire, ce qui rendra leurs tortionnaires encore plus sévères, et plus difficile leur vie à bord. Ils arriveront à Charleston le onze novembre, après presque un mois d'attente avant le départ, puis un autre mois de navigation dans des conditions inhumaines, traités avec moins de soins qu'une cargaison de bétail que l'on veut rendre à destination en santé. Si leur état général est relativement bon, ils le doivent à la force de leur jeunesse, à leur courage.

— Il était plus que temps qu'on nous laisse sortir de ce foutu navire qui roule comme un tonneau, qui sent le rance, le moisi... Ah! si nous avions été en mesure de nous rendre maîtres du navire, nous serions allés l'échouer avec plaisir dans les falaises rouges du cap Jourimain. Mais non, il nous fallut encore attendre, pendant vingt-trois jours, le bon vouloir de ces messieurs du gouvernement... pour nous autoriser à descendre sur cette île déserte.

— Tu les as bien comptés, Michel (Bourg)! Si nous savions au moins ce qu'ils veulent faire de nous. Le capitaine et l'équipage se méfient. Ils ne nous informent qu'au compte-gouttes.

— Tu as bien raison, Pierre (Richard). Je crois que le capitaine est aussi mal pris que nous. N'est-ce pas, Jean-Jacques (Bourgeois)?

— En tout cas, c'est ce que j'ai compris du verbiage du grand roux que j'essaie de soudoyer. Vous pouvez imaginer que le gouverneur de la Caroline et son conseil ne sont pas très heureux du cadeau que leur envoie Lawrence. Que voulez-vous qu'ils fassent de tous nous autres? Six cents personnes, une grande majorité d'hommes seuls. C'est un village au complet qui leur arrive sur le dos. J'ai compris que le gouverneur et son conseil ont mis tout ce temps pour décider de ce qu'ils allaient faire de nous. Pour les familles comme celles de Pierre Derayer, à qui je viens tout juste de parler, il est un peu tard. Ils ont fait le trajet sur le *Edouard Cornwallis*. Son épouse Françoise Arseneau, la fille de madame Françoise, est décédée durant le voyage. Triste fin...

— Oui, bien triste fin. Et tous ces orphelins... On nous dit que plus de la moitié des quatre cent dix-sept passagers n'ont pas survécu à la traversée. Entassés, mal nourris, moins considérés que le bétail, je vous dis! C'est bien pour ça qu'il faut nous défendre le mieux possible, de toutes les façons. Nous n'allons pas nous laisser faire! Cette colonie anglaise est une des plus prospères d'Amérique; par contre, vous devez savoir que les Blancs ne représentent qu'une petite partie de la population. Si nous comptons les Indiens, qui ne sont pas très heureux de leur présence, et les esclaves, ensemble ils font bien les neuf dixièmes de la population. Les Blancs, qui décident de tout, ne peuvent être heureux de voir débarquer un «village» de papistes... Cependant, ce n'est pas de notre faute si nous sommes ici, et à eux de décider si nous sommes des sujets de Sa Majesté britannique ou du Roy des Français[146]...

— Trois semaines avant de nous laisser débarquer... Toujours d'après le «grand roux», il semble que le gouverneur nous soit plus sympathique que son conseil. En tout cas, Michel, ce qui est certain, c'est que nous devrions bientôt être fixés sur notre sort et que nous pourrons descendre à Charleston. Nous sommes en quarantaine, comme des animaux, comme tous les esclaves qui débarquent ici, le temps de nous purifier, de nous décrasser[147]. Comme si quelques jours sur cette île isolée allaient nous laver de nos croyances et nous faire abjurer notre religion catholique.

— Sur la tête de mon père, qui doit se mourir d'inquiétude, jamais!

On les laissera finalement débarquer à Charleston, ville esclavagiste prospère du Sud. Le conseil leur accordera une allocation ne dépassant pas dix shillings par personne par semaine, somme dérisoire. Leur statut est loin d'être clarifié et leur

146. Il s'agit bien d'une partie du débat intéressant qui se tient à la Chambre d'assemblée de cette colonie au sujet des Acadiens...

147. LEBLANC, Ronnie-Gilles, *Du Grand Dérangement à la déportation*, collection Mouvance, p. 271: «... *that the Council finally agreed to let them land on condition that they first spend five days quarantine on Sullivan's Island, so that they might purify and cleanse themselves.* »

présence à Charleston loin d'être acceptée. Le gouverneur Glen subit de nombreuses pressions de son conseil et de sa Chambre d'assemblée pour que soient déportés tous les Acadiens arrivés en Caroline du Sud ou, à tout le moins, les hommes seuls[148].

Après que les navires eurent quitté la terre d'origine de leur chargement humain, demeuraient encore les effectifs militaires, parfois restreints, des soldats coloniaux et britanniques ayant exécuté les basses œuvres de Lawrence. Ces soldats allaient encore pourchasser les Acadiens inlassablement, tout au long des jours et des mois suivants. Les Acadiens étaient devenus une race honnie, l'objet d'aucune tolérance, qu'il fallait briser pour éviter qu'elle tente de reprendre racine sur ces terres, que l'on destinait à présent à de valeureux colons anglais. Pour ceux qui avaient réussi à éviter la déportation, ceux des régions d'Annapolis Royal et du bassin des Mines, il leur était impossible de demeurer à proximité de leurs habitations, que l'on avait bien pris soin d'incendier. Ils tentèrent donc de rallier des leurs, soit du côté nord de la baie Française, de là vers la rivière Saint-Jean et ultérieurement Québec, soit vers l'île Saint-Jean.

Ainsi commencèrent les longs mois de l'hiver dix-sept cent cinquante-cinq, dix-sept cent cinquante-six. Boishébert assurait la coordination de la présence française dans cette région fortement contestée allant de l'embouchure de la rivière Saint-Jean jusqu'à Québec, puis de la Gaspésie en descendant vers Miramichi et l'isthme de Chignectou. Son rôle consistait aussi à assurer la protection des Acadiens. Pour tout cela, il n'avait qu'une poignée de soldats, de quatre à cinq cents guerriers sauvages, qu'il devait entretenir grassement, et les Acadiens qui refusaient de baisser les bras, espérant que la guerre inévitable permettrait une victoire française et, qui sait, le privilège de trouver la paix et le repos sur une terre d'accueil. Boishébert,

---

148. *Idem*, p. 274 : «*Initially, Governor Glen was being pressed by both the Council and the Commons House of Assembly to deport all the Acadians that had arrived in South Carolina, and they continued to insist on at least the removal of all the single men.*»

suivant les ordres qu'il a reçus de s'établir en camp volant, passera l'hiver à Cocagne, échappant de justesse, le vingt-quatre janvier, à une embuscade [149] tendue par les soldats de Monckton. Il y demeura de novembre à la mi-février. Là, il tente de soutenir l'abbé Le Guerne dans sa mission de regrouper à cet endroit les malheureux orphelins, les familles qu'il a réussi à convaincre de s'y placer à l'abri des incursions, qui n'ont aucunement cessé, des soldats basés aux forts Cumberland [150] et Gaspareau.

Ainsi, ce n'est pas Boishébert, mais son lieutenant, François Boucher de Niverville Grandpré, qui verra apparaître au poste de la rivière Saint-Jean, le huit février dix-sept cent cinquante-six, les passagers du *Pembroke,* détourné de sa course par les Acadiens qu'il devait transporter en Caroline du Nord.

La petite garnison composée de quelques soldats, une dizaine de Micmacs retardataires et plusieurs Acadiens volontaires, et aussi certains ayant fui la déportation, n'est pas peu surprise de voir apparaître ainsi deux cent vingt-cinq personnes, en plein cœur de l'hiver [151].

— Quelle joie de vous recevoir, monsieur Belliveau ! Soyez les bienvenus, vous et votre groupe, à ce modeste poste dont nous avons la garde.

— Monsieur de Boishébert ne s'y trouve donc pas ?

— Non, il passe l'hiver auprès des malheureux réfugiés de la région de Chignectou, à Cocagne plus précisément. C'est beaucoup mieux ainsi, monsieur Belliveau. Cela laisse toute la place pour accueillir votre groupe, qui sera sans doute forcé de passer l'hiver avec nous. Nous y serons à l'étroit, mais ce sera adéquat. Qu'est-il advenu du navire, le *Pembroke,* sur lequel vous voyagiez ?

---

149. *Dictionnaire biographique du Canada,* Boishébert (consulté sur Internet).

150. Fort Beauséjour, que les Anglais nomment maintenant Cumberland.

151. Reconstitué à partir de la *Généalogie du Québec et de l'Acadie,* biographie de Charles Belliveau, consultée via Internet.

— Merci de cet accueil, monsieur Boucher. Le navire ? Nous y avons mis le feu, après avoir évité de justesse un piège que nous tendait un navire anglais ayant hissé un drapeau français, pour nous confondre. Heureusement que les ennemis n'osent pas s'aventurer à plus d'un quart de lieue en remontant cette rivière ; nous avons poursuivi notre chemin à pied, souhaitant rencontrer de vos hommes. Disons que les chutes protégeant l'embouchure de la rivière, ajoutées aux fortes marées, nous ont de nombreuses fois permis de nous esquiver... Toute une aventure, monsieur Boucher, toute une aventure ! N'oubliez pas que nous étions quelques capitaines parmi les prisonniers. Je parle, je parle, mais Charles Dugas, frère de Jos, le pourrait aussi bien que moi, puis Pierre dit Grand Pierre Boudrot, et d'autres encore. Nous aurons le temps de tout vous raconter au cours des jours qui viennent.

— Sûrement, et avec mes compagnons, nous voulons vous écouter. Mais dites-moi, comment vous avez réussi à vous rendre maîtres de ce vaisseau ?

— Pour ma part, j'avais eu l'occasion de travailler à réparer le mât principal de ce vieux voilier, il avait été avarié lors d'une tempête. Après s'être fait tirer l'oreille pour me payer ce qui avait été convenu[152], les Anglais, en guise de remerciement, m'embarquèrent, avec tous les miens, sur ce même navire, pour nous déporter dans les Carolines.

— Comble de raillerie. Toujours aussi fourbes, ces Anglais !

– Nous sommes donc partis avec les autres, sur plusieurs des navires. Les Acadiens avaient des plans pour détourner ces

---

152. Voir http://www.acadian-home.org : « *But the Pembroke Snow, with the provisions, having lost her main mast in a storm, only reached Annapolis Royal between November 25 and December 1st. Her disabled mast had to be replaced, and Charles Belliveau was ordered to make a new one, which he did. When it was finished, he asked to be paid, but on the refusal of the captain to do so, he at once lifted his carpenter's axe and threatened to cut the new mast, and the captain had to pay him the price asked. But irony of fate, he was embarked on board the Pembroke to be deported.* » Tiré de Placide Gaudet.

derniers vers les ports de la Nouvelle-France. C'est le mauvais temps qui s'est mis de la partie. À peine les premiers navires furent-ils sortis de la baie Française qu'une gigantesque tempête les attendait, réduisant à néant toute possibilité de mettre en œuvre ces desseins. J'ose à peine imaginer ce qu'ont dû vivre nos concitoyens, entassés dans ces vaisseaux faits pour transporter du bétail, dont la hauteur des ponts avait été réduite de telle façon qu'elle ne permettait plus à un homme de se tenir debout. Comme beaucoup étaient surchargés, cela ne laissait guère d'espace pour que nous puissions tous nous étendre. Ajoutez à cela les pleurs des femmes et des enfants, mêlés aux prières et incantations de toutes sortes. Nous ne savions rien de ce qui nous attendait au moment du débarquement. Les hommes ressentaient une immense colère, puis parfois se résignaient avant de prier avec les autres.

— Heureusement, nous y sommes parvenus. Nous ne sommes peut-être pas les seuls à avoir réussi à nous emparer des navires devant nous disperser sur les mers...

— Nous verrons au printemps, monsieur Belliveau. Et alors, comment avez-vous réussi à vous rendre maîtres du navire ?

— Pour éviter la suffocation, car l'équipage se rendait bien compte que l'air était irrespirable dans la cale, on laissait sortir six des nôtres à tour de rôle sur le pont, pour une vingtaine de minutes. C'est alors que l'idée m'est venue de leur organiser une petite surprise. Je pris avec moi cinq hommes, parmi les plus solides, les plus forts, et leur expliquai mon plan. Lorsque l'ordre serait donné au groupe précédent de retourner dans la cale par le trou de l'écoutille, nous sortirions les six sur le pont. Alors, le plus solide se chargerait d'assommer la sentinelle. Ce fut le signal pour que les autres montent sur le pont... Nous étions prêts à tout, monsieur Boucher. Personne ne nous aurait fait reculer. En un rien de temps, nous avions neutralisé l'équipage et le capitaine. Un seul coup de poing de Pierre, dit Grand Pierre Boudrot, que vous voyez assis là, fut suffisant pour envoyer la sentinelle au paradis. Je ne vous conseille pas de vous frotter à lui.

— Je vois bien…

— Le reste fut une affaire de rien. Il se trouvait à bord plus d'hommes que nécessaire capables de ramener ce bateau vers cet endroit que nous connaissons tous. J'ai pris la charge, mais à tour de rôle nous avons pris la barre. Le vent fort, le froid, même pas les lamentations du capitaine du navire, rien ne réussit à nous faire dévier de notre course.

— Et que comptez-vous faire maintenant, monsieur Belliveau ?

— Vous allez nous escorter jusqu'à ce que nous soyons tous en sécurité, monsieur Boucher. Je dis cela, mais nous n'avons pas tous la même idée là-dessus. Certains se disent prêts à entreprendre la route jusqu'à Québec, d'autres encore parlent de l'île Saint-Jean.

— Il faut d'abord attendre que le printemps revienne. J'ai avec moi plusieurs guides capables de vous accompagner jusqu'à Québec. Nous verrons, quand arrivera le printemps, les ordres que recevra le lieutenant de Boishébert. Souhaitons que l'hiver ne soit pas trop rigoureux ni le printemps trop tardif.

Au mois d'août de cette année, plusieurs du groupe arriveront en effet à Québec[153]. Un bon nombre eurent à souffrir de la faim et du froid, et certains en moururent. D'autres décidèrent de rejoindre le père Germain et l'abbé Le Guerne, ne pouvant se décider à s'éloigner trop loin de leur patrie…

4.1.2 Au secours de ses ouailles

Le départ des navires emportant ces milliers d'Acadiens loin de leur paradis ne signifiait pas pour autant que le nettoyage

---

153. Il est possible de consulter la liste reconstituée complète des passagers du *Pembroke,* telle qu'elle a été élaborée par Placide Gaudet, via Internet.

escompté par le lieutenant-gouverneur Lawrence était terminé. Au contraire, le nord de l'isthme de Chignectou verra arriver un grand nombre de malheureux ayant évité la déportation. Ce sont, entre autres, des familles de Pissiguit et de Port-Royal qui, pour fuir l'embarquement sur les navires, ont traversé la baie Française, puis ont rejoint la rivière Saint-Jean. Les réfugiés sont aussi nombreux à venir de Chipoudy, de Petitcoudiac, comme de toute la région au nord de Beauséjour. La principale difficulté qui se pose maintenant aux Acadiens désirant passer à l'île Saint-Jean leur vient de la perte du fort Gaspareau et de la présence de soldats anglais dans la région de la baie Verte. Il leur est impossible, sans risquer d'être capturés, de rejoindre Tatamagouche, et de là les rives de l'île Saint-Jean. Ils doivent donc trouver refuge plus au nord, dans la région de Chédaïc.

S'ils ont évité la transportation, leur sort n'en est pas pour autant plus enviable. Cette vie d'errance qui débute en même temps que l'hiver dix-sept cent cinquante-cinq, quoiqu'en apparence faite de liberté et de grands espaces, sera fatale pour de nombreuses personnes âgées, les malades, les enfants. Ces gens qui ont vu une autre fois brûler leur maison, leurs biens, doivent vivre en alerte perpétuelle, inquiets pour eux-mêmes, mais aussi pour les leurs partis en exil. C'est la vie dans les bois, où ils se sont construit des cabanes rudimentaires, où ils sont forcés de vivre à la façon des Sauvages ; elle fera appel à l'endurance, à la solidarité, à la débrouillardise et à un indestructible instinct de survie. Celui d'un petit peuple seul au monde.

Les navires emportant ces indésirables ayant pris la mer, le colonel Robert Monckton peut tout à son aise placer de nombreux effectifs à la poursuite des fuyards. Ses hommes, se familiarisant de plus en plus avec la région, vont employer les mêmes tactiques que les Français et leurs alliés, les peuples sauvages. Plus encore, ne négligeant pas la violence, la torture, ils chercheront à ramener le plus de prisonniers possible. Sinon, leur stratégie est simple, ce sont les ordres de Lawrence : condamner les fuyards à mourir de faim en les privant de tout moyen de survie.

La préoccupation première de l'abbé Le Guerne, maintenant soutenu par le père Germain, en cette fin de l'automne dix-sept cent cinquante-cinq, est de porter secours à une centaine de femmes et d'enfants des environs du fort Beauséjour, les plus exposés à l'ennemi, incapables par eux-mêmes de se placer à l'abri dans les bois avec leurs effets indispensables [154]. Il regroupa autour de lui des jeunes gens, les vieillards, quelques évadés, et mit en marche une sorte de « caravane qui, par des pays horribles et marécaux, entreprit à pied ou en charrette une longue route de dix lieues pour se rendre au bord de la mer, vis-à-vis de l'isle Saint-Jean ». Le voyage devait durer un mois. Tout le long, ils sont soutenus par leur pasteur, qui les encourage, les aide à transporter leurs maigres bagages. Là, des navires envoyés par le commandant de l'île, monsieur Villejoint, les attendaient pour les transporter vers ce refuge ultime qu'est devenue l'île Saint-Jean.

— Maman ! Maman ! Regarde qui j'emmène avec moi. Tu n'en croiras pas tes yeux.

— Mais calme-toi, Théotiste, et ne crie pas si fort, on va nous entendre à des lieues d'ici ! Ce n'est pas vrai ! Mais si, je ne me trompe pas, c'est Bénéry ! Ça alors, comme ça nous fait plaisir !

— Marie, tu cries aussi fort que Théotiste... Il y a longtemps que je ne t'ai pas vue si contente.

— Mon petit Pierre ! Quand je vois Bénéry, c'est ma vieille amie madame Françoise que je revois. Bénéry était son préféré. Il l'accompagnait toujours lorsqu'elle venait à la maison. Aurais-tu décidé de te réfugier par ici avec nous autres, Bénéry ? Avec tous les bouleversements que nous vivons, tu ne

---

154. BAUDRY, René, « Un témoin de la dispersion acadienne : l'abbé Le Guerne », *Revue d'histoire de l'Amérique française,* vol. 7, n° 1, 1953, p. 41.

serais pas de trop. Tu excuseras notre *maison,* mais nous devons nous éloigner de nos résidences et nous placer à l'abri dans les bois. Monsieur de Boishébert est très sévère là-dessus, l'abbé Le Guerne aussi, pour éviter que ces malheureux ne s'exposent à tomber aux mains des soldats anglais [155]. C'est pourquoi ils obligent les autres à changer de refuge, et avec l'hiver qui sera là bientôt... Comme tu as changé! N'est-ce pas, Théotiste, qu'il a changé? C'est vrai qu'il a dix-sept ans, notre homme.

— Marie, veux-tu bien le laisser parler. Assieds-toi, Bénéry. Tu as le temps de t'arrêter quelques heures?

— Oui, oui. À cause du vent du nordet, nous ne sortirons pas de la baie de Chédaïc avant demain. Merci, Pierre.

— C'est donc que tu navigues toujours avec Jos Dugas?

— Toujours. Je me suis habitué à cette vie de cabotage. Je ne m'ennuie pas trop, ça me plaît même. J'ai déjà parcouru pas mal de régions lointaines. Il est vrai que, depuis le printemps, nous ne nous sommes pas beaucoup éloignés des côtes du golfe du Saint-Laurent, de l'île Saint-Jean, je devrais dire. Mais là, depuis l'été, tout est plus compliqué...

— Beaucoup d'Acadiens veulent encore traverser vers l'île?

— Cette fois, monsieur de Villejoint nous a demandé, malgré la saison avancée, de nous rendre dans la baie de Chédaïc...

— Maman, Bénéry vient prendre le groupe dont nous nous occupons depuis la semaine dernière: les familles des hommes qu'ils ont déportés seuls, comme nous, laissant les femmes, les enfants, les vieillards sans défense à proximité du fort.

— Oui, ma fille. Voilà à quoi nous ont réduits les Anglais. Ces malheureuses femmes anéanties lorsqu'elles ont vu les navires quitter la baie de Beaubassin en emportant ce qu'elles

---

155. *Idem,* p. 39: «Chaque fois qu'était pris un prisonnier, les autres devaient changer de refuge, même au fort de l'hiver, afin de dérouter l'ennemi. Le missionnaire se plaint de "la triste conduite des habitants qui ne gardent pas la retraite et retournent chaque jour à leurs anciennes maisons". Boishébert doit menacer d'imposer de lourdes amendes aux imprudents et de les envoyer à Québec. »

avaient de plus précieux. Elles sont encore plus à plaindre que nous. Heureusement que l'abbé Le Guerne les a prises en charge. Ton oncle Jean et plusieurs autres jeunes les ont accompagnées; ils ont mis un temps considérable pour atteindre Chédaïc, avec tout leur matériel. Le malheur nous a frappés, nous aussi. Tu sais, Bénéry, que mon Jean-Jacques, son frère Michel et ses beaux-frères, les Bourg, sont tous tombés dans une embuscade? Nous sommes dévastés, comme toute la famille du vieux Claude...

— Je suis désolé, Marie... Nous n'avons aucune idée de l'endroit où ils les ont dispersés.

— La rumeur circulait qu'ils seraient déportés vers l'île Saint-Jean, mais il ne s'agissait sûrement que d'un mensonge de plus. Tu avais appris qu'un groupe très important de prisonniers au fort Beauséjour avait réussi à creuser un tunnel et à s'enfuir?

— Nous en avions entendu parler à Port-La-Joie. On s'intéresse à tout ce qui regarde les colonies françaises, mais je n'avais aucune idée que mes oncles Pierre et Joseph, de même que mon oncle Germain, étaient du groupe. Ça, c'est une bonne nouvelle! Vous savez ce qu'il advient d'eux?

— Pas pour l'instant, Bénéry, mais je ne me fais pas d'inquiétude. Ils ont dû préparer leur retraite dans un endroit sécuritaire, loin des soldats de Monckton. On nous dit que l'abbé Le Guerne cherche maintenant à regrouper autant qu'il le peut les Acadiens à Cocagne, plus au nord.

— Je suppose que oui, en effet. Avec les «Cointin», ils auront tout prévu, même le bétail nécessaire pour l'hiver.

Théotiste aurait bien aimé poursuivre la conversation à l'extérieur, seule, avec Bénéry. L'entendre raconter ses multiples voyages sur l'*Espoir,* pouvoir lui raconter ses propres aventures à elle, avec ses amis micmacs, tout ce qu'elle a appris sur la vie en forêt, comment y survivre, sur les plantes, les animaux... Elle voudrait lui exprimer son désir de participer encore davantage aux soins des protégés de l'abbé Le Guerne et du père Germain. Mais Marie et les autres, ses oncles Claude et Paul, qui sont venus aux nouvelles, n'en finissent plus d'interroger le jeune Bénéry, et quand ils s'arrêtent, c'est ce dernier qui poursuit la conversation. Alors, elle se contente de l'observer à la dérobée.

— Vous-mêmes, les Bourgeois, vous n'envisagez pas de traverser à l'île Saint-Jean ou à l'île Royale ?

— Pas pour le moment, Bénéry. Nous avons discuté de la possibilité de nous éloigner un peu de Chédaïc en remontant vers le nord, jusqu'à Cocagne à quelques lieues d'ici, même plus au nord encore, à cause de la présence des soldats anglais au fort Gaspareau, mais ce ne sera pas pour le moment. Les Anglais hésitent à s'aventurer dans les parages... Puis, le vieux Claude ne veut pas quitter le coin : il est persuadé que Jean-Jacques et Michel vont revenir...

— Théotiste dit que c'est parce que nous sommes au pays des Micmacs et qu'ils n'osent pas trop s'y avancer...

— Ce qui est vrai, maman.

— Il y a tout de même une distance respectable entre ici et le fort Gaspareau, plusieurs marais...

— C'est pourquoi nous allons attendre un peu. Nous verrons plus tard, au printemps. Maintenant que nous avons prévu le nécessaire pour l'hiver, ce serait trop demander aux vieux... Comme tu le vois, toute la famille est organisée : rien de plus que le nécessaire, mais suffisamment pour passer l'hiver bien à l'abri.

— De toute manière, je comprends que l'endroit le plus adéquat pour abriter des navires d'un tonnage assez élevé, après la baie Verte, et moins éloigné que Miramichi, c'est Chédaïc. Il y a bien la baie de Cocagne, quoiqu'elle soit moins profonde et plus visible du large.

— Je crois que c'est une bonne idée de ne pas partir immédiatement...

— Nous y avons transporté tellement de malheureux Acadiens, et l'*Espoir* n'est pas le seul navire affrété par les autorités de Louisbourg pour cela. En réalité, le gouverneur Villejoint ne sait plus très bien où placer tous ces réfugiés. Il dit manquer de vivres, surtout à Port-La-Joie. Je n'ai pas encore eu l'occasion de visiter Malpèque. Moi, ce serait l'endroit que je préférerais, pas seulement parce que ma grand-mère voulait nous y conduire, mais parce que, d'après ce que je peux comprendre, il s'agit d'un havre naturel bien protégé, dont on peut s'extraire à la moindre alerte.

— Et situé du côté nord de l'île... Ouais, Bénéry, tu parles en vrai marin, maintenant. Nous aurons l'œil ouvert et, à la moindre alerte, nous n'hésiterons pas à lever les pattes, à déguerpir... Pas nécessairement pour l'île Saint-Jean. Nous construirons une cabane comme celle-ci, aussi rapidement que les Sauvages montent leur wigwam d'hiver. Et avec Théotiste...

— Et toi, Bénéry, comment vas-tu passer l'hiver?

— Nous n'en savons encore rien, Théotiste. En général, avant la fin de décembre, nous effectuons un dernier voyage vers Louisbourg. Jos y règle ses comptes avant de repartir mouiller l'*Espoir* dans le havre de Port Toulouse. Mais pour cette année, rien n'est encore arrêté. Nous devons nous tenir à l'affût de la moindre mission que peuvent vouloir nous confier les grands seigneurs de Louisbourg et d'ailleurs. Comment savoir ce que nous réserve l'avenir?

— Comme tu as raison, Bénéry! Comment savoir ce que réserve l'avenir à ces malheureux que vous avez embarqués pour les conduire de l'autre côté de la mer Rouge? Comment connaître le sort réservé à tous ceux qui, comme Jean-Jacques et Michel, ont été chassés et dispersés on ne sait où?

— D'après Jos, il est pas mal assuré que ces navires ont fait voile vers les colonies anglaises du sud. Boston et encore plus au sud, jusque dans les colonies des Antilles, peut-être, qui sait? L'île, c'est trop près. Tous les habitants de l'Acadie sont dans l'incertitude. La France ne peut pas laisser l'Angleterre faire tout ce qu'elle veut: déporter ses citoyens, attaquer ses navires de guerre comme ceux qui font le commerce ou la pêche, sans réagir.

— Souhaitons que tu aies raison, Bénéry. Que nous puissions retrouver le droit d'occuper nos terres, celles que les autorités françaises nous ont toujours affirmé être les nôtres !

La discussion se poursuivit pendant des heures... Bénéry et l'*Espoir* ne pouvant reprendre la mer avant le lendemain après-midi, après que le soleil eut dépassé le vent, obligeant ce dernier à se calmer légèrement. Dès lors, sur le pont de l'*Espoir*, on s'activa à hisser les voiles et on prit la direction sud, permettant à Théotiste de suivre son ami du regard, jusqu'à ce que le navire tourne légèrement sur bâbord, prenant la sortie de la baie de Chédaïc.

Les deux jeunes avaient eu tout le temps de se raconter ce qu'avaient été les derniers mois, de parler d'avenir, le leur comme celui de leurs compatriotes. Il y avait tant de choses qui leur échappaient, tant de choses qu'ils n'arrivaient pas à comprendre, à expliquer du comportement des hommes, des rois et de leurs entourages, qu'ils soient sauvages ou blancs. Et malgré tout, ils se disaient que la vie ne peut pas être continuellement un calvaire. Théotiste expliqua à son jeune ami à quel point elle trouvait que les premiers habitants de ce pays avaient une façon pas compliquée de voir la vie, d'expliquer les choses. Bénéry lui parla de son meilleur ami, Gabriel, un vrai Sauvage, qu'il aimait particulièrement. C'est en se jurant qu'ils se reverraient avant longtemps que Bénéry regagna son chez-lui, ce qui était devenu sa maison.

Les deux adolescents avaient fait le plein de rêve, semant ce qui est le premier fondement de la vie. L'espoir était revenu. Tout était maintenant possible.

À l'autre bout du monde, là où il est à l'envers, c'est-à-dire où il n'y a pas de neige, même en décembre, certains Acadiens, justement ceux que Charles Lawrence voulait éloigner le plus de leur Acadie, parlent d'espoir, de revoir leurs familles, de retourner dans leur pays. Ceux-là sont les chefs de clan, les sages sur lesquels s'appuient ces malheureux déportés, ceux vers qui ils dirigent tous leurs espoirs…

— Le vingt-cinq décembre, Noël, et pas un grain de neige. Qu'est-ce que tu en dis, Maurice [156]. Ce n'est quand même pas si mal.

— Tu trouves toujours le moyen de faire des farces, toi, Michel à Claude [157]! Même si le moment n'est pas très bien choisi… Tu n'es pas d'accord, Jean (Terrio) [158]?

— Ah! moi, tu sauras, à part se souhaiter Joyeux Noël, je pense qu'il y a trop de choses sérieuses à discuter pour faire des farces… sur le temps qu'il fait, en plus! Nous, du *Prince Frederick,* l'avons échappé belle. Heureusement que le capitaine a insisté pour dire qu'il n'avait plus les provisions nécessaires et qu'il désirait être indemnisé avant de repartir, car les dirigeants de la colonie ne voulaient plus nous voir dans le décor. Dieu sait vers où il nous aurait transportés. Ce Trattles [159] n'a pas froid aux yeux. Dès qu'il s'est rendu compte que le *Jolly Phillip* était autorisé à pénétrer dans le port de Savannah, il s'est faufilé à sa suite.

— C'est donc que tu lui as parlé, Jean?

— Je crois bien qu'il apprécie que nous parlions sa langue. Aussi bien en profiter pour lui tirer les vers du nez. Surtout qu'il est impressionnant, n'est-ce pas, Michel? Je parle de son nez, évidemment. En échangeant avec l'équipage, nous avons appris que cette colonie n'était informée d'aucune façon de notre arrivée. En plus, le gouverneur et son conseil ne veulent aucunement de notre présence ici.

---

156. Jacques Vigneau, dit Maurice.

157. Michel à Claude Bourgeois… grand-père de Théotiste.

158. Jean Terrio. Les trois furent déportés en Géorgie.

159. Capitaine du *Prince Frederick.*

— C'est exact, Jean. Vous devez comprendre que la Géorgie est une colonie naissante. Sa population ne dépasse pas trois mille habitants. La moitié est composée d'esclaves. Le gouverneur Reynolds se méfie de nous, des papistes parlant français. En plus, il y a la guerre en Amérique, et leurs voisins, les Indiens, sont les alliés des Français du Canada… Finalement, il trouve que l'arrivée de quatre cents personnes à entretenir est une charge trop lourde pour la jeune colonie. Nous devons aux demandes du capitaine la décision prise par le Conseil et le gouverneur, il y a deux semaines. Il est vrai que la saison se fait tard et que, sans provisions, ils ne pouvaient pas vous retourner en mer. Quant aux passagers sur le *Jolly Phillip,* ils sont réellement dans un état lamentable. C'est à cause de cela que nous avons obtenu des provisions pour une dizaine de jours. Nous n'aurons bientôt plus rien. Nous devons trouver une solution…

— Ce n'est pas vraiment un cadeau de Noël. Sérieusement, Maurice, tu n'es pas d'avis que nous devrions adresser au gouverneur une pétition lui demandant du soutien pour nos malades, des provisions, et, s'ils veulent se débarrasser de nous, qu'ils nous retournent dans notre pays.

— Ce n'est pas sot, Michel. Je pense aussi qu'ils sont désemparés par notre présence. Je vous propose d'attendre quelques jours. La nouvelle année les rendra peut-être plus généreux. En attendant, je recommande que nous fassions preuve de docilité…

— Explique-toi mieux, Maurice. La docilité ne nous a menés nulle part jusqu'à maintenant, pas plus que la neutralité.

— Ce que je veux dire, Michel, c'est que je crois qu'il y a peut-être une ouverture pour que nous puissions amorcer une discussion avec les dirigeants de la colonie. Ce n'est pas la première fois que je fais face à des Anglais. Je connais leur façon de penser… J'ai ma petite idée. Pour cela, il faut nous tenir tranquilles un bout de temps, sinon ça risque de les indisposer à notre égard. Tâchons de nous organiser le mieux possible pour soulager les malades et nous abriter convenablement. Les nuits sont froides et l'humidité malsaine. Puis, nous allons nous mettre à préparer une pétition pour le gouverneur...

Comme de fait, une pétition des Acadiens sera débattue devant le Conseil de la Géorgie, le deux janvier dix-sept cent cinquante-six. On décidera d'accorder des provisions pour une semaine additionnelle pour les malades, de procéder à une enquête sur la situation des Acadiens avant de les disperser dans les différents coins de la colonie. Les Acadiens seront toutefois soutenus jusqu'au printemps et la dispersion ne se fera pas, car la Géorgie n'a pas la volonté de garder ces malheureux. Les Acadiens ne désirent qu'une chose: retourner à la maison [160].

Comment le gouverneur Reynolds en est-il arrivé à cette solution? Était-ce par grandeur d'âme ou à la suite de discussions avec les Acadiens? Ce qui est certain, c'est qu'en plus de les autoriser à se construire des embarcations, il ira jusqu'à émettre un document attestant de la bonne conduite des Acadiens, leur fournir un bateau éclaireur et les autoriser à tenter leur chance vers où ils le désiraient. Si la chance était petite, les Acadiens étaient disposés à la saisir. En mars dix-sept cent cinquante-six, quelque deux cents d'entre eux quittent la Géorgie dans une dizaine de canots et de petites embarcations grossières [161], non pontées, en route pour l'Acadie. Le premier groupe, du *Jolly Phillip, est* dirigé par Jacques Vigneau dit Maurice; le second, du *Prince Frederick,* est mené par Michel Bourgeois.

160. LEBLANC, Ronnie-Gilles, *Du Grand Dérangement à la déportation,* p. 264: «"it best to let them go as they were all papist and... consequently ennemies to our religion"... permitted them to build small boat and leave. »

161. Nous nous sommes grandement inspirés du travail extraordinaire réalisé par Paul Delaney, du département d'anglais de l'Université de Moncton, pour ce qui touche à la présence des Acadiens déportés de Chignectou dans les Carolines et en Géorgie. Ce travail nous aura permis de suivre une grande partie des familles dont il est question dans ce livre. Nous lui en sommes reconnaissants.

4.1.3 La stratégie française en Amérique (les Acadiens utilisés)

Le groupe de Charles Arseneau et de son oncle Cointin était parti du poste de la rivière Saint-Jean pour prendre la direction de Cocagne, apportant les dernières nouvelles et le courrier venant de Québec destiné au lieutenant de Boishébert. Il y a maintenant deux semaines que les héros du *Pembroke* ont fait leur apparition à la rivière Saint-Jean. Le petit poste se trouvant complètement isolé, surtout durant les longs mois d'hiver, ces deux cents rescapés passent le temps à peser le pour et le contre des décisions qu'ils auront à prendre une fois le beau temps revenu.

La petite bande progresse lentement, suivant, dans la mesure du possible, les sentiers parallèles aux cours d'eau. La route est beaucoup moins facile en direction de Cocagne que celle en direction de Miramichi. Il faut remonter la rivière Saint-Jean, puis bifurquer vers le nord-est, empruntant lacs et rivières se jetant dans une vallée en direction de la mer, plus de vingt-cinq lieues vers l'est. On porte toujours un ou deux petits canots, d'une brasse et demie environ de longueur, au cas où un cours d'eau au débit plus rapide permettrait d'emprunter l'eau libre et d'économiser ses forces sur une distance appréciable. Ce moyen de transport exceptionnel peut porter une charge équivalente au poids de plusieurs hommes, alors qu'un seul réussit à le porter sur son dos.

Chacun des membres de l'escouade possède aussi sa paire de raquettes au tissage passe-partout. Quelques toboggans sont nécessaires aux excursions hivernales. Si l'habillement du guerrier micmac diffère de beaucoup de celui du milicien acadien, et encore davantage de celui du soldat français, tous s'entendent sur la pertinence et l'efficacité des chaussures des Sauvages. Non seulement les mocassins sont-ils plus confortables, mais leur étanchéité est fort prisée, en particulier en hiver. C'est donc sans risque de rencontrer des patrouilles anglaises que les guides acadiens et micmacs progressent jusqu'au campement hivernal de Boishébert, installé à Cocagne.

Le climat de découragement frappe les membres de la petite équipe à son arrivée au campement. Le nombre considérable de malheureux accablés par une misère apparente et généralisée est impressionnant. Pour Charles et Jean, cette désolation est nouvelle chez le peuple acadien. La situation n'a rien de comparable avec l'époque de l'incendie du village de Beaubassin et le début des migrations des réfugiés acadiens.

— Dis-moi, Jean, de quoi voulait te parler Boishébert?

— Il aurait souhaité que je ne retourne pas avec le groupe vers la rivière Saint-Jean, le mois prochain…

— Ah bon! Il veut que tu te mettes à la pêche ou à la construction d'un navire?

— Je pense que je n'aurai pas le choix, Charles. Boishébert m'a laissé entendre que c'était sa volonté que je demeure avec son groupe… Je deviendrais, en quelque sorte, le chef d'une petite force de frappe, composée de combattants acadiens, que Boishébert veut monter, et qui aurait pour mission de harceler sans arrêt les soldats britanniques. Notre zone de combat comprendra toute la région de Chignectou, les forts Beauséjour et Gaspareau. Cela fait partie des ordres venus de Québec. Par tous les moyens, harceler les Anglais jusqu'à les faire lâcher prise au fort Gaspareau. Tu sais bien que c'est là la route terrestre vers Louisbourg…

— Et pourquoi pas moi? Maudites cachotteries, je suppose.

— Un instant, veux-tu, Charles? Tu es loin d'avoir le caractère de ton frère Bénéry. Je n'ai pas vraiment connu Charles, ton père, mais tu dois lui ressembler…

— Et Bénéry, lui?

— Bénéry? C'est le tempérament de ma défunte mère, la bonté même… Enfin, pour un bout. Disons moins à pic que toi. Je lui ai posé la question, Charles… Boishébert aurait absolument besoin de Charles[162], à Charles, à Charles, à Pierre comme guide entre Québec et le poste de la rivière Saint-Jean. Tu serais indispensable, cher neveu…

— Tu dis cela pour te moquer. Ce n'est pas bien de ta part.

— Aucunement. Les communications entre Québec et l'Acadie risquent d'être plus difficiles le printemps prochain. La présence anglaise plus forte dans l'isthme de Chignectou, la perte des forts, la dispersion des Acadiens… Les bons guides blancs comme toi sont précieux, Charles.

— Bon, bon… Boishébert ne t'a pas fait venir pour te parler de moi. Est-ce à dire qu'il laisse tomber le poste de la rivière Saint-Jean ?

— Il ne m'a pas tout dit, évidemment. D'après ce que j'ai pu comprendre, le courrier que nous avons apporté contenait certaines instructions portant sur la marche à suivre concernant la situation en Acadie… Par exemple, il est clair que le poste de la rivière Saint-Jean est essentiel à la Nouvelle-France, dans la situation actuelle. C'est la possession de toute l'Acadie qui est en cause. Si Boishébert n'est pas là, qui va s'assurer d'entretenir les Micmacs ? Tu as vu de quelle façon ces derniers sont considérés, souvent mieux que nous ?

— Pas juste un petit peu, Jean ! Une bonne partie des provisions venant de Québec, et surtout une part importante de ce que les Acadiens ont réussi à dissimuler, à conserver dans leur fuite, est prélevée par Boishébert pour le distribuer aux « braves »…

— On peut dire que, sans eux, les effectifs que les Français pourraient opposer aux soldats anglais seraient ridicules. C'est à cela, en grande partie, que sert le poste de la rivière Saint-Jean : s'assurer de la fidélité des Micmacs et des autres peuples sauvages.

— Ouais, c'est un peu une façon aussi, pour les autorités de Québec, de s'assurer que nous poursuivons la lutte. Tu ne

162. Charles Arseneau, frère de Bénéry, à Charles, à Charles, à Pierre…

trouves pas, Jean? Nous sommes utilisés, sans que Vaudreuil[163] ait à nous dorloter comme il le fait pour les Micmacs.

— Ça, c'est certain, Charles. Ils ont commencé par nous attirer en territoire français, sous prétexte d'assurer notre protection, puis maintenant que les Anglais se sont rendus maîtres de la région, nous n'avons pas le choix. Pour notre propre sécurité, nous n'avons d'autre option que de nous défendre.

— Et nous n'allons pas arrêter! Maudits Anglais!

— Le poste de la rivière Saint-Jean, comme le groupe que je devrai commander, fait partie de la résistance contre les Anglais. Espionner Halifax et Beauséjour, avoir des nouvelles de Louisbourg en traversant de l'île Saint-Jean à Chédaïc ou en suivant les terres. Nous préparons la réplique, Charles. Je te le dis. Et nous allons commencer de bonne heure ce printemps, avec quelques-uns des braves bien entretenus. Nous n'allons cesser de harceler les soldats qui ont déporté nos semblables.

— Quitte à ce que nous nous mettions nous aussi à prélever des chevelures et à nous les faire payer par les autorités de Louisbourg.

4.1.4 Ceux qui restent

Dans ce fouillis indescriptible que fut la déportation, ces malheureux, attachés de façon exagérée à leur coin de terre idyllique, refusaient souvent de croire à l'inéluctable tragédie que leur préparait Charles Lawrence. Même en ayant des

---

163. À l'automne 1755, dans une lettre de Vaudreuil au ministre de la Marine, le gouverneur général de la Nouvelle-France s'ouvre sur l'importance du poste de la rivière Saint-Jean et sur le rôle des Acadiens: «J'espère, Monseigneur, suivre cet arrangement jusqu'à ce que j'aie reçu vos ordres l'année prochaine, et supposé que vous décidiez qu'il n'est pas possible de faire retirer les Anglois de l'Acadie ni d'y soutenir de notre côté des forces capables de les contenir, je pourrai faire venir dans le cœur de la colonie les Acadiens et les Sauvages. Les Acadiens au total peuvent consister à environ 2000 âmes, dont 700 hommes portant les armes. Il serait fâcheux qu'ils fussent aux Anglois.»

membres de leurs familles prisonniers dans les cales des navires en attente d'être déportés, ils faisaient fi des recommandations de prudence de l'abbé Le Guerne et sortaient de leurs cachettes dans les bois, s'exposant eux-mêmes et leurs voisins à la hargne des soldats anglais. Certaines femmes se précipitèrent vers les navires, préférant la déportation avec leur mari à la liberté dans l'incertitude et la solitude de la séparation. Et on peut les comprendre ! Boishébert avait dû se décider à menacer de fortes amendes les habitants retournant à leur maison sans considération pour leur sécurité et pour celle de leurs congénères. Aussi ne faut-il pas se surprendre de la réaction des Acadiens ayant échappé à la déportation, quand on leur fit valoir la nécessité, pour eux et leurs familles, d'émigrer vers des endroits plus sécuritaires, à l'île Saint-Jean plus précisément.

Les conseils répétés de l'abbé Le Guerne, du père Germain et du père Labrosse venu du poste de la rivière Saint-Jean, ajoutés à l'imminence grandissante du danger, finirent par en convaincre un bon nombre qu'il leur fallait, de toute évidence, s'éloigner rapidement des hommes de Monckton, devenus de plus en plus entreprenants et hardis dans la chasse aux papistes. Le Guerne et Boishébert ayant pris soin des plus vulnérables, sur la fin de l'automne dix-sept cent cinquante-cinq, demeuraient encore les rivières Memramcook et Petitcoudiac, où vivaient toujours quelque deux cent cinquante familles. Une soixantaine d'entre elles, de Memramcook, répondent à l'invitation de Le Guerne de devancer le printemps, profitant ainsi des glaces qui gèlent les lacs, les rivières et les marais pour se rendre au bord de la mer et y attendre les vaisseaux [164].

Une partie de la famille de madame Françoise, ce qui en restait, s'était regroupée autour de Pierre, l'aîné des survivants. Elle avait trouvé refuge dans les bois, encore plus au nord sur la rivière Tintamarre. En plus de Pierre, le clan comprenait

---

164. BAUDRY, René, *Un témoin de la dispersion acadienne: l'abbé Le Guerne.*

Claude, l'avant-dernier de la famille Joseph dit Cointin nouvellement marié, et deux des filles, Marguerite et Marie, avec leur conjoint. Leur intention n'était pas d'entreprendre ce périple vers l'est en plein hiver, jusqu'à ce qu'arrive un événement imprévu.

— Que s'est-il produit, Cointin?

— Je n'en sais rien, Pierre. À moins que ce ne soient les loups, ce qui m'étonnerait énormément. Tout le bétail que nous avions regroupé dans un enclos à l'abri dans le bois, à une lieue d'ici, a été anéanti. Bœufs, veaux, vaches, moutons, rien n'a survécu. Plusieurs bêtes sont disparues, enfuies ou volées. Pas de trace de coups de fusils. Les bêtes furent égorgées au couteau, à la baïonnette ou par les loups... Nous allons nous venger, Pierre. Un jour, nous les ferons payer pour ces saloperies. Dis-moi que nous allons nous venger.

— Oui, les loups! «Blastone»! Les hommes de Lawrence, de vrais démons. Ils veulent notre perte, assurément! Le bon Dieu ne va-t-il pas nous protéger contre ces hommes sans âme? Ils sont plus cruels que les loups eux-mêmes, qui ne tuent que pour se nourrir, et encore ils prennent uniquement ce dont ils ont besoin.

— Je pense comme toi, Jos. Les loups sont moins dangereux que les tuniques rouges. Nous avons été heureux de ne pas installer nos cabanes à proximité de l'enclos. Nous aurions été surpris, nous aussi. Ce n'est pas le temps de nous laisser aller. De toute manière, Cointin, nous n'avions presque plus de fourrage pour les nourrir. Les animaux maigrissaient à vue d'œil. Je ne vois pas beaucoup de solutions pour nous autres. Si nous ne voulons pas tomber un jour ou l'autre sous les baïonnettes des Anglais, ou mourir de faim, il faut aller de l'avant.

— À quoi tu penses, Pierre? Nous sommes à la fin de février, une demi-brasse de neige recouvre le sol. On gèle, rien qu'à mettre le nez dehors...

— Moi, je ne me sentirais pas capable d'entreprendre une longue expédition à travers les bois.

— On ne va pas t'abandonner, Claude. Nous allons bien peser le pour et le contre. Tout un chacun pourra donner son avis. Mais une chose est assurée : nous ne serons pas mieux ici – le peu de céréales que nous avons s'en allant en diminuant –, pour finir à rien. Nous serions réduits à nous nourrir de racines... Je pensais de toute façon à nous joindre au groupe de Memramcook. Ils sont une soixantaine de familles qui ont décidé de suivre les conseils de l'abbé Le Guerne et de gagner la mer. Il n'y a plus d'avenir pour nous autres par ici. Je serais le plus surpris du monde si la France décidait de nous envoyer le moindre soldat pour tenter de reprendre les forts tombés sous le contrôle des Anglais. C'est à peine si la Nouvelle-France a ce qu'il faut pour assurer sa propre défense.

— Ça ne fait aucun doute, Pierre. Je suis à penser que le gouverneur de Québec, comme celui de Louisbourg, se foutent pas mal des Acadiens. S'ils peuvent nous utiliser, ils le feront ; mais de là à penser qu'ils se préoccupent du fait que nous sommes affamés et mourant de froid...

— Partir de nouveau ? Moi, je préfère de loin bouger plutôt que de regarder la famille mourir à petit feu. Pire encore, qui sait, retomber aux mains des Anglais, prisonniers au fort Beauséjour ? Pas de doute qu'Anne-Marie sera de mon avis.

— Tu peux parler de cette façon. Vous êtes jeunes, ta femme pis toi, et en pleine santé...

— Pierre vient de te le dire, Claude. On ne va pas te laisser tomber. Tu es un membre de la famille. Tes enfants sont des Arseneau, comme nous tous.

— Il faudrait que je puisse m'y rendre...

— Cela va passer. Tu vas retrouver la forme... Présentement, tu manques de souffle, mais tout ça va passer...

— C'est à peu près assuré que nous y rejoindrons Jean, le neveu Charles à Charles, et qui sait peut-être bien Bénéry. En étant le plus vieux, je me sens obligé de songer à une solution pour éviter que nous périssions tous de faim. Le Guerne promet à ceux qui se rendront à Cocagne qu'ils seront sous les bons soins de Boishébert et qu'ils auront des bateaux pour les transporter, dès le printemps venu, vers l'île Saint-Jean.

— Nous revenons encore, cinq ans plus tard, au même projet de notre défunte mère... Maudite tempête qui nous a forcés à virer de bord, en plus de nous prendre maman et l'homme de Marie... Tout ne serait pas à recommencer, maintenant. Nous serions sûrement bien installés, prospères et moins affamés.

— Voyons donc, Cointin. Malpèque n'a pas changé de place sur la carte. Nous pourrions toujours trouver la baie tant rêvée par notre mère. Et plus de la moitié des habitants doit encore avoir les cheveux noirs frisés des Arseneau...

— Un qui serait heureux que nous nous y retrouvions tous, c'est bien Bénéry... Le rêve de sa grand-mère, pensez-y donc...

Au fil de la conversation, sans s'en rendre compte, on avait déjà pris la décision, sans avoir demandé à tous ce qu'ils pensaient, de prendre à nouveau la route de l'exil en plein cœur de l'hiver, avec tout ce que cela comporte. La disparition d'une grande partie de leur cheptel ne leur laissait guère le choix : partir ou mourir de faim. Le trajet de sept ou huit lieues n'est pas énorme, mais monter tout le nécessaire sur des traîneaux, réduire au minimum les bagages, sans laisser derrière soi ce qu'il faut pour tout recommencer ailleurs. Un défi de taille. Il est vrai qu'au fil des ans le clan de madame Françoise, comme beaucoup de familles acadiennes de la région de Beaubassin, a dû apprendre à vivre avec moins, à construire en quelques jours une cabane pour se mettre à l'abri des intempéries. Forcés de vivre à l'indienne, ils avaient au moins cet avantage sur les soldats qu'ils tentaient de fuir... Pourtant, la mort guettait souvent les personnes plus faibles, les vieillards et les enfants. Le froid s'ajoutant à la faim, et malgré toutes les précautions, on dut déposer dans une tombe sommaire, aussi à l'indienne, le corps terriblement amaigri de leur frère.

Le clan de madame Françoise survivrait. Il prendrait, à compter de ce jour, soin des nouveaux orphelins.

4.1.5 Nous allons nous venger

L'hiver se prolongea jusque tard dans le mois d'avril, forçant à la disette, au bord de la famine, les Acadiens et toute la garnison que devait entretenir de Boishébert. Le clan de madame Françoise ne fit que s'ajouter aux familles venues de Memramcouk, qui elles s'additionnaient aux peu nombreux soldats sous les ordres de Boishébert, puis venait la force de frappe des quelque cinq cents Micmacs entretenus par les Français. Cocagne et Chédaïc, à quelques lieues de distance, demeurèrent emprisonnés dans les glaces jusqu'à la fin d'avril, étirant ainsi le martyre des pauvres familles qui attendaient toujours les secours d'un navire pouvant les emmener vers l'île Saint-Jean. Ces navires ne viendraient que tard au printemps, emportant, finalement, les vivres qu'on leur promettait depuis longtemps.

Dans toutes les régions de l'Acadie dévastée, des familles ayant évité la déportation avaient été forcées de passer ce premier hiver dans les bois. Les autorités de Louisbourg sont informées depuis des semaines qu'environ deux cent vingt-cinq de ces Acadiens attendent cachés dans les environs de Tatamagouche, avec leurs bestiaux, que l'on vienne les prendre pour les transporter hors de l'isthme de Chignectou. D'autres, des régions de Grand-Pré, de Pissiguit, de la rivière aux Canards, demeurent cachés dans les bois, tâchant tant bien que mal de survivre. Au bord du désespoir, des combattants acadiens font une descente dans un entrepôt du fort Édouard, à Pissiguit, s'emparant des provisions et tuant treize soldats. Quelques jours plus tard, les soldats captureront deux Acadiens et en tueront deux autres.

Si les grandes puissances européennes tardent à se déclarer la guerre. Les Acadiens réalisent bien que Lawrence, avec l'accord tacite du Board of Trade de Grande-Bretagne, a entre-pris systématiquement de les extirper de la Nouvelle-Écosse. Après la déportation, l'extermination par la privation, par la faim. Si les autorités anglaises font peu de cas des moyens uti-lisés par le gouverneur d'Halifax, les dirigeants français, ceux de la lointaine métropole, mais aussi ceux de Québec comme ceux de Louisbourg, ne semblent pas beaucoup plus s'émou-voir de leur sort.

La guerre aux Acadiens est en marche, en cette fin d'hiver cinquante-six. Un contingent de soixante coureurs des bois est à la poursuite des Acadiens fugitifs. Il leur est payé trente livres par tête d'Acadien amenée à Halifax, où plusieurs croupissent déjà dans les cellules humides, attendant à leur tour d'être déportés. Les Acadiens doivent lutter pour leur survie. Ils se battent quotidiennement pour arriver à nourrir les enfants, les vieillards. Ils vivent dans l'indigence la plus complète, man-quant de tout. La rareté et la mauvaise qualité des aliments provoquent des épidémies. La mort est souvent la seule déli-vrance.

Dans une lettre à son supérieur le ministre de la Marine, le gouverneur de la Nouvelle-France Vaudreuil s'ouvre sur ses intentions concernant la petite communauté tremblante de Cocagne: «Monsieur de Boishébert, suivant mes ordres, fera passer à Chédaïc toutes les femmes et les enfants à l'arrivée des petits bâtiments que je lui ai fait expédier à Cocagne, et d'abord qu'il les aura mis à couvert de l'insulte des Anglois...»

Dans ce décor d'une blancheur immaculée, le froid per-çant le peu de vêtements que l'on réussit encore à trouver pour se mettre sur le dos, on se rapproche du poêle, cherchant sa chaleur, se collant les uns sur les autres. Pierre et les siens, qui ont retrouvé comme prévu Jean, l'autre Cointin, déjà avec le groupe de Boishébert, cherchent à comprendre, se demandant pourquoi le sort s'acharne sur leur famille, sur leur peuple. Un peuple de paysans illettrés, mal accoutrés, au langage rude, ignorant des bonnes manières, mais pourtant pacifique, droit, d'une fierté naïve peut-être, mais est-ce là un péché méritant que de telles calamités s'abattent sur lui? Dieu les aurait-il abandonnés à son tour? Après la joie des retrouvailles, il faut affronter le quotidien. Si le clan fait facilement l'unanimité autour des tâches quotidiennes, il n'en est pas toujours ainsi sur les attitudes à adopter, sur les actions qu'il convient de mener pour assurer la survie du groupe.

— Je ne suis pas si certain que ça que nous avons amélioré notre sort en faisant tout ce chemin, en plein hiver.

— Ça ne sert à rien de revenir constamment sur le passé, Joseph. Nous n'aurions pas survécu au mois de mars si nous étions demeurés dans les bois au nord de Tintamarre, sans viande, la farine épuisée. Nous savons tous que tu n'as pas ton égal à la chasse avec le fusil, mais ici au moins, nous pouvons compter sur la solidarité du groupe. Nous sommes à l'abri des incursions des hommes de Monckton. À tout moment, nous risquions de les voir survenir. Tu n'aurais tout de même pas voulu que nous nous retrouvions de nouveau au fort Beauséjour? Pire encore, dans une cellule à Halifax, et toute la famille cette fois?

— Ce que Joseph essaie d'expliquer, c'est qu'il était encore une fois inutile de croire aux promesses de vivres et de provisions que faisaient miroiter les hommes de Dieu, pour que les Acadiens viennent retrouver le groupe de Boishébert. Ce n'est pas la première fois que ces supposés secours, venant de Québec ou de Louisbourg, se transforment en fumée.

— Tu as raison, Joseph, mais ce sont les Anglais qui nous ont finalement forcés à quitter notre retraite dans les bois. En tuant et en pillant inutilement notre cheptel, ils nous condamnaient à mourir tous. Pas seulement Claude, que nous avons perdu en chemin. Mais moi, Jean, je te le promets, nous allons nous venger. Je ne sais pas comment ni quand, mais ce n'est pas vrai que nous allons nous laisser faire sans nous défendre, sans réagir.

— En tendant des embuscades avec tes amis Micmacs ?

— Écoute, Pierre, tu ne sembles pas pleinement en accord avec ces tactiques que nous employons…

— Ne te fâche pas, Jean. Je…

— Qu'as-tu à proposer ? Tous, nous trouverions souhaitable que le gouverneur Vaudreuil puisse nous envoyer douze milles hommes pour réparer les pertes subies aux mains des Anglais. Penses-tu un instant que cela est possible ? Ce que nous avons employé comme méthodes de guerre, dans cette opération du mois de mars contre les soldats anglais, sont les mêmes employées depuis toujours par les soldats français en Amérique. Nous sommes en guerre, Pierre. Ces hommes qui coupaient du bois de chauffage pour le fort Beauséjour, c'étaient des soldats britanniques[165]. Les mêmes qui nous détenaient prisonniers dans le fort, les mêmes qui ont fustigé des femmes pour leur soutirer des informations, les mêmes qui pourchassent sans relâche les Acadiens. Oui, il y eut neuf morts. Mais ce sont des soldats et c'est la guerre…

— Pour que les Micmacs puissent lever des chevelures…

— Les guerriers micmacs ont leurs façons à eux de faire la guerre, Pierre. C'est pour cela que Vaudreuil les entretient de si belle façon. Toutes les nations sauvages ont ces pratiques, copiées à présent par messieurs les Anglais, appuyés par le Conseil d'Halifax.

Le gouverneur de la Nouvelle-France attend de nous que nous soyons des combattants, ce pour quoi de Boishébert m'a demandé de former un escadron. Le lieutenant doit assurer la subsistance de deux mille cinq cents personnes… Il vous faudra vous y joindre. Nous n'avons pas le choix.

---

165. Voir http://www.acadian-home.org. *Chronology of deportation and migrations of the Acadians,* par Paul Delaney : « *Early spring 1756, Acadian and Micmac fighters ambush a group of Anglo-American soldiers while they are cutting wood for fort Cumberland (Beauséjour), killing 9 of them.* »

— Nous verrons bien, Jean. Pour le moment, nous devons songer à ce que nous ferons dans les prochaines semaines. Je dois aussi penser à tout le groupe. Malpèque, même si les pluies ont fait des ravages l'an dernier... Nous ne savons plus, Jean.

— C'est pourquoi je ne veux plus décolérer. La guerre nous vengera.

Le printemps tarde toujours, et, dans la correspondance qui s'échange avec la métropole, il ressort une triste description de la situation des réfugiés de Cocagne[166].

4.1.6 Vers le nord

Si les déportés, loin de leur Acadie, ont moins froid dans leur corps, ils n'ont pas moins faim, et au fond de leur cœur, ils ne souhaitent rien de plus que de pouvoir se serrer sur les leurs qu'ils savent perdus dans les bois, tentant de se soustraire aux hommes de Lawrence... Pour les passagers de la petite flottille de malheureux qui fait voile lentement vers le nord, les angoisses sont nombreuses et bien réelles. La précarité de leur situation, la piètre condition de leurs embarcations, la frugalité dans laquelle les placent leurs maigres provisions n'échappent pas aux chefs de cette expédition risquée. S'ils sont inquiets, ils tâchent de ne pas le laisser voir. S'il leur arrive de douter, c'est pour mieux, quelques instants plus tard, se convaincre, eux et les leurs, de la justesse de leur cause, de la réussite de leur projet. Ils ont la ténacité, l'entêtement que leur autorise leur foi indéfectible dans leur Dieu, leur Sauveur.

---

166. Voir http://www.umoncton.ca. *Lettre de Vaudreuil au ministre* à Montréal, le 1er juin 1756 : « La disette de vivres a obligé M. de Boishébert de faire passer à l'île Saint-Jean quarante-neuf familles ; il en a aussi envoyé quelques-unes à Québec ; il a eu six cents personnes, outre les sauvages, à nourrir pendant l'hiver ; il a près de lui trente familles de Port-Royal ; il a encore mille personnes dans les rivières, qui, pour la plupart, sont dans l'extrême misère. »

Ainsi, les deux groupes progressent-ils dans la direction de leur pays de rêve. Le vingt-neuf mars dix-sept cent cinquante-six, le groupe mené par Jacques Vigneau s'arrête en Caroline du Sud[167]. Il sera rejoint, quelques jours plus tard, par celui de Michel Bourgeois, puis encore plus tard par celui de Jean Terrio… L'exiguïté de leurs embarcations surpeuplées les oblige à naviguer le long des côtes et à débarquer régulièrement, pour une multitude de raisons. Là, à Charleston, ils rejoignent de leurs compatriotes partageant les mêmes sanglots, les mêmes déchirements, les mêmes affres. On reconnaît de la parenté, de la famille. On se retrouve dans les larmes. Parfois, c'est un frère… Alors, on s'enquiert, on cherche à savoir, à obtenir des renseignements sur ce qu'il est advenu aux déportés des autres navires. Combien ont survécu? Combien ont péri? Avez-vous des nouvelles d'un tel à un tel? Et son épouse, la fille à un tel? Et leurs enfants? Qu'arrive-t-il aux passagers du *Syren*? Est-il bien vrai qu'ils furent tous déportés de nouveau vers les vieux pays? Toutes ces informations seront précieuses pour reconstituer les drames vécus dans toutes les familles acadiennes de Chignectou, et aussi de partout en Acadie.

— Dis-moi, Michel[168], as-tu l'intention de quitter Charleston bientôt?

— Je ne sais pas encore, Maurice[169]. Le gouverneur a accepté de reconduire notre laissez-passer, de signer la lettre de recommandation de bon comportement, mais je ne suis pas tout à fait gréé… Je vais en parler avec Jean[170], qui vient tout juste d'arriver avec son groupe.

---

167. Paul Delaney nous apprend que le registre de Miquelon montre qu'Anastasie Hébert, un enfant de Magloire Hébert et une belle-fille de Jacques Vigneau, est née à Charleston le 6 avril 1756, huit jours après qu'ils furent arrivés à cet endroit.

168. Michel Bourgeois, fils de Claude?

169. Jacques Vigneau, dit Maurice.

170. Jean Terrio…

— Nous sommes seulement le neuf avril. Nous avons encore du temps devant nous. Moi, je pense mettre les voiles dans les prochaines heures... Nous serons plus nombreux au départ qu'à l'arrivée. Quelques-uns vont se joindre à nous. Nous tâcherons de faire de notre mieux, avec les provisions que nous avons. Il est toujours possible de pêcher pour l'essentiel, mais nous devrons continuer de faire côte plus souvent, c'est tout.

— Ouais, l'état de notre flotte laisse à désirer. Disons qu'ils nous ont soutiré pas mal pour leurs vieilleries. Faudrait toujours être à radouber. Nous sommes chanceux que le gouverneur Glen ait accepté de reconduire les mêmes documents que le gouverneur de la Géorgie. Tu ne trouves pas, Maurice? La situation est plus délicate ici à Charleston?

— Je crois savoir que Glen nous est encore plus sympathique que Reynolds. Son Conseil et la Chambre d'Assemblée font plus de pression... Les autorités ont accepté de discuter avec des représentants des quatre navires arrivés à Charleston pour entendre notre point de vue, sans grand succès, il faut le dire. C'est vrai que la colonie est plus populeuse et que nous sommes un bon nombre aux alentours de Charleston. Les tentatives de fuites sont fréquentes. Les journaux ne sont pas tendres. Tu as vu, ils ont remis la main sur quelques-uns qui avaient tenté de fuir, juste avant que nous arrivions?

— Ils ne sont pas les premiers à tenter leur chance. J'ai appris que mon frère Jean-Jacques [171] a pris la fuite avec ses trois beaux-frères, les Bourg, il y a plus d'un mois maintenant. Ils étaient tous sur le *Two Brothers*. Je craignais que ce soit son groupe qu'on ait ramené prisonnier... C'est un peu pour ça que je ne suis pas pressé de prendre la mer. Tout à coup il surgirait? Au moins, je sais qu'ils ont survécu. Ils en ont repris plusieurs, mais un bon nombre sont toujours en fuite. J'ai compris que les

---

171. Jean-Jacques Bourgeois, à Claude, remarié à Marie Cyr et beau-père de Théotiste.

Broussard, Alexandre dit Beausoleil et son fils Victor seraient de la bande, les Bastarache aussi, Pierre et Michel. Selon moi, ces groupes, juste des hommes, ont décidé de prendre la route par l'intérieur des terres. Le plus périlleux est de traverser les marais, nombreux et infestés des plus horribles créatures, qui entourent Charleston... Si nous n'avions pas été en mesure de nous construire des embarcations, c'est certainement ce que j'aurais fait. Vers l'ouest, le Mississipi en territoire sous contrôle français, que l'on remonte vers le Canada...

— Exact, Michel. Notre situation est bien différente. Je ne nous vois pas avec femmes, enfants et bébés naissants jouer les Cavelier de La Salle... Si nous progressons bien, il nous sera possible de retourner en Acadie avant la fin de l'été. Le mieux est de tenter de rejoindre la rivière Saint-Jean...

Le vingt et un avril, Michel et son groupe sont toujours à Charleston. Il y a maintenant dix jours qu'il a l'autorisation de reprendre la mer. Il sera forcé de rembarrer en direction du nord sans nouvelles de son frère Jean-Jacques. Nous savons que Jacques Vigneau fera halte en Virginie et sera arrêté, le vingt juillet, après avoir remonté plus des deux tiers du trajet, à la hauteur du cap Cod, à la suite d'une demande de leur vieil ennemi, Lawrence lui-même, qui a prévenu son ami le gouverneur Shirley du Massachusetts. Ils faisaient terre pour s'approvisionner en eau et en autres provisions. Ils se joindront aux autres Acadiens déportés dans la région de Boston qui attendent que la guerre prenne fin. Michel Bourgeois et sa horde devront arrêter leur course à New York, cadeau du même Lawrence. Leurs embarcations seront confisquées et on voudra les disperser dans les paroisses environnantes. Cependant, la Nouvelle-France n'est pas loin, comme l'Acadie.

4.2 1756 - 1757

4.2.1 La guerre de la Conquête

Le roi de France, Louis XV, déclara finalement la guerre à l'Angleterre le neuf juin dix-sept cent cinquante-six, marquant ainsi le début officiel des hostilités de la guerre de Sept Ans [172]. En Amérique, la guerre a déjà deux ans. On ne peut pas véritablement parler d'une surprise. L'escalade était en marche depuis fort longtemps. L'Angleterre avait pris les devants. Le dix-huit mai dix-sept cent cinquante-six, elle avait formellement déclaré la guerre à la France, s'en tenant au jeu des alliances. Aussi les deux camps avaient-ils déjà nommé leur commandant en prévision de l'affrontement à venir. Pour les Britanniques, on avait confié le poste au général John Campbell, comte de Loudon. Chez les Français, le choix s'était fixé sur Louis-Joseph de Montcalm.

Pour la France, les enjeux sont principalement européens, alors que l'Angleterre, de son côté, entend profiter de la situation pour régler définitivement la question des colonies en Amérique. Cette approche de la métropole laisse entrevoir de sérieuses difficultés pour la Nouvelle-France, tenant compte de l'immense territoire qu'elle doit encore défendre, malgré les pertes encaissées en dix-sept cent treize lors du traité d'Utrecht.

L'arrivée de Montcalm en tant que chef des opérations militaires allait provoquer des remous et des tensions à propos des stratégies à employer. Militaire de carrière, ce dernier ne voit l'Amérique que comme un théâtre d'opérations comme les autres. Il se trouve à privilégier les tactiques conventionnelles utilisées sur le continent européen. Vaudreuil, de

---

172. Cette guerre emprunte plusieurs dénominations différentes, selon l'endroit où l'on se trouve : en Europe c'est la guerre de Sept Ans, l'historiographie de la Nouvelle-France la dénomme guerre de la Conquête, quant aux Anglo-Américains, ils la nomment The French and Indian War.

son côté, premier gouverneur de la Nouvelle-France né au Canada, est beaucoup plus conscient des enjeux locaux et surtout plus préoccupé par l'avenir de la Nouvelle-France. Lorsqu'il embrasse l'immensité du territoire, les forces considérables que les Britanniques leur opposent, il ne peut faire autrement que de se tourner vers des manœuvres proches de celles de la guérilla, qui sont celles toujours utilisées par ses prédécesseurs ayant eu la responsabilité de la défense de la colonie. C'est la *petite guerre* qui a toujours rapporté le plus. Les frictions entre les deux hommes, dans ces conditions, étaient inévitables. Elles allaient s'avérer fort coûteuses pour la Nouvelle-France.

Bénéry, bien calé dans son hamac, tout à la joie de ses nouvelles responsabilités, est bien indifférent à ces considérations stratégiques lointaines, qu'elles soient coloniales ou métropolitaines. En cette fin de printemps, il se sent léger : il préfère laisser son esprit vagabonder loin du navire qui le berce doucement. C'est que Jos Dugas, son capitaine, lui a annoncé au moment du départ qu'il passait directement au grade de matelot. Attention ! Pierre Arseneau, dit Bénéry, ne doit plus être cavalièrement interpellé « le mousse ». Il s'agit là d'une belle marque de confiance du capitaine qui, sautant l'étape du noviciat, lui accorde le rang de matelot... C'est bien mérité de la part de Bénéry. Peu lui importe que les « gages » ne soient pas versés de façon régulière ; cela pèse peu à ses yeux. Il a trouvé sur l'*Espoir* tout ce dont il était privé : famille immédiate, maison, repas à peu près réguliers... Et maintenant, un travail ! D'après ce que lui ont dit les autres, un matelot gagne facilement dix fois plus qu'un mousse.

Ces nouvelles attributions le rapprochent grandement de son bon ami Gabriel, le Micmac, qui n'a, après tout, que quelques années de plus que lui. Cette promotion n'avait aucunement atténué, au contraire, la jalousie secrète qu'entretenait le jeune fils du capitaine qui, lui, ne pourrait jamais, tant qu'il naviguerait avec Jos Dugas son père, se débarrasser du surnom de mousse.

C'est le Mousse qui extirpa Bénéry de sa rêverie.

— Tu ne dors pas, Bénéry? Nous venons à peine de tremper le pain durci dans la soupe…

— Non, non. Je me reposais dans mon hamac. Vaut mieux rester sur le pont que dans la cale, avec la cargaison que nous transportons… Cela ne te rappelle pas des souvenirs, le mousse?

— C'est bon. T'es pas obligé de m'appeler constamment le mousse, Bénéry. Mais tu as raison, une cargaison comme la nôtre, cela laisse des traces…

— Des traces et des odeurs… Le fait que je sois matelot ne m'évitera pas la corvée du nettoyage lorsque nous aurons fait la livraison dans le port de Louisbourg. Ne t'inquiète pas, Joseph [173].

— Je suppose que tu rêvassais aux jolies chevilles des grandes dames de la forteresse. Comme de coutume, monsieur passe son temps à rêver aux demoiselles…

— Parle pour toi, le Mousse! C'est normal que l'idée de retourner à Louisbourg nous émoustille, tu ne trouves pas?

— Faudrait que nous nous organisions pour en profiter de façon tangible, plus palpable, disons, mon Bénéry… Tu devrais en parler à ton ami Gabriel, question de savoir s'il ne pourrait pas nous donner un coup de main. Les autres sont tous mariés… N'est-il pas temps pour nous de passer aux choses sérieuses, matelot?

— T'as l'air bien sérieux dans tes projets, le mou… mon Joseph. Pour le moment, il faut nous rendre à Louisbourg avec le troupeau qui beugle sans fin dans la cale… Sérieusement, j'aurais préféré que nous prenions des Acadiens à Tatamagouche pour les transporter à l'abri à l'île Saint-Jean. Ce n'est pas le nettoyage de la cale qui me dérange comme de savoir

---

173. Joseph Dugas, fils de Jos, surnommé le Mousse.

qu'il demeure des gens de notre peuple qui doivent se cacher pour tenter d'échapper aux hommes de Lawrence, et qui ont toutes les misères du monde à survivre. Lorsque nous sommes arrivés sur la grève, tu as vu la détresse de ces hommes, de ces femmes, et encore plus la frayeur dans les yeux des enfants et des vieillards?

— Tu vas me faire pleurer, Bénéry... Des bateaux s'apprêtaient à les prendre à bord pour les traverser à l'île. Pour nous, cette fois-ci, ce sont des bêtes à cornes, et pour les mener à la forteresse... La misère? C'est ce que nous voyons partout où nous allons, même à Louisbourg...

C'est à ce moment précis que les deux compères furent interpellés de façon cavalière par Faraud, qui n'était visiblement pas impressionné par les responsabilités nouvelles de Bénéry.

— Bénéry, le mousse! Grouillez-vous! Aux manœuvres! Vous n'avez rien vu? Nous ne sommes pas au repos. Nous sommes au travail. Tout de suite sur le pont. Avec Gabriel, assurez-vous d'affaler le foc pour faciliter le virage de bord. Il n'y a pas une minute à perdre. Trop tard, sapristi! Gabriel, prends les jeunes et descends tenter de radouber du mieux que tu pourras. Le coup nous a touchés en bas de ligne de flottaison: nous prenons l'eau, c'est certain. Allez, nous poursuivrons le reste de la manœuvre sans vous. Si ce n'est par réparable, montez nous prévenir.

À ce moment précis, les quatre marins durent rapidement se pencher pour éviter d'être happés par le bôme, qui s'en venait de bâbord à toute vitesse... Cette manœuvre osée, un genre de pirouette, permettait souvent à Jos Dugas de soustraire l'*Espoir* aux dangers lors de rencontres indésirables, de s'esquiver rapidement devant le canon qui risque de faire feu sans vous prévenir. Cette fois encore, l'*Espoir* allait s'en tirer sans trop de mal... Ces navires anglais, souvent non identifiés, sont de plus en plus présents, même dans le golfe du Saint-Laurent, depuis le déclenchement officiel des hostilités. Le danger, cette fois, venait d'un croiseur anglais patrouillant dans le détroit séparant l'île Saint-Jean de la baie de Pictou [174].

L'atmosphère à l'intérieur des murs de la forteresse était loin d'être aussi maussade que l'avaient imaginé les jeunes marins de l'*Espoir*. Loin de la misère, la ville semblait animée d'un regain d'énergie, comme si la guerre signifiait plus d'occasions d'affaires, plus de prospérité. Les rues fourmillaient de soldats, mais aussi de marins, de pêcheurs, tous heureux de prendre quelques heures de bon temps dans les tavernes du port... Pourtant, la situation n'a rien pour se réjouir. L'état de la forteresse est lamentable. Le navire que l'on a envoyé pour espionner les Anglais dans la région d'Halifax et les rapports que l'on fait parvenir à Vaudreuil sont précis: l'ennemi s'active, les Anglais préparent une attaque vers le poste de la rivière Saint-Jean [175].

Pendant toute une journée, nos deux jeunes marins eurent le loisir de se balader dans la ville de Louisbourg. L'*Espoir* ayant mouillé l'ancre, c'est Jos Dugas lui-même qui les pria de le débarquer au *tchais,* en face des magasins du roi.

— Soyez prudents. Prenez votre temps... J'en ai bien jusqu'à la noirceur... Si vous n'êtes pas là, je rentrerai avec Faraud ou Gabriel, avec l'autre doris.

Les deux amis ne se firent pas prier. Après avoir arpenté les rues à plusieurs reprises, après avoir ralenti le pas devant la boutique du forgeron, la boulangerie, après s'être permis de rêver devant la maison du gouverneur, après avoir fait les

---

174. Les autorités étaient au courant de ces opérations... Voir http://www.umoncton. ca: *Lettre du 6 août 1756 au ministre. Transmigration des Acadiens sur nos terres*: «Je me doutais bien qu'il y aurait des croiseurs entre cap Tourmentin et l'isle Saint-Jean, et à l'entrée de la baye Verte... »

175. *Idem. Vaudreuil au ministre,* le 6 juin 1756: «Suivant le rapport de ces prisonniers et les connaissances que j'ay par les papiers pris aux Anglois, il y a 1000 hommes de garnison à la pointe Beauséjour, 150 hommes à la baye Verte, et 150 hommes au fort Lawrence... Leur projet est de tout prendre le bas de la rivière Canada et de prendre possession de Gaspé. Il y avoit à Alifax deux vaisseaux de ligne et 17 navires françois pris l'été dernier, lesquels doivent servir à l'expédition de la rivière Saint-Jean pour laquelle ils doivent mettre 2000 hommes sur pieds. »

cent pas devant certaines portes réputées pour être des *mauvais lieux,* Bénéry ne retint pas le Mousse, mais refusa catégoriquement de franchir le seuil. Le Mousse se mit en colère, alla jusqu'à blasphémer, se permit de traiter Bénéry de poltron, rien n'y fit. Ils décidèrent alors de retourner au doris et de ramer jusqu'à l'entrée de la baie de Louisbourg avant de regagner leur hamac... Bénéry retrouva en pensées l'objet de ses rêves les plus secrets...

4.2.2 : L'ennemi à l'intérieur

En Acadie, on ne se rend pas vraiment compte que la guerre est officiellement engagée, la situation ne pouvant d'aucune façon se détériorer davantage. L'*Espoir* n'a pas modéré ses déplacements. S'il ne remporte pas de grandes victoires, Jos Dugas n'en est pas moins fier et heureux de faire son travail, le même qu'il pratique depuis des années. Si plusieurs caboteurs tombent dans les pièges tendus par les croiseurs britanniques, que leurs navires se retrouvent dans le port de Halifax, susceptibles d'être réutilisés par l'ennemi, de son côté, Jos place avec succès son expérience au service de la colonie.

Du point de vue des opérations militaires, l'expédition sur le petit poste de la rivière Saint-Jean n'aura pas l'ampleur que craignait Vaudreuil. Elle sera repoussée par Boishébert et ses hommes, qui ont renforcé leur position sur cet endroit stratégique pour la défense de la Nouvelle-France.

Quant à Lawrence, il est autrement plus préoccupé par les rumeurs selon lesquelles des Acadiens, en assez grand nombre, déportés aussi loin que la Géorgie, sont en voie de revenir vers leur pays... Le premier juillet dix-sept cent cinquante-six, alarmé par le rapport que des Acadiens réussissent à revenir en Acadie, il écrit de nouveau aux gouverneurs de la Nouvelle-Angleterre, leur demandant de procéder à des arrestations, de les empêcher de poursuivre leur route... Il sera entendu par son vieux complice, le gouverneur Shirley, qui fera adopter une proclamation demandant d'arrêter les Acadiens...

Dès son arrivée en Amérique, Montcalm se rend bien compte que son premier devoir est de préserver la communication entre le Canada, le cœur de la colonie, et l'Ohio, véritable enjeu du conflit. Il décide donc d'agir promptement, avant que les Britanniques puissent s'organiser, et lance une opération pour neutraliser le fort d'Oswego, situé sur les rives du lac Ontario, et qui coupe ces communications. L'opération est un succès complet, le fort totalement détruit. On peut donc prétendre que la Nouvelle-France ne s'en tire pas si mal en cette première année de guerre officielle, ce qui autorisera Vaudreuil à respecter l'engagement pris, c'est-à-dire de ne ramener les Acadiens et les Micmacs alliés vers Québec qu'en cas d'extrême nécessité, pour la défense de la colonie[176]...

Il devient évident que les Acadiens ne sont importants que parce qu'ils sont devenus un outil utile dans la défense de la Nouvelle-France. Le groupe de Jean Arseneau, dit Cointin, comme beaucoup d'autres Acadiens, tente pourtant par tous les moyens de soutenir la poignée d'hommes que Vaudreuil veut bien mettre au service de Boishébert. Comme les Micmacs, comme les Abénakis, comme les Sauvages de Pictou, ils participent aux opérations d'espionnage, compliquent la vie des soldats britanniques, contribuent à livrer des *chevelures* aux autorités de Louisbourg. Malgré cela, le gouverneur trouvera à se plaindre du peu d'énergie que ces malheureux mettront à se battre et « espère qu'ils feront mieux à l'avenir ».

Comme tous les Acadiens ayant évité la déportation et étant demeurés dans les environs de l'isthme de Chignectou, le clan de madame Françoise poursuit inlassablement ses discussions sur l'endroit où se fixer définitivement. Pierre profite donc

---

176. *Idem. Vaudreuil au ministre*, 1ᵉʳ juin 1756 : « Je ne rappelleray M. de Boishébert ny les missionnaires et je ne retireray les Acadiens dans le cœur de la colonie qu'à la dernière extrémité, et lorsqu'il me sera moralement impossible de faire mieux. »

d'un des rares moments où ils sont tous réunis pour ramener la conversation sur le sujet.

— Je crois bien que nous n'avons plus beaucoup de temps devant nous, si nous ne voulons pas passer un autre hiver à attendre des secours de Québec ou d'ailleurs qui, inévitablement, ne viennent jamais. Je ne vois que Malpèque, où nous serions un peu à l'abri des attaques sournoises des hommes de Monkton. Qu'en pensez-vous, les « Cointin » ? Peut-on croire que nous ferions un bon coup ?

— Je ne sais pas ce qu'en pense Jean. Qui nous le dira ? Mais je suis aussi d'avis que nous devrions nous décider rapidement, sinon ce sera trop tard, il nous faudra remettre cela à l'an prochain. Je ne participe pas à toutes les expéditions que Jean organise, mais je ne vois pas très bien à quoi nous pouvons nous attendre de bon dans cette région de Cocagne. Maintenant que la guerre est officiellement revenue, il n'y aura pas moins de soldats et d'escarmouches que ces derniers mois. Les nouvelles qui nous parviennent de l'île sont bonnes. Les récoltes s'annoncent les meilleures depuis longtemps. La métropole, les missionnaires, tous nous encouragent à nous déplacer vers l'île. Le printemps dernier, la disette forçait Boishébert à y faire passer une cinquantaine de familles... Aussi bien ne pas attendre.

— Je suis désolé de te décevoir, Pierre, mais vos nouvelles datent de trop longtemps. Vous n'êtes pas à jour... Il est bien vrai que beaucoup de malheureux y ont trouvé refuge, mais justement, peut-être trop. À moins que ce ne soit le gouverneur de Port-la- Joie qui ne sache plus trop ce qu'il doit faire de tout ce monde. Il y a trop d'incertitude...

— Tu proposes que nous attendions tranquillement dans la région que la guerre se termine ?

— Attendre tranquillement ? Pas du tout, il y a trop à faire, Pierre.

— Tu n'es pas d'avis que je sois un paresseux, Jean... tout de même !

— Ne le prends pas de cette façon, Pierre. Absolument pas. Il est vrai qu'il y a beaucoup à faire. Il est vrai aussi que je ne suis pas intéressé à laisser tomber la bande de Boishébert ni les responsabilités qu'il m'a confiées, qui me réjouissent encore. C'est ma vie, Pierre. Je veux me battre. Tant que je pourrai pourchasser les hommes de Lawrence, tant que je me sentirai utile dans les missions que l'on me confie. Je suis bien heureux aussi de pouvoir compter sur Joseph, de temps à autre, pour des courses particulières. Je comprends qu'il est marié...

— C'est ma vie à moi aussi, Jean, ne l'oublie pas... Mais il faut penser à l'avenir de notre famille, de notre clan.

— D'accord, Joseph. Écoutez, selon Boishébert lui-même, la situation est loin d'être idéale sur l'île [177]. Je pense qu'il serait préférable pour nous d'écouter les anciens. Plusieurs discutent maintenant de la possibilité de demander l'autorisation de nous installer un peu plus au nord. À Miramichi, c'est suffisamment loin pour que les Anglais nous laissent tranquilles. L'endroit est devenu un carrefour, un peu comme la rivière Saint-Jean. J'ai parlé aux Bourgeois. Le vieux Claude ne veut pas bouger pour le moment, mais ses enfants seraient d'accord. Oui, il y aura beaucoup de travail, encore recommencer la construction d'abri, se préparer pour l'hiver. Nous connaissons bien cela, la vie d'errance. Dites-vous que ce serait la même situation à Malpèque.

Il faudra encore du temps au clan de madame Françoise pour se décider. Son projet se butait cette fois aux complots de M. Villejoint. Comment se fait-il que, alors que les récoltes s'annoncent bonnes, il décourage les Acadiens de se porter vers

---

177. *Idem. Vaudreuil au ministre de la Marine*, le 7 août 1756 : « La misère est grande dans l'isle Saint-Jean, la plupart des habitants sont sans pain. M. de Villejoint ayant nourri depuis l'automne 1257 personnes réfugiées, il en reçu ce printemps 230 de Cocagne, mais il a été obligé de faire passer quelques familles à Québec par ordre de M. Drucourt et suivant mes intentions il s'est débarrassé des habitants les moins laborieux. »

cette région française ? Serait-il de connivence avec l'intendant Bigot ? Ou avec Boishébert, qui désire retenir les Acadiens dans la région de Miramichi, où il doit procéder à la construction de magasins pour l'entreposage des denrées qu'il attend de Québec ?

Le peuple acadien poursuit donc sa longue marche. On a convaincu une partie, en cet été dix-sept cent cinquante-six, que l'endroit lui assurant la plus grande sécurité est à Miramichi.

4.2.3 : Théotiste chez les Micmacs

En Amérique, l'été terminé, aussi bien se dire que toute opération militaire terrestre d'envergure est risquée. C'est certainement ce que pense Montcalm, se réjouissant d'avoir atteint les objectifs qu'il désirait pour la campagne de dix-sept cent cinquante-six. L'automne est plus propice à l'élaboration de stratégies pour la belle saison à venir… C'est autre chose pour les opérations navales. Les navires français faisant la navette entre Québec, l'île Saint-Jean et Louisbourg sont bien conscients qu'ils risquent à tout moment de se retrouver face à un bâtiment ennemi. En octobre de cette année, deux petits navires transportant deux cents réfugiés Acadiens vers Québec tombent aux mains des Anglais, non loin de Gaspé. Plus tard en décembre, ce seront cent cinquante malheureux qui seront capturés et amenés avec leur bateau vers Halifax. Déjà en octobre, l'intendant Bigot estimait à six cents le nombre d'Acadiens réfugiés à Québec. Le trente novembre, les Anglais mettent la main sur le *Chariot Royal,* qui faisait voile vers Louisbourg. Se trouvaient à bord neuf hommes acadiens, séparés de leurs familles et déportés en Caroline du Sud. Ces hommes étaient de ceux que le gouverneur Glen considérait comme trop dangereux pour sa colonie et qu'il s'était empressé de déporter de nouveau vers l'Angleterre, puis vers la France.

Charles Arseneau, troisième de ce nom, frère aîné de Bénéry, est plus familier avec la route continentale reliant les fragiles postes acadiens à Québec et Louisbourg qu'avec le tracé maritime… Depuis le printemps, il a bien effectué à trois reprises le trajet entre le poste de la rivière Saint-Jean et Québec. C'est que le petit poste est devenu le lieu de rendez-vous des Acadiens qui tentent de revenir dans leur pays. Après les passagers du *Pembroke,* il y eut ceux du *Jacob,* partis de la Caroline du Sud vers la Virginie le six mai dix-sept cent cinquante-six, qui arrivèrent à la rivière Saint-Jean le seize juin, suivis par des petits groupes, en majorité des hommes seuls, cherchant à retrouver leur famille… Leur quête les mène parfois vers Québec, souvent vers l'île Saint-Jean… Charles connaît le chemin par cœur: remonter la rivière Saint-Jean vers le nord et encore plus vers le nord pour emprunter la route du lac Témiscouata jusqu'à la rivière du Loup, pour finalement faire route vers Québec. Il connaît tous les détours, les portages, les haltes.

Québec est une jolie ville fortifiée, qui n'a rien à envier à Louisbourg. Charles s'y plairait certainement. Cependant, la situation dans laquelle se retrouvent ses frères acadiens qui y ont trouvé refuge est loin d'être enviable. Lors de son dernier séjour à Québec, il a appris, des réfugiés revenant des Carolines, que sa tante Françoise [178] était décédée lors de la traversée, comme beaucoup d'autres. Son mari Pierre Derayer, veuf avec deux garçons et sept filles, n'avait d'autre option que d'attendre, d'accepter le statut de réfugié dans la région de Charleston [179]. Charles préfère encore la vie de liberté qu'il mène. Peut-être un jour se fixera-t-il… L'île [180] qu'il longe en quittant Québec, descendant la rivière du Canada vers le poste de la rivière du Loup,

---

178. Françoise Arseneau, fille de madame Françoise et jumelle de Marie-Anne.

179. LEBLANC, Ronnie, *Du grand dérangement à la déportation,* p. 295. On apprend que Pierre Derayer se remariera avec Isabelle Lord, entre 1756 et 1762, et qu'il se trouve toujours en Caroline à cette époque.

180. L'Île d'Orléans.

serait un endroit agréable pour installer une famille… Pour l'instant, il se sent léger à l'idée de faire des heureux. Lorsqu'il arrivera à destination avec le groupe qu'il accompagne jusqu'à Chédaïc, ce sera la joie dans les maisons. Ce sera le bonheur retrouvé pour Marie[181], chez qui il est demeuré au temps de sa grand-mère Françoise[182]. Pour l'instant, il doit encore franchir le portage qui sépare la rivière Petcoudiak de Chédaïc, après avoir suivi ce cours d'eau depuis la rivière Saint-Jean[183] jusqu'à la hauteur du petit hameau Le Coude[184].

— Mais je te reconnais ! C'est Charles. Comment vas-tu ? Depuis le temps que je ne t'ai pas vu. Il y a si longtemps… Et tellement de choses ont changé. Charles, dis-moi ce qui t'amène dans ce coin de misère.

Toute à sa joie de revoir Charles qu'elle considérait un peu comme de sa famille, Marie n'avait pas pensé que Charles pouvait ne pas être seul. Il fallut les sels pour réanimer la pauvre femme, tellement la surprise était de taille.

— Théotiste, apporte les sels, vite…

— Ne crains rien, Jean-Jacques. Elle va se remettre rapidement. Viens que je te serre dans mes bras. Maman va être tellement heureuse. Je vais tout de suite prévenir grand-père et grand-mère. Quelle nouvelle, Seigneur Dieu ! Quelle nouvelle miraculeuse !

Le vieux Claude[185] et son épouse se réjouissaient de ne pas avoir laissé leur campement de Chédaïc, priant sans arrêt pour les leurs, dispersés par les hommes de Lawrence. Les épan-

---

181. Marie Cyr, mère de Théotiste.

182. Françoise Mirande…

183. Rameau de Saint-Père rapporte le récit que fait Pierre Gauthier de son voyage par terre de Louisbourg vers Québec en 1755-1756 : « De Chédaïc à la rivière Pecoudiak c'est un portage de six lieues et beau chemin… Il y a sur ladite rivière de six à huit habitations françaises… »

184. Moncton.

185. Claude Bourgeois.

chements calmés, ce furent les interrogations qui jaillirent de toutes parts.

— Mais comment vous avez fait pour revenir ? Dans quelle région vous a amené le navire ? Avez-vous souffert de la traversée ?

— Un moment, Marie. Calme-toi. Tu vas perdre connaissance de nouveau.

— Ce n'est rien, mon Jean-Jacques, la surprise. Je n'ai pas mangé beaucoup depuis le matin.

— C'est tout un périple, mes amis… Vous raconter tout ce que j'ai vécu avec mes compagnons d'infortune depuis l'automne dernier me prendrait des heures et des heures. Je le ferai quand j'aurai repris des forces. Après que nous ayons été surpris par les soldats de Monkton, ils nous embarquèrent sur les navires, le lendemain. Nous n'avions aucune chance de nous esquiver ou de leur échapper. Les soldats étaient trop nombreux. Si nous avions résisté, ils nous auraient levé les cheveux. Ils se méfiaient de nous, car nous étions dans les jours de la tempête, justement après l'évasion spectaculaire du fort Beauséjour. Les soldats étaient sur les dents. Michel et moi fûmes séparés et embarqués sur des navires différents. Ils m'ont placé sur le *Two Brothers*, avec mes beaux-frères Michel, Antoine-Bénoni et Jacques [186]. Nous étions plus d'une soixantaine d'hommes séparés de nos familles parmi les cent trente-deux passagers, uniquement sur notre navire. Ce sont bien deux cents hommes seuls qui sont arrivés dans la Caroline du Sud. Seuls, désemparés et prêts à tout pour revoir les leurs.

— Et Michel ? As-tu des nouvelles ? Fut-il déporté dans la même région que vous autres ?

— C'est bien ça, le malheur. Je ne crois pas que le navire sur lequel il se trouvait avait la même destination que le nôtre. En

---

186. Trois frères Bourg, beaux-frères de Jean-Jacques Bourgeois, qui avait été marié avec Claire Bourg.

tout cas, personne de ceux qui furent débarqués en Caroline du Sud, où nous arrivâmes à la mi-novembre, ne savait où il se trouvait. Je crois bien qu'ils furent dirigés vers la Géorgie, encore plus au sud.

— Plus au sud. Si c'est possible encore...

— Ne vous préoccupez pas, maman[187]. Je suis assez certain que Michel va s'organiser. Il est encore plus débrouillard que moi, il ne se laissera pas démonter. On va le voir apparaître, avec d'autres. Sur le *Two Brothers,* nous pensions être en mesure de nous emparer du navire. Imaginez, nous étions plus d'une soixantaine de jeunes hommes seuls. C'était sans compter le gros temps que nous avons eu, puis le moment était mal choisi, nous aurions dû attendre. Il y avait trop de colère, trop de haine, d'impatience et de peine dans notre groupe. Ils nous déportaient en nous séparant de nos familles. À partir de ce moment, avec mes beaux-frères, nous avons convenu de nous en tenir à un groupe plus petit[188].

— Pour tenter à nouveau de vous emparer du navire?

— Non, non, Théotiste. Nous voulions attendre notre chance. La situation dans la colonie de la Caroline du Sud était épouvantable. Après avoir souffert pendant plus d'un mois et demi sur ce vieux rafiot, mal nourris, sans espace, ne voyant que rarement le soleil, nous avons encore attendu près d'un mois avant que le gouverneur nous laisse débarquer sur une île déserte. Ils ne voulaient pas de nous, surtout les hommes seuls comme nous. Plusieurs considérés comme dangereux furent redirigés vers le vieux continent. Les journaux de Charleston...

— Les journaux?

— C'est bien ça, Théotiste, les journaux... Ce sont des « écritures » qui paraissent toutes les semaines sur du papier journal. Ils parlaient de nous, les Acadiens nouvellement

187. Anne Blanchard, épouse de Claude Bourgeois.

188. LEBLANC, Ronnie, *Du grand dérangement à la déportation,* p. 387.

déportés à Charleston. Ce n'était pas toujours de belles choses : que nous étions dangereux, que nous leur coûtions trop cher. Finalement, on disait qu'il fallait déporter vers l'Angleterre tous les hommes seuls. C'est à ce moment que nous avons compris que la meilleure solution était de nous évader, de quitter cette ville d'esclaves. Je te raconterai, Théotiste. Il y a plus d'esclaves noirs dans ce pays de sable et de marais, remplis des animaux les plus épouvantables et les plus dangereux de la création, que de blancs. Plusieurs groupes d'hommes seuls tentèrent de fuir. C'était plus facile pour nous que pour Pierre Derayer, qui a perdu sa Françoise durant la traversée...

— Pauvre Françoise, pauvre madame Françoise...

— Oui, pauvre peuple... désemparé. Des groupes furent repris par les soldats et les milices du gouverneur, ramenés à Charleston, mis en prison. Ces mêmes groupes, lorsqu'ils étaient libérés, cherchaient de nouveau à fuir.

— Et vous avez réussi sans vous faire prendre ?

— Je crois, Théotiste, que nous devons notre survie à Dieu, et encore plus aux peuples amérindiens que nous avons croisés tout au long de notre route. Le plus difficile fut de sortir des environs de Charleston. Il y a beaucoup de terres basses, submergées, qui rendent très difficile la progression, surtout lorsque vous ne savez pas trop vers où aller. Avec les provisions de riz que nous nous étions procurées, et la certitude qu'une rivière nous mènerait, en la remontant, vers le nord-ouest jusque chez des peuples indigènes amis, nous avons marché sans arrêt pendant trois nuits, nous cachant durant le jour. Nous avons hésité, discuté entre nous sur le meilleur chemin à prendre. Nous savions que les Boussard et leur groupe pensaient qu'il était préférable de marcher vers le nord-ouest jusqu'aux rivières coulant vers le Mississipi pour remonter ensuite vers l'Ohio et les postes contrôlés par la Nouvelle-France. Ce sont des Indiens Cherokees qui nous ont fait comprendre que le Mississipi se jette vers le sud, que cette route serait beaucoup plus longue que de remonter le long de la côte, directement vers le nord. Donc, après avoir suivi la rivière Santee, nous avons bifurqué vers le nord-est jusqu'à la grande rivière Pee Dee et redescendu vers la mer. Nous nous sommes construit des canots, que nous ne craignions pas d'abandonner lorsque cela devenait nécessaire. Alors, nous avons progressé, évitant les grandes agglomérations. Il y a d'énormes rivages de sable tout le long de la côte, à perte de vue des dunes désertes où il nous était possible de nous abriter. Alors, nous contournions les grands centres, soit par la mer, soit en pénétrant vers l'intérieur des terres. Comme au départ, nous étions une vingtaine d'hommes. Nous avons évité les villes où se trouvent souvent des campements militaires et nous avons voyagé dans les campagnes et dans les endroits déserts, où nous pouvions nous défendre plus facilement. Nous avons ainsi marché, canoté, chassé, pillé, des jours et des nuits, des semaines... Lorsque nous avons dépassé New York, le groupe s'est séparé[189]. Avec mes beaux-frères, nous sommes demeurés neuf, les autres désirant remonter vers Québec, où se trouvaient, pensaient-ils, leurs familles. Un peu après l'immense cap Cod, qui protège Boston, nous avons fait côte, rencontré nos amis Abénakis et avons fait route vers la rivière Saint-Jean. Vous nous trouvez peut-être amaigris ; sachez que nous étions plus décharnés encore avant d'arriver chez les Abénakis...

— Je suis heureux de te revoir avec nous, mon garçon. Nous avons besoin de toi. J'aurais aimé que vous reveniez ensemble, toi et Michel, mais je comprends qu'il faut continuer à espérer que nous le verrons apparaître bientôt.

— Oui, papa. Vous avez raison. Comment ça se passe à Chédaïc ? On dirait qu'il y a moins de gens dans les environs.

---

189. LEBLANC, Ronnie, p. 388, traduction de la recherche de Paul Delaney : « ... groupe plus hétérogène... serait remonté le long de la côte, peut-être qu'il se serait séparé en deux. Selon Vaudreuil, huit hommes seraient allés à la rivière Saint-Jean et les onze autres seraient allés vers l'île Saint-Jean. »

— C'est devenu intenable, Jean-Jacques. Tu as vu l'état des lieux. Nos cabanes tombent en ruine. Nous devons demeurer cachés le plus souvent. Nous ne possédons plus l'essentiel. Tout se fait rare, pas seulement la nourriture, mais les vêtements, tout...

— Je vois, Marie. Vous n'avez pas songé à vous éloigner encore plus de la présence des soldats anglais? Nous en avions parlé, *le père*...

— Oui, je sais, mais j'attendais. Maintenant que tu es là. Claude et Paul me disaient qu'ils ont signé une pétition[190] envoyée à l'intendant Bigot, à Québec, pour que nous soyons autorisés à nous installer à Miramichi. C'est bien cela, Paul?

— Vous avez raison. C'est trop dangereux dans la région, il est maintenant difficile de traverser à l'île Saint-Jean. Les navires anglais croisent partout dans les environs de la baie Verte en descendant et jusque dans la baie tout près d'ici. Villejoint aurait tenté de faire évacuer les derniers réfugiés acadiens de la région de Tatamagouche, avec ce qui reste de bêtes à cornes. Le gouverneur de l'île ne saurait plus que faire de tous ces réfugiés; il en dirige vers Québec...

— Je ne crois pas que leurs conditions de vie soient moins difficiles à Québec. Leur misère saute aux yeux...

— Comme Charles[191] vient de le dire, avec la guerre... Il est vrai que la guerre n'est pas plus dangereuse que les fustigations

---

190. Archives du Canada consultées par Internet. *Généalogie des Acadiens, Fonds Placide Gaudet*, p. 243: «Tous les Acadiens m'ont envoyé des députés qui ont représenté à M. l'intendant et à moy que Miramichis est le seul endrois où ils peuvent se retirer pour y subsister l'hyver prochain, que la peche y est abandonte et que pour peu qu'on leur envoye des secours de Québec, ils esperent de s'y soutenir au lieu qu'on ne pourroit leur en procurer à la rivière Saint-Jean à cause de la difficulté du transport par Thémiscouata: nous leur avons accordé leur demande, j'ay donné ordre à M. de Boishébert de faire passer à Miramichis tous les Acadiens qui sont à Cocagne de même que toutes les familles qu'il ne pourra faire subsister à la rivière Saint-Jean et ses environs, et de les occuper à faire de angards pour recevoir et mettre à couvert les vivres que M. l'intendant va y faire passer.»

191. Charles Arseneau.

des hommes de Lawrence. La situation ne va pas s'améliorer pour nous. C'est pourquoi nous croyons que Miramichi…

— Oui, oui. Miramichi est l'endroit rêvé pour nous installer. Selon Katarina, qui m'en parlait avant que les Micmacs lèvent leur campement d'été, Miramichi est un lieu sacré très important. Ils y passent souvent des saisons. Katarina préfère Miramichi à Cocagne…

— D'accord, Théotiste, nous avons compris, et comme tu vois, Jean-Jacques, ma fille est toujours aussi emballée par la civilisation des Indiens.

— Très bien… Tout sera à recommencer. Moi, je me sens d'attaque, Marie. Et vous, les parents? Et toi, Paul?

— Nous sommes habitués, et paraîtrait qu'on y trouve en grande quantité tout ce qui pourra nous permettre d'y passer l'hiver et de nous installer convenablement. Mieux qu'à la rivière Saint-Jean.

— Absolument! Pour tout ce qui concerne l'approvisionnement en denrées, le transport est moins compliqué vers Miramichi en bateau que par la route du Témiscouata vers le poste de la rivière Saint-Jean.

— Alors, nous attendrons la réponse des autorités de Québec, mon Charles…

Théotiste voyait d'un bon œil de se retrouver au pays de ses amis Micmacs. Le clan des Bourgeois s'y trouverait regroupé avec ce qui reste du clan de madame Françoise et bien d'autres malheureux ne sachant plus trop bien vers où diriger leurs pas. Ils sont venus des régions au nord de la pointe Beauséjour. On rapatria le plus possible ceux de la rivière Saint-Jean. La longue marche se poursuit…

4.2.4 : Bénéry à Malpèque

À bord de l'*Espoir,* qui a mis les voiles vers Port Toulouse, l'ambiance est à la fête en cette mi-décembre. L'équipage est heureux à l'idée de retrouver un peu de repos après une saison difficile, cela va de soi, mais il y a plus encore. Le capitaine ramène auprès des siens son frère Charles [192], qu'il pensait bien disparu à jamais dans la grande dispersion. On l'a embarqué à Louisbourg, où il s'était rendu, sachant qu'il y retrouverait fatalement son frère Jos. L'équipage aime entendre Charles raconter, pour la troisième fois, comment ils sont parvenus à s'emparer du navire et à ramener le *Pembroke* vers la rivière Saint-Jean. Il y a tellement de moments tristes, de drames, dans toutes les familles acadiennes depuis que Lawrence a entrepris le grand nettoyage de la Nouvelle-Écosse, que chaque exploit est célébré de belle façon, c'est-à-dire que l'on s'assure que la mémoire collective le retienne à jamais, loin des journaux, des livres, simplement par la parole. Si toutes les familles sont touchées, chacune a aussi ses héros.

L'Espoir aura besoin de soins s'il veut reprendre sa course au printemps. Comme les humains, il est rudement mis à l'épreuve en ces temps de grandes tensions. Après avoir vu de près un deuxième, puis un troisième croiseur anglais, après que sa mâture fut touchée par un autre coup de canon, il faudra panser ses plaies. Mais on aura bien le temps en janvier et en février, puis en mars qui peut s'étirer, retardant le retour en mer. On aura tout le temps et bien d'autres anecdotes à raconter...

Bénéry a retrouvé son oncle Vincent à Port Toulouse. Ce dernier travaille toujours à la construction de navires. Il s'est associé avec Jacques Coste [193], un natif de Port-Royal qui s'est fixé à Port Toulouse après avoir épousé une fille de l'endroit.

— Voilà, oncle Vincent, un peu de repos fera du bien. Navigateur côtier par les temps qui courent n'est pas un métier reposant. On risque de se faire brasser de toutes les façons, et pas seulement bercer par les vagues...

---

192. Charles Dugas, son frère qui devait être déporté sur le *Pembroke*...
193. Jacques Coste a épousé Françoise Petitpas.

— Je vois. Ça en fait des nouvelles, et si je comprends bien, tout cela ne s'arrêtera pas de sitôt. Tu es maintenant un matelot de première classe, Bénéry. Justement, cela me fait penser que Jacques [194] est à la recherche de marins pour monter un équipage. Il m'a proposé d'être du premier voyage ; cela m'intéresse, mais la femme ne veut rien entendre de déménager à l'île Saint-Jean. N'est-ce pas, Marguerite [195] ?

— Quelle vie cela me ferait-il, Vincent ? Tu me vois, toute seule à Malpèque, sans ma famille ?

— Pourtant, j'en ai, moi, de la famille à Malpèque. Bénéry, peut-être serais-tu...

— Je ne dis pas non. Surtout qu'avec le retour de Charles, Jos voudra lui trouver du travail, quoiqu'ils soient nombreux, les navigateurs côtiers chez les Dugas. Puis, il y a le Mousse, qui n'est pas très heureux de la place que je prends sur l'*Espoir*. Il serait content de me voir déguerpir. Mais vous piquez ma curiosité, mon oncle. Marguerite, tu as bien dit Malpèque ?

— C'est ce que j'ai compris, n'est-ce pas Vincent ?

— Oui, mon Bénéry, Malpèque ! Nous sommes à construire une chaloupe pour un de mes cousins, Joseph Arseneau. Ces Arseneau sont à Malpèque depuis plus de vingt-cinq ans. Il est le fils de mon oncle Pierre, le demi-frère de papa ; ils ont toujours eu des navires. Leur père avait hérité des talents de navigateur de mon grand-père [196]. Il était le plus vieux de la famille. Même après s'être s'installé sur l'île, il s'est toujours occupé à la navigation, pour faire le commerce...

— Pourquoi se faire construire une chaloupe à Port Toulouse, et pas ailleurs ?

---

194. Jacques Coste.

195. Marguerite Poirier.

196. Pierre Arseneau (Bénéry) est le fils de Charles, frère de Vincent, tous deux fils de Charles et de Françoise Mirande. Il est lui-même demi-frère de Pierre à Pierre, l'ancêtre de tous les Arseneau arrivé vers 1671 en Amérique.

— Tout simplement parce qu'il est marié avec Marguerite Boudrot, native de Port Toulouse, justement.

— Mon oncle Vincent, c'est intéressant, votre proposition. Jos m'a fait plaisir au début de la saison. Il se doutait certainement que ce serait une saison pas comme les autres. En tout cas, il m'a donné le grade de matelot. J'ai appris beaucoup. Faraud me faisait confiance. Il m'a laissé la barre plus souvent qu'à mon tour. On dirait qu'il y a toujours quelque chose de nouveau à apprendre : tenir compte de la position de la Lune, des étoiles, savoir vers où vous portent les courants marins. Le plus fascinant est de prévoir avec précision dans quelle direction le vent devrait haler. Juste par la position du soleil à tel moment du jour, comprendre s'il faut tenir le vent, et surtout ne jamais faire route contre vents et marées. Selon le vent, selon la voile… mon oncle Vincent. J'aime la navigation. Je serais heureux de me retrouver basé à Malpèque, vous le savez bien. Je vais en parler dès demain à Jos. Je ne crois pas que ce soit un drame pour lui.

— Si tu veux, tu peux commencer demain avec nous autres. Nous sommes un peu en retard sur les travaux. Des bras de plus ne feraient pas de tort. J'en parlerai à Jacques ; ainsi, tu serais en mesure de savoir de quel bois elle se chauffera, le *sloop* des Arseneau de Malpèque. Tant qu'à naviguer dessus, aussi bien savoir comment elle est en dessous…

— Ce qui me fera le plus de peine, ce sera de quitter l'équipage de l'*Espoir,* en particulier mon ami Gabriel, le Micmac. Il est devenu plus qu'un ami. Je l'aime tout autant que mes propres frères, que je ne vois pas souvent, d'ailleurs…

— Tout comme moi, Bénéry …

L'hiver passerait rapidement pour Bénéry et pour la petite communauté de Port Toulouse, jusque-là épargnée par les grandes misères s'abattant sur les villages de l'Acadie. Bénéry serait encore plus anxieux de voir les glaces libérer le havre et laisser sortir les navires, et leur équipage heureux de reprendre la mer. Mais le printemps de l'année dix-sept cent cinquante-sept sera tardif plus que de coutume, forçant les Acadiens à puiser dans le plus profond de leurs réserves. Si les réfugiés acadiens de Port Toulouse pouvaient attendre plus aisément, les conditions rencontrées dans d'autres coins de l'Amérique allaient causer bien des douleurs et des peines, des déceptions et, surtout, provoquer d'autres drames humains épouvantables.

4.2.5 : Le camp de l'espérance

Charles Arseneau reprit sa route en solitaire, maniant allè-grement la pagaie. Son canot progressa rapidement le long des côtes de la baie de Chédaïc, direction nord-ouest. Les arbres majestueux qui recouvrent le sol font un abri sans pareil contre la brise venant de la côte. Il s'arrêtera pour la nuit à Cocagne, pour repartir vers le nord au soleil levant. À la hauteur de Kouchibougouak, il fit la rencontre des Micmacs occupés à la chasse à l'orignal, avec qui il installa son bivouac pour la nuit. Au matin, ragaillardi, il se faufila vers l'ouest en remontant lentement cette rivière, effectua un court portage pour trouver la rivière Noire et se laissa glisser jusqu'à dans la baie de Miramichi [197]. Charles fut de nouveau frappé par la beauté de cette rivière, alors que les rayons du soleil descendent sur les montagnes du côté nord. Promenant son regard vers l'est, il reconnut au loin la longue île de sable qui protège l'embouchure de la rivière Miramichi, une véritable barre au fond, sur l'horizon. Lentement, malgré la nuit envahissante l'obligeant à réaliser que les jours se font plus courts en ce temps de l'année, il remonta vers l'ouest jusqu'à cette petite île superbe, que les Acadiens nomment déjà l'île Boishébert. Sur cette île vénérée

---

197. La rivière Miramichi s'élargit à un point tel qu'il est possible, juste avant qu'elle aille se perdre dans le golfe, de parler de baie. Et il y en a effectivement de nombreuses petites…

des Micmacs comme un lieu sacré, Boishébert avait fixé son campement. Il était à la construction de ses hangars...

Les réfugiés acadiens s'installeront sur la pointe[198] qui sépare la rivière Miramichi du sud-ouest de la Miramichi du nord-ouest.

Charles retrouva sans difficulté le clan de madame Françoise et avec beaucoup de plaisir ses oncles, Pierre et les deux Cointin[199], occupés à la construction de leurs nouvelles habitations.

— Tu as fait bonne route, Charles?

— Un temps d'été idéal pour ce genre de randonnées, mon oncle. Pas trop de moustiques, des paysages invitant à la rêverie. Faire halte pour la nuit chez nos amis Micmacs à Kouchibougouak...

— Monsieur a le temps à la rêverie. Tu as entendu, Pierre? On va tâcher de t'occuper pour chasser de ton esprit ces mauvaises pensées. Tu te retrouveras dans les flammes éternelles, tout cela n'est pas très bon pour le salut de ton âme.

— Cesse ton chipotage, mon Jean. Tu risques de lui faire peur. De quoi pour qu'il reparte sur-le-champ. Nous avons trop besoin de son aide. Tu n'es pas pressé de repartir, au moins?

— Tout dépendra de Boishébert. Je dirais que non. Tout son monde n'est pas de trop. Vous avez remarqué les chantiers? Avec tous ces réfugiés qui s'amènent, tout le monde est occupé à se mettre à l'abri pour l'hiver. Nous verrons. Peut-être y aura-t-il quelque urgence du côté de la rivière Saint-Jean. Je vois que la construction de vos habitations va bon train...

---

198. Cette pointe constitue l'emplacement actuel du Parc provincial Enclosure, du Nouveau-Brunswick. Selon Éloi DeGrâce (1990), p. 17: «À l'été de 1990, des fouilles sous la direction de l'archéologue Marc Lavoie mirent au jour les restes de ce qui fut en 1756-1757 le lieu de refuge de centaines de familles acadiennes fuyant les troupes britanniques. Ce "Camp de l'Espérance", situé dans le parc provincial Enclosure près de Newcastle, représente, selon l'historien Éloi DeGrâce, un important site historique pour le peuple acadien.»

199. Pierre Arseneau et ses deux frères Jean et Joseph.

— Nous n'en sommes plus à nous demander comment les construire, Charles. Tu n'as qu'à regarder la taille des arbres que nous retrouvons dans les environs. Nous avons appris qu'il ne faut pas nous demander pour combien de temps nous les construisons. Il est aussi urgent de préparer des espaces pour les semences du printemps et de prier pour que l'hiver ne soit pas trop rigoureux, car même si tous, nous pensons que l'endroit est idéal pour nous protéger des soldats britanniques, que nous y trouverons gibier et poissons en quantité, si l'hiver s'éternise...

— J'espère que les Bourgeois du vieux Claude auront le temps de bien s'installer eux aussi avant que l'hiver ne se fixe pour de bon ; ils devraient tous apparaître d'un jour à l'autre. J'ai accompagné Jean-Jacques jusqu'à Chédaïc. Ses parents attendaient qu'ils reviennent. Marie s'est évanouie sur le coup.

— Nous avions appris leur exploit. Remonter depuis les Carolines. Nous les soutiendrons. Ne t'inquiète pas, Charles. Ils sont de la famille.

— Dis-moi, Jean, comment va ton escouade ? Toujours aussi active dans les coups fourrés contre les hommes de Monkton ?

— Boishébert[200] se dit satisfait de sa milice, Charles. Si tu passes l'hiver avec nous, tu pourras te joindre à nos expéditions...

Ils seront plus de trois mille personnes à se rendre au Camp de l'Espérance à l'invitation de Boishébert. Le clan de madame Françoise fut rejoint par celui du vieux Claude Bourgeois, s'ajoutant certainement à celui du légendaire Joseph Broussard, frère d'Alexandre dit Beausoleil, revenu avec son groupe depuis la Caroline du Sud, comme Jean-Jacques Bourgeois

---

200. Vaudreuil aussi semble satisfait des Acadiens. Voir http://umoncton.ca: *Lettre au ministre* du 18 avril 1757 : « Un détachement de 60 Acadiens de bonne volonté prit un nombre de chevaux et quarante bœufs aux environs du fort Pégiguit, tua 13 Anglois et en blessa quatre, se rendit maître d'un magasin dans lequel il y avoit trois cents barriques de bled, 60 barriques de farine... »

et ses beaux-frères, les Bourg. Et combien d'autres groupes encore? Le drame qui allait se jouer dans les mois suivants, bien qu'il n'en soit responsable qu'indirectement, se situe parfaitement dans la logique du plan de Lawrence visant à acculer à la famine et à la misère tous les Acadiens ayant réussi à échapper à la Déportation.

Théotiste est lente à s'extraire de son coin de paillasse qu'elle partage avec ses demi-sœurs, qui lui prodiguent un peu de chaleur. Elle craint de se refroidir, se sent lasse. Depuis plusieurs jours maintenant, elle et son amie Katarina s'affairent auprès des malades qui agonisent par dizaines, dans toutes les cabanes du Camp de l'Espérance. Elles s'épuisent sans beaucoup de résultats. Lorsque le malheur touche nos proches, nous sommes plus fragiles, moins résistants...

— Jean-Jacques, tu veux que j'aille chercher un peu de bois sec pour relancer le feu? Et dire que nous avons encore deux longues semaines à traverser dans le mois de février. Que va-t-il nous arriver encore? Quels malheurs nous guettent?

— Inutile, Théotiste, j'ai suffisamment de bois pour le moment. J'en rapporterai quand je reviendrai de chez papa. Je voudrais bien savoir ce qui va advenir de nous, pauvre Théotiste. Je suis très inquiet. Les vieux sont au plus mal. Les provisions disparaissent à vue d'œil et, bien que nous rapportions bonne quantité de viande fraîche, rien ne peut les soulager, les ramener à la santé.

— J'ai passé la journée d'hier à leur chevet, Jean-Jacques. Maman est venue, de même que Katarina. Nous avons tenu la cabane au chaud, tenté de leur faire absorber un bouillon. Katarina eut beau préparer quelques remèdes des anciens de sa tribu, rien n'y fit. Je n'ai jamais vu une telle chose. Plusieurs enfants sont déjà morts de cette maladie, c'est dire qu'elle peut se propager. Les enfants et les personnes âgées, comme grand-père et grand-mère, passent difficilement au travers. Grand-père Claude était souvent pris de crampes et de diarrhées violentes[201]. Il éliminait du sang, se vidait de tout, ce qui le laissait dans une grande faiblesse. Je serais surprise qu'il soit toujours vivant ce matin. Va prendre de ses nouvelles, je t'en prie...

— Approche-toi, Marie. Théotiste et moi, nous nous inquiétions pour les parents...

— Aussi longtemps que les enfants seront épargnés, comptons-nous chanceux, Jean-Jacques. De tous les côtés, la mort est aux portes ; nous n'avons plus rien, aucune réserve. Les femmes voient leur enfant mourir à leur mamelle[202]...

— Maman, ce sont surtout les plus jeunes qui tombent malades. On dirait que leur constitution est trop faible pour supporter la famine. Mes sœurs sont hors de danger. Katarina et moi pensions partir à la cueillette de racines que nous pourrions ajouter aux repas dès que le froid tombera...

— Ne t'éloigne pas trop, Théotiste. Je ne voudrais pas avoir à m'inquiéter de toi, en plus !

— Maman... Je sais me débrouiller, me défendre aussi, s'il le fallait ! Katarina, ses cousins et moi...

— C'est bon, Théotiste, nous reconnaissons que toi et tes amis êtes d'un grand secours. Il est vrai que du poisson frais, c'est délicieux...

— Ne l'encourage donc pas dans ses escapades, Jean-Jacques. Viendra le jour où tu devras aller à sa rencontre, à la

---

201. DIONNE, Raoul, *Revue d'histoire de l'Amérique française,* vol. 37, 1983, p. 399-416 : « Plusieurs Acadiens avaient du mal à survivre quand ils devaient se contenter uniquement de viande. Ils souffraient de troubles digestifs et de dysenterie, et plusieurs en mouraient. »

202. Voir http://umoncton.ca : *Vaudreuil au ministre de la Marine,* le 19 avril 1757 : « L'hiver 1756-1757 fut cruel pour les exilés... Les Acadiennes voient mourir leurs enfants à leur mamelle, ne pouvant les sustenter ; la plupart ne peuvent paraître, parce qu'elles n'ont point de hardes pour mettre leur nudité à couvert. Il est mort beaucoup d'Acadiens, le nombre de malades est considérable, et ceux qui sont convalescents ne peuvent se rétablir par la nécessité de manger des chevaux extrêmement maigres, de la vache marine et de la peau de bœuf. Tel est, Monseigneur, l'état où se trouvent les Acadiens. »

chasse à la vache marine. Dis-moi, Jean-Jacques, et ces denrées dont devaient regorger les hangars de Boishébert et de son agent Thomas Poisset, le garde-magasin? Plus rien, aucune nouvelle des provisions qui devaient nous arriver de Québec? Nous n'avons rien à nous mettre dans l'estomac, rien à nous mettre sur le dos. Serions-nous encore moins bien considérés que les animaux? Voilà où nous a conduits notre attachement aveugle envers la France...

— C'est bien le plus inquiétant, Marie. Les hangars sont vides. Ça commence à hausser le ton. Plusieurs voix se font entendre pour claironner que le principal lieutenant de Boishébert, Grandpré de Niverville, s'occupe plus de traite des fourrures que des provisions. Le bon abbé Le Guerne, qui s'épuise à la tâche, accuse à mots couverts le gouverneur d'avoir été de connivence avec l'intendant Bigot et d'avoir répondu à des pressions intéressées en autorisant les Acadiens à s'installer à Miramichi[203]...

— Serions-nous condamnés à subir, en plus des calamités naturelles, toutes les cruautés que les humains peuvent imaginer par cupidité?

— Maman, maman, prenez courage, les secours viendront...

— Théotiste dit vrai. Actuellement, ce sont les glaces qui bloquent le passage, mais dès que les courants vont libérer l'embouchure de la rivière...

Les malheureux Acadiens attendront encore plusieurs semaines l'arrivée de ces provisions que leur destine l'intendant Bigot. Nous sommes à la fin d'avril dix-sept cent cinquante-sept, après que des centaines de vieillards, d'enfants ont payé de leur vie cette aventure. Vers où se tourneront-ils maintenant?

---

203. BAUDRY, René, *Revue d'histoire de l'Amérique française,* vol. 7, n° 1, 1953, p. 42: «C'est alors qu'obéissant à certaines pressions intéressées il donne l'ordre d'établir provisoirement les Acadiens à Miramichi. Ce que les Acadiens y souffrirent dépassa tout ce qu'ils avaient enduré auparavant...»

Plusieurs avaient quitté le camp de Miramichi avant l'arrivée des secours, pour se diriger plus au nord. D'autres songent à gagner Québec, où sévit aussi une disette grave. Théotiste dut voir disparaître à jamais ses grands-parents adorés. Pour s'encourager, elle pensa, à l'instar des Micmacs, que les âmes des morts reposeraient dans ce sanctuaire de paix, lorsque reviendrait la tranquillité. Elle apprit encore davantage comment survivre en forêt, même en hiver, et se souviendra longtemps des souffrances de son peuple. Boishébert[204] reconnaîtra que ce fut une période de grande famine : «Tous les enfants moururent... On se nourrit ensuite des peaux de castors qu'on put trouver, on mangea jusqu'aux souliers faits de peaux de chevreuil...» Mais laissons le mot de la fin à l'abbé Le Guerne, qui en était à sa dernière année auprès du malheureux peuple qu'il avait tenté d'aider de son mieux : «On a donc placé... les Acadiens qui ne pouvaient plus subsister dans leurs quartiers dans un endroit de misère, je veux dire à Miramichi, où ces pauvres gens sont morts l'hiver dernier en grande quantité de faim et de misère, et ceux qui ont échappé à la mort n'ont pas échappé à une horrible contagion et ont été réduits, par la famine qui y règne, à manger du cuir de leurs souliers, de la charogne et quelques-uns même ont mangé jusqu'à des excréments d'animaux[205].»

4.2.6 : Une autre année à l'avantage des Français

Un navire emportant des secours de Québec devait arriver à Miramichi en mars. Lorsque le seize mai on vit apparaître le bateau, beaucoup d'Acadiens révoltés avaient déjà fui le sanctuaire micmac pour se réfugier sur la rive nord de la Miramichi, à la Rivière-des-Caches... Il semble que ce soit, là encore, la pré-

---

204. Journal de Boishébert.

205. BAUDRY, René, «Un témoin de la dispersion acadienne : l'abbé Le Guerne», *Revue d'histoire de l'Amérique française,* vol. 7, n° 1, 1953, p. 32, 44.

sence d'un «village» micmac, Chénabodiche, qui ait poussé les familles acadiennes à s'établir de ce côté[206]. Très peu des provisions servirent à calmer la faim et les douleurs des réfugiés Acadiens, à qui pourtant elles étaient destinées. La corruption, la cupidité et, pourquoi pas, un peu le mépris, la condescendance aussi, cette attitude dédaigneuse et méprisante que Boishébert et son lieutenant De Granville avaient déjà démontrée envers ces malheureux déracinés, firent leur œuvre. Villejoint, à l'île Saint-Jean, suivant les ordres de Vaudreuil, n'a-t-il pas «évacué son poste des bouches inutiles[207]»? Le seize juin dix-sept cent cinquante-sept, Montcalm note dans son journal qu'un bateau transportant cent vingt réfugiés acadiens que M. de Boishébert ne pouvait nourrir est arrivé de Miramichi...

Les enfants du vieux Claude[208] étaient demeurés à Miramichi. Ils avaient rendu les derniers hommages aux défunts, puis, avec ceux de madame Françoise, s'étaient rendus sur la banquise, accompagnés de leurs amis Micmacs, pour chasser le loup-marin et le phoque gris. Lorsque arrivèrent les provisions, ils se mirent à la construction de canots, fort utiles au quotidien, mais aussi pour les excursions que Vaudreuil commanderait à Boishébert. La vie reprendrait le dessus. L'éternel recommencement, si présent dans la succession même des saisons, deviendrait tout aussi naturel chez les hommes. Le printemps n'avait encore point fait sentir sa douceur que l'escouade de Jean[209], fortifiée par la venue de son neveu Charles et de Jean-Jacques[210], se préparait à quitter pour une «mission» vers Halifax...

---

206. BASQUE, Maurice, *Entre baie et péninsule,* chap. 2, «La naissance d'un village acadien».

207. *Lettre de Vaudreuil au ministre,* 18 avril 1757, consultée via Internet.

208. Claude Bourgeois.

209. Jean Arseneau dit Cointin et son neveu.

210. Jean-Jacques Bourgeois.

— Le printemps va rapidement ramener le beau temps et un peu de chaleur. Les femmes seront occupées à semer de quoi nous éviter un deuxième hiver comme le dernier. Pour le moment, le blé et la farine nous font le plus défaut, avec quelques légumes : pois, maïs et autres... Tu ne me dis pas que vous serez incapables de vous débrouiller, toi et Joseph[211] ?

— Non, non, aucunement, Jean. Si Boishébert nous laisse le temps de nous occuper aux travaux des champs. Ses canots[212] prennent beaucoup d'importance, il en a commandé toute une flotte. Joseph et moi nous trouvions que vous rendre à Halifax, c'est loin et risqué. Vingt hommes, c'est presque un contingent. Tu ne trouves pas ?

— Nous ne serons pas vingt. Il s'agit d'un autre groupe, composé d'habitants originaires des Mines et qui connaissent bien la région. Ils auront pour devoir de s'embusquer le long de la route qu'empruntent les courriers qui font le trajet d'Halifax vers Port-Royal et d'intercepter les lettres des Anglais[213]. Question de connaître les intentions de ces mercenaires... C'est la guerre, Pierre. Avec le printemps, la navigation et les opérations militaires vont reprendre. Que vont encore faire ces maudits Anglais ? C'est ce qu'ils chercheront à démasquer. Est-ce qu'ils oseront s'en prendre à Louisbourg ? Veulent-ils s'emparer en premier lieu du poste de la rivière Saint-Jean ?

— Et alors, ton groupe, Jean ?

— Mon escouade ; dans une première étape, nous devons nous rendre à Halifax...

— C'est encore plus dangereux...

— Avec Jean-Jacques, il en a vu bien d'autres. Les canots sont l'outil parfait pour notre expédition. Notre objectif n'est pas de prendre Halifax...

---

211. Joseph Arseneau, l'autre Cointin...

212. *Lettre de Vaudreuil au ministre* du 19 avril 1757, consultée via Internet.

213. *Lettre de Vaudreuil au ministre* du 19 avril 1757, consultée via Internet

— Ne te moque pas de moi, Jean. Quoique, je me disais que vous seriez bien assez fous pour essayer...

— Nous ne ferons qu'observer l'activité qui se déroule dans le port, vérifier si l'on travaille aux fortifications sur la colline, bien tranquillement et, si l'occasion se présente, prendre un ou deux prisonniers avant de retraiter vers Tatamagouche. Question de leur délier la langue. Ne t'inquiète pas, nous trouverons un moyen de les faire parler. Nous serons absents pour quelque temps, tout dépendra des ordres que nous recevrons. À Tatamagouche, un groupe attendra pendant que l'autre se rendra à Louisbourg pour informer le gouverneur Drucourt. Par la suite, nous attendrons les ordres[214]... Tout cela peut durer quelques semaines... Nous ne savons pas avec précision. De Granville nous prévenait que Boishébert était d'avis qu'il ne pouvait pas attendre indéfiniment. Il veut bien se porter à la défense de Louisbourg, mais ce faisant, il lui est impossible de se rendre à la rivière Saint-Jean, où les Anglais pourraient bien décider de se rendre en premier...

— Nous vous attendrons, Jean...

Tout le printemps va passer, puis l'été, sans que reprennent véritablement les hostilités. Les opérations terrestres des Britanniques en Atlantique furent inexistantes. Lorsque Montcalm parle des troupes françaises dans cette partie du continent, il ne parle que de forces minimes et de « débris d'Acadiens[215] ».

Cependant, par leurs croiseurs, les Anglais réussissent à fortement incommoder les caboteurs utilisés autant par les autorités de Québec que par celles de Louisbourg ou de Port-La-Joie. Plusieurs bâtiments vont être pris par la marine anglaise, qui patrouille sans entraves les eaux de l'Atlantique Nord et tout le

---

214. Voir http://umoncton.ca : *Lettre de Vaudreuil au ministre,* 19 avril 1757 : Informer Drucourt... «de la quantité de vaisseaux qu'il y aura à Alifax et des mouvemens apparens des Anglois».

215. Expression utilisée à quelques reprises par Montcalm dans son journal, consulté via Internet.

golfe du Saint-Laurent. Ils ne réussissent que rarement à faire des prisonniers, puisque, par définition, ces caboteurs comme Jos Dugas, ils sont des dizaines à naviguer le long des côtes, et tous savent qu'il est facile d'échouer leur bâtiment... pour éviter d'être fait prisonnier. Bénéry est-il devenu un de ces marins aventuriers et intrépides parcourant les eaux dangereuses de cette mer laurentienne se jetant avec force courants vers l'Atlantique ?

Joseph Arceneau en est un autre, homme d'âge mûr, tout juste quarante ans, dont les quelques mèches de cheveux gris qui parsèment une longue tignasse frisée et ébouriffée, comme le teint basané de son visage, ne font que rappeler que le marin a déjà égrainé plusieurs années sur les mers. Il est arrivé à Port Toulouse il y a maintenant deux semaines, question de visiter la famille Boudrot et de faire connaissance avec sa nouvelle petite goélette, avant de la ramener à son port d'attache. Il a effectué cette course depuis Malpèque, avec ce qui sera le noyau de son équipage, par eau et portages. Empruntant les rivières de l'île Saint-Jean du nord vers le sud, il traversa sans encombre le détroit menant vers Pictou, avant de se laisser porter dans leur canot léger jusqu'à l'île Madame pour revenir vers Port Toulouse.

— Dis-moi, Bénéry, qu'est-ce qui me prouve que t'es aussi bon que tout le monde le prétend ?

— Désolé, Joseph, je ne peux pas répondre à ça ; moi, je n'ai jamais dit rien de tel à personne. Si votre question est sérieuse, vous auriez dû la poser à Jos[216], avant que l'*Espoir* mette les voiles. Ça fait maintenant quelques années que je trime dur. Vous ne pensez pas que Jos m'aurait enduré tout ce temps-là si je n'avais pas fait l'affaire ? Vous pouvez demander à Gabriel, il me connaît assez bien, lui aussi...

---

216. Jos Dugas.

— Ouais, tout à coup que Jos m'aurait joué un vilain tour et se serait débarrassé de deux bois morts du même coup, je serais bien arrangé…

— Écoute-le pas, Bénéry. Il fait juste de t'étudier. On est comme ça, les Arceneau de Malpèque. Faudra que tu t'habitues, mon homme…

— Toi, Antoine, mêle-toi donc pas de ça, veux-tu? Pis après tout, je lui ai déjà demandé, à Jos Dugas. Il t'appréciait, Bénéry. Il n'avait rien à redire contre toi ni contre Gabriel…

Les Arceneau de Malpèque ou d'ailleurs avaient eux aussi ce trait caractéristique de la personnalité du peuple acadien : un ton enjoué et moqueur, dirigé surtout vers autrui, permettant de camoufler une timidité exagérée ou encore un sentiment de malaise, d'inconfort devant une situation inhabituelle. Bénéry approfondissait sa connaissance du tempérament de son nouveau capitaine et de son second, Antoine [217], le frère du capitaine. Une histoire de famille dans laquelle les gages ne sont d'aucune considération. Chez les Arceneau de Malpèque, on est agriculteur et marin. Joseph avait pris avec lui son frère Antoine [218], de cinq ans son cadet, célibataire et demeurant chez lui. S'ajoutait son fils aîné Pierre, âgé de quinze ans, l'âge idéal d'un mousse ; et si le besoin se faisait sentir, son deuxième fils, âgé de treize ans, François, pourrait se joindre à l'équipage. Voilà pourquoi il était allé à la recherche de renfort. La famille de son épouse lui avait vanté les mérites de Bénéry, mais aussi ceux de Gabriel qui surprenait par son calme, par une force qui en impose par elle-même, sans que l'on ait besoin d'en faire la démonstration. L'équipage, bien que réduit, devrait suffire pour naviguer cette petite goélette sans prétention, d'une grande simplicité, mais qu'on avait l'intention d'utiliser à pleine capacité pour le com-

---

217. Antoine Arceneau, second et frère du capitaine.

218. Cet Antoine Arceneau de Malpèque est présent au recensement de 1752. Il pourrait bien être des engagés de Griddley qui se rendirent aux Îles-de-la-Madeleine en 1767, y faisant souche.

merce et, en d'autres temps, à la pêche. On ne sait jamais ce que l'avenir peut nous réserver. Elle fut mise à l'eau sans protocole ni cérémonie…

— Alors, Joseph, comment trouvez-vous qu'elle navigue, votre petite nouvelle? Vous ne trouvez pas qu'elle a fière allure?

— Ne la vante pas si tôt, Bénéry. Tu auras des surprises. Il est vrai que tu la connais de toutes ses étoupes, cette jeune fille, en dehors et en dedans, pour l'avoir torturée tout l'hiver. Nous allons bien voir ce qu'elle a dans le ventre, ta préférée. Nous lui ferons faire le grand tour par Louisbourg et le cap Nord, après je te répondrai. Pour le moment, elle glisse sur l'eau comme une libellule et prend le nord-est dans la proue côté bâbord comme une effrontée. De quoi pour me séduire…

— Cela ne me déplaît pas, Joseph…

Beaucoup de capitaines sont tentés, à l'occasion de leur voyage de baptême d'un nouveau bâtiment, de le mettre à l'épreuve, de voir de quoi il est capable. Si Bénéry s'est déjà pris d'affection pour cette goélette, qui craque à chaque creux de la vague comme une chaussure neuve qui s'ajuste aux mouvements du pied, c'est qu'il a rêvé tout l'hiver à ce premier voyage. Le premier du printemps, qui le mènera finalement vers Malpèque. Le paradis rêvé par sa grand-mère Françoise. Aussi bien s'y rendre en empruntant la grande porte: en contournant le cap Nord, après s'être laissé bercer par les majestueuses vagues de l'océan, pour prendre sa course noroît, puis terminer suroît dans le soleil couchant. C'est plus cette odyssée vers ce lieu légendaire que la beauté flamboyante du navire qui le transporte. Car la goélette de Joseph, elle en impose plus par sa simplicité que par son éclat. Elle a tout pour se faire oublier, tout pour passer inaperçue. Même à flottaison légère, sa carène demeure sous l'onde. Ses deux mâts portent une voilure adéquate, brigantine au grand mât et voile aurique au mât de misaine, lui permettant de prendre le vent avec rapidité et de se soustraire à la vue du danger. Sa membrure est de bois mou, mais la forme élancée de sa proue lui fait couper la vague avec élégance. Joseph la voulait ainsi à faible tirant d'eau, avec le moins de prise au vent de côté. À part la dunette arrière formant un abri pour la barre, tout se trouve sous le pont. Parfaite pour la pêche. Adéquate pour le transport de marchandises.

Le vent du nordet a chassé le soleil, tout en prenant de la force, au moment où la goélette fait son entrée dans le golfe ; juste assez pour qu'elle puisse gonfler ses voiles, alors que ce dernier lui souffle dans la fesse. Bénéry et son ami Gabriel sont tout à la joie des premières sensations que leur procure la barre, échangeant tranquillement sur le plaisir de se laisser bercer par la vague après le long repos hivernal. Gabriel n'avait pas cessé de scruter l'horizon du regard, cherchant à découvrir la ligne mince que devrait y former la bande de terre basse de l'île Saint-Jean. C'est alors qu'il crut apercevoir des voiles dans le gris du ciel.

— Bénéry, demande donc à Joseph ou à Antoine de venir jeter un coup d'œil. Carré devant nous, loin à l'horizon. Je ne serais pas surpris que ce soit une escadrille.

— Tout de suite, Gabriel. Je ne portais pas attention, mais tu as raison, il y a quelque chose devant nous…

— Attendons encore un peu, ce sont sûrement quelques navires venant de Québec faisant route pour Louisbourg et les Antilles. Au printemps, il est fréquent de les voir naviguer en convoi.

— Prends garde sur bâbord, Joseph.

Bénéry eut à peine le temps de terminer sa phrase. Un gigantesque courant d'air suivi d'un bruit sourd accompagné de craquements les empêchèrent de s'entendre. Ce fut suivi par une deuxième déflagration qui heureusement rata sa cible. Trop occupé par les voiles devant lui, l'équipage réduit n'avait pas aperçu le petit *sloop* se dirigeant vers eux à quatre-vingt-dix degrés sur bâbord, et qui pointait sa demi-douzaine de canons en leur direction.

— Sur tribord, toute! Ils n'ont fait qu'effleurer la vergue arrière. Nous n'avons pas de grands dommages. Allez, Gabriel, tiens solidement la barre et prends tout le vent que tu peux...

— Oui, capitaine. Je mets le cap en direction du banc de brouillard dans le noroît...

— Bénéry et Pierre, allez dans le grand mât et tendez le petit hunier, nous avons besoin de toute la vitesse qu'elle peut prendre. Maudits Anglais! Vous pouvez nous suivre. On va vous faire visiter...

Comme cela est fréquent au printemps, un banc de brouillard épais recouvre entièrement cette longue filée d'îles reliées par des dunes, couchées en plein milieu du golfe du Saint-Laurent direction sud-ouest, nord-est. La petite goélette ayant à ses trousses l'assaillant tenace se rapprocha de la côte pour éviter de se retrouver face au vent et, une fois à l'abri, longea la dune sur une courte distance et s'engouffra entre une pointe de sable et les falaises rouges d'une île solidement ancrée au fond de la mer.

— Antoine, vois-tu encore nos poursuivants?

— On dirait qu'ils font pirouette. Je ne serais pas surpris qu'ils aient touché le fond ou qu'en prenant la sonde ils se soient rendu compte que le fond remontait...

— Avec le brouillard qui descend de plus en plus, ils sont retournés à leur escadrille.

— Quelles sont tes intentions, Joseph?

— Tu peux prévenir les autres que nous allons mouiller dans le havre à une demi-lieue sur bâbord. Laissons passer quelque temps et profitons-en pour panser les plaies de la jeune demoiselle.

— Faudra peut-être changer la vergue et réparer le vit-de-mulet qui sert à l'articuler au mât; rien de difficile... Tu peux prévenir Bénéry qu'il lui faudra patienter une journée ou deux avant de faire son entrée dans la baie de Malpèque...

Le brouillard ne se leva que quatre jours plus tard, chassé par une brise de suroît qui laissa notre équipage reprendre sa route, non sans avoir profité de ce passage aux Araynes pour fondre quelques vaches marines. Une huile précieuse et une expérience inoubliable que la rencontre de ces animaux à l'apparence repoussante et d'une dimension inquiétante.

L'arrivée à Malpèque fut saluée avec joie. On reluqua la nouvelle venue et on ne manqua pas d'entourer Bénéry et son ami Gabriel, le Micmac, et on se mit à la tâche pour préparer le prochain voyage. Un village Arceneau[219]… Un village qui n'avait rien du paradis et que Bénéry apprit à découvrir avec les arrêts qu'y fit la *Snaut,* le nom que l'on donna à la nouvelle goélette de Joseph. Malpèque, comme tous les villages de l'île Saint-Jean maintenant surpeuplés d'Acadiens venus y trouver refuge, connaissait des moments pénibles. Il était touché par la disette et privé de tout, et la misère était palpable[220].

La guerre n'allait en rien diminuer les malheurs des Acadiens. Cette année dix-sept cent cinquante-sept voyait les renforts britanniques affluer vers la Nouvelle-Écosse. Leur objectif, et ils en avaient les instructions, était de passer à l'offensive pour s'emparer de la forteresse de Louisbourg. Il s'agit d'un objectif stratégique incontournable. Louisbourg commande l'entrée du golfe du Saint-Laurent, la route vers Québec et le cœur de la Nouvelle-France. John Campbell, comte de Loudon, commandant des armées anglaises en Amérique, a déjà dirigé son armée sur Halifax et attend là l'intervention de la marine, mais la flotte anglaise prendra du retard, et trois escadres françaises bloquent l'entrée du port de Louisbourg, rendant incertaine toute intervention militaire.

---

219. Au recencement du Sieur de la Larocque de 1752, nous avons compté 99 Arseneau, de par leur père ou mère, sur un total de 202 habitants. Consulté sur le site www.islandregister.com.

220. Voir http://umoncton.ca. Vaudreuil au ministre, le 18 avril 1757 : « Enfin Monsieur de Villejoint n'avoit tout au plus que pour six semaines de vivres à donner aux réfugiés et plusieurs des anciens habitans n'avoient point de quoy subsister, ni faire leurs semences le printemps. Les femmes et filles n'osent point sortir, ne pouvant couvrir leur nudité ; il en est de même de nombre d'habitants. »

Voyant la saison avancer et ne pouvant mener campagne, Loudon décide alors de retraiter vers New York[221]. Montcalm, qui a profité de cette immobilisation de l'armée britannique, a continué le renforcement de la frontière entre le Canada et les colonies anglaises au niveau des Grands Lacs. Ayant neutralisé le fort Oswego, il attaqua le fort William-Henry à la pointe sud du lac Champlain. Après une résistance héroïque, mais sans espoir de renfort, le fort fut pris et brûlé. Une autre année à l'avantage des Français...

4.3. Le renversement britannique (dix-sept cent cinquante-huit)

4.3.1 : Les cruels hivers « canadiens »

Ce fut un apprentissage difficile que firent les membres de l'équipage de la *Snaut,* non à cause de la petite goélette comme telle, parce qu'ils eurent à apprendre à faire équipe, à travailler ensemble. La rencontre inattendue avec un *sloop* anglais, lors du premier voyage, n'était que la pointe de l'iceberg; la navigation dans les eaux du golfe du Saint-Laurent en ce temps de guerre était devenue périlleuse, hasardeuse, et les rencontres de ce genre presque quotidiennes. Durant l'été cinquante-sept, la petite équipe avait effectué deux voyages à Louisbourg pour y transporter du bois et, à chaque occasion, Joseph[222] avait préféré éviter le cap Saint-Laurent pour naviguer par le détroit de Chédabouctou, pensant échapper le plus possible aux croiseurs britanniques. De Louisbourg, la *Snaut* était revenue à Port-La-Joie faire livraison de provisions pour les magasins du roi, avant

---

221. Journal de Montcalm de 1757, consulté via Internet: «Les Anglais se sont contentés toute la campagne de paraître avec leurs vaisseaux à la vue de Louisbourg; ils ont même pris *l'Arc-en-Ciel*, vaisseau de cinquante canons, commandé par M. de Blingham et destiné à porter secours à Louisbourg.»

222. Joseph Arceneau.

de retourner à Malpèque. Puis, Joseph avait amené son équipage à dix lieues vers le nord pour y pêcher la morue. Il n'avait jamais accepté cette interdiction incompréhensible imposée aux Acadiens concernant la pêche et avait toujours exercé le métier de pêcheur depuis leur venue sur l'île Saint-Jean, il y a plus de trente ans. Il pêchait pour approvisionner la petite paroisse en morue séchée et, lorsque les prises étaient bonnes, il lui arrivait d'écouler ses surplus sans aucune difficulté auprès d'entreprises de pêche de Saint-Pierre-du-Nord.

En novembre, la *Snaut* est affrétée pour le transport de réfugiés acadiens vers Québec, avec un arrêt à Miramichi pour y livrer quelques munitions ayant transité par Louisbourg. Malgré les risques considérables que représente une telle expédition et la nervosité évidente du propriétaire du navire, l'équipage, en particulier le jeune Bénéry, déborde d'enthousiasme à l'idée de ce voyage. À Miramichi, point de convergence des Acadiens, il espère retrouver les siens, ses frères Charles et le jeune Jean-Baptiste, âgé maintenant de quinze ans. Bénéry ne l'a que rarement vu depuis qu'il s'est embarqué avec Jos Dugas puis avec Joseph. Charles est toujours demeuré auprès de son oncle Pierre. Secrètement, il pense aussi à Théotiste, qu'il n'a pas revue depuis tellement longtemps qu'il éprouve même de la difficulté à imaginer à quoi elle peut ressembler. Qu'est-il arrivé aux Bourgeois? La petite communauté de Miramichi s'est quelque peu rétablie du terrible hiver précédent et, l'automne s'installant, elle voit venir l'hiver avec appréhension...

— Ah! oncle Pierre, Jean-Baptiste, les Cointin, quelle joie de vous voir tous vivants! Ma foi, vous avez bonne mine. Jean-Baptiste, tu me dépasses d'une bonne tête, et costaud avec ça!

— Je n'ai pas le choix. On ne cesse de me faire dessoucher et labourer. Mon oncle n'a pas son pareil pour s'assurer que j'ai de quoi me tenir occupé.

— Il faut bien que les jeunes aident les femmes aux travaux. Nous avons besoin de jardins débordant de bons légumes si nous ne voulons pas être surpris comme l'hiver dernier. Jean-Baptiste pourra bientôt travailler avec moi à la construction de canots et de doris. Il se débrouille à merveille, comme toi Bénéry, avec le peu d'outils que nous possédons ; à condition qu'il ne disparaisse pas dans les bois pour quelques jours avec d'autres de son âge, garçons et filles, Blancs et Micmacs...

— Et alors, les récoltes seront bonnes, cette année ? Partout on se plaint, la disette est généralisée dans les colonies. Les malheureux que nous transportons vers Québec ne voulaient pas entendre parler de Miramichi ; ils craignaient que nous les débarquions de force ici. Joseph eut besoin de toute son influence pour les rassurer.

— Nous verrons, Bénéry. Pour le moment, nous sommes mieux installés que l'an dernier : nous avons tiré les leçons de cette tragédie. Avec l'aide de Dieu, nous réussirons à passer un autre hiver, avec plus de bonheur, souhaitons-le.

— Vous avez des nouvelles de Charles ? Sans cesse à parcourir les rivières de ce continent ? C'est notre père qui serait étonné de voir ses garçons. Un sur les mers, l'autre en véritable coureur des bois. Et toi, Jean-Baptiste, qu'est-ce qui t'attend ?

— Je n'en sais rien. Parfois je t'envie, surtout lorsque Théotiste s'informe de toi avec un petit air comme si tu étais le héros des mers, comme ces grands capitaines et pirates qui écument les océans, pourchassent les méchants et volent au secours des malheureux... Dans ce temps-là, je lui rappelle que tu es trop vieux pour elle, que c'est moi qui suis de son âge. Ne le prend pas mal, Bénéry, mais nous sommes plusieurs à la trouver jolie, la Théotiste. Son teint pâle qui rougit au moindre sourire en intrigue plus d'un parmi la jeunesse. Si j'étais toi je me méfierais des frères de Katarina, les Micmacs... Plus sérieusement, Bénéry, je ne sais pas ce que je ferai plus tard. J'aimerais me fixer sur une terre, car je ne crois pas que la vie de marin me plairait. Lorsque Charles me raconte ses visites à Québec et qu'il me décrit cette grande rivière du Canada...

— Pour le moment, je le garde avec moi, nous en avons bien besoin. Concernant Charles, il en est à sa première excursion cette année vers le cœur de la colonie. Il devrait se trouver de retour avant les grands froids. Avec l'escouade de Jean (Cointin), ils furent plusieurs semaines à parcourir les sentiers dans la région de Chignectou, attendant sans cesse des instructions pour Boishébert à savoir si son groupe devait se rendre porter main forte pour la défense de Louisbourg. Ce n'est que lorsqu'ils furent certains que les Anglais n'attaqueraient pas la forteresse qu'ils sont revenus…

Bénéry aurait bien laissé la *Snaut* repartir sans lui. Il maudissait le mauvais sort qui faisait qu'il n'eut que quelques minutes pour aller une demi-lieue plus en amont afin de rendre visite aux Bourgeois du vieux Claude. Il n'eut pas l'occasion de se retrouver seul à seul avec Théotiste. Le temps de saluer Marie, Jean-Jacques et les autres, et il devait repartir. Le capitaine avait tranché:

— L'automne avance, Bénéry, et les cent trente-sept passagers [223] n'entendent pas demeurer à Miramichi, même pas le temps qu'un de mes marins aille faire la cour aux filles. Sois ici avant que le soleil ait recommencé à descendre…

Joseph n'aurait pas accepté de réplique. Bénéry se contenta d'observer la jeune fille à la dérobée, ne manqua pas de remarquer ses joues rougissantes. Puis, devant une tasse de thé des bois accompagnée de quelques délicieux biscuits lui rappelant ceux que Marie lui présentait lors de ses visites avec sa grand-mère Françoise, il écouta la femme lui raconter les malheurs du dernier hiver. Théotiste parla avec peine du départ de ses grands-parents Bourgeois, raconta comment elle n'avait cessé de leur prodiguer les soins, sans succès, comme à tous ces malheureux abandonnés aussi par les autorités qui promettaient

---

223. Dans son journal en date du 8 novembre, Montcalm mentionne l'arrivée de 137 autres Acadiens de l'île Saint-Jean, précisant qu'ils ne savent plus comment les nourrir…

mer et monde sans égard pour ces personnes trompées impunément.

Les passagers de la *Snaut* n'avaient pourtant aucune raison de se presser. Ils arrivaient à Québec, où se trouvaient déjà plus de mille Acadiens réfugiés, un nombre qui allait se gonfler pour atteindre près de mille cinq cents. Toute la population de Québec sera rationnée, les navires devant ravitailler la capitale de la Nouvelle-France étant presque tous arraisonnés et vidés par les navires britanniques. Les Acadiens seront encore plus à plaindre. Les moins valides furent évacués à Québec, où leur condition ne fut guère meilleure [224]...

L'intendant Bigot nous apprend que les Acadiens furent plus mal traités que les Canadiens [225]. Ainsi, « il n'a pas été donné de pain aux Acadiens depuis le mois de novembre, ils ne vivent que de morue et quatre onces de lard ». Quant à l'ingénieur Désandrouins, il ajoute dans son journal [226] : « Les Acadiens ne reçoivent que du bœuf, du cheval et de la morue. »

La petite goélette réussit sans encombre à passer au travers des mailles du filet que représentent les nombreux navires britanniques qui patrouillent les eaux du Saint-Laurent, et retourna s'ancrer dans la jolie baie de Malpèque. Si cet hiver dix-sept cent cinquante-huit fut moins rigoureux que le précédent, il n'en fut pas moins meurtrier et tout aussi cruel. La disette est générale dans les colonies françaises. La petite communauté s'étant regroupée autour du campement de Miramichi rencontra les mêmes difficultés que partout ailleurs. On peut apprendre par les comptes de la colonie que plus d'un million de livres furent affectées pour approvisionner le poste

---

224. Montcalm au Chevalier de Lévis : « Nos Acadiens meurent de misère, de petite vérole... »

225. Les Canadiens étant les habitants du Canada, composante de la Nouvelle-France (de la rivière des Outaouais à la Gaspésie, le long de la rivière Canada), comme l'Acadie et la Louisiane.

226. Consulté via Internet.

de Boishébert, pour cette année seulement. Cependant, des rapines et détournements firent en sorte encore une fois que peu de ces crédits servirent aux réfugiés. On les a volés.

4.3.2 : Le siège de Louisbourg

Loin des préoccupations quotidiennes des citoyens de la Nouvelle-France – aux prises avec les réalités du rationnement de la nourriture, des effets dévastateurs de la petite vérole et, pour les Acadiens, d'être traités comme des citoyens de second ordre –, dans un autre monde, des décisions déterminantes pour l'avenir de leur colonie et pour leur bien-être sont prises. Pendant que la monarchie française s'empêtre dans une guerre coûteuse qu'elle n'a peut-être pas les moyens de mener, le nouveau premier ministre britannique, William Pitt, s'en tient aux décisions prises l'année précédente, c'est-à-dire faire la guerre à la France en Amérique. Pour lui, cette guerre se gagnerait, ou se perdrait, dans les colonies. La première phase de son plan, s'emparer de la forteresse de Louisbourg, ayant été remise à plus tard et, pour des raisons militaires, transformée en blocus, il s'assura de nommer de nouveaux commandants aux postes clés et de garantir à ses troupes, en empruntant des sommes considérables à l'étranger, tout le matériel nécessaire à l'entreprise. John Campbell, quatrième comte de Loudoun [227], qui s'était contenté de parader avec ses hommes dans la ville d'Halifax l'année précédente, fut donc remplacé par le général Amherst en tant que commandant en chef des troupes contre Louisbourg et l'île Royale ; et l'amiral Boscowen avait la responsabilité des forces maritimes.

---

227. Quant à Lord Loudoun, il fut limogé et sa campagne qualifiée par Benjamin Franklin de « *frivolous, expensive and disgraceful to our nation beyond conception* ». Franklin poussa l'ironie jusqu'à qualifier Loudoun d'homme toujours occupé, mais n'accomplissant rien : « Il est comme Saint-Georges sur les enseignes des tavernes, ricana-t-il, toujours à cheval mais n'avançant pas. » Cité sur le site Internet www.clanmcnicollduquebec.com.

En Nouvelle-France, le blocus mené par la flotte britannique a rendu la disette insoutenable pour les habitants des villes et la population dans toute la colonie. Cette situation amènera Montcalm à noter dans son journal, le quinze mai dix-sept cent cinquante-huit : « La colonie est à deux doigts de sa perte[228]... » Mais la guerre ne laisse pas de répit, et il n'a pas d'autre option que de répondre au plus pressant. Il décide de se porter vers Carillon, craignant avec raison une attaque anglaise de ce côté. L'attaque aura lieu le cinq juillet et constituera une autre « grande victoire » pour les Français, mais une victoire qui ne diminue en rien la puissance de l'ennemi. Surtout que ce dernier avait une autre stratégie en tête pour l'année dix-sept cent cinquante-huit : faire disparaître la tête de pont que constituait la forteresse de Louisbourg, considérée comme la sentinelle de la Nouvelle-France. Louisbourg représente un symbole marquant, en plus de jouer un rôle bien réel dans le contrôle des voies maritimes vers le cœur de la colonie, sans compter le maintien de l'accès à des zones de pêche extrêmement riches.

Les autorités de la Nouvelle-France sont bien au fait de ces considérations et des intentions des Britanniques. Déjà en cinquante-sept, Vaudreuil avait donné des assurances au gouverneur Drucourt quant au fait que Boishébert et Villejoint, de l'île Saint-Jean, pourraient fournir une force de soutien significative pour la défense de la forteresse. Une force constituée des soldats de troupes régulières sous les ordres de Boishébert et de Villejoint, auxquels se joindraient des miliciens acadiens et des guerriers micmacs.

Boishébert passa l'hiver à Québec. Il mit du temps à se décider avant de retourner en Acadie. Qu'est-ce qui l'amena à retarder ainsi son départ ? Personne ne le sait. Étaient-ce ses affaires, ses amours ou le printemps maussade ? La réponse variera selon

228. Journal de Montcalm consulté sur Internet.

que vous posiez la question à Montcalm, aux missionnaires œuvrant auprès des Acadiens ou à l'intéressé lui-même. Ce dernier s'embarquera finalement le huit mai sur la goélette la *Critique*[229], portant cinquante tonneaux...

En ce printemps difficile s'étirant sans fin, les Acadiens encore présents à Miramichi attendent avec impatience l'arrivée de Boishébert, conscients que la goélette le transportant aurait à son bord des ravitaillements qui ne manqueraient pas de les soulager.

Les lieutenants de Boihébert sont vitement à l'œuvre pour constituer une escouade qui s'ajouterait au petit détachement qui l'accompagne.

— Maman, tu sais parfaitement que nous pourrons nous tirer d'affaire malgré l'absence de Jean-Jacques et des autres, le temps que durera l'expédition. L'an dernier, ils furent absents pour presque toute la durée de l'été, et cela ne nous a pas retardés dans les travaux visant à nous approvisionner pour l'hiver.

— Parle pour toi, Théotiste. C'est l'inquiétude, Jean-Jacques. Ce mal qui me serre l'estomac chaque fois que tu dois t'absenter pour une longue période. Même si je veux me raisonner, c'est plus fort que moi. Depuis les Carolines, j'imagine le pire...

— Calme-toi, Marie. Tu sais combien je suis prudent. Depuis le grand dérangement, comme tu dis, je suis encore plus prudent, plus méfiant surtout. C'est que nous n'avons pratiquement pas le choix. Nous avons encore réussi à traverser l'hiver, mieux que celui qui nous enlevé «les vieux». Il est vrai que nous étions moins nombreux, mais tout le monde ne peut pas s'esquiver. Cette situation n'est pas nouvelle. Déjà l'été dernier, nous nous tenions prêts à nous rendre avec Boishébert vers Louisbourg. Notre situation serait encore plus précaire si

---

229. *Bulletin des recherches historiques,* 27:02 (février 1721), p. 48-53, Boishébert, *Journal de ma campagne de Louisbourg,* consulté via Internet sur le site http://www.fortress.cbu.ca/ : «Ayant avec moi 70 hommes de mon détachement.»

Louisbourg tombait aux mains des Anglais. Mais ne crains rien, nous commençons à bien connaître ledit Boishébert. Le groupe que nous constituons avec Cointin [230] et les autres est solidaire et façonné à la vie des bois. Cette vie n'est pas différente de celle des soldats en campagne.

— Si au moins vous aviez tout l'équipement et le matériel de ces derniers, vous seriez mieux vêtus, moins exposés aux rigueurs du temps. Nous n'avons plus rien à nous mettre sur le dos, Jean-Jacques.

— Justement, Jean-Jacques. Chez les Micmacs, il semble que les braves guerriers ne veulent pas partir s'ils ne sont pas aussi bien équipés que les soldats réguliers en munitions et matériel...

— Je sais, Théotiste. J'ai appris que cela faisait l'objet de discussions qui ne sont pas nouvelles. Il s'agit surtout du grand chef Micmac qui tient à être aussi bien vêtu que les chefs militaires blancs. Avec chapeau à bordures, jambières, redingote, sans compter les armes et les munitions. Les braves, quant à eux, préfèrent leurs vêtements, plus adaptés. Comme nous...

— Vous paraissez tellement mieux dans vos habits de miliciens. Jambières, redingote verte à boutons, comme le chapeau. Insistez, Jean-Jacques, insistez !

— Théotiste, le costume n'a pas vraiment d'importance. Au contraire, je dirais qu'il peut te nuire. Il est parfois préférable de passer inaperçu en étant vêtu comme le colon ordinaire...

— Justement, Jean-Jacques, à condition d'être vêtu...

— Tu as raison, Marie. Nous avons bien le temps de reparler de tout cela. Le sieur de Boishébert ne paraît pas plus pressé qu'il le faut de quitter Miramichi. Il tient conseil, discute avec les Micmacs, visite en canot les différents postes voisins. Pourtant, les courriers qui s'arrêtent à Miramichi sont formels : depuis le début de mars, quelques navires ennemis sont apparus

---

230. Jean Arseneau.

du côté de Louisbourg, et on les aurait aperçus en plus grand nombre encore en avril.

— Qui peut dire qu'il ne s'agit pas des mêmes stratagèmes que l'an dernier? Les Anglais craignent et hésitent à attaquer de front la forteresse de Louisbourg.

— Je ne crois pas, Théotiste. Les Anglais ont déjà réussi à prendre la forteresse. Toi, tu es trop jeune pour t'en souvenir; pour ta mère et moi, c'est autre chose.

— Je n'étais même pas née…

— Il y a longtemps, Théotiste, le début des inquiétudes, de mes maux d'estomac…

Boishébert grossit son groupe de soixante-dix Acadiens, auxquels s'ajoutent encore soixante sauvages, pour atteindre deux cents hommes, avant de reprendre sa course vers Saint-Pierre[231], où il arrivera trop tard…

Ce fut un mauvais printemps pour tous ceux qui eurent à prendre la mer, pour les navigateurs de toutes sortes; les pires conditions que l'on puisse rencontrer s'étaient donné rendez-vous. La *Snaut,* comme l'*Espoir* et beaucoup d'autres navires, esquifs, chaloupes, goélettes, embarcations de toutes les tailles et de toutes les conditions furent mises à contribution pour tenter de soutenir la forteresse assiégée. Déjà en avril, Joseph et son équipage avaient tenté de se rendre à Louisbourg, mais avaient été forcés de rebrousser chemin. Le mauvais temps les avait surpris lorsqu'ils arrivèrent à l'île de Scatarie. Comble de malheur, des navires anglais semblaient s'être regroupés à la pointe sud de la baie de Miré[232], rendant incertaine la route vers Louisbourg. Ce n'était là que la pointe de l'iceberg, la reprise du blocus de cinquante-sept, mais rien de comparable avec ce qui traversait l'Atlantique. Celui qui commandait l'escadre devant

---

231. Saint-Pierre sur l'île Royale, à quelque distance de l'île Madame.

232. Voir http://www.clanmcdduquebec.com. Déjà, depuis le 1er avril, l'amiral Hardy faisait le blocus de la forteresse française de Louisbourg, quoique la Royal Navy n'ait pu empêcher l'arrivée de navires français qui apportaient du ravitaillement.

assurer l'attaque sur la forteresse, l'amiral Boscowen, avait quitté Portsmouth le vingt-trois février, mais devra essuyer trois mois de tempête sur l'Atlantique avant d'arriver à bon port. On rapporte que les vieux loups de mer à bord du vaisseau amiral *Princess Amelia* déclarèrent avoir fait le pire voyage de leur vie. Quant au brigadier général Wolfe, il demeura couché dans sa cabine du dix-neuf février au huit mai, à peine capable de garder l'eau qu'il avalait. Dans de telles conditions, il n'est pas étonnant que l'on ait décidé de reposer les troupes à Halifax avant d'aller prendre position devant Louisbourg...

De plus, il fallait encore décider de la stratégie à employer en prévision du siège, de l'attaque à déployer pour s'emparer de la ville-forteresse. Les plus conservateurs se souvenaient que la tactique retenue en dix-sept cent quarante-cinq, c'est-à-dire débarquer par la baie de Gabarus, avait permis de faire tomber Louisbourg. D'autres, plus imaginatifs comme Wolfe, prétendaient que les Français ne commettraient certainement pas la même erreur et qu'il fallait utiliser la baie de Miré, plus au nord et à sensiblement la même distance de la forteresse. Il faudra attendre au huit juin pour voir la formidable puissance navale britannique prendre position dans la baie de Gabarus, exactement comme ce fut le cas treize années plus tôt[233].

Avant que les forces anglaises réussissent à prendre position, tout au long de ce printemps mouvementé, des renforts sont arrivés de France, par vagues. *L'Apollon* le cinq avril chargé de vivres ; le *Prudent* et la *Chèvre* le vingt-quatre avril, alors que d'autres navires avariés doivent rebrousser chemin vers les ports

---

233. Voir http://www.clanmcicollduquebec.com : « Profitant d'un vent favorable, la flotte anglaise quitta Halifax le 29 mai et arriva au large de Louisbourg le 2 juin où elle mit en panne. Une terrible tempête se leva et fit rage sur la région côtière. Les troupes souffrirent presque autant durant cette courte période que pendant la traversée du tumultueux Atlantique. Le mauvais temps la força à attendre huit jours avant de débarquer. À l'aube du 8 juin, le ciel s'était éclairci. L'amiral Boscowen vint jeter l'ancre dans la baie de Gabarus, à deux lieues au sud-ouest de la forteresse. »

français. Finalement, le vingt-huit du même mois, une escadre venant de Brest fait son entrée dans la rade de Louisbourg. Les acteurs sont en place...

Comme l'île Saint-Jean relève de l'administration de l'île Royale, Villejoint n'a pas la latitude dont semble jouir Boishébert. Aussi doit-il mettre à exécution les engagements pris de se porter à la défense de Louisbourg. Un corps expéditionnaire est formé de quatre-vingt-dix Acadiens de l'île Saint-Jean et dirigé vers la région de Louisbourg pour prendre position dans le système de défense mis en place. Le fils de Villejoint commande ce petit groupe qui assure la surveillance à la pointe aux Basques[234]. Le six juin, ils ont installé leur campement...

— Alors, Bénéry, comment on se sent d'avoir troqué son métier de marin pour celui de milicien?

— Sapristi, Gabriel! Je prie seulement pour être en mesure de me retrouver les sabots sur le pont de la *Snaut,* sur lequel je me sens plus en sécurité. Entre la montagne du Diable et la pointe aux Basques, je me trouve à l'étroit. Tu crois, Gabriel, que nous avons bien mouillé la goélette, que nous la retrouverons intacte à notre retour, si jamais nous décidions de prendre la poudre d'escampette?

— Joseph[235] connait son affaire, Bénéry. Les Villejoint ne nous ont pas mal traités ces derniers mois; nous ne pouvions nous soustraire... Sois sans crainte, personne ne pensera s'aventurer dans la petite baie la Main-à-Dieu, tout au nord de la baie de Miré. Ce ne sont pas tous les navires qui peuvent s'y aventurer. Et comme nous ne sommes qu'à environ trois lieues de cette baie, si jamais ça devient insoutenable, tiens bien ta

---

234. Voir http://www.migrations.fr: «... le seul parti à prendre est à la faveur de vos deux conducteurs que Villejoint fils vous indiquera de forcer le passage (depuis la frontière des bois entre le chemin de Miré et la maison de Rodrigue) jusqu'au bord de la mer...». Lettre de Drucour à Boishébert du 24 juin 1758.

235. Joseph Arceneau, propriétaire de la *Snaut.*

tuque de marin, mon garçon! En attendant, garde la poudre pour ton fusil.

— Il n'en demeure pas moins que je me sens plus à l'aise dans les courses en canot, comme cet après-midi lorsque nous nous sommes rendus à la Lanterne pour espionner les positions ennemies, qu'avec un fusil dans une tranchée à attendre un ennemi qui ne cherche qu'à te surprendre. À la faveur de la brume, du soleil qui baisse dans le ciel, se dissimuler derrière un cap pour s'assurer que personne ne te découvrira, ce sont pour moi des façons de faire qui viennent naturellement.

— Pour moi, Bénéry, ce sera toujours plus facile de suivre les traces d'un animal ou d'un ennemi dans la forêt pendant des heures et des jours, de découvrir s'il est perdu, seul, blessé, ce qu'il a mangé à son dernier repas, sans jamais perdre ses pas, que de naviguer en haute mer.

— Je sais, Gabriel. Je suis toujours étonné de cette facilité qu'ont les braves de ton peuple. Cela explique pourquoi j'adore te compter parmi mes amis. Tu as vu combien il pouvait y avoir de navires rassemblés entre la baie de Gabarus et les îles bloquant l'entrée du port de Louisbourg?

— Je ne connais pas comme toi tous les chiffres...

— Comme je l'ai rapporté à Villejoint fils, il y avait trois navires à trois ponts, faisant bien au total vingt vaisseaux de ligne, dix-huit frégates. Je n'ai de ma vie jamais vu rassemblement pareil dans les alentour de Louisbourg. Ce n'étaient que voiles. Et les navires de transport! Je ne saurais le dire, tellement ils étaient nombreux[236]. Comment Louisbourg pourra-t-il se défendre?

Dès le sept juin, les navires anglais amorcèrent quelques manœuvres pour revenir s'ancrer dans la baie de Gabarus le soir même. Pour cette journée, il est dit dans les notes de

---

236. Cette flotte considérable, 24 vaisseaux de guerre, 23 frégates, 1 brûlot, transportant 17 000 hommes, nécessitait un soutien logistique considérable assuré par 154 bâtiments de transport...

Drucourt, le gouverneur de Louisbourg: «L'ennemi rangé en bataille par plusieurs lignes au nombre de deux cents voiles, dont vingt-trois vaisseaux de ligne et dix-huit frégates, n'avaient encore rien fauté ni fait acte d'hostilité que quelques volées de canons qu'ils envoyaient par intervalles sur nos retranchements de la Cormorandières et qu'ils tiraient d'une grande lieue et par lesquels ils n'avaient pas grand effet...»

Ce n'est que le lendemain avant l'aube que commencèrent les bombardements. Après plus d'une heure, les premiers canots se dirigèrent vers la côte pendant que des manœuvres de diversion se déroulaient plus au nord vers le cap de la Lanterne, feignant des débarquements. Depuis une semaine, les soldats français se préparaient ardemment, malgré une température exécrable, à repousser toute attaque pouvant venir des marais séparant à cet endroit la forteresse de la côte de la baie de Gabarus... On y avait dirigé et dissimulé les deux tiers de toutes les forces disponibles pour la défense de Louisbourg. Plus les soldats britanniques prenaient pied et s'avançaient, plus ils se précipitaient irrémédiablement dans le piège tendu par les Français, qui les attendaient de pied ferme. C'est alors que l'impatience et la hâte des soldats français allaient donner l'alerte et provoquer la retraite des Britanniques vers la côte. Wolfe prit alors l'initiative de précipiter ses hommes plus à droite de la baie, les poussant vers la côte. Réussissant à prendre pied, ils s'y accrochèrent, leur permettant ainsi d'exercer une pression sur le flanc des troupes françaises, les forçant à retraiter vers la forteresse.

Au terme de cette journée, les Anglais avaient réussi à s'installer au seul endroit qui leur permettrait d'assurer leur descente vers la ville. Les troupes françaises, quant à elles, étaient retournées dans l'enceinte de la forteresse. Un conseil de guerre se tint. Le responsable de la flotte française, Desgouttes, proposa son départ, sa sortie de la baie de Louisbourg, ce qui fut refusé. Le siège de la ville venait de commencer.

4.3.3 : Chute de Louisbourg

Les jours qui suivirent ce coup de force des Britanniques furent relativement calmes. Chacun en tira profit pour refaire ses énergies, consolider ses positions et envisager les stratégies visant à déstabiliser l'ennemi autant qu'à parer ses intentions. Du côté français, la discussion fut dominée au conseil de guerre par le désir de Desgouttes, responsable de la flotte, de sauver cette dernière en lui faisant quitter la rade de Louisbourg, ce à quoi Drucourt s'opposa fermement, cependant que l'on ordonna aux navires mouillant dans la baie de Port Dauphin de mettre les voiles vers Québec. On ne fit pas seulement que de tenter des sorties et des manœuvres pour tester les positions adverses ; les deux ennemis se permirent même des civilités. Ainsi prit-on des nouvelles des officiers faits prisonniers en envoyant un tambour porteur d'une lettre. Un échange de courriers plein d'amabilités a lieu. On se rassure les uns et les autres sur les bons soins apportés aux blessés. Le dix-sept juin, le général Amherst fait parvenir deux ananas à madame Drucourt, en lui faisant dire qu'il était très fâché des inquiétudes que la circonstance allait lui causer. Retour de politesse le dix-huit, Desgouttes fait porter au général anglais un panier de cinquante bouteilles de vin en remerciement des intentions apportées à madame Drucourt. Toutes ces mises en scène ne cachent pas le travail insidieux qui se poursuit quotidiennement de la part des soldats britanniques pour se rapprocher à une distance leur permettant de faire porter le tir des batteries qu'ils sont à construire, de même que les tranchées les reliant entre elles.

Le petit contingent de Villejoint poursuit méticuleusement le travail qu'on lui demande, celui que l'on a sans cesse demandé aux Acadiens et aux Micmacs : épier les positions ennemies, les inquiéter en leur laissant savoir qu'on les surveille, qu'on peut leur tomber dessus à n'importe quel moment. Ce que l'on fait sporadiquement, pour ramener un ou deux prisonniers, question d'en apprendre sur les intentions du camp adverse. Le dix juin, deux Acadiens de l'île se rendent à la forteresse apporter des nouvelles de ce qui se passe du côté de la baie de Miré. Ainsi, les vivres et ravitaillements que l'on avait entreposés à la « Cabane à Pierre » furent pillés, assurément par les Sauvages, sans que le soldat appliqué à leur garde puisse faire quoi que se soit. La « Cabane à Pierre » constitue un relais important entre la baie de Miré et les positions françaises entourant la baie même de Louisbourg. On retourna les deux Acadiens, accompagnés d'une vingtaine d'hommes, avec l'ordre pour Villejoint et les autres responsables de regrouper le plus possible les soldats qui, le jour de l'attaque anglaise du huit juin, s'étaient perdus dans les bois, pour constituer une compagnie de volontaires qui se porterait « sur les arrières de l'ennemi, faire quelques prisonniers et les inquiéter[237] ».

Le lendemain, Bénéry, Gabriel et le petit groupe qu'ils forment sont à même de réaliser que cinq navires sortis de la baie de Gabarus sont venus mouiller sous le cap Noir, bloquant ainsi le port. Le même jour, Wolfe, avec deux mille hommes, prend possession d'une batterie dite du Phare et de tous les autres postes abandonnés par les assiégés. La batterie du Phare commandait le port, la ville et les ouvrages d'une île située en face. Les Britanniques contrôlaient parfaitement l'entrée de la baie.

Mais où est donc passé monsieur de Boishébert et son contingent ? Trois semaines se sont écoulées en juin et toujours pas de nouvelles de notre homme ni de sa troupe. Gabriel, Bénéry et l'équipage de la *Snaut* transformé en commando, de leur côté, se montrent pourtant actifs, déterminés et téméraires…

— Voilà qui est inquiétant ; nous n'avons encore aucune idée de l'endroit où peut se trouver Boishébert et son groupe.

---

237. Voir http://www.migrations.fr.

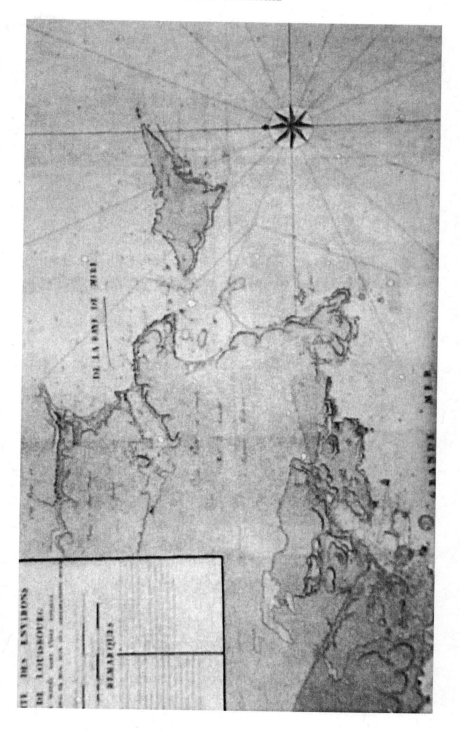

Je commence à croire que Villejoint nous a dit cela pour nous inciter à rejoindre son peloton, mais qu'il n'a aucune assurance que Boishébert va nous rejoindre dans ce pays de mouches noires. Je ne pense pas que le capitaine et son frère Antoine vont accepter de demeurer ici bien longtemps dans de telles conditions. Nous ne sommes pas assez nombreux pour mener des actions d'envergure. Comment veux-tu, Gabriel, que Villejoint nous lance dans des attaques de harcèlement, tant que les troupes anglaises seront si denses?

— Villejoint fera tout pour désorganiser les préparatifs anglais en vue de la prise de la ville, mais avec ce que viennent de nous apprendre les quatre matelots que nous avons faits prisonniers, même si Boishébert arrivait avec mille hommes, ce ne serait pas encore suffisant. Ce n'est sûrement pas notre petit groupe qui fera la différence. Qu'en dis-tu, Bénéry?

— Vingt mille hommes, Gabriel. Juste à voir la flotte anglaise, le nombre de navires, ils eurent été plus nombreux que ce ne fût pas étonnant. Ils prennent cette bataille au sérieux. En attendant, juste notre petit équipage de la *Snaut,* nous leur avons joué un bon tour. Villejoint et le gouverneur Drucourt seront certainement heureux de leur tirer les vers du nez. Toi, Gabriel, tu n'as pas ton pareil pour t'approcher des hommes qui bivouaquent sans qu'on te découvre…

— Ces quatre matelots étaient en train de faire du bois. Ils ne se méfiaient de rien. Ce fut un jeu d'enfant et un plaisir que de les pousser dans nos canots à la faveur de la nuit, les ayant bâillonnés comme il se doit pour les conduire à Villejoint[238].

---

238. Voir http://www.migrations.fr: le 19 juin… «Ce même jour, arrivée d'un prisonnier matelot de l'escadre anglaise. Celui-ci a été fait prisonnier par les Acadiens du sieur Villejoint, fils. Ces derniers ont pris quatre matelots qui étaient en train de faire du bois à Gabarus. Après un premier interrogatoire effectué sur place, l'un d'entre eux a été envoyé aux autorités françaises. Selon ces prisonniers, les troupes Anglaises seraient au nombre de 15 000 à 18 000 hommes à terre… se croyant certains de prendre Louisbourg, ils ont embarqué des familles…

Le vingt-trois juin arrive à Louisbourg monsieur de L'Éry, ayant fait route jusqu'à Miramichi avec monsieur de Bois-hébert. Les autorités françaises pensent que ce dernier serait arrivé à Port Toulouse... Drucourt, qui sent l'étau se resserrer sur la forteresse, aimerait bien voir Boishébert faire son apparition. La rumeur parle d'un contingent de mille personnes pouvant l'accompagner. Il s'en était ouvert au ministre le dix-neuf juin : « Il court un bruit dans la ville que M. Boishébert doit ou devoit arriver hier ou aujourd'hui au Port Toulouse avec un corps de sept à huit cents hommes[239]. » Après avoir pris congé des deux guides acadiens et de monsieur de L'Éry qu'il envoie auprès de Villejoint, il rédige une lettre à faire porter à Bois-hébert, à Port Toulouse[240]. Drucourt termine sa lettre en le gratifiant de la croix de Saint-Louis, reçue du ministre et des-tinée à Boishébert. Le journal de ce dernier ne laisse aucun doute : « J'arrivai le 26 (juin)... au passage Canseau, je fus à la découverte avec mon canot armé de 20 hommes... Je pris toutes les précautions nécessaires pour éviter en marchant de nuit et j'arrivai à Saint-Pierre le 28 juin à 3 heures après-midi. Je fus obligé d'y rester campé deux jours, n'ayant point de pain de prêt pour mon détachement[241]. »

Joseph Arceneau, capitaine de la *Snaut*, n'était aucunement fâché que Villejoint ait choisi sa petite équipe pour porter ce

---

239. Voir http://www.fortress.cbu.ca.

240. *Idem.* « Monsieur de L'Éry m'a appris avec plaisir, monsieur, votre départ de Miramichy. Il est inutile de vous marquer ici les regrets que j'ay que vous n'ayez pu partir que le 8 de may de Québec, dès ce temps nous attendions l'ennemi... Vous savez que nous étions convenus dès l'année dernière que vous m'ameneriez celle-ci... Vous pouvez même vous rappeler que vous me dites l'année dernière que, si vous étiez prévenu, vous auriez eu 300 Acadiens... mais je vois que le nombre en est beaucoup au-dessous... Mais il n'est pas douteux que, si les hasards avaient pu vous faire arriver au commencement de juin avec une cinquantaine de soldats, trois cents Acadiens et Canadiens et soixante ou quatre-vingts Sauvages de Miramichi... »

241. Voir http://fortress.cbu.ca : 1758 - Boishébert.

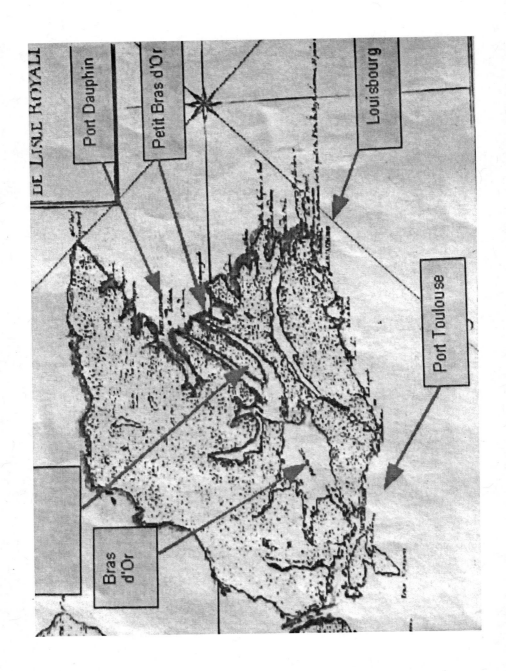

courrier important à son destinataire. Le temps lui pesait, et de retrouver sa goélette lui rendit sa bonne humeur.

— Allez, Antoine! prends les jeunes avec toi et descends dans la cale t'assurer que tout est en ordre. Dans son sommeil de trois semaines, la goélette a peut-être touché le fond. Je ne voudrais pas qu'elle prenne l'eau et que nous soyons en affolement au moment de quitter la Main-à-Dieu...

— Ne t'inquiète pas, Joseph. Elle est fraîche comme une rose, notre goélette, et toute fière de retrouver son monde. Moi aussi, je suis ravi de la retrouver, et si tu veux mon avis, je poursuivrais ma course vers le cap Saint-Laurent au lieu de m'arrêter au petit Bras d'Or. Je rentrerais bien à Malpèque. Qu'en dis-tu, Joseph?

— Faut régler la question une fois pour toutes, Antoine. Si jamais Louisbourg retournait, après ce siège de la ville, sous le contrôle des Anglais, sois certain que l'île Saint-Jean ne survivrait pas et, qui sait, peut-être toute la Nouvelle-France. Je pense comme Gabriel et Bénéry. Tout n'est pas perdu, dans la mesure où la jonction des hommes de Boishébert se fait avec le groupe de Villejoint. Si seulement nous pouvons mettre la main dessus; s'il peut se trouver à Port Toulouse...

Au moment où ils s'engouffrèrent dans le Petit Bras d'Or en direction de l'ouest, l'œil averti de Bénéry reconnut parmi les nombreuses voiles suivant la côte la silhouette de l'*Espoir* qui avançait vers eux.

— N'est-ce pas, Gabriel? C'est bel et bien la chaloupe de Jos (Dugas). J'en suis certain.

— Aucun doute, capitaine, c'est peut-être l'homme que nous cherchons...

On mit les canots à la mer et, séance tenante, Joseph put remettre la correspondance de Drucourt pour Boishébert. Non pas sur l'*Espoir*, mais sur la goélette de Joseph Boudrot[242]. Se

---

242. On retrouve dans les comptes de d'Angeac, pour 1758, la note suivante: «À

trouvaient aussi dans cette petite flotte celles de Pierre Ter-riau, de François Arceneau, du nominé Arceneau dit Bresté, transportant un drôle de contingent d'hommes en guenilles et mal équipés devant sauver la ville-forteresse. La jonction avec Villejoint aurait eu finalement lieu dans les heures suivantes, quoique ce ne soit que le huit juillet, vers deux heures de l'après-midi, que les Français auraient appris l'arrivée de Boishébert à Miré, accompagné de six cents hommes incluant les Acadiens de Villejoint... : « Je partis du port Toulouse et arrivai le premier juillet à Miré, où je trouvé M. de Villejoint avec un détache-ment de deux cents hommes... Je fis équiper le détachement du mieux qu'il me fut possible, je ne pris que trois cents hommes, quittant cent hommes, n'ayant point de souliers à leur donner, ce que l'on avait de la peine à croire... Ma troupe commençait déjà à être fatiguée, la milice du port Toulouse très peu disci-plinée et composée de mauvais sujets était toute désertée[243]. »

Les réalités de la vie quotidienne, de ces « débris d'Acadiens » mal outillés, mal équipés, des va-nu-pieds souffrant de la faim, de la maladie, n'enlèvent rien à la joie des retrouvailles de Bénéry avec plusieurs des descendants de madame Françoise : ses fils, Vincent habitant Port Toulouse, Joseph et Jean menant leur escouade, le propre frère de Bénéry, Charles[244]. Faisaient aussi partie du petit groupe heureux de se retrouver : Jean-Jacques Bourgeois, beau-père de Théotiste et époux de Marie Cyr, grande amie de madame Françoise. La joie de se retrouver tous encore bien vivants, mais aussi l'ambivalence, l'incertitude devant la situation précaire dans laquelle ils se retrouvent. À mots couverts, Vincent, dont l'épouse s'est réfugiée à quelque

---

Joseph Boudrot du portage de la brador à celui de Miré et du dit portage au port Toulouse pour transporter une partie du détachement de M. de Boishébert... 360 livres. » Voir http://fortress.cbu.ca, tiré des Archives nationales françaises.

243. *Idem,* tiré du Journal de Boishébert, dans le bulletin des recherches historiques, p. 48-53.

244. Tous des Arseneau.

distance de Port Toulouse avec ses parents en attendant son retour, parle de déserter, d'aller la rejoindre. Plusieurs des habitants de Port Toulouse se sont déjà déplacés à l'abri, au cas où la forteresse tomberait...

L'impact de l'entrée en scène de Boishébert sera minime. Elle se fait au moment où les Anglais peuvent commencer l'intensification des bombardements de la forteresse et du port de Louisbourg, affaiblissant chaque jour un peu plus les remparts, forçant Drucourt et son conseil de guerre à couler les navires de la flotte pour bloquer l'accès aux navires anglais, affaiblissant d'autant le moral de la population civile, prisonnière dans cette enceinte. Lorsque cette population verra se dessiner le spectre de la peste, une maladie présente sur les navires anglais d'où on a descendu les malades pour les amener à terre, elle sera à bout de souffle...

4.3.4 : Louisbourg capitule

Déjà depuis le cinq juillet, soit près d'un mois après leur débarquement, les premiers tirs de canon provenant de la première batterie de siège installée par les Anglais commençaient à bombarder la ville. Petit à petit, dans les jours qui suivirent, l'ennemi fit entrer en action quatre nouvelles batteries dont les tirs pouvaient atteindre les maisons, les remparts, les casernes. Leurs projectiles incendièrent les casernements des troupes, brûlèrent trois vaisseaux dans le port. De jour en jour, l'intensification des bombardements laisse davantage de traces dans la ville assiégée. Il est aussi de plus en plus évident que les défenseurs n'ont pas assez de canons pour ralentir l'avance des assaillants. Les soldats français sont épuisés, incapables de prendre du repos, car n'ayant plus d'abri, et devant faire face de tous les côtés à la fois.

La nuit du vingt-trois juillet est particulièrement éprouvante. Les Anglais ont tiré aux mortiers en utilisant des bombes remplies d'artifices, mettant le feu aux maisons, atteignant le quartier de la Reine[245]...

Malgré des tirs importants le jour suivant, il fallut attendre le début de la nuit du vingt-six juillet pour qu'un appel aux armes général des Français soit lancé. Une heure plus tard, ces derniers apprirent que les vaisseaux de la rade étaient attaqués, en flammes ou pris par les Anglais. Ces évènements amenèrent la convocation d'un conseil de guerre et l'examen complet de la situation. Le résultat est prévisible :

« Vu les avis des membres du conseil, je me détermine comme eux à envoyer un officier demander une suspension d'armes pour entrer en pourparler avec le commandant anglais. »

À Louisbourg, le vingt-six juillet dix-sept cent cinquante-huit. Signé : Le Chevalier de Drucourt.

Personne ne put affirmer avec certitude qu'une intervention plus hâtive de Boishébert avec son groupe eut été à même de faire une différence quelconque sur l'issue de cette bataille inégale en nombre et en moyens. Ce qui est assuré, c'est que l'efficacité de ses interventions fut réduite à cause surtout du manque de munitions et de vivres, du nombre restreint de soldats sous son commandement et de la mauvaise condition physique de ses troupes. Beaucoup de « braves » et d'Acadiens avaient déserté, cela est vrai. Boishébert comprenait aussi que l'inégalité des forces rendait impossible une action déterminante. Malgré toutes ces raisons, comment expliquer que nous ne pouvions citer que peu de coups d'éclats de celui que Drucourt voyait comme pouvant infliger des torts considérables à l'ennemi ? En trois semaines, il aurait mis le feu à un poste de garde ennemi, fait un prisonnier et tué un soldat anglais...

---

245. Voir http://www.migrations.fr : « Vers les 4 heures du matin, une ronde des officiers montre l'état dégradant des positions et du peu de moyens qu'il leur reste. Tant en hommes valides qu'en armes et munitions... Les Anglais au petit jour laissent apparaître de nouvelles batteries, qu'ils mettent aussitôt en action. »

— Boishébert et Villejoint sont à discourir. Je peux parier que ce ne sera pas trop long, nous allons tous nous embarquer et fuir le plus rapidement possible vers Port Toulouse, Miramichi et peut-être Québec, si cela est encore faisable. Bénéry, tu viens avec nous ou tu repars avec Joseph vers Malpèque?

— La *Snaut* prendra une partie des hommes de Villejoint pour les ramener vers Port Lajoie, avant de poursuivre vers Malpèque. Joseph veut retrouver incessamment sa famille. Cela fait deux jours que les canons se sont tus; dès que la capitulation sera signée, l'ennemi va se mettre à notre poursuite. S'il faut en croire oncle Vincent, il n'y aura plus personne à Port Toulouse lorsque vous y retournerez. Charles[246], cela me déchire de te laisser partir seul, mais que veux-tu que j'aille faire avec vous autres à Miramichi?

— Qu'est-ce que tu en penses, Bénéry?

— Tu ne vas pas te mettre à rigoler dans un moment pareil, Charles?

— Même pas, Bénéry! Je suis sérieux. Je sais à quel point tu es attaché à la famille de Marie[247], à Théotiste en particulier. Boishébert fut informé que le corsaire Vauquelain, à bord de sa frégate *L'Aréthuse*, a réussi à fausser compagnie aux Anglais et sortir du port pour retourner informer Paris de la situation précaire dans laquelle nous nous trouvons; cela ne veut pas dire que nous aurons du secours demain aux petites heures. L'île Royale perdue, vers où crois-tu que va se diriger cette monstrueuse machine de guerre des Anglais?

— Je n'en ai aucune idée. En ce qui concerne les soldats et les civils français prisonniers à l'intérieur de la forteresse, ils vont être transportés vers l'Angleterre en attendant la fin de cette guerre. Mais ce qui nous attend nous, comme toujours, les Acadiens risquent d'être pourchassés à nouveau. Et si tu

---

246. Charles, frère de Bénéry et portant le prénom de son père et de son grand-père.
247. Marie Cyr.

veux mon avis, Charles, ce ne sont pas les promesses de Boishébert qui me rassureront...

— Il ne faut rien exagérer, Bénéry. Les Micmacs qui ont
déserté le campement la semaine dernière ne lui ont pas fait
bonne réputation, mais le commandant est un homme de
parole. Je le côtoie depuis quelques années maintenant et il a
bonne écoute auprès des hautes personnalités de la Nouvelle-
France, il est bien dévoué à notre cause...

— Tu me permettras de ne pas me trouver en parfait accord
avec tes propos, mon frère. Il n'y a pas que nos amis Micmacs
qui se montrent revêches à son égard. Maillard, le missionnaire
que tu connais bien aussi, ne se gêne pas pour le ranger dans le
camp des protégés. Il affirme que sa bonne étoile n'a rien à voir
avec ses talents de soldat [248]... Je repars avec mon ami Gabriel
et nos cousins de Malpèque. Tu sais que grand-mère Mirande
ne se trompait aucunement en disant que Malpèque était le
village des Arseneau. Que la moitié de ses habitants portaient
le nom de nos ancêtres, cela peut encore se vérifier.

— Pour combien de temps encore, Bénéry?

Boishébert et son détachement quittèrent la baie de Miré
le vingt-neuf juillet, deux jours après que les Anglais eurent
pris possession de la forteresse de Louisbourg, pour retourner vers Port Toulouse [249]. Il y demeure quelques jours et s'y
trouve encore lorsqu'un brigantin anglais arrive avec à son bord
M. d'Angeac, commandant de Port Toulouse, venu avec l'agré-
ment de l'amiral Boscowen y chercher sa famille.

---

248. Abbé MAILLARD, *Dictionnaire biographique du Canada en ligne*: «... protégé et
favorisé plus que personne dès ses plus tendres années, pour aller commander
dans des postes où il y avait plus à s'enrichir par le commerce qu'à s'illustrer par
des faits militaires.»

249. Voir http://fortress.cbu.ca: «Le lendemain, je passai le chemin de Raimond qui
est à quatre lieues de la brador, où je m'embarquai dans les chaloupes qui nous
conduisirent à Port Toulouse. Nous eûmes beaucoup de peine dans cette relâche à
cause de nos malades qu'il nous fallait porter...» (Journal de Boishébert).

— Tu as vu, Jean-Jacques[250]? Lawrence va aussi nous envoyer un brigantin anglais pour nous conduire auprès de nos familles. Selon toi, cela est probable?

— Tu peux compter là-dessus, Cointin. Comme tous les malades qui gémissent dans les baraquements de fortune en attendant que nous repartions nous placer à l'abri...

— Justement, Jean-Jacques, où trouverons-nous maintenant un abri?

— Tu as entendu comme moi, Joseph, comme Cointin aussi, vous avez assisté de loin à la discussion entre Boishébert et le gouverneur de Port Toulouse. Si tous les chefs de la Nouvelle-France pensent que Boishébert commande une troupe de douze cents hommes, comme d'Angeac, ce n'est pas étonnant qu'ils se méprennent sur les afflictions que nous pouvons infliger à nos ennemis. Nous ne trouverons le repos que pour un certain temps, cachés dans les bois.

— Traqués comme des bêtes. Quant à d'Angeac et sa famille, ils iront passer quelques semaines dans les geôles dorées de l'Angleterre.

Le jour suivant, Boishébert repassa le portage de Saint-Pierre, allant retrouver les embarcations qui attendaient pour le ramener vers Miramichi. Là s'était regroupée une grande partie de la population de Port Toulouse ayant fui leurs maisons pour éviter de tomber prisonniers aux mains des Anglais, puisque leur village était compris dans la capitulation. Ce groupe d'Acadiens irait grossir le nombre de réfugiés à l'avenir incertain, c'est le moins que l'on puisse dire, qui attend à Miramichi des nouvelles que l'on devine peu rassurantes.

— Jean-Jacques! Dieu merci, tu es sain et sauf. Et comment sont les autres?

---

250. Jean-Jacques Bourgeois.

— Bien, Marie, bien. Nous avons plusieurs malheureux malades, mais notre petit groupe, celui de Cointin, est en assez bonne santé. Comme tu le dis : « Dieu merci ! »

— Et comment avez-vous vécu ces longues semaines ? Le siège de Louisbourg aura duré tout ce temps ?

— Non, Théotiste, nous ne sommes arrivés dans les environs de Louisbourg qu'aux premiers jours de juillet, et nous sommes repartis deux jours après la capitulation de ce même mois.

— Comment se fait-il que les Français soient incapables de se défendre contre ces satanés soldats britanniques ? Qu'est-ce qui ne va pas, Jean-Jacques ? Pourquoi les officiers de Boishébert ne cessent-ils pas de nous tonner que Montcalm et Vaudreuil ne font que remporter victoire sur victoire depuis que la guerre est commencée ? Quelque chose ne va pas.

— Théotiste ne se trompe pas, Jean-Jacques. C'est à n'y rien comprendre.

— Juste de voir le nombre de navires que les Anglais avaient réunis dans la baie de Gabarus était suffisant pour comprendre que la forteresse finirait par tomber. Peux-tu imaginer, Théotiste ? Vingt mille hommes sur deux cents navires faisant le siège, ajoutant chaque jour des canons dans de nouvelles batteries, tous dirigés vers cette ville que l'on bombardait jour et nuit...

— Et que faisiez-vous pendant ce temps ?

— Très peu de choses en vérité, Théotiste. Nous étions un peu des témoins impuissants. Je vous avais mentionné avant de partir que nous connaissions notre Boishébert. Chaque nuit, nous avions droit à des feux d'artifice sans fin. Nous pouvions au moins nous reposer durant le jour, ce que ne pouvaient se permettre les soldats affectés à la défense de la forteresse. Nous nous sommes bien battus, avec les moyens que nous avions. Il est vrai que quelques-uns, découragés, ont déserté... mais l'ensemble de notre groupe et celui de Villejoint ont réussi à inquiéter l'ennemi. Tu seras fière de ton ami Bénéry...

— Tu as vu Bénéry ? Ça alors ! Il avait quitté son navire ?

— Pas vraiment, mais son équipage était du détachement de l'île Saint-Jean que Villejoint avait regroupé sous ses ordres.

— Nous étions tous réunis. Le clan de madame Françoise était en force. Je sais que Charles aurait bien aimé que Bénéry revienne avec nous. Il a préféré poursuivre avec la *Snaut*...

— La mer, c'est sa vie maintenant, à Bénéry. Ne t'en fais pas, Théotiste, nous le verrons bien apparaître un de ces matins.

— Peut-être plus vite que nous croyons. Personne ne peut nous dire ce qui va se passer à partir d'aujourd'hui.

La perte de Louisbourg offre maintenant une base d'attaque sans pareille vers la ville de Québec. Le fougueux Wolfe s'y serait précipité sur-le-champ, encouragé dans sa poursuite par Charles Lawrence, gouverneur de la Nouvelle-Écosse et aussi officier supérieur britannique, qui avait fait bénéficier le général Amherst de toute son expertise durant le siège de Louisbourg. Lawrence a maintenant d'autres intentions concernant l'avenir de cette place forte, qu'il ne souhaite aucunement voir retourner à la France par un éventuel traité de paix... Cependant, la saison avance et Wolfe a aussi des projets matrimoniaux qui l'attendent en Europe... Avant que l'hiver s'installe, il y a d'autres îles à vider de toute trace des Acadiens...

V

Chercher la paix

5.1 La chute de Louisbourg annonce le pire

5.1.1 Sans ménagements : autres déportations…

On aurait dit la *Snaut* plus à l'aise, comme si elle avait retrouvé le plaisir de fendre la vague doucement, sans bruit. Était-ce d'avoir recouvré son équipage ? Ressentait-elle la joie de ce dernier à l'idée de quitter cette vie d'inconfort, d'incertitude qui est celle de coureur des bois au service de la guerre se répandre jusque dans les moindres interstices de sa coque ? Joie à la pensée de retrouver les siens après de longues semaines. Mais aussi dans l'âme un grand vide, comme lorsque l'on a échoué, encore une fois, après avoir mis beaucoup d'efforts pour réaliser ce que l'on croit être, hors de tout doute, la chose à faire. À cela, il faut encore ajouter l'incertitude du lendemain, pour soi et surtout pour ceux que l'on aime.

Sur le pont du navire, les quelques soldats de la garnison de Port-La-Joie que l'on ramène à leur baraquement discutent à voix basse, à peine quelques éclats brisant la douceur de cette fin de journée entre le cap de Nord et celui de Saint-Laurent, pendant que le soleil descend à l'horizon. Joseph[251] préfère

---

251. Joseph Arceneau.

cette course à celle du détroit de Canseau, car elle lui permet d'éviter la rencontre de navires hostiles dans les environs de Louisbourg. Peu de navigateurs anglais oseraient le pourchasser le long de ces côtes échancrées...

— Antoine[252], tu as une idée de ce dont ils peuvent discuter ? Je parierais qu'ils n'ont que faire de ce qui arrivera avec la forteresse...

— Et de ce qui arrivera de nous, Bénéry !

— Peut-être bien, Gabriel. Je dirais que cela a peu d'importance, que ça ne changera rien à notre sort. Ces soldats se contentent de faire ce qu'on leur demande ; le reste, ça ne les regarde pas. Ce qu'il adviendra de Louisbourg, ce qui arrivera de l'île Saint-Jean, de toute la Nouvelle-France, ils laissent cela aux autres, aux grands seigneurs. Sauver leur peau chaque jour, c'est déjà beaucoup ; eux aussi, ils sont loin de leur famille...

— Tu crois que les Anglais voudront prendre une pause avant de poursuivre sur leur lancée ? Consolider leurs positions, pour repasser à l'attaque au printemps prochain ?

— La question n'est pas là, Bénéry. En ce qui nous concerne, le sort de l'île Saint-Jean se trouve à être scellé avec celui de Louisbourg. Il ne faut pas penser que la petite garnison de Port-La-Joie, une centaine d'hommes, pourrait tenir tête aux troupes du général Amherst. En signant la capitulation, ce sont toutes les dépendances de l'île Royale qui ont capitulé[253]. Notre gouvernement était à Louisbourg.

— Nous n'aurons pas jusqu'au printemps, si tu veux mon avis. Tout dépendra des choix que feront les Britanniques. De mon côté, je te parierais un coup de rouge, même si je n'y goûte

---

252. Frère du capitaine Joseph.

253. Drucourt avait bien essayé de faire inclure dans les clauses de la capitulation des considérations pour les populations tant civiles que militaires... Elles furent toutes refusées. Article D3 : « Le gouverneur donnera ses ordres, que les troupes qui sont dans l'isle Saint-Jean et ses dépendances se rendront à bord des vaisseaux de guerre que l'amiral Boscowen enverra pour les recevoir. »

plus depuis longtemps, que tu peux te fier au gouverneur de la Nouvelle-Écosse, notre ami Lawrence, pour leur recommander de poursuivre la chasse aux Acadiens et à leurs alliés…

— Gabriel, tu n'as pas tort. Tu te rappelleras la grimace que nous avons été incapables de dissimuler lorsque le prisonnier britannique que nous interrogions nous apprit que Lawrence se trouvait parmi les officiers britanniques responsables du siège de Louisbourg. Je crois bien que tu lui as tiré l'oreille avec encore plus de force…

— Il veut notre perte complète; tout ce qui rappelle notre Acadie doit disparaître pour satisfaire sa soif de vengeance, sa haine des Acadiens. Il nous veut tous prisonniers, déportés au loin, et si possible anéantis.

— Antoine, ne te laisse pas sombrer dans une pareille tristesse…

— Tous les deux, toi et Gabriel, qu'avez-vous fait ces trois dernières années sur la chaloupe de Jos[254] ? Rien d'autre que de transporter de malheureux Acadiens vers les villages de l'île Saint-Jean. Plusieurs d'entre eux étaient revenus du plus profond des colonies anglaises où ils avaient été déportés loin des leurs, sans leur famille. Ces rescapés de l'enfer pouvaient légitimement espérer trouver un peu de tranquillité et de paix. Quelqu'un sur ce navire peut-il se risquer à deviner ce qui adviendra de nous? Quel sort on nous réserve? Vous avez vu, comme moi, tous ces navires que l'ennemi a déplacés vers Louisbourg? Il y en avait plus de deux cents, transportant marins et soldats, accompagnés de tout le soutien pour un siège qui a duré deux mois. Tous ces gens réunis, on aurait compté trois fois la population de Louisbourg, incluant les militaires assurant sa défense. Pour reconquérir la forteresse, il faudrait que notre bon roi Louis déplace d'un seul coup des milliers de personnes… Vous croyez cela possible?

---

254. Jos Dugas.

— Je ne crois pas, Antoine. Pourtant, la guerre en Amérique se fait à l'avantage des Français. Montcalm va de victoire en victoire. Il ne faut pas désespérer complètement. Il ne faut pas imaginer le pire...

— Nous sommes jeunes, Bénéry. Je devrais dire tu es jeune. À trente-six ans, je ne le suis plus tout à fait, même si je ne me suis jamais marié. Tu vois, mon frère Joseph et moi, nous sommes nés à Port Toulouse. Mon père Pierre était aussi navigateur, comme son père, et il voulait y tenter sa chance. Finalement, il est revenu se fixer à Malpèque, sachant qu'il y posséderait sa terre bien à lui... L'île Saint-Jean a bien changé depuis. Lorsque nous sommes revenus, il n'y avait que dix familles dans le village... Dans l'ancien temps, on ne comptait sur l'île, à part le peuple de Gabriel, que des Français, des Basques, venus pour y faire la pêche. Puis, les nôtres sont venus lorsque les Anglais furent les maîtres de l'Acadie. On découragea fortement les nouveaux arrivants de faire la pêche, sauf à Havre-Saint-Pierre. Ailleurs, l'agriculture dominait, avec de bonnes et de mauvaises années. Pourquoi ne pas accepter que nous soyons à la fois agriculteurs et pêcheurs[255]? Pour nourrir la forteresse et ne pas nuire aux entreprises de pêche des bons petits bourgeois de Louisbourg. Mon père[256], le frère de ton grand-père, tous deux fils de Pierre Arseneau, n'a jamais accepté de se plier à cette contrainte. Il n'a jamais voulu abandonner la navigation. Cela explique que nous nous trouvons sur cette goélette...

---

255. LOCKERBY, Earle, *Deportation of the Prince Edward Island Acadians*, Nimbus, p. 4 : «*As the colony grew, fishing continued at Havre-Saint-Pierre, but agriculture became the predominant endeavour of the inhabitants. Cattle, sheep, pigs, and chickens were the most common livestock, but settlers also raised geese and turkeys. Wheat was the principal crop, though some oats and peas were grown.*»

256. Pierre Arseneau, frère de Charles, le grand-père de Bénéry... Ce Pierre Arseneau serait celui dont parle Régis Brun dans *Shédiac l'histoire se raconte*: «En 1714, lors d'un voyage en canot sur la mer Rouge, Pierre Arseneault, de Beaubassin, a séjourné quatre jours à Chédaïque. Il y trouva des wigwams indiens parmi des champs de blé d'Inde.»

— Et je m'y sens à l'aise à mon tour, Antoine. Grâce à toi, grâce à Joseph. Puis arriva Lawrence avec sa hargne, ses idées de nettoyage, forçant notre peuple à la longue marche. Les Acadiens, pensant y trouver la paix, sont venus dans ce jardin en grand nombre, en trop grand nombre, réfugiés réduits à la dernière extrémité. Nous poursuivrons la résistance, Antoine. À Malpèque, nous serons en sécurité...

Cet élan de courage et d'optimisme de la part de Bénéry n'apaisa aucunement les craintes d'Antoine. Ce marin fier, au tempérament de vieux garçon, n'était pas réputé pour sa joie de vivre, pour son optimisme...

Qui eût pu l'en blâmer? Boscowen, commandant en chef des opérations militaires britanniques pour l'Amérique, avait à peine finalisé les clauses de la capitulation de Louisbourg qu'il désignait celui qui serait responsable du « déplacement[257] » des habitants de l'île Saint-Jean. Les Britanniques ont sous-estimé la population de l'île à cette époque. Boscowen avait prévu du transport pour cinq cents personnes, alors que la population se situait tout juste au-dessous de cinq mille[258]. Les Britanniques n'avaient pas de temps à perdre. Le huit août, le lieutenant-colonel Andrew Rollo, désigné pour cette tâche, recevait ses instructions avec l'ordre de partir immédiatement pour l'île Saint-Jean avec cinq cents hommes, quatre vaisseaux de transport portant des provisions pour trois mois. Le *Hind* assurait la sécurité du convoi, qui apportait aussi tout le matériel nécessaire à la construction d'une redoute à Port-La-Joie. Exactement une semaine plus tard, Rollo se pointe dans la baie de Port-La-Joie, attendu par un navire portant un drapeau blanc. La petite garnison française venait de rendre les armes. Le *Hind* n'avait tiré qu'un coup, pour la forme. Drucourt, pour éviter

---

257. Lorsqu'il est question de la déportation des Acadiens, on s'en tient souvent à celle de 1755... Pourtant, l'épisode de l'île Saint-Jean est plus meurtrier encore...

258. LOCKERBY, *ibid.*, p. 7 : « *On the eve of the 1758 deportation, there were slightly fewer than five thousand inhabitants on île Saint-Jean, mostly Acadians.* »

toute complication, devait envoyer deux ou trois de ses officiers de Louisbourg prévenir la garnison et les habitants des articles de la capitulation, incluant le fait qu'ils devaient se rendre avec leurs armes. Ainsi, Gabriel Rousseau de Villejoint, commandant de la place, aurait dû être au courant de la venue éventuelle des Britanniques… S'attendait-il à voir arriver une telle force? Pensait-il que l'on viendrait seulement le prendre lui avec sa garnison? S'il n'était probablement pas au courant de toutes les directives données à Rollo, en savait-il assez pour informer les habitants de ce qui les attendait? S'ils avaient été avertis une semaine à l'avance, cela aurait-il été suffisant pour leur permettre de se soustraire à la déportation? Malgré les aléas reliés aux communications, il est permis de penser qu'une telle nouvelle eut rapidement fait le tour de l'île. Les Acadiens, comme l'équipage de la *Snaut*, ne pouvaient ignorer la précarité de leur situation, c'est bien évident, mais, encore une fois, ces derniers peuvent penser ne pas avoir été pris pour compte, bien protégés par ceux en qui ils avaient mis leur confiance. Ce qui compte, ce sont les instructions reçues par Rollo. Celles-ci stipulent que tous les habitants qui se rendent ou sont pris vivants seront transportés à Louisbourg sur les quatre « transports », après que le fort sera construit.

Aussitôt neutralisée la petite garnison française, les Britanniques se mirent à l'ouvrage pour se saisir des habitants, qu'ils ramenèrent sur les navires qui attendaient dans la rade. À la fin d'août, on avait dépassé les prévisions, puisque six cent quatre-vingt-douze prisonniers attendaient leur départ pour Louisbourg. Le convoi fut de retour à la forteresse le quatre septembre, avec une lettre de Rollo indiquant à ses supérieurs que la majorité des habitants s'étaient rendus sans offrir de résistance[259].

---

259. *Idem*, p. 16: « *… brought in their arms & (would) embark to Europe.* »

Cette première vague de civils, d'Acadiens en grande majorité, sera déportée à La Rochelle pour servir de monnaie d'échange contre des prisonniers anglais détenus en France. Réalisant qu'il était à court de navires, qu'il pourrait manquer de temps, l'amiral Boscowen, dès le huit septembre, commanda treize navires de plus, avec les provisions pour deux mois, ce qui était nécessaire au transport de trois mille cinq cent quarante prisonniers français de plus.

Il ne faut pas croire que tous les Acadiens de l'île se sont laissé embarquer sans rien dire. La population des villages les plus éloignés de Port-La-Joie, souvent à une distance appréciable, eut le temps de réagir, et plusieurs décidèrent de fuir de nouveau. Des Acadiens résistèrent, certains réussirent à se soustraire aux recherches des militaires britanniques lancés à leur poursuite. Ce fut le cas d'une bonne partie de la population de Malpèque.

— Gabriel? Bénéry? Vous avez bientôt terminé de charger les barriques d'eau et le bois nécessaire pour les prochains jours?

Joseph venait de hucher à ses deux matelots qui repartaient vers la côte en canot.

— Pas tout à fait, Joseph. On va y arriver. Nous discutions avec Joseph Terriaud, de Bedec. Il est venu pour te voir...

— Dis-lui d'embarquer avec vous autres quand vous reviendrez. Prenez mes mousses, François et Pierre, pour vous donner un coup de main. On est pressé...

Le capitaine n'entendait pas à rire lorsqu'il se savait à court de temps et que les choses ne tournaient pas à sa façon...

— Alors, Bonhomme[260], heureux de te voir. Qu'est-ce qui t'amène?

---

260. La famille de Joseph Terriaud, dit le Bonhomme, est l'une des huit familles demeurant à Bedec au recensement de Larocque de 1752. Il a, à cette époque, 24 ans (30 ans en 1758), est marié à Marie Josephe Pitre... Recensement Larocque 1752, sur le Net.

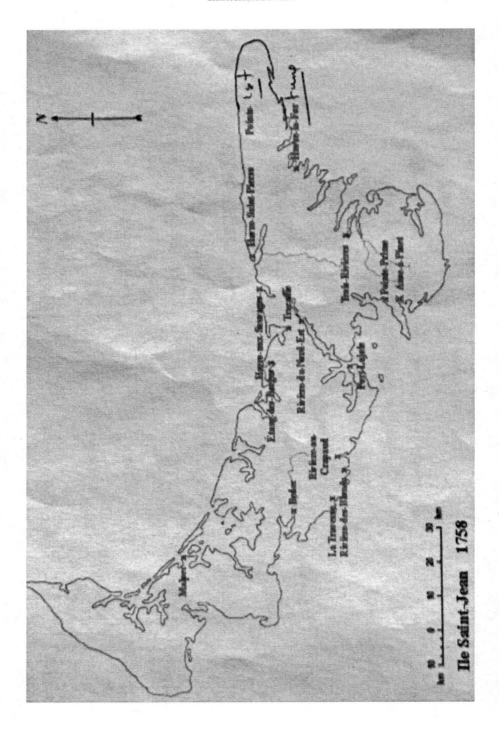

Île Saint-Jean   1758

— T'es au courant plus que moi de ce qui se passe, Joseph. Nous, dans notre coin perdu, on n'entend pas grand-chose. On ne voudrait pas se voir embarquer par les soldats anglais...

— Il se passe que les Anglais ont ratissé les alentours de Port-La-Joie, embarquant tout le monde, s'emparant même de nos goélettes pour y ramener les habitants. Avec leur schooner, ils remontent vers la rivière du Nord-Est des deux côtés. Il s'est réuni beaucoup de monde, dans cette partie de l'île, depuis le grand dérangement jusqu'à tout récemment...

— C'est ce que nous craignons. De Bedec, nous sommes à plus de vingt lieues de Port-La-Joie, donc à l'écart. Huit familles... ils vont peut-être nous oublier, qu'on se disait. Tu comprendras que nous ne voulions pas aller nous fourrer dans la gueule du loup, alors j'ai pensé aux Arceneau de Malpèque. Question de savoir ce que vous en pensez. On pourrait toujours repasser la «mer Rouge» vers la baie Verte... Les loups sont partout. Comme nous n'avons pas les canots qu'il faut pour prendre la mer, nous nous demandions ce que vous avez l'intention de faire...

— Nous ne savons pas trop bien, nous non plus. La baie ici nous protège assez bien. C'est loin, ils ne connaissent pas le coin. Toi, le Bonhomme, ça fait une dizaine d'années que t'es sur l'île. Ici, ça fait vingt, trente ans que les familles s'y sont installées. On n'a pas le goût de tout abandonner... Moi, je veux me battre. J'ai un équipage qui n'a peur de rien, une goélette qui n'a pas deux ans. Tu vois ce que je suis à installer? Nous allons nous défendre, si les Français en sont incapables...

— Avec de tels engins, Joseph, c'est sûr que... Si je me fie aux bras de ton matelot, le grand qui ne parle pas beaucoup, vous avez un bon commencement...

— Tu veux parler de Gabriel. Cela fait un bout de temps que je me précautionne, au cas. On ne sait jamais qui nous pouvons rencontrer. Ces vieilles «bouches à feu» peuvent faire fuir l'ennemi. Si tu veux embarquer avec nous, le Bonhomme, je pars pour Miramichi. Si ta famille, et les autres de Bedec, désirent aller y rejoindre ceux qui se sont réfugiés dans ce poste, je peux vous prendre dans la nuit de demain.

— Pour Miramichi? Nous ne serions pas mieux dans les îles Ramées, dans le nord, aux îles Madeleine?

— C'est exactement ce que proposait mon frère Antoine, qui reste chez nous. Ce serait une «saudite» belle cachette. On ne sait jamais, un jour. Pour le moment, je vais à Miramichi y conduire cinq familles du Havre-aux-Sauvages, qui ne prennent aucun risque et désirent s'éloigner suffisamment pour ne pas être inquiétées par les troupes qui sont débarquées sur l'île. Ce n'est pas mon premier voyage…

— Justement, Gabriel et Bénéry, approchez. Le Bonhomme voudrait qu'on aille le débarquer aux îles Madeleine. Qu'est-ce que vous en pensez?

— Comme Antoine? Ce serait une bonne idée. Mais il n'y a pas de presse. D'après ce que l'on peut comprendre, les Anglais n'auront jamais le temps de ramasser tous les habitants de l'île avant qu'arrive le froid de l'hiver. L'automne est imprévisible.

— Je ne veux pas te contredire, Bénéry, mais l'automne rappelle de mauvais souvenirs à ceux qui furent déportés en cinquante-cinq. Ils n'ont pas pris en compte ces considérations avant de les entasser dans les navires sentant le fumier pour les lancer sur les vagues du mois de décembre. Ils ne nous feront pas plus de cadeau. C'est pour ça, mon Joseph, qu'on va attendre votre signal. Nous aurons quelqu'un sur l'île de Bedec, à l'entrée du havre…

— Bien, le Bonhomme! Vous ne serez pas les seuls[261]…

— Et vous, Joseph, comment voyez-vous l'avenir?

---

261. *Idem,* p. 17. Une lettre de Villejoint, datée du 8 septembre 1758 et adressée au ministre de la Marine de France, indique que «quelques colons de l'île ont quitté pour rejoindre le camp de réfugiés acadiens de la région de Miramichi pour éviter la déportation».

— Comme je te le disais, nous allons commencer par nous battre. S'il le faut, nous nous défendrons. Il y a encore de l'espoir. L'automne va venir, puis l'hiver ; on agira en fonction des événements. Nous tenons à notre île, à nos terres.

Joseph Terriaud de Bedec réussira-t-il encore à échapper aux tuniques rouges ? Ce qui l'attend à Miramichi est-il préférable à la déportation en France ? Qu'en est-il de toutes ces familles dont les chefs, les hommes seuls, furent déportés en dix-sept cent cinquante-cinq. Réunies de nouveau après une longue errance, elles risquent maintenant les mêmes déchirements. Comme les Blanchard, partis six frères avec leur père sur le navire les *Two Brothers* jusqu'en Caroline, avant de revenir auprès des leurs, sur l'île Saint-Jean ? L'automne sera long et difficile, avec des sautes d'humeur comme seul le golfe du Saint-Laurent peut en réserver...

5.1.2 Ratissage (septembre dix-sept cent cinquante-huit)

Le jeune officier Wolfe devait encore se distinguer avant de retraverser l'Atlantique dans l'autre direction. La mission qu'on lui confie est celle de nettoyer le golfe du Saint-Laurent de tous ses postes de pêche pouvant servir de refuge pour abriter des populations nomades, essentiellement des Acadiens, en préparation des opérations à venir. Il s'agit de faciliter les opérations du printemps et de l'été de dix-sept cent cinquante neuf. Boscowen avait placé Wolfe en tête des opérations pour le golfe du Saint-Laurent. Robert Monckton fut désigné pour des missions semblables sur la rivière Saint-Jean, et le major Scott le long de la rivière Petitcodiac...

— Théotiste, as-tu vu ton frère Michel[262] ? Il devait se rendre du côté des Cointin...

---

262. Michel Bourgeois, fils du défunt Joseph.

— Oui, maman, je suis revenue de compagnie avec lui. Il est à ramasser le fourrage pour l'hiver avec Jean-Jacques[263]. D'après lui, le temps sec des dernières heures a fait en sorte qu'il est juste comme il se doit pour être monté en « mûlerons ». Je prends quelques victuailles et repars les aider. Nous reviendrons avant la nuit tombée. Vous venez nous rejoindre ?

— Attends que je te parle, Théotiste. Ne pars pas si vite… Ne me dis pas que tu t'es encore attifée comme les Sauvages. Théotiste, tu fais exprès ?

— Vous n'allez pas recommencer, maman ? Vous savez bien que nous n'avons plus rien à nous mettre sur le dos. C'est l'été. Je suis parfaitement décente, parée de cette manière. Surtout, je me sens à l'aise. Je garde le peu de fringues que je possède pour les occasions…

— Tu es impossible, Théotiste. À seize ans, tu devrais savoir que les femmes doivent conserver une certaine pudeur. C'est que tu donnes le mauvais exemple aux plus jeunes…

— Cette robe de peaux est très réservée, maman : pas trop serrée à la taille, avec le boléro. Si vous saviez combien il me fallut de temps, de travail avec Katarina pour arriver à ce résultat…

— En plus, il n'y a pas moyen de te faire entendre raison. Toi, je te dis…

— Vous n'allez pas me dire, maman, que vous n'êtes pas à l'aise dans les mocassins que je vous ai confectionnés ? Je ne vous vois plus avec vos lourds sabots. Toutes ces jolies nattes, ces sacs en joncs sont très utiles aussi…

— Ça va, ça va, Théotiste. Dis-moi plutôt ce que tu allais faire avec ton frère de par chez les Arseneau…

— Nous sommes allés pour voir le contingent de monsieur de Boishébert se mettre en branle. C'est quelque chose, maman, tous ces préparatifs, tous ces canots chargés à plein

---

263. Jean-Jacques Bourgeois, beau-père de Théotiste.

rebord qui s'activent pour prendre le courant. Cela donne envie de partir à l'aventure…

— Dis plutôt que tu ne peux pas te retenir de voir parader tous ces jeunes soldats bien mis…

— Maman! Ils étaient presque quatre cents, selon Michel…

— Il n'est pas demeuré longtemps avec nous le sieur de Boishébert. Nous ne sommes pas à la mi-août[264] et voilà déjà qu'il part. Si tu veux mon avis, il ne nous a pas laissé beaucoup de ses troupes pour assurer notre sécurité. Après la chute de Louisbourg, et avec le lot de nouveaux réfugiés qu'il a ramené de Port Toulouse, je ne suis pas des plus rassurées, Théotiste. Avec l'hiver qui viendra…

— Personne ne dit que Boishébert ne reviendra pas. C'est la guerre dans toute l'Amérique, maman. Il fut appelé en renfort au Canada…

— Lui, il retournera passer l'hiver à Québec. Je ne crains pas pour lui, mais pour nous. Sans aucune garnison… tout peut nous arriver.

— Il faut faire confiance à Dieu, maman. Vous me le répétez assez souvent. Il faut faire confiance à notre milice, au groupe de Cointin, aux Dugas aussi venus de Port Toulouse. Nous ne sommes pas démunis. Ce sera notre troisième hiver dans cette région…

La jeunesse et l'entrain de Théotiste sont caractéristiques de son âge. Lorsqu'on a seize ans, on a toute la vie devant soi, on est porté naturellement à l'optimisme. Marie, sa mère, en a vu bien d'autres, et si elle reconnaît la douceur et la tranquillité

---

264. Voir http://cyberacadie.com biographie/ Charles-Deschamps-de-Boi…: «Après la chute de Louisbourg, le 26 juillet, Boishébert se retira, poursuivi par l'ennemi. Il ramena de la région de Port Toulouse un nombre considérable d'Acadiens afin d'assurer leur sécurité dans son poste de la rivière Miramichi. Le 13 août, il partit de Miramichi avec 400 soldats à destination du fort Saint-Georges. Arrivé le 9 septembre, son détachement fut pris en embuscade et dut se retirer.» Boishébert venait de terminer sa dernière expédition en Acadie par une autre action militaire sans éclat…

du moment présent, elle en devine aussi la fragilité. Comme le calme avant la tempête. Ce qui ne fait pas de doute, c'est que le quotidien de ces réfugiés est d'une frugalité misérable, que leur vie d'errance les oblige à sans cesse prévoir que l'ennemi peut fondre sur eux à n'importe quel moment, les obligeant à s'aménager une fuite possible dans la forêt...

Si Amherst mit de côté son plan d'attaque sur Québec, ce n'est que temporaire, et surtout, il ne perd pas de vue cet objectif. Après la prise de Louisbourg, il donna des ordres à Boscowen d'utiliser sa force navale pour entreprendre le ratissage systématique des eaux du Saint-Laurent[265]. À la fin d'août, ce dernier donna ordre à Wolfe[266] de se rendre à Gaspé, où il arriva le quatre septembre.

Personne ne fait le guet au moment où les quatorze navires, portant mille cinq cents soldats et marins, font leur entrée dans la baie. L'année précédente, par crainte des Anglais, aucun bateau européen n'était venu pour y faire la pêche ; seul Pierre Revol y maintient encore son entreprise de pêche. Au moment où Wolfe fait son apparition, la saison est terminée. Il n'a aucune difficulté à s'emparer des installations qui s'y trouvent[267]. Informés que les habitants ont fui au fond des baies, les hommes de Wolfe s'avancent plus avant pour s'emparer d'une poignée d'hommes, de deux femmes et de leurs enfants. Au total, quarante-six personnes seraient faites prisonnières et dirigées sur Louisbourg pour être déportées en France avec les habitants de l'île Saint-Jean. On se partage les prises et on

---

265. CLARKE, John Mason, *The Heart of Gaspe*, p. 142-143 : « *General Amherst...dispatched orders to the remaining troops, and Amiral Boscowen to the squadron, to spend the rest of the season in cruising along the French coast, as far as Gaspe, in order to despoil the fishing villages.* » Consulté sur le Net.

266. *Idem. « It was not a dignified undertaking »* (parlant de la mission confiée à Wolfe).

267. Voir http://www.encyclobec.ca. Mimeault, Mario, MA Histoire, chercheur indépendant, Gaspé, le 25 juin 2002 : « Les Anglais découvrent à leur arrivée le piètre état de la petite colonie française. Elle se meurt presque de faim, et Revol est d'ailleurs décédé quelques jours avant. »

brûle tout, sans oublier l'usine à bois. Ne sera épargnée, pour un temps, que la maison dans laquelle Wolfe s'installera pour prendre un mois de repos[268], en attendant que l'on ait réglé le cas de Mont-Louis. La soumission de Mont-Louis eut lieu le dix-neuf septembre, deux jours après que Wolfe y eut dirigé son officier, Dalling, question de nettoyer les côtes. Le responsable du petit poste, monsieur Mahiet, revenant de Québec avec des provisions pour l'hiver, après y avoir conduit ses pêcheurs, n'eut d'autre option que de rendre les armes[269].

— Bénéry, la *Snaut* n'est pas la seule goélette à s'arrêter dans la jolie baie de Miramichi. Nous avons reçu la visite de Gauthier, puis l'*Espoir* de Jos Dugas est passée rapidement, avant de reprendre la mer.

— Dites-moi donc, oncle Pierre[270], je n'ai pas aperçu mon frère Charles, il ne lui est rien arrivé de fâcheux?

— Aucunement, tu pourras prendre de ses nouvelles auprès de ton frère Jean-Baptiste. Charles accompagne le détachement de Boishébert. Je ne suis pas certain, mais je croirais qu'il doit revenir à Miramichi lorsque la présente mission de Boishébert prendra fin. Vous transportiez quelques Acadiens désirant se joindre à notre groupe?

— Oui, un dénommé Joseph Terriaud, dit « le Bonhomme », avec quelques familles de Bedec[271]. Il ne leur reste pas beau-

---

268. Je trouve révélateur cet épisode, qui permet à Wolfe, qui détestait la vie de marin, de prendre du bon temps à Gaspé… DAVIES, Blodwen, *Gaspé. Land of History and Romance*, p. 97-99 : « *Wolfe liked the great Bay of Gaspe… After the reek of crowded transports, the wretched business of destruction at Louisbourg, the smoke of battle and spilling of blood, Wolfe found in the peace of Gaspe a cleansing quality that appealed to him… So after he had delegated the unwelcome duty of destruction to them, he moved ashore, took up his residence in the intendant's stone house and set out to enjoy a month of hunting and fishing and an outdoor holiday.* » Consulté via le Net.

269. Voir http://nosrecherches.ca : « Tous les prisonniers de Gaspé, y compris le sieur Michel Mahiet, ont été amenés à bord de la *Marianne* à Louisbourg, puis envoyés sur Saint-Malo, à bord de l'*Anteloppe,* paquebot anglais… »

270. Pierre Arseneau, oncle de Bénéry.

271. Bédec: nom ancien de Summerside, à l'Île-du-Prince-Édouard.

coup de temps pour se préparer à affronter l'hiver. Vous autres, mon oncle, ça va aller?

— Tu as vu? Avec la venue de ton oncle Vincent, de sa femme et de sa belle-famille, nous avons construit de nouveaux abris, quelques habitations plus étanches en amont de la rivière, de sorte que, si les Anglais arrivent à l'improviste, nous aurons le temps de nous réfugier dans les bois environnants. Nous avons été surpris de le voir surgir avec les autres. Quelle vie de misère! Il n'y a plus un endroit sur terre où les Acadiens sont en sécurité. Ici, nous sommes constamment aux aguets. Si les hommes de Lawrence apprennent que nous sommes à nous regrouper de nouveau dans cette région, ils vont nous rendre visite, c'est presque assuré. On nous laisse complètement sans défense. Comment ça se passe du côté de l'île Saint-Jean?

— Encore une fois, vous avez eu raison. Si vous étiez traversés vers Malpèque, l'inquiétude serait tout aussi grande. Celle-ci gagne toute la population de l'île. Il y a déjà des navires transportant des prisonniers qui ont quitté Port-La-Joie pour Louisbourg; on les dirigerait vers la forteresse. Qu'est-ce que l'on fera d'eux? Personne n'est en mesure de le dire. Pour le moment, à Malpèque, nous n'avons pas reçu de visite des tuniques rouges, mais cela viendra peut-être.

— Regarde, Bénéry, qui nous arrive? Tu n'en croiras pas tes yeux. Je vous laisse, mais nous t'attendons pour le repas…

— Oui, oui, mon oncle, je n'y manquerai pas…

Bénéry fit un pas en arrière, comme si on lui avait soudainement coupé la parole et les jambes. Il fut obligé de regarder attentivement pour être bien certain qu'il s'agissait là de son amie Théotiste. Il y eut un moment de silence, qui lui sembla durer une éternité. Il fut incapable d'ouvrir la bouche. Enfin oui, mais ce ne fut pas lui qui parla en premier…

— Regardez-moi qui est là. Bonjour, Bénéry.

— Bonjour, Théotiste…

— De retour dans les parages?

— Oui, pas pour longtemps, comme de coutume. J'avais justement l'intention de me rendre vous dire bonjour. Ta mère se porte bien, Théotiste?

— Je me disais que tu viendrais nous saluer, mais je n'ai pas pris de chance, Bénéry. J'avais le goût de te voir seul à seul. Au mois de novembre, tu n'as passé que quelques minutes avec nous. Il y a presque un an que nous ne nous sommes pas rencontrés. Comment vas-tu, Bénéry? Toujours aussi heureux sur les bateaux?

— Oui...

— Tu n'es pas trop jasant. Tu ne me reconnais pas? Ce n'est pas mon costume qui te dérange, toujours?

— Non, non, Théotiste, pas du tout. Même qu'il te va très bien.

— Il y a déjà assez de maman qui petoune; elle ne cesse de me sermonner parce que je m'habille en Sauvagesse, comme elle dit. J'aime mieux être bien habillée à l'indienne que pas habillée du tout. Nous n'avons plus rien à nous mettre sur le dos...

— Tu as raison. J'aimerais bien que Gabriel te voie ainsi. Ce costume t'habille à merveille.

— Gabriel, c'est ton ami? Il est toujours sur la *Snaut*?

— Oui, nous sommes inséparables. Comme deux frères. Tu vois toujours ton amie Katarina?

— Le plus possible, même si elle me dit être obligée de se disputer avec sa mère pour demeurer plus longtemps autour de Miramichi. Elle n'a pas le choix de suivre les siens. Ils partiront dans quelques jours pour leurs campements d'hiver. Parle-moi de Louisbourg, Bénéry. C'est vrai que tu as assisté au siège de la forteresse?

— Comme les autres, nous étions du détachement de Villejoint, fils. Je n'ai jamais vu pareille quantité de navires réunis. Nous ne finissions plus de les compter. J'aurais bien aimé que nous puissions sauver la forteresse. J'imaginais les gens prisonniers dans la ville bombardée de toutes parts, et ça me faisait mal au cœur. Il semble qu'elle est presque complètement détruite. J'ai bien peur que tu ne la voies jamais comme elle était avant…

— J'aurais tout donné pour marcher dans ses rues, comme toi. Et maintenant, les Anglais sont aussi maîtres de l'île Saint-Jean. Tu n'es pas en danger, Bénéry ? Des fois, je me dis que nous devrions tous nous rassembler au même endroit. La Nouvelle-France est trop vaste. Cela ne fait pas de sens. Regarde le sieur de Boishébert, à peine revenu de Port-Toulouse, il doit repartir pour le fort George ; je ne sais même pas où c'est. Comme la Louisiane, le Mississippi ! Pourquoi ne pas tous nous rassembler à Québec, dans la Nouvelle-Cadie [272] ? Il paraît, d'après ton frère Charles, que la ville de Québec est imprenable, à cause de la façon dont elle est située. Tu ne trouves pas, Bénéry, que nous serions mieux tous ensemble ?

— Tu as peut-être raison, Théotiste. Cela viendra, qui sait ? Mais ne t'inquiète pas pour moi, tu devrais voir les petits canons que Joseph a montés sur la *Snaut*. Nous sommes décidés à nous défendre.

— Tant mieux, mais comment se défendre lorsqu'il se présente toute une flotte, comme à Louisbourg, et maintenant à Port-La-Joie. Les habitants seront déportés, tu crois ?

— J'en suis certain, Théotiste. Ce sont toujours les mêmes moyens qu'on utilise, ils s'inspirent de la fourberie. À Malpèque, nous sommes loin, mais en ce qui concerne les habitants autour de Port-La-Joie, on les a déjà transportés à Louisbourg. Pour les autres, si la saison se fait trop tard, ça ira à l'an prochain, à moins que le déroulement de la guerre ne prenne un autre sens, que le vent tourne.

— On va donc les disperser dans les colonies anglaises ?

---

272. HÉBERT, Pierre-Maurice, *Les Acadiens dans Bellechasse,* La société historique de la Côte-du-Sud, 1984, p. 6.

— Je ne pense pas. C'est la guerre, alors ils seront faits prisonniers, on va les transporter en Angleterre ou en France...

— Tu viens à la maison saluer maman, Jean-Jacques et les autres ? Je suis contente de t'avoir eu pour moi toute seule, pendant un bout de temps... Bénéry, je m'ennuyais des beaux moments que nous avions eus dans la baie de Chédaïc...

— Le temps passe, Théotiste. Il faudra que cette longue marche prenne fin. Depuis le grand feu, les Acadiens n'ont pas trouvé de repos. Moi-même, j'ai hâte de me fixer quelque part. Allons voir ta mère. Chez oncle Pierre, ils m'attendent pour le repas, et je ne voudrais pas rater mon frère Jean-Baptiste.

La candeur de Théotiste avait eu raison de la timidité naturelle du jeune homme. Elle connaissait bien son ami de toujours. C'était cela justement qui la préoccupait. Était-elle plus qu'une amie pour Bénéry ? L'attention qu'il lui manifestait était-elle guidée par son désir de la protéger ou par des motifs plus doux, plus intéressés ? De son côté, Bénéry avait découvert une vraie femme. Était-ce le costume, la maturité qui mettaient en valeur sa féminité ? Il ne saurait le dire. Théotiste n'avait plus rien de la petite fille espiègle, enjouée, aux joues rougissantes ; cette petite fille s'était muée en une jolie femme. Il l'aurait volontiers serrée dans ses bras.

Lorsque Bénéry retourna vers son bâtiment, l'obscurité enveloppait la baie. Il reconnut Joseph et Antoine discutant sur le pont de la *Snaut* avec un homme qu'il ne connaissait pas. Il n'osa pas s'approcher du trio, préférant se diriger vers sa paillasse, où il savait y trouver Gabriel...

— Tu connais l'homme sur le pont en compagnie de Joseph et d'Antoine ?

— Il n'y a que toi qui ne connaisses pas le célèbre Joseph Leblanc[273]...

---

273. Joseph Leblanc, corsaire.

— Je ne l'ai pas reconnu. J'en ai beaucoup entendu parler, mais je ne l'ai pas vu souvent ...

— Il est venu s'installer dans le coin avec les siens, après la chute de Louisbourg. Ça semble sérieux. Lui aussi veut mettre les voiles demain au petit jour, mais il semble que les éclaireurs qu'il a envoyés au-delà de la barre de sable ont vu une petite escadre, qu'ils pensent être des navires anglais faisant voile en direction de Miramichi...

— Sapristi! Nous sommes faits comme des rats...

Ce fut de justesse que la *Snaut,* de même que la petite goélette de Joseph Leblanc dit le Maigre, réussirent à échapper à la faveur de la marée basse, à la poursuite du petit *sloop* lancé à leurs trousses. Ce ne fut pas sans avoir échangé de furieux tirs de canons...

Pendant que Wolfe prend du bon temps à Gaspé, James Murray se trouve, en effet, à exécuter ses ordres à l'embouchure de la rivière Miramichi, où il fut détaché avec une force de huit cents hommes. Il y arrive le quinze septembre. Cet effort de destruction fait partie intégrante du plan de campagne des Britanniques à la fin de l'année dix-sept cent cinquante-huit, à savoir de détruire tous les établissements français et les postes de pêche du golfe du Saint-Laurent. Si l'on peut comprendre l'importance stratégique de Gaspé, dans la perspective d'une attaque sur Québec, il est beaucoup plus difficile de trouver l'utilité, encore moins la nécessité, de s'en prendre à la région de Miramichi[274], si loin de l'objectif militaire principal. Accabler de pauvres démunis devant prochainement affronter le dur hiver canadien?

---

274. LISTER, Rutledge Jos., *Century of Conflict,* p. 184 : « *Wolfe received orders to destroy settlements on the Gulf of St. Lawrence... About all that had been accomplished was the destruction of the homes of many innocent people facing the approach of a rigid winter and large stores of food that would be urgently needed. It seems beyond question that no reputation had been enhanced.* » Sur le site http://www3.bc. Sympatico.ca.

5.1.3 Automne lugubre

— Antoine, tâchez donc de signaler Le Maigre, nous allons nous rapprocher. Question de vérifier l'état des bâtiments...

— Nous pouvons dire merci à la température clémente que nous connaissons depuis quelques jours. Qu'en dis-tu, Le Maigre?

— À la température et à la marée basse. «Goddam» d'Anglais! Pas trop de dégâts, Joseph?

— Je ne pense pas. Le mousse et Bénéry sont descendus dans la cale. Ils n'ont rien vu. De ton côté non plus?

— Non, il ne faisait pas trop clair...

— Tu crois que les Anglais connaissent aussi bien la baie de Miramichi?

— J'en serais étonné. Ils ont sûrement soudoyé un Abénakis en panne sèche[275]...

— Je vais dire comme toi...

— Quelle course t'as l'intention de prendre pour la suite, jusqu'à Malpèque?

— La plus courte, Le Maigre. Je ne pense pas qu'il y ait de difficultés. Avec la direction du vent, nous serons passés la pointe ouest de l'île d'ici une heure. Ils ne nous ont pas suivis; tu sais bien qu'ils vont s'arrêter à Miramichi, le temps de tout... Je me comprends. Ne t'inquiète pas, je n'ai encore vu aucun navire anglais s'aventurer jusque dans la baie de Malpèque. Premièrement, il n'y a pas assez profond d'eau pour leurs navires, puis ce serait trop risqué...

— Je partage ton avis, c'est certain qu'ils ne nous ont pas suivis. C'est ce qui m'inquiète et c'est pourquoi je ne m'éterniserai pas à Malpèque avant de retourner rejoindre les miens. Nous allons poursuivre de compagnie. À deux, on peut tou-

---

275. *Historical-Geographical Documents Relating to New-Brunswick,* sous la direction de W. G. Ganong, p. 301-307, rapport de James Murray: «*Joseph the Indian being our pilot.*»

jours faire diversion, et puis, si le hasard place un navire de transport anglais seul sur notre route, nous pourrons lui réserver une petite surprise...

Joseph Arceneau ne releva pas la dernière invitation de son ami, même s'il en avait compris tout le sens. Grâce à la bonne brise de suroît, on arriva rapidement et sans mauvaise rencontre dans la baie de Malpèque.

— Gabriel, je peux t'assurer que je retournerai à Miramichi à la première occasion. Je me sens comme un lâche qui les abandonne. «Blastone», comme disait ma grand-mère Françoise, cela ne finira jamais!

— Je te comprends, Bénéry. Avec ce que tu viens de me raconter, les yeux brillants, il n'y a pas que ta famille qui te préoccupe...

— Je savais que tu me parlerais de cette façon. Cela ne me fait rien. Moi-même, je ne pourrais dire exactement pourquoi ou pour qui je désire y retourner. Tout ce que je souhaite, c'est qu'il ne soit pas trop tard...

— Tu peux demander au Maigre s'il veut t'embarquer pour le retour.

— J'y ai pensé. Cela me déçoit de passer pour un «lâcheux». Je ne sais pas si la *Snaut* doit reprendre la mer.

— Le tranquille village de Malpèque pourrait bien recevoir de la visite, lui aussi, ce qui nous forcera à partir tous, de gré ou de force.

À Malpèque, l'inquiétude règne, comme partout sur l'île. De son côté, Bénéry continua de se morfondre. Il avait la triste impression de perdre son temps, cette impression s'ajoutant à de lugubres pressentiments. Avant que Joseph Leblanc quitte la baie avec son navire, Bénéry avait discuté de la situation avec Antoine, le second, qui en avait parlé avec son frère. La *Snaut* n'avait pas, à proprement parler, de voyage en cette fin de saison, mais lors de leur sortie de pêche visant à faire provision de poisson salé, il pourrait pousser jusqu'à Miramichi, à condition que la route soit libre. Mais encore fallait-il être certain que leur situation à Malpèque soit assurée pour l'hiver. Alors, on fit comme un marché. Gabriel et Bénéry accompagneraient Antoine dans une expédition terrestre visant à s'approcher, autant que possible, de Tracadie via la baie des Sauvages et de Port-La-Joie afin de voir ce qui s'y passe vraiment. Une perspective qui ne déplaisait pas à Bénéry ni à Gabriel. Cela leur rappellerait le siège de Louisbourg et les missions de reconnaissance qu'on voulait bien leur confier.

Le beau temps qui était venu à la rescousse de la *Snaut* avait fait place à un temps des plus maussades, le vent faisant cingler la pluie qui vous labourait le visage. Un mauvais temps qui retarde la venue des navires que Rollo attend avec impatience, mais un temps idéal favorisant ce genre d'expédition. Empruntant le canot, exécutant allègrement les portages, bivouaquant parfois en forêt, parfois dans les dunes, le trio eut tôt fait de se rendre au petit village de la baie des Sauvages pour n'y trouver qu'une dizaine de familles dissimulées dans les bois environnants. On leur promit de revenir les prendre au retour pour les ramener vers Malpèque, le temps de décider vers où elles pourraient être dirigées. Antoine leur promit que la *Snaut* serait disponible pour les conduire, avec leurs biens, jusqu'à Miramichi, s'il le fallait. C'est à la baie des Sauvages qu'ils apprirent avec certitude que les Britanniques n'étaient pas venus les chercher en bateau par la mer, mais qu'ils faisaient des tournées en remontant les rivières partant du sud de l'île, ramassant les familles qu'ils trouvaient sur leur route afin de les ramener vers Port-La-Joie[276]. Ce fut un jeu d'enfant pour nos aventuriers que de s'approcher suffisamment de la rade de Port-La-Joie par cette nuit humide de la mi-octobre.

---

276. LOCKERBY, Earle, *Déportation…*, p. 24. Après le 3 octobre, date d'arrivée des navires demandés par Boscowen, «*the British continued to round up settlers until about the beginning of November*».

— Prends garde, Bénéry. Ne t'approche pas trop : tu pourrais être surpris par une sentinelle.

— Je n'y manquerai pas, Antoine. Je m'y prendrai de la même manière que pour séparer un troupeau de vaches marines : en rampant.

La scène qui s'offre à ses yeux n'a pas l'ampleur de celle offerte dans la rade de Louisbourg, mais elle a des ressemblances, considérant que la baie de Port-La-Joie est plus exiguë. Bénéry peut parfaitement distinguer la silhouette d'une quinzaine de navires qui mouillent dans la baie.

— Une autre opération de nettoyage est en cours. Qu'en dis-tu, Gabriel ?

— Pas de doute, Bénéry.

— Avec tous ces navires – j'en compte une quinzaine en tout –, ils désirent vider l'île Saint-Jean de ses habitants avant qu'arrive l'hiver. Ce ne sont pas des navires de troupes, car la garnison française fut ramenée à Louisbourg. Si les Arseneau s'entêtent à demeurer là, je ne serais pas surpris qu'ils aient de la visite à Malpèque, un de ces jours.

— Et dans pas longtemps.

— Tu n'as pas l'impression qu'il y a une enceinte sur la colline, sur tribord, une sorte de fortin qui n'existait pas la dernière fois que nous sommes venus ?

— Les Britanniques veulent certainement y laisser une petite garnison lorsqu'ils auront fini le travail. En attendant, cela peut servir à rassembler les prisonniers.

Plusieurs des Acadiens de l'île Saint-Jean, réalisant l'implacable réalité à laquelle ils sont confrontés, vont résister à cette opération de ratissage. Leurs moyens sont limités, ils sont sans ressources. Comment s'y prendre pour, une autre fois, éviter la déportation, sauver leur vie en ne se plaçant pas dans une plus criante vulnérabilité ? Faut-il encore tout abandonner, tout perdre ? Avec l'hiver qui approche... Alors, on fait appel à la solidarité, à la charité enseignée par la foi inébranlable de ce peuple, qui lui doit une bonne partie de ses malheurs. Ce sont des hommes comme Joseph Leblanc dit le Maigre, Jos Dugas, des héritiers de Joseph-Nicolas Gauthier, les habitants de Malpèque avec de petites embarcations comme la *Snaut* qui, au péril de leur vie, exerceront jusqu'au bout leur métier de caboteur, écrémant le littoral nord de l'île Saint-Jean pour y cueillir des familles en pleurs, fuyant des circonstances leur étant parfaitement étrangères. Lorsqu'elles réalisent que la saison avance, et devant les difficultés rencontrées, les autorités de Louisbourg enverront un navire armé patrouiller ces eaux, sans grand succès. Sans pilotes expérimentés, les marins craignent de s'aventurer trop près de côtes inconnues, en des saisons incertaines.

Vers la fin d'octobre, un peu plus de deux mille nouveaux habitants furent faits prisonniers. Lorsque l'on embarqua tous ces malheureux sur les navires, au début de novembre, il faudra compter près de trois mille habitants au total qui seront déportés. Ces deux mille quatre cent quinze martyrs furent répartis sur treize navires à destination de la France. C'est encore une fois le *Hind* qui mène le convoi jusqu'à Louisbourg. La course jusqu'à la ville fortifiée donne une idée des difficultés qui les attendaient : deux des navires firent côte en traversant le détroit de Canseau, avant que l'on puisse secourir les passagers. Cette tempête avait endommagé la plupart des navires ; on décida donc de les diriger vers le port britannique le plus près... Tout cela n'était rien comparé à ce qui les attendait lors de la traversée de l'Atlantique, à la fin de novembre. Une formidable tempête empêcha le convoi de demeurer serré. Deux des navires, le *Duke William* et le *Violet,* allaient couler en approchant des côtes de l'Europe, emportant avec eux la presque totalité des passagers, en tout cas des prisonniers. Dans le cas du *Duke William,* il est pathétique d'apprendre que, le treize décembre à quatorze heures, par temps calme, l'équipage mit des canots à la mer, ne pouvant accommoder qu'une infime partie de ses passagers, qui suppliaient qu'on les épargne. Uniquement sur ces deux navires, sept cent soixante Acadiens périront sous les flots. À quoi pouvaient penser ces malheureux, qui avaient vu, le jour précédent, périr sous l'onde tous les passagers du *Violet*? Après avoir connu une tempête comme seul l'Atlantique Nord peut en générer à la fin de novembre et au début de décembre, alors que les vagues atteignent des hauteurs incroyables, telles des montagnes d'eau, pensaient-ils venue la fin du monde? Après avoir travaillé toute une journée à tenter de suppléer aux pompes défaillantes du navire, voyant leurs vaines supplications sans réponse, voyant leur pasteur et guide, l'abbé Girard, après les avoir bénis et recommandés à Dieu une dernière fois, accepter l'invitation du capitaine et prendre place dans le canot de sauvetage[277]?

Les passagers des navires ayant survécu à la traversée n'étaient cependant pas au bout de leurs peines. La faim, le froid et la maladie allaient emporter une partie importante de ce contingent d'indigents, de «pauvres diables», comme aurait dit Rollo. Une personne sur deux ayant vécu cette tragédie de l'île Saint-Jean trouva la mort, par naufrage ou par l'état de faiblesse dans laquelle elles se trouvèrent en débarquant dans les ports de France et d'Angleterre[278]...

Comment ne pas être envahi par la tristesse lorsque l'on prend connaissance du destin tragique du jeune François Vécot[279], de Saint-Pierre du Nord, embarqué sur le *Duke William* avec toute sa famille[280]. Il a treize ans lorsqu'il débarque à Saint-Malo le

---

277. JOBB, Dean, «Sea of Tears...», *The Beaver*, décembre 2008-janvier 2009, vol. 88, n° 6, p. 20-27: «*According to another account of the sinking, the Acadians "with consent, agreed to the master, crew, and priest taking the boats, and themself perish with the ship". It's more likely that Capt. Nichols and his crew decided to save their own skins... Abbé Girard later claimed he saved himself so he could "save the souls of other heretics (meaning the English) and bring them to God along with him".*»

278. Tableau à reproduire de Earle Lockerby, p. 70.

279. Vécot ou Vescot.

280. Voir http://www.migrations.fr/leducguillaume1758.htm: François **Veco**, 13 ans.

jour de la Toussaint. Il est immédiatement dirigé vers l'hôpital. Sa mère est Anne-Marie Arseneau, arrière-petite-fille de Pierre, mariée à dix-sept ans à François Vescot. Voici comment Marcel LeBoïté raconte son calvaire : « Le "paquebot" *Duke William* affrété par les Britanniques pour déporter vers la France les Acadiens qui, pour la plupart, venaient de l'île Royale et de l'île Saint-Jean, avait déversé son lot de pauvres hères, presque tous malades. La mère de François était morte en arrivant au port (elle a été inhumée à Saint-Servan), ses quatre frères et sœurs étaient morts en mer, et son père allait mourir à l'hôpital, trois jours plus tard. François, qui avait alors treize ans, après être sorti de l'hôpital, s'est employé dans la mesure de ses forces à faire des petits boulots ici ou là. Il attendait que ses grands-parents, ses oncles et ses tantes, et cousins-cousines arrivent aussi d'Acadie. Ils étaient tous embarqués sur le *Violet*. Malheureusement, le treize décembre de la même année, après une traversée éprouvante, ce navire, ainsi qu'un autre bateau chargé lui aussi d'Acadiens, sombrait à l'entrée de la Manche. On dénombra plus de sept cents morts. François n'avait plus *de famille*[281]. »

Les Britanniques ne laissèrent derrière eux que les habitants de Malpèque. Quant à ceux qui furent laissés à Port-La-Joie, très peu de personnes, et de l'aveu même des autorités essentiellement des gens malades, des femmes et des enfants, ils furent abandonnés par crainte de contamination, pour ne pas répandre de maladies contagieuses sur les navires…

— Allez, Bénéry, si nous voulons nous sortir de cette baie avant la nuit… Ce n'est pas la saison pour laisser passer les vents favorables. Tu ne vas pas nous faire attendre maintenant que nous sommes prêts à tendre les voiles ?

---

281. Voir http://leconqueet-genealogie-leboitetdurand.over-blog.com : « Sur les 342 personnes listées, 146 sont disparues en mer, 29 sont mortes à l'hôpital dans les 2 mois et on est sans nouvelles d'une autre. Bilan : 166 survivants. Nous pouvons nous poser des questions sur les conditions de vie à bord de ce bateau. »

— N'aie pas peur, Antoine, il y a longtemps que mon baluchon est à proximité, rien ne manque. Ne laissez pas Gabriel à terre, il n'est pas revenu avec le canot...

— Aurait-il des adieux un peu plus longs à faire, le Gabriel ?

— Cela est possible, Antoine. Je sais que c'est peut-être difficile à comprendre pour toi...

— Ah ! mon petit couillon ! Que je te mette la main au collet, tu vas l'attraper !

— Désolé, Antoine. Ce fut plus fort que moi, l'occasion étant trop belle...

L'occasion fait le larron. Bénéry, en d'autres circonstances, craignant de froisser le « vieux garçon », n'aurait jamais risqué cette répartie. Il en était à son dernier voyage sur la *Snaut* et, s'il avait le cœur juste un peu plus léger, c'est qu'il aurait très prochainement des nouvelles des siens. Qui aurait cru qu'il aurait, un jour, hâte de laisser derrière lui le village tant rêvé par sa grand-mère Françoise ?

— Antoine se demandait si tu n'aurais pas eu à faire des adieux un peu plus longs que de coutume, Gabriel...

— Puis après ? Moi aussi, c'est mon dernier départ de Malpèque. J'ai bien le droit de saluer les gens qui m'ont si bien accueilli lors de mes haltes dans ce village attachant.

— Dois-je comprendre que tu viens avec moi ? Ça, c'est une bonne nouvelle !

— Je ne veux pas t'abandonner, Bénéry, t'es comme mon garçon que je n'ai jamais eu. Je ne peux pas te laisser tout seul à te morfondre au fond des bois... C'est ma vie, les bois. J'ai le droit de retourner avec les miens.

— Je n'osais pas y croire, même si j'avais imaginé que ce serait assurément plus facile pour moi si tu acceptais de me suivre. Je ne tiens plus en place. Sais-tu si nous en avons pour longtemps du côté de la baie des Sauvages ?

— À moins que d'autres familles se soient jointes à celles que nous avons laissées derrière nous, je ne crois pas. Ramasser les quelques avoirs qu'elles transportent. Rien à craindre, nous ne serons pas incommodés par les tuniques rouges et les navires croiseurs. Pas à cette saison. Il y a des lunes que nous n'avons rien vu de tel. Depuis Miramichi, je dirais... Antoine et le capitaine ne se joignent pas à l'exode vers Miramichi ?

— Je ne crois pas, pas pour l'instant. Cette petite paroisse de la Saint-Famille se croit protégée parce que les Britanniques n'ont pas osé s'y aventurer pour les en déloger[282].

— Les gens ont l'air de penser qu'ils sont mieux avisés de passer l'hiver dans le coin. La saison est avancée...

— Ils seront les seuls dans l'île. Beaucoup d'Acadiens ont fui avant que l'ennemi arrive. Peut-être un millier... Tous ces voyages, par tous les vents et par tous les temps !

On prit le temps de bien entasser les effets que ces malheureuses familles voulaient emporter avec elles. Antoine leur proposa de les déposer tous à Malpèque pour l'hiver, ce qu'elles refusèrent, préférant, tant qu'à fuir cette région, rejoindre le lot des réfugiés de Miramichi. Voyant cela, on n'osa pas les décourager en leur disant que personne ne savait exactement à quoi s'attendre une fois qu'on serait rendu dans la baie de Miramichi, ni même si les Britanniques ne s'y trouvaient pas de nouveau... Le beau temps durait, aussi bien en profiter, et la *Snaut* mit sur-le-champ les voiles en direction de la pointe ouest de l'île Saint-Jean. C'est en priant que ces tristes familles démunies, une fois de plus faisant face à l'inconnu, offrirent leur misère à Dieu, les yeux humides, portant un dernier regard sur les falaises rouges de leur île...

Bénéry s'était « jouqué » dans un tas de cordage, tenant un enfant de six ans contre lui pour le protéger du froid ; de son poste d'observation, il lui traçait la ligne d'horizon, un peu comme Gabriel lui avait déjà montré sur l'*Espoir*. Profitant de

---

282. LOCKERBY, Earle, p. 27 : « *However, except for the inhabitants of the Malpec area, for which the British soldiers could not spare the time and ressources to apprehend, very few inhabitants were left behind.* »

la marée basse, la *Snaut* contourna la barre de sable et remonta allègrement la rivière jusqu'à la hauteur de ce que l'on appelait désormais l'île de Boishébert...

— C'est la désolation la plus complète! Antoine, prenez le doris avec Gabriel et Bénéry et allez à terre jeter un coup d'œil. Ne traînez pas trop longtemps, nous allons mouiller l'ancre pour la nuit du côté sud-est de l'île...

Joseph se doutait bien de la sorte de nouvelles qu'on lui rapporterait. Il voulait ainsi donner plus de temps à ses passagers de se faire à l'idée des difficultés qui pouvaient les attendre.

— Il ne subsiste plus rien des hangars de Boishébert; tout a été brûlé, anéanti, même l'église. Nous n'avons aperçu âme qui vive sur le rivage. Même sur la pointe en amont, c'est le désert. J'ai bien peur que la mort ne soit passée avant nous...

— Rassure-toi, Bénéry. Tu sais parfaitement que toutes les familles avaient prévu des retraites possibles, au cas où le malfaisant viendrait leur rendre visite. Le clan des Bourgeois, celui des Leblanc, ta famille, tous étaient déjà installés bien en amont de la pointe. Les habitations qui sont détruites ne servaient, ni plus ni moins, que de façade. Demain, au lever du jour, nous remontrons la rivière aussi loin que possible. Rien ne sert d'inquiéter les nouveaux venus que nous nous apprêtons à débarquer...

Après une nuit d'insomnie, on leva l'ancre pour offrir le foc au vent. Lentement, la goélette brisa la mince couche de glace translucide qui permettait de mieux voir le fond de l'eau, celle des premiers jours de novembre. On tira profit de la marée montante pour contrer le courant de la rivière. Tout le long du lent trajet, ce n'étaient que tas de cendres noires, débris. La désolation s'était emparée de la place que l'on avait abandonnée, désertée. Jusqu'à ce que l'on ait franchi sept ou huit lieues, il semblait que rien n'avait survécu. L'expédition des Britanniques avait donc exécuté parfaitement sa mission[283]. Puis, au

---

283. Voir http://www3.bc.sympatico.ca, *Historical-Geographical Documents relating to*

détour d'une petite île, Gabriel aperçut la goélette de Leblanc dit le Maigre et, un peu plus loin, celle de Jos Dugas…

— Bénéry, grouille-toi! Regarde! Je te l'avais bien dit, je parie que nous allons les retrouver tous!

La certitude exprimée par Murray dans le rapport qu'il fit à ses supérieurs, le vingt-quatre septembre, reposait sur les propos du chirurgien du roi et de sa famille demeurée sur place, et sur le fait qu'il n'avait vu personne. En réalité, il s'était simplement assuré que ces fugitifs mourraient de faim l'hiver venu, s'ils s'entêtaient à demeurer le long de la rivière Miramichi. Pourquoi risquer ses soldats en s'enfonçant dans les bois à leur poursuite? Il préféra la sécurité de la rade de Louisbourg à l'incertitude des eaux du Saint-Laurent, en cette période de l'année.

— Jean-Baptiste, Charles! Que je suis heureux de vous retrouver! Je vous imaginais tous morts ou, pire, prisonniers au fond de la cale de quelque navire. Cette fois-ci, j'avais comme un mauvais pressentiment que je ne vous reverrais plus.

— Pour l'instant, nous sommes là, avec tous les autres, les oncles, Pierre, Vincent, les Cointin. Pour combien de temps? Alors là, c'est une autre question.

— Comment ça?

— Nous sommes des morts vivants! Le peu que nous avons pu soustraire à la soif de destruction des suppôts de Lawrence nous assure d'une mort à brève échéance. Suppôts du démon de l'enfer!

— Ne blasphème pas, Jean-Baptiste…

— Tu en parleras aux Cointin, à Jean en particulier; il ne décolère pas. Tu verras la chasse d'automne que l'on fait aux

---

New Brunswick, sous la direction de W. G. Ganong, Rapport de Murray: «*Having two days hunted all around Us for the Indians and Acadians **to no purpose**, we however **destroyed their provisions, Wigwams and Houses, The Church**… We took Numbers of Cattle, Hogs and Sheep… and I am persuaded there is not now a French Man in the River Miramichi…*»

Acadiens en cette année cinquante-huit. Nous revenons à peine, oncle Jean[284] et moi, de notre expédition avec Boishébert. Lui est reparti vers Québec. Nous avons rencontré une quantité incroyable de familles en lambeaux qui fuyaient en remontant la rivière Saint-Jean. Ils tentaient d'échapper aux soldats qu'on a lancés à leur poursuite. Il ne s'agissait pas d'un petit contingent de rien du tout. Si tu veux savoir, Bénéry, la nouvelle se répandait que Monckton[285] lui-même, commandant lors de la prise du fort Beauséjour, avait des milliers d'hommes sous ses ordres pour mener à bien cette opération de destruction. Ils détruisent consciencieusement tout sur leur passage, tout, absolument tout! Il y a longtemps que le petit poste de la rivière Saint-Jean les emmerde. Tout cela est bien fini. C'est à n'y rien comprendre...

— Dis-moi, Charles, Jean-Jacques et les Bourgeois étaient du groupe?

— Oui, oui, ils sont encore ici, juste un peu plus en amont. Nous sommes tous, incluant le clan du «vieux Claude», au bord du désespoir, Bénéry. La colère monte en nous jusqu'à nous étouffer, puis nous réalisons le peu de moyens que nous possédons pour résister. Mais attends, ce n'est pas tout. En revenant, après avoir laissé derrière nous le petit village abandonné de Sainte-Anne[286], nous avons fait la rencontre d'habitants du Coude[287]. Tu sais à quel point les Broussard de cette

---

284. Jean Arseneau dit Cointin.

285. Voir http://www.biographi.ca, *Dictionnaire biographique du Canada* en ligne. «À l'automne, il [Monckton] fut chargé de mener une expédition dans la région de la rivière Saint-Jean... Cette troupe [le 2ᵉ bataillon du Royal American Regiment dont Monckton avait été nommé le colonel] procéda méthodiquement à la destruction des maisons, du bétail et des récoltes sur une distance d'environ 70 milles en amont de la rivière. Peu de gens furent capturés, mais le but de l'expédition était de forcer tous les Acadiens qui effectuaient des raids sur le territoire occupé par les Britanniques à regagner Québec avant l'arrivée du printemps.»

286. Nom ancien donné à Frédéricton, sur la rivière Saint-Jean...

287. Nom ancien donné à Moncton, sur la rivière Petitcodiac...

région se pensaient en sécurité et à l'abri dans leur isolement et continuaient d'y vivre presque normalement? Au printemps, ils furent surpris par le commandant du fort Beauséjour[288]. Ils résistèrent, mais leur cachette étant connue des Anglais, ce n'était qu'une question de temps avant qu'ils se pointent le bout du nez. Pourquoi pas juste avant l'hiver[289]? Là aussi, on a tout détruit. Où trouver la paix, Bénéry? Où?

— Je n'en sais rien pour le moment, Charles. Au moins, nous sommes encore vivants et réunis. Et oncle Pierre, vous savez ce qu'il pense de la situation?

— Il s'interroge, comme tout le monde. En remontant jusqu'ici, on ne le dirait pas, mais nous sommes nombreux à nous être réfugiés à Miramichi. Tout le monde craint que l'hiver prochain ne soit une répétition de celui, meurtrier, de cinquante-six, cinquante-sept. Ce sont les provisions qui feront défaut, si on nous laisse la paix...

— Et les Bourgeois?

— Tu pourras te rendre les visiter. Vous restez un bout de temps?

— J'avais décidé de me joindre à vous, avec mon ami Gabriel. En sortant de la baie, au dernier voyage, nous avons croisé le feu avec des navires anglais. Nous avons été chanceux de nous faufiler grâce à une marée basse, mais j'étais sûr qu'ils venaient pour ramener les prisonniers vers Louisbourg ou Halifax...

---

288. Rebaptisé Cumberland par les Anglais...

289. DIONNE, Raoul, «L'origine acadienne de Moncton», *Revue d'histoire de l'Amérique française,* vol. 37, n° 3, p. 415: «Les Anglais connaissaient maintenant le dernier refuge des Acadiens au nord de la Petitcodiac, et la dernière expédition eut lieu le 11 novembre 1758. De nuit, les bateaux anglais remontèrent la rivière jusqu'au Jonathan Creek. Profitant de la surprise, le lieutenant Meech s'empara de quatre Acadiens et de douze femmes et enfants. Ces prisonniers fournirent les renseignements qui permirent aux troupes anglaises d'entreprendre la destruction systématique des installations acadiennes sur les deux rives de la Petitcodiac. »

— Le Maigre nous a raconté... Alors, nous serons tous ensemble, ça me plaît. Les anciens sont à discuter de ce qui serait le mieux à faire...

Bénéry prit congé de ses deux frères pour se diriger immédiatement à quelques toises de l'endroit où ils se trouvaient. Ce fut Marie qui aperçut en premier Bénéry. Il la salua à peine et se dirigea rapidement vers le poêle, là où se tenait Théotiste. Il la serra dans ses bras pendant un long moment.

5.1.4 Douces retrouvailles

Bénéry avait agi de façon spontanée, non volontaire, comme s'il eût été poussé par une force irrésistible. Théotiste se rendit compte rapidement de l'inconvenant de la situation. Elle se dégagea lentement pour jeter un regard rougissant vers sa mère, Marie. Cette dernière fit comme si de rien n'était.

— Bonjour, Bénéry! On ramène de nouveaux réfugiés? Tu vois dans quel état les «tuniques rouges» ont laissé la place...

— Oui, Marie. Oui et non... Lorsque nous avons quitté Miramichi en septembre, nous avons croisé les navires britanniques à la sortie de la rivière; nous savions très bien ce qui se préparait. Nous devons notre fuite en grande partie à la marée et à la poltronnerie des navigateurs anglais, qui n'ont pas osé nous pourchasser. Je me suis tourmenté tout le dernier mois. J'étais rempli d'inquiétude pour ma famille et pour la vôtre...

— Depuis le temps que Jean-Jacques et les autres nous obligent à demeurer sur nos gardes chaque fois que nous mettons les pieds dehors, nous avons eu la preuve que ces conseils n'étaient pas sans fondements.

— Vous pouvez bien le dire, maman. Comme de toujours prévoir des abris, avec des réserves, en des endroits différents, loin en retrait dans les bois, cela ne les a pas arrêtés de tout anéantir ce qu'ils ont trouvé sur leur passage; mais au moins, ils n'ont pas tout détruit. Aurons-nous suffisamment de réserves pour l'hiver? Nous sommes comme de véritables bêtes traquées, Bénéry!

— Partout où nous posons les pieds, c'est la même tragédie, les mêmes déchirements. À l'heure où nous nous parlons, les Anglais ont carrément vidé l'île Saint-Jean. Il ne reste que le village des Arseneau, comme le disait grand-mère Françoise. À Malpèque, les habitants sont prêts à se battre, à vivre cachés dans les bois s'il le faut. Partout ailleurs, sur l'île, les Acadiens furent arrêtés, embarqués sur des navires qui se sont dirigés vers Louisbourg. Avec le mauvais temps qui ne lâche pas, leur sort n'est pas très enviable. Alors moi, j'avais décidé de revenir vers les miens à la première occasion. Miramichi était devenu un point de ralliement, un des seuls endroits encore accessibles aux Acadiens. Je me posais sans cesse la question: que leur est-il arrivé? Ont-ils été faits prisonniers? Croupissent-ils dans les cales de navires en attendant de subir le même sort que les colons de l'île Saint-Jean? Je tenais à en avoir le cœur net. J'en ai discuté avec Joseph et Antoine. Ils m'ont assuré que la *Snaut* viendrait effectuer un autre voyage. Alors, j'en ai profité pour les informer que je partais à la recherche des miens...

— C'est donc dire que tu vas demeurer avec nous, Bénéry?

— Je veux me rapprocher de mes frères, de mes oncles. Ce n'est pas que la vie de navigateur me pèse; je serai un marin pour toujours, mais il faut se planter des racines quelque part, comme dit Gabriel, à plusieurs endroits si possible. Mais cela est impossible sur un navire...

— Tu as bien raison. Malgré le passage des enragés qui sont allés jusqu'à brûler l'église, Miramichi continue de recevoir des réfugiés. Après ceux venus de Port Toulouse au mois d'août avec les hommes de Boishébert, sont débarqués ceux de l'île Saint-Jean. Puis, tous les jours, il en arrive de la rivière Petitcodiac, que les troupes anglaises ont chassés après avoir soigneusement tout détruit dans la région du Coude. Pour eux, la proximité du fort Beauséjour rend impossible une retraite dans les bois environnants. Quelques autres encore de la rivière Saint-Jean, qui ont aussi subi la chasse des troupes anglaises. La grande inquiétude, Bénéry, la grande peur que tous nous avons, c'est que les Anglais reviennent. Ils connaissent l'endroit…

— Vous avez raison, Marie. Par contre, je ne crois pas qu'ils reviendront d'ici le printemps. Ce serait trop que de s'aventurer par ici en plein cœur de l'hiver. La grande préoccupation n'est-elle pas comment nourrir tous ces gens pour les prochains mois ?

— Parfaitement, Bénéry. Ce que maman veut dire, c'est qu'il ne sert à rien de croire que nous pouvons nous fixer en permanence le long de la rivière Miramichi. Pour ce qui regarde les réserves, nous avons réussi à soustraire une bonne quantité de nos récoltes aux flammes de l'enfer, à la destruction. Ce n'est pas le cas de tous les nouveaux arrivants. De toute manière, ce n'est pas nous qui déciderons de l'avenir. Je sais que Jean-Jacques, comme tous les chefs de famille, se pose les mêmes questions que nous venons de nous poser. Dis-moi, Bénéry, tu ne vas pas t'ennuyer de ton bon ami Gabriel ?

— Il veut me suivre…

Miramichi, malgré la visite de James Murray, constituait effectivement une sorte de dernier refuge pour les Acadiens, sans cesse pourchassés depuis plus de trois ans, maintenant. Aucun répit, aucune relâche, depuis Chignectou, Grand-Pré, bassin des Mines. Déportés de l'île Saint-Jean, chassés de Port Toulouse, de Gaspé, du Coude, de la rivière Saint-Jean, anéanties les installations de Miramichi, Louisbourg aux mains des Anglais, vers où pouvaient encore se tourner ces malheureux ? Québec n'avait rien de leur Acadie. Québec en guerre, rationnée, isolée, a peu à offrir aux Acadiens ; ceux qui s'y étaient réfugiés après la première déportation ont été forcés, par la faim, par la maladie, de s'éloigner de Québec, remontant le fleuve vers Bécancour, ou encore de prendre des terres à la Nouvelle-Cadie de Bellechasse. Les interrogations soulevées par Bénéry et Théotiste sont aussi celles que se posent les diri-geants de ces familles, réunis à l'aube d'un autre hiver pouvant s'avérer dévastateur et cruel pour les leurs.

Boishébert et son contingent s'étant retirés à Québec, la petite communauté a de nombreux défis devant elle. Comment concilier les intérêts de tous en ne perdant jamais de vue les éléments vitaux touchant la question de la sécurité, de la survie du groupe? Les Acadiens sont accompagnés du père Bonaven-ture Carpentier, récollet, réfugié avec eux dans les bois, qui les soutient de ses conseils. Pourtant, ce réduit d'Acadiens n'est pas sans chefs naturels de grande valeur, venus de hameaux que le conquérant s'amuse à affamer, de véritables patriotes décidés à se défendre.

— Je ne pensais pas que nous serions encore tous là aujourd'hui, après tout ce que nous avons vécu depuis le départ de maman. C'est comme s'il y avait une éternité.

— Je te sens au bord des larmes, Pierre. Le temps ne se prête pas aux sentimentalités, avec tout ce qui nous arrive...

— Tu peux parler de cette façon, toi, le plus jeune...

— Ne commence pas, Jean. Pour quelqu'un qui ne veut rien entendre des choses du cœur, il me semble que, depuis ton retour, tu fais pas mal les yeux doux à la jolie fille de Joseph[290], la belle Élizabeth. Ça serait-y qu'il veut se fixer, le « mon oncle »? Le courrier le plus rapide de l'Acadie se laisserait-il apprivoiser par la jolie princesse?

— Eh ben! Le Charles d'autres Charles[291], la poêle qui se moque du coquemar? L'hiver va être froid si l'on se fie aux rapprochements des célibataires vers les créatures. On verra qui passera le premier devant le père Bonaventure[292] pour se faire rappeler à l'ordre...

---

290. Joseph Bujold.
291. Charles Arseneau, à Charles à Charles à Pierre, frère de Bénéry.
292. Bonaventure Carpentier, récollet et missionnaire à Miramichi et à Restigouche.

— L'oncle Vincent, vous semblez oublier le Bénéry. Il n'est plus reconnaissable, on le croirait doux comme un agneau. Vous croyez qu'il serait revenu pour rien, celui-là ?

— Lorsque les jeunes sont dissipés, les Micmacs prétendent que cela annonce le mauvais temps. Il va nous tomber toute une tempête dessus ! J'ai toujours fait de mon mieux pour tenir la famille réunie, dans la mesure du possible. Vous savez aussi que je ne suis pas, par mon naturel, porté sur la guerre et la chicane. On a eu souvent des arguments là-dessus. En ayant toujours réussi à me rendre indispensable dans le charpentage, la construction de canots, le radoub de navires, j'ai pu rester loin de la poudre à fusil, sauf pour la chasse. Je suis heureux, malgré tout ce qui nous est arrivé ; nous avons réussi à ne pas nous éloigner trop de chez nous [293], advenant que la guerre se termine un jour. Nos ancêtres s'étaient fixés à Beaubassin ; c'est une des plus anciennes familles. Quand nous regardons la plupart de nos voisins, ils n'ont pu éviter les déportations et se sont ramassés aux quatre coins de l'univers...

— Il ne faudrait pas oublier nos sœurs. Nous sommes sans véritables nouvelles d'elles depuis longtemps. Nous avons perdu Marguerite, certainement décédée en mer, et peut-être Marie-Anne à Simon [294].

— Il ne faudrait pas les oublier. Je ne sais pas ce que vous en pensez, mais la situation actuelle nous oblige à songer à nous trouver un abri plus sûr, une retraite moins connue, moins accessible aux navires britanniques tant que la guerre ne sera pas terminée. J'en parlais avec le missionnaire. Les récollets

---

293. Voir http://www.acadiansingray.com/appendices : « *The fate of an acadian family during "Le Grand Dérangement" was determined largely by how long its members had lived in the colony and where they settled in greater Acadia. Generaly, the older the family, the more scattered it would become in the decades that followed. The **Arseneaus** at first seem an exception to the rule. They were one of the oldest Acadian families, but they had not gone very far from their home base at Chignectou by 1755. Nonetheless, Le Grand Dérangement of the 1750's scattered the family to the winds.* »

294. Marie-Anne Arseneau, fille de Françoise Mirande, mariée à Simon Vigneau.

ont une mission chez les Micmacs à l'entrée de la rivière Restigouche, dans le fond de la baie des Chaleurs...

— Gabriel m'a souvent parlé de cette baie qui s'avance profondément vers les montagnes. Paraîtrait que les rivières de ce
coin de pays regorgent de saumons, que les environs sont peu-
plés d'animaux, des plus petits jusqu'aux plus grands, en passant par les ours noirs...

— J'ai beaucoup entendu parler de la rivière Restigouche,
Bénéry, d'une autre aussi coulant dans une vallée qui mène au
lac aux saumons ; on n'est plus très loin de la grande rivière
Saint-Laurent. Nous nous rapprochons de Québec.

— Plus important, Charles, les Anglais ne se sont probablement jamais aventurés si profondément dans la baie des
Chaleurs. Je doute qu'ils seraient en mesure de le faire sans un
pilote averti. C'est ce que disait Jos Dugas il y a quelques jours,
après être revenu de Québec. Paraît-il qu'il avait des choses à
régler avec l'intendant[295]. On ne sait jamais avec Jos. Ce que je
sais, c'est qu'il a l'intention d'installer sa famille dans ce coin
isolé, tout en continuant à mener « ses affaires » dans la région
de Richibouctou pendant l'été. Il entraînera sans doute avec
lui son frère Abraham, de même qu'une bonne partie des vil-
lageois originaires de Port Toulouse. Une base parfaite pour
un caboteur avec une commission de corsaire. Gabriel et moi,
nous serions d'accord pour retourner avec lui.

— Ce ne serait pas nécessaire, Bénéry. Nous commençons à
être trop nombreux à Miramichi. Je suis d'avis que ce n'est pas
très bon pour nous. J'en parlerai avec Jean-Jacques Bourgeois à
la première occasion. Nos deux familles se suivent depuis qu'il
est revenu des Carolines...

— Ce ne sera pas nécessaire, Bénéry, parce que nous,
les Cointin, nous avons l'intention de nous y rendre dès cet

---

295. Voir http://cyberacadie.com, Joseph Dugas : « À la suite de la seconde capitulation
de Louisbourg, le 26 juillet 1758, Dugas s'enfuit à Québec, où on lui remit une
commission de corsaire. »

automne, et, une fois les abris construits, nous voulons nous lancer une chaloupe, une dizaine de tonneaux, pour faire la pêche le printemps prochain. Si Gabriel et toi êtes intéressés...

— Comme le dit Jean, la pêche, le cabotage, tout ce qui peut nous aider à survivre et à fuir en cas de danger...

— Sacrée bonne idée, «oncle Jean»! La question est de savoir quel moment serait préférable pour nous installer. Nous serons en novembre dans quelques jours. Aurions-nous le temps, avant les grands froids?

Toute la question est bien là. C'est la même que se pose Jean-François Bourdon, officier dans les troupes de la Marine et responsable du groupe grandissant de Miramichi. Ce militaire de carrière est débarqué dans l'île Royale en dix-sept cent trente-trois. Il connaît parfaitement la région et, depuis une quinzaine d'années, parle suffisamment le langage des Sauvages pour servir d'interprète. Il se trouve à Miramichi avec sa femme Marguerite, fille du célèbre marchand et patriote acadien Joseph-Nicolas Gauthier, dit Bellair, qu'il avait épousée en dix-sept cent cinquante-deux à Port-La-Joie. Ce n'est que deux semaines avant la capitulation de Louisbourg qu'il a reçu l'ordre de rejoindre le «camp volant» de soldats de la Marine, de partisans Acadiens et d'Indiens aux ordres de Charles Deschamps de Boishébert[296].

Comment arbitrer entre toutes ces considérations quotidiennes? Comment maintenir la flamme chez ces hommes courageux, comment concilier tous ces intérêts divers, respecter ces tempéraments forts? Il a avec lui son beau-frère Nicolas Gauthier, dont la famille, illustre et fort à l'aise, fut ruinée lorsqu'elle fut mise hors la loi par les Anglais; ses biens furent saisis pour avoir pris le parti de la France durant la guerre de Succession d'Autriche. Ce capitaine de port, à Port-La-Joie,

---

296. *Idem*, Jean-François Bourdon de Dombourg.

quitta l'île Saint-Jean quelques jours après la chute de Louis-bourg...

— Bonjour, Bénéry! Bonjour, Pierre. Approchez-vous, ce n'est pas très chaud...

— Merci, Marie...

— Théotiste, je crois que ton père... que Jean-Jacques est à fendre quelques copeaux avec Michel. Dis-leur qu'on a de la belle visite...

— Ce ne sera pas long, maman. Bonjour Bénéry...

— Si ça fait longtemps qu'on l'a pas vu, le Bénéry. Ça va? Y paraîtrait que t'es avec nous pour un bout...

— Très bien, merci, Jean-Jacques.

— Et puis, Pierre, avec tout ça, où est-ce que nous en sommes?

— Je ne le sais pas trop bien. On a beaucoup discuté de la situation avec mes frères, avec les fils du défunt Charles; il paraîtrait que Jos Dugas est aussi d'avis que nous sommes devenus trop nombreux dans un endroit maintenant trop ris-qué. Il serait d'accord pour remonter un peu plus au nord, un refuge au fond de la baie des Chaleurs... Nous aussi, mais en cette saison... Et de votre côté, Jean-Jacques?

— J'en ai parlé avec mon frère, avec Michel[297]. Pour eux, les Anglais reviendront, c'est assuré. L'énigme est la même pour tous, et tous ne sont pas d'avis que nous serions plus en sécurité ailleurs. J'ai discuté le coup avec Joseph. Du bord des Brous-sard, ils ne bougeront pas d'ici.

— Les Beausoleil n'ont jamais craint personne...

— Remarque qu'ils ne sont pas les seuls. «Ici ou ailleurs, ils vont nous trouver!» C'est ce qu'il m'a dit. Je le connais depuis le long voyage que nous avons fait sur le même bateau. Ils n'ont pas accepté facilement de laisser la rivière Petitcodiac. Puis, il a ajouté: «Si nous avons à pâtir l'hiver prochain parce qu'ils ont

---

297. Michel Bourgeois, frère de Théotiste, donc le neveu de Jean-Jacques.

brûlé tous nos biens, on ira détrousser leurs navires au printemps, foi de Broussard!» Ils vont demeurer un peu à l'écart, à la sortie de la baie, en remontant vers le noroît[298]...

— Il faut reconnaître que Miramichi n'a pas son pareil comme poste de traite. Boishébert en savait quelque chose.

— Il en a bien profité, tu veux dire, mon Bénéry.

— Cela peut en intéresser d'autres; le négoce va se poursuivre, advienne que pourra. Les caboteurs connaissent bien la chanson, comme les Micmacs; Joseph Leblanc, dit le Maigre, va certainement coller pas trop loin d'ici. Nous avons été chassés de partout. Il ne faut pas l'oublier. La question la plus importante est de savoir si nous avons le temps de nous organiser ailleurs avant l'hiver; mais d'un autre côté, qui peut savoir si les Anglais nous laisseront faire, une fois la belle saison revenue?

— Tu ne saurais mieux dire, Bénéry. Excusez-moi.

— Tu n'as pas à t'excuser, Théotiste. C'est normal, nous sommes tous concernés.

— Merci, Jean-Jacques. Je ne voulais pas vous interrompre, mais je trouve que Bénéry a raison. Non seulement les Anglais ne nous laisseront pas faire, ils ne nous en laisseront pas le temps. Ce qui fait que, plus vite nous aurons laissé cet endroit, plus vite nous serons au travail le printemps prochain pour défricher et nous installer.

— Après avoir survécu au terrible hiver qui a emporté ton grand-père et ta grand-mère Bourgeois, après avoir mis tant d'énergie, d'efforts, de travail pour nous bâtir une espèce de vie, même si elle n'a pas d'allure, réalises-tu, Théotiste, tout ce que ça représente de dire: «On part: on recommencera tout ailleurs»?

---

298. Voir http://www.ahcn.ca, *La naissance d'un village acadien* (Néguac): «Après l'expédition de Murray, les familles acadiennes seraient revenues s'installer près des côtes. Joseph Broussard dit Beausoleil y était toujours présent et, avec quelques hommes, continuait de harceler les troupes anglaises.»

— Oui, maman…

— Ce n'est pas sans misère que nous avons survécu ces dernières années. Je n'oublie pas que, lorsque nous avons quitté la rivière Tintamarre pour Chédaïc, nous étions en plein hiver…

— C'est pourtant vrai, mon oncle. Selon Gabriel, les Micmacs passent leurs hivers à ce campement à cause de la présence des grands gibiers dans les environs. Lui ne voit pas trop de difficultés à s'installer, si seulement l'hiver nous en laisse le temps. Avec Gabriel, nous n'aurions rien à craindre de l'accueil que nous feraient nos amis Micmacs.

— Avant que Katarina parte avec les siens pour leurs campements d'hiver, nous en discutions, elle et moi. Avec le père Bonaventure, il y a une mission des Récollets à Restigouche. Nous pourrons compter sur eux assurément, dans la mesure du possible.

— Bon, bon, les jeunes, ne nous emballons pas trop. C'est toute une aventure…

— T'as raison, Jean-Jacques.

— D'un autre côté, le temps presse. Joseph et Antoine n'attendront pas une semaine que nous prenions une décision. Ils veulent retourner rapidement vers Malpèque…

Les échanges de vues se poursuivirent encore quelques jours. Bourdon, le lieutenant des troupes, tint conseil avec ses principaux adjoints, Nicolas Gauthier, Joseph Dugas et son frère Abraham, le clan des Vigneau, Joseph dit Maurice, Jean aussi. On reconnut que Miramichi n'était plus l'endroit pouvant assurer la sécurité de tous les réfugiés acadiens. Cependant, il fut décidé de ne pas risquer un déplacement massif de tous ceux présents à Miramichi vers un autre endroit à une date aussi tardive. Certains n'auraient pas suivi, de toute manière. On opta pour recruter des volontaires qui accepteraient de précéder le groupe avant l'hiver en allant amorcer l'installation d'un petit poste à proximité du campement micmac, aux environs de la rivière Restigouche. Il était entendu que l'on devait autoriser ces colons à emporter les provisions et outils qu'ils avaient été à même de préserver des anéantissements de James Murray. Joseph Dugas accepta d'y mener les siens avec son frère Charles, ce qui faisait bien une vingtaine de personnes. Il prit la responsabilité d'y diriger le groupe. Se joignit à ce noyau la famille élargie de Jean-Jacques Bourgeois. Le clan de madame Françoise qui fit le voyage sur la *Snaut*...

5.1.5 : La Petite-Rochelle

Personne ne peut douter que nous sommes en novembre lorsque, par cette matinée froide, comme deux jumelles, l'*Espoir* et la *Snaut* mettent les voiles. Le temps est chagrin, d'une tristesse indéfinissable ; un peu comme leurs passagers, ne sachant pas ce qui les attend. Tristesse ou mélancolie ? Marie ne le sait pas trop bien. Elle est là sur le pont de l'*Espoir,* regardant défiler lentement devant ses yeux les rives de la rivière Miramichi sur lesquelles elle a versé tant de larmes. Elle devrait être contente de partir, de quitter cet endroit de malheur ; pourtant, quelque chose au fond de son cœur le lui interdit, même si elle est entourée des siens.

— Je ne sais pas pourquoi, Jean-Jacques, je me sens triste à pleurer. Pourtant, je devrais me sentir libérée de quitter le lieu de tant de mauvais souvenirs, de tant d'angoisses et d'inquiétudes, de chagrins...

— Nous avons aussi de bons souvenirs. Chaque fois que nous nous retrouvions, cela nous comblait ; nos cœurs débordaient de joie et de plaisir. Tu es inquiète pour l'avenir, Marie ?

— Pas tellement pour ce qui est de l'hiver qui s'en vient. Ici ou ailleurs, cela ne change rien aux misères qui peuvent nous accabler. Même de tout recommencer ne me fait plus peur. Ce n'est pas la première fois que nous bâtirons en hâte une cabane pour nous mettre à l'abri. Avec toi, Michel et les autres. Même

Théotiste déborde de confiance. On ne peut pas dire qu'elle est portée au découragement, celle-là, surtout pas ces derniers temps. Rien ne l'arrête. Tu as bien fait de la laisser embarquer avec Bénéry sur la *Snaut*. Elle était folle de joie.

— Comment lui refuser cela ? Ta fille s'en va sur ses dix-sept ans, Marie. Elle n'est plus une enfant, au contraire. Je pense que Bénéry la trouve de son goût... On ne pourra pas la retenir indéfiniment.

— Il n'est pas très bavard, le Bénéry, même si ça fait long-temps qu'ils se connaissent. Théotiste est capable de parler pour deux, il n'y aura pas de temps morts... Tu aurais dû les voir lorsque Bénéry est revenu à Miramichi la semaine dernière. Ils étaient embarrassés, tous les deux. En entrant dans la maison, il est passé devant moi sans me regarder et s'est dirigé tout droit vers elle. Il l'a serrée contre lui un bon moment. Je crois qu'il a eu peur de la perdre. Ce n'est pas beau, ça ?

— Ce n'est pas cela qui te rend triste, tout de même ?

— Non, au contraire... Je pense qu'elle serait heureuse avec lui. Rien n'est encore fait, Jean-Jacques. Le Bénéry ne s'est pas encore déclaré.

— Alors, c'est la petite houle qui te chavire le cœur ? Ah, ah ! tu n'es pas accoutumée à te faire bercer de cette manière. Essaie de t'imaginer prisonnière au fond d'une cale sans jamais voir la lumière du jour, à respirer les mauvaises odeurs d'eau stagnante qui montent et vous rendent inévitablement malade. Ne t'in-quiète pas, la course jusqu'à la baie des Chaleurs ne durera pas plus que la journée. La petite brise du sud va réchauffer le temps et nous pousser dans la poupe, nous rapprochant rapide-ment de notre destination...

— Je sais à quoi tu penses, mon homme. Souhaitons que ce temps-là soit derrière nous pour toujours.

— Il y a encore la guerre, ma bonne Marie. Essayons de l'oublier pour un temps, celui de rebâtir un autre nid. Alors, tu ne sais toujours pas d'où te vient cette tristesse ?

— Je crois bien que ce sont de vieux souvenirs qui remontent...

— De vieux souvenirs...

— Tout le temps que nous nous sommes préparés pour le départ, je revoyais ma douce amie, madame Françoise, quand elle-même, grandement malade, allait quitter pour l'île Saint-Jean. Ce matin, nous voyant prendre la mer, je ne pouvais faire autrement que de penser à elle et au défunt Joseph...

— Tu as raison. La mer est dangereuse, parfois, mais souvent plus rapide. Nous n'aurions pu prendre les bois avec tout notre bagage, par cette saison tardive. Tu verras que nous mettrons peu de temps pour arriver, sains et saufs, à la Petite-Rochelle...

Dès qu'il eut contourné la bande de sable à la sortie de la baie de Miramichi, Joseph demanda que l'on offrît toutes les voiles au vent. Aussi bien ne pas perdre de temps. Comme ils n'avaient aucune crainte de rencontrer des navires ennemis, ils avaient décidé de contourner l'île de Miscou, évitant ainsi les risques de toucher le fond du chenal séparant l'île de la terre ferme. À marée basse, tout pouvait arriver et Joseph commençait à trouver le temps long. Il lui pesait de se trouver loin des siens, si tard à l'automne. Les jeunes rassemblés au bordage, sous le vent, tenaient un discours plus léger.

— T'es bien songeur, Cointin ?

— Ouais, l'ennui se serait-il déjà emparé de toi ? La belle Élizabeth a refusé de quitter le nid, et voilà notre bonhomme éploré...

— Vincent, Joseph, vous allez me ficher la paix avec la belle Élizabeth. Bande de chenapans... Toute une bande de jaloux ! Justement, on verra bien au printemps qui aura le plus beau nid.

— Ce n'est pas comme le Bénéry qui s'est enfui avec sa belle, sous les yeux de sa mère horrifiée...

— Laisse-les faire, les tourtereaux...

Sur bâbord avant, appuyé au pavois, un trio discutait sans se préoccuper des autres un peu plus en retrait...

— Théotiste, tu n'es pas trop incommodée par le tangage du navire ?

— On s'habitue lentement, Bénéry. Cela n'a rien de comparable avec un canot ou encore un doris ; le mouvement est tout à fait différent, tu ne trouves pas ?

— Comme de raison...

— Je vous regardais effectuer les manœuvres, avec les autres membres de l'équipage ; cela demande à être aguerri, il faut exécuter le mouvement juste au bon moment. Je passerais des heures à vous observer accomplir ce rituel.

— Tu te lasserais après un bout de temps. Par gros temps, lorsque les hardes détrempées nous collent à la peau, on est mieux enveloppé dans la laine, collé au réchaud. Avec le temps, cela devient facile. Bénéry est déjà un marin d'expérience...

— Je suis heureuse que maman ait accepté que j'embarque avec vous. Ainsi, je peux enfin vous voir évoluer dans votre monde, comme vous le faites tous les jours. J'ai tellement passé de temps à essayer de vous imaginer navigant sur toutes sortes de mers, parfois tranquilles et calmes, et en d'autres occasions monstrueusement agitées. Je ne pensais pas qu'elle aurait accepté si facilement – les convenances, comme elle dit... Il est vrai que, pour une journée...

— Pour les convenances, nous avons le missionnaire Carpentier avec nous, et puis je suis là, moi, Gabriel. Je ne laisserais pas Bénéry se comporter en goujat, comme vous dites dans votre langue...

— Elle n'a pas loin à porter son regard pour te surveiller, ta mère. Regarde sur tribord, tu verras l'*Espoir* qui est à nous doubler.

— C'est donc qu'il est plus rapide ?

— Pas nécessairement. Jos Dugas a simplement rallongé sa bordée avant de changer de cap. Il prend plus de vent...

— J'aurais aimé que nous fassions tout le voyage sur l'*Espoir*. J'aime son nom. Tu as passé plus de temps à flatter son beaupré et sa carcasse que sur la *Snaut*...

416

— L'*Espoir* restera marqué dans ma mémoire pour toujours, Théotiste. Ce fut ma maison pour quelques années. Gabriel et moi, nous aurions repris du service sur l'*Espoir,* mais mes oncles ont des projets pour la construction d'une petite chaloupe…

— Pour toi aussi, Gabriel, ce fut ta maison. Tu ne t'ennuies donc jamais?

— Depuis plus longtemps que Bénéry. L'ennui? Ne connais pas, c'est une maladie des Blancs. Comment on fait pour savoir qu'on l'a attrapée? Comment sombrer dans la tristesse quand on voit sans cesse de nouveaux paysages, quand, même en fermant les yeux, le mouvement du navire et le bruit de la vague se brisant sur sa coque nous rappellent constamment que nous bougeons, comme les nuages? Il est possible de voyager juste en fermant les yeux…

— C'est en parlant ainsi que Gabriel est devenu mon ami…

— Je connais bien les gens de ton peuple, Gabriel. J'ai une amie, Katarina, que je fréquente à l'occasion depuis quelques années. Surtout l'été. Elle m'a beaucoup appris sur vos façons de vivre, vos croyances. Je l'aime beaucoup. Tu crois que nous les rejoindrons sur les bords de la rivière Restigouche?

— Peut-être, Théotiste. Il y a des lunes que je n'ai pas suivi les déplacements des familles Micmacs de cette partie du golfe…

Le temps s'est éclairci lentement. Lorsque le soleil amorça sa descente, après être monté à son plus haut dans le ciel, les deux petits navires naviguaient droit dessus. Au loin sur bâbord, plus près sur tribord, des montagnes se tenant par la main semblaient former, de chaque côté de la baie, une haie d'honneur, comme pour leur souhaiter la bienvenue à leur arrivée à ce qui serait la Petite-Rochelle[299]. Le vent se calma jusqu'à n'avoir

---

299. Il est difficile de connaître avec précision le moment où fut fondée la Petite-Rochelle, de même que l'endroit exact de sa localisation, malgré des fouilles archéologiques menées à cette fin. Dans son tour sur *Les Acadiens au Québec,* Louise Cyr écrit en 2005 : «En Gaspésie, principalement dans la baie des

qu'un souffle léger. Lorsque l'on eut passé l'endroit où les deux rives se rejoignent presque, on décida d'attendre au lendemain pour s'approcher des côtes et mettre les canots à la mer.

— Joseph, Antoine, jamais je n'oublierai cette année passée sur la *Snaut,* pas plus que l'accueil chaleureux de votre famille à Malpèque. Gabriel et moi, nous nous sentions comme de la famille, justement…

— Vous allez nous manquer aussi, et je souhaite que ce ne soit pas sur le voyage de retour vers Malpèque…

— Je le souhaite aussi…

— Je ne croirais pas. Avec les deux mousses à Joseph, nous devrions aisément nous tirer d'affaire…

— Je n'en doute pas, Antoine. Merci pour tes conseils, pour tout ce que tu m'as si patiemment enseigné…

— Y a pas de quoi, Bénéry. Tu feras ton chemin dans la vie, t'as pas trop la tête dure… Cela se pourrait que nous ayons à nous croiser de nouveau, le golfe est petit.

Le lendemain, le soleil était demeuré dans la région comme pour souhaiter, lui aussi, la bienvenue au petit groupe. Après avoir remonté la baie, on porta le choix final sur le côté nord, en face de la montagne en forme de pain de sucre. Jos (Dugas) ne perdit pas de temps à rassembler son monde. Les responsabilités ne l'avaient jamais rebuté; aussi la répartition des tâches fut-elle vite évacuée. On emprunta la structure de la milice, ce qui rassura tout le monde. Pendant que Jean Vigneau prenait charge du premier groupe de familles, les Poirier[300], les Bour-

---

Chaleurs, les Acadiens **trouvent refuge dès 1758** à l'embouchure de la rivière Restigouche, où se trouve le poste français de Petite-Rochelle, commandé par François Bourdon… »

Le révérend E. P. Chouinard, dans *Histoire de la paroisse de Saint-Joseph de Carleton,* en 1906, mentionne que des familles acadiennes fuyant les Anglais par les bois, accompagnées des Sauvages, auraient passé l'hiver de **1757** « à l'abri d'une petite montagne, le Pain de Sucre », pour traverser de l'autre côté de la baie **au printemps suivant**…

300. Joseph Poirier, oncle de Bénéry du côté de sa mère.

geois et les Arseneau, Abraham Dugas, son frère, s'occupait des autres. On désigna une équipe devant immédiatement se mettre à la coupe des pièces de bois nécessaires à la construction des maisons, pendant que les femmes et les enfants partaient ramasser de la paille, des joncs et, si possible, de la terre argileuse... Ainsi retrouve-t-on, ce qui arrivait rarement, les trois frères[301] réunis...

— Belle éclaircie, pas trop loin des rivières, sur le bord de la baie : l'endroit est bien choisi. Qu'en dis-tu, Charles ?

— Il me plaît, ce site. On pourra construire les maisons à proximité les unes des autres. Il ne sert à rien de les éloigner, car la bande de terre, jusqu'à la montagne, n'est pas suffisamment large pour cela. Si nous avons à fuir plus loin, nous remonterons la rivière Matapédia jusqu'au lac, pour braquer vers Québec.

— Tu as voyagé dans toutes ces contrées, Charles ? De ce côté-ci de la baie, nous aurons l'ensoleillement pour une bonne partie de la journée. Ce sera cela de pris pour les potagers...

— Certainement, Jean-Baptiste. Nous aurons l'occasion de nous y rendre un jour, tu verras. Dis-moi, Bénéry, ton Gabriel ne nous a pas accompagnés pour la coupe des pieux ? Serait-il parti saluer le grand chef micmac « Sam Souk » ? Avec la force de ses bras, qu'il ne couvre jamais, il nous aurait été d'une grande utilité...

— Ne t'en fais pas, Charles, il le sera demain. Aujourd'hui, il est avec Théotiste à construire un wigwam, au cas où le mauvais temps nous surprendrait.

— Avec Théotiste ?

— Théotiste prétend que le wigwam est l'affaire des femmes et qu'elle peut se débrouiller aussi bien que son amie Katarina...

— Je trouve que c'est une bonne idée, le wigwam, quoique nous ne prenions que quelques jours pour construire une maison.

---

301. Les fils de Charles Arseneau.

— N'oublie pas, Charles, que nous en avons une douzaine bien comptées à terminer dans les deux prochaines semaines. Si nous voulons tous nous y mettre pour la construction de la chaloupe des Cointin... Je ne sais pas si nous devons véritablement parler de maisons, mais il n'en demeure pas moins qu'il faut prendre le temps de les monter et de les calfeutrer le plus étanche possible, avant les grands vents...

— Ces cabanes, appelons-les de cette façon, ne seront que temporaires. J'aimerais, quand je serai fixé pour de bon, prendre le temps de nous construire une jolie maison, juste un peu plus grande, plus spacieuse, plus éclairée, avec un vaste grenier. Pièce sur pièce bien équarrie, chauffée par un foyer de pierres. D'ici, nous aurions une belle vue sur la baie, avec la montagne de l'autre côté. Je suis fatigué de parcourir les continents.

— Prends garde, Charles, tu te laisses aller à la rêverie. Ce ne sera pas long, nous allons entendre parler des charmes de la belle Élizabeth. Tu as raison lorsque tu dis que nos cabanes ne sont pas très confortables. Ce sont des abris, construits à la hâte, en deux ou trois jours. Elles sont petites. Par ailleurs, elles ont toutes les qualités de leurs défauts, le grand frère. C'est une ancienne méthode de construction ramenée de France, et, lorsqu'elles sont bien bâties, ces maisons peuvent durer aussi longtemps que les autres. Ce n'est certainement pas dans ces forêts à perte de vue que nous allons être à court de « rondins ». Tous les bâtiments de ferme sont construits de cette manière. Allons-y pour que notre maison de piquets soit solide et étanche. Nous serons quatre vieux garçons à l'habiter.

— Vieux garçons, vieux garçons! Parle pour ton ami Gabriel. Je n'ai pas idée de rester vieux garçon, si tu veux savoir, Bénéry...

— Moi, je suis très excité : ce sera la première fois que j'habiterai avec mes frères, à ma connaissance en tout cas...

— C'est pourtant bien vrai, Jean-Baptiste ; nous sommes tombés orphelins jeunes. Heureusement que grand-mère Françoise nous a pris sous son aile. Nous habiterons ensemble pour le premier hiver, à tout le moins. J'ai l'impression que Charles sera dans sa maison de rêve pour les autres années à venir. Allez! À la hache à équarrir, au godendard! Pour couper le froid, nous allons installer des «solles[302]» à fleur de terre. Il faut simplement équarrir grossièrement le dessus d'une grosse pièce de bois, sur laquelle on fixe les pieux serrés les uns sur les autres, au lieu de simplement les planter en terre...

— Ouais, le Bénéry, il est savant...

— J'ai appris cela avec notre oncle Pierre. La suite est une affaire de rien. Il y a toutes sortes de méthodes pour «bousiller[303]» les interstices; cela dépendra de ce que les femmes trouveront...

Le temps clément facilita grandement l'installation des nouveaux arrivants. Un noyau de cabanes avait déjà modifié le décor impressionnant de cette baie sans fin qui pénètre au cœur des montagnes. Ce petit village fut bien accueilli par les amis de toujours des Acadiens. Gabriel, Katarina furent rejoints par toute une communauté[304] qui, guidée par les Récollets, soutiendrait largement, une autre fois, un peuple à bout de ressources qui poursuit sa longue marche en conservant l'espoir de temps meilleurs, un peuple ne pouvant taire ses propres sentiments, nier son propre instinct de survie.

---

302. LEBLANC, Yvon, «Ce presque mythique Louisbourg», *Études canadiennes*, n° 37, 1994.

303. *Idem.*

304. Le bref historique du village d'Atholville indique: «Au printemps de 1758, sept cents d'entre eux (Micmacs ou Acadiens) traversent la rivière et s'établissent à Pointe-à-la-Garde.» Site Internet du village.

5.2 Derniers soubresauts de la Nouvelle-France

5.2.1 Flibustier ou corsaire ?

Cela s'avéra un excellent choix que celui de Jos Dugas et de son groupe de téméraires Acadiens. La pointe à un peu plus d'une lieue en aval constituait l'endroit par excellence pour installer un poste de garde impossible à contourner tout en cherchant à passer inaperçu[305]. Puis, le clan de madame Françoise se mit résolument au découpage des principales pièces devant servir à la construction de la chaloupe des deux plus jeunes fils de la famille de Charles à Pierre Arseneau. Tous se mirent à l'ouvrage, se construisant des abris rudimentaires leur permettant de braver les intempéries. Ils en oublièrent les grands froids et les engelures, de sorte que, lentement, le bateau prit forme, ce qui leur donna le courage de travailler avec encore plus d'entrain. Luttant contre le froid, mais aussi contre la faim, on travailla dans la bonne humeur, ne cessant de se taquiner les uns les autres. Cela était dans leur nature.

Pourtant, il est flagrant que l'on manque de tout, que la misère est grande ; la privation et la faim sont le lot quotidien de ces familles depuis si longtemps…

— Bonjour, Bénéry. Tu es seul, ce midi ? Le reste de ta maisonnée ne t'a pas suivi ? Maintenant que la chaloupe est pratiquement terminée, je pensais que nous aurions quelques parties de cartes ou de dés…

— Ce sera pour une autre fois, Jean-Jacques…

— Oui, oui, nous aurons l'occasion de nous reprendre. Je veux ma revanche.

— Je suis demeuré pour garder les cendres chaudes dans la cheminée. Les trois autres sont partis avant le lever du jour.

---

305. Pointe-à-la-Garde.

Après leur expédition pour remonter la rivière Matapégiac[306] à la pêche au saumon, il y a deux semaines, Charles tenait à conduire Jean-Baptiste à la chasse au petit gibier. Ils sont à la pose de collets. Vous comprenez que Gabriel ne voulait pas rater cette occasion. Quelques lièvres ne sont pas de trop pour améliorer le quotidien, tu ne trouves pas, Marie?

— Je préfère le chevreuil, si tu veux savoir, quoique, en cette saison, il a déjà perdu une partie des réserves emmagasinées pour passer l'hiver. Un peu comme nous. Ce n'est pas la viande qui nous fait le plus défaut; nous devons sans arrêt ménager la farine. J'espère que les réserves de graisse et de pois seront suffisantes, Jean-Jacques.

— Nous verrons; le rationnement est général dans la colonie, Marie. Il y a des rumeurs venant de Québec disant que l'intendant voulait limiter le pain à deux onces par jour. Il aurait fait face à une révolte de quatre cents femmes et été forcé de reculer...

— À Québec, ils peuvent toujours s'approvisionner chez les habitants. Il y a combien de temps que nous n'avons pas goûté un peu de mélasse, pas vu des étoffes dignes de ce nom?

— Tu as raison, maman. Il est loin derrière nous, le temps où nous vivions dans l'abondance. Nous ne manquions de rien. Je ne me souviens pas d'avoir ressenti la faim dans mes premières années de vie. Nous vivions heureux, avec les garçons, Michel, Pierre; même ton frère Charles demeurait avec nous.

— Tu te souviens de ce temps-là, Théotiste?

— Parfaitement, même avant le grand feu de tout le village. J'ai comme l'impression que notre infortune n'a jamais cessé depuis cet instant. Comme un mauvais sort jeté aux habitants de l'Acadie.

— J'ai bien peur que nous ne retrouvions jamais la paix et la tranquillité de cet heureux temps, ma fille.

---

306. Matapédia, source: Wikipédia.

— D'après les nouvelles venant du cœur de la colonie, le peuple n'en peut plus de la guerre. Il souffre de la famine, il est au bord de la révolte. Pourtant, il ne subit cette guerre que depuis trois ans, et cela se passe loin de chez lui. L'habitant des campagnes environnantes de Québec ou de Montréal n'a pas eu à subir les embarras que nous endurons depuis huit ans maintenant : nos villages incendiés, nous sommes réfugiés, déportés, pourchassés comme des bêtes, acculés à la famine encore récemment, alors que les Anglais n'avaient de cesse de brûler nos réserves et nos maisons à quelques jours de l'hiver...

— Comme tu dis vrai, Bénéry !

— Le pays de nos ancêtres vidé de ses habitants, détruits les villages de l'Acadie française, Louisbourg et l'île Royale aux mains des Anglais, des milliers des nôtres de l'île Saint-Jean dispersés sur l'Atlantique, tous les petits villages pouvant abriter de malheureux rescapés détruits... Que nous réserve la vie ? Que reste-t-il de l'Acadie ?

— Nous, Bénéry. Toi et moi, nos familles, tous nos frères, nos amis les « Sauvages » qui nous accompagnent par un soutien sans faille. La vie est là, Bénéry. Elle nous invite à recommencer, à rebâtir, à sourire aux joies quotidiennes, si rares qu'elles soient. La vie, elle est en dedans de nous. C'est ton frère Charles qui s'ennuie à mourir de la belle Anne Girouard, c'est ton oncle Jean qui se languit loin de sa bien-aimée. C'est surtout ton oncle Joseph, Cointin, qui, après avoir vu sa jeune épouse mourir prématurément, n'a pas hésité quelques mois après à poursuivre son chemin avec Marguerite Bujold. Ils viennent tout juste de s'épouser. Tant que nous sommes vivants, Bénéry, les Anglais ne peuvent nous enlever la joie de trouver jolie la rivière qui se jette dans la mer, le soleil qui se couche sur la montagne, la lune qui brille sur la neige immaculée... Demain, ils seront à Québec ? Nous aviserons !

Bénéry n'eut d'autre possibilité que d'en prendre pour lui. Le Petite-Rochelle naissante allait grandir, devenir un lieu de rassemblement, un refuge comme l'était devenue l'île Saint-Jean, Miramichi et d'autres endroits avant elle. Pour passer l'hiver et tromper la faim, on jouerait aux dés ou aux jeux de hasard, comme à Québec. C'est du moins ce que Montcalm reproche au gouverneur et à l'intendant, lorsqu'il considère les nombreux bals qui se tiennent chez le gouverneur général... Pendant ce temps, la colonie tombe en ruines, elle a grandement besoin de renfort, que l'on répare les fortifications, que l'on recense les hommes capables de prendre les armes, de se porter à sa rescousse, que l'on discute des stratégies et des plans à élaborer pour sa défense...

C'est à cette tâche que s'est attelé le marquis de Montcalm, au cours de l'hiver. Aussitôt que le beau temps le permet, il lance ses soldats à la construction d'ouvrages défensifs. Les soldats sont sans relâche de corvée. On attend une attaque sur Québec pour le printemps, à n'en pas douter. Et on souhaite ardemment qu'arriveront, avant les navires anglais, les secours que l'on demande avec tant d'insistance auprès des autorités métropolitaines. Le gouverneur a envoyé avant l'hiver l'aide de camp de Montcalm rappeler à la cour et auprès du ministre de la Marine, le responsable des colonies, l'urgence de la situation à laquelle est exposée Québec et toute la Nouvelle-France.

Parti avant que le fleuve gèle, la *Victoire,* le navire emportant Bougainville, réussira à déjouer les croiseurs britanniques et à se rendre à bon port. En décembre, l'envoyé spécial rencontrera le ministre de la Marine qui, l'ayant bien reçu, finira par reconnaître qu'il ne peut rien d'autre, pour la Nouvelle-France, qu'espérer que Montcalm pourra tenir jusqu'à la fin de la guerre sans beaucoup plus de moyens, c'est-à-dire un minimum de matériel, des munitions et moins de trois cents recrues. Il ajouta en terminant qu'«on ne cherchait point à sauver les écuries quand le feu est à la maison». Ce à quoi Bougainville aurait rétorqué: «On ne dira pas, du moins, que vous parlez comme un cheval!» Le printemps ne s'annonçait pas moins difficile qu'avait pu être l'hiver…

— Nous embarquons demain. La chaloupe est à l'eau libre avec son gréement tout fin prêt pour les manœuvres.

— Savez-vous au moins pour quelle destination, Gabriel, pour combien de temps?

— Pas de doute que Cointin a sa petite idée, mais il la garde pour lui. Il ne t'a pas mis dans le secret, Bénéry?

— Non, pas encore… La destination n'a pas vraiment d'importance, Théotiste. Nous suivrons les côtes, à la rencontre de quelques navires marchands. Nous ne pouvons pas demeurer à terre les bras croisés alors que toute la communauté est à souffrir d'atroces privations. Jos Dugas et l'*Espoir* prennent aussi la mer…

Joseph Dugas ne voulait pas tarder à tirer profit de la commission de corsaire que les autorités de la colonie lui avaient remise. Commission ou pas, il serait parti en mer de toute façon. Quand la guerre est là, quand l'ennemi avec des moyens supérieurs aux vôtres fait constamment le blocus de vos côtes, quand votre peuple à faim, il ne faut pas hésiter à prendre aux autres, à l'ennemi, ce qui soulagerait les vôtres des plus grandes privations. Voilà les arguments qu'il avait servis aux officiers du gouverneur. Jos Dugas, comme les autres, connaît bien la différence entre ce qui est légal et ce qui est interdit. Il n'en a que faire pour le moment; ce qui lui importe en ce début de février, c'est de soulager la misère des siens.

Jos Dugas saisit l'occasion que lui offre ce dégel précoce et prend la mer pour aller rejoindre Beausoleil quelque part à l'entrée de la rivière Miramichi, où il doit remettre des informations pertinentes au commandant de la place sur les préparatifs auxquels s'activent les Britanniques dans le port d'Halifax. Après, il poursuivra sa route jusqu'à Richibouctou, où il a l'intention de «remiser» une partie des navires qu'il pourrait soutirer à l'ennemi. Quant à la petite chaloupe des Cointin, elle mit les voiles en direction du nordet, suivit d'assez près la rive nord en direction de Gaspé, passant les premiers jours à explorer les anses. Puis, à la tombée du jour, au moment d'apercevoir le rocher Percé, le Jean-Baptiste[307] qui était de vigie signala un petit navire certainement à l'ancre pour la nuit.

— Bénéry! Demande que l'on baisse la grande voile et que l'on tourne sur bâbord. Approchons-nous de la pointe en attendant que la nuit tombe...

Le second obtempéra sans poser de question. Sans doute ce navire marchand transportait-il des provisions saisies lors du passage de Wolfe l'automne précédent, entreposées en attendant qu'on les expédie vers la baie Verte pour l'approvisionnement du fort Cumberland. La nuit venue, la petite chaloupe fit trois quarts de lieue en direction de l'île Bonaventure avant de s'immobiliser. Cointin donna l'ordre de mettre deux canots à la mer. Dans le premier prirent place Gabriel, Vincent et Charles; dans le second, Bénéry était accompagné des deux Cointin. On avait laissé Jean-Baptiste sur la chaloupe. Le tout fut exécuté avec une grande dextérité, sans bavure. Le premier canot glissa doucement jusqu'au navire avant de s'y amarrer sans bruit. Vincent et Gabriel enjambèrent facilement le bordage et immobilisèrent tout aussi facilement le seul marin endormi, loin de s'attendre à de la visite en cette nuit froide. Charles signala les autres. L'équipage fut rassemblé sans ménagement sur le pont et maintenu en joue. On leur expliqua qu'on ne souhaitait aucunement leur faire de mal ni garder de prisonniers et que l'on repartirait de la même façon que l'on était venu, si tout se passait bien. Autrement... il n'y aurait aucune faveur.

— Alors, Charles? Content du butin que nous ramenons vers la Petite-Rochelle?

---

307. L'équipage de la petite chaloupe du clan de madame Françoise était composé des deux Cointin, les propriétaires, de leur frère Vincent, de Bénéry le second, avec Gabriel, Charles et Jean-Baptiste, les deux frères de Bénéry.

— J'en connais qui vont se sentir soulagés. La farine faisait grandement défaut...

— La farine et bien d'autre chose, Charles. Je pense même qu'un des barils laissait échapper un épais liquide collant et noirâtre...

— Oui? De la mélasse, sans doute. Tu penses que Gabriel aurait vraiment déchargé ses plombs sur les marins?

— Avec plaisir, Jean-Baptiste! Il aurait même pris des chevelures. Il dit avoir vu assez de misère, de femmes en pleurs pour ne pas avoir de pitié pour ces Anglais.

— Alors, nous sommes devenus de véritables pirates...

— Attention, Jean-Baptiste... N'emploie jamais ce mot devant Bénéry, je ne répondrais pas de sa réaction. Au mieux, il te tiendra ce long discours que nous ne faisons pas de la *flibuste,* mais bien de la *course,* que la piraterie n'est autre chose que du brigandage, alors que nous, comme l'*Espoir,* possédons une commission et sommes des corsaires au service du roi de France.

— Je sais tout cela. Quand j'étais tout petit, je n'arrêtais pas de demander à grand-mère Françoise de me raconter une histoire de pirate. Elle racontait sans se lasser celle de mon arrière-grand-père Pierre[308], dont le navire avait été pillé par un méchant pirate de Boston[309]...

— D'après ce qu'en disait Jos Dugas, ce serait plutôt notre arrière-grand-père, le pirate...

— Laisse tomber ...

---

308. Jean-Baptiste à Charles, à Charles, à Pierre.

309. Rapporté par Armand G. ROBICHAUD dans *Les flibustiers de l'Acadie,* à la note 1 du chapitre 13: «Abraham Boudreau (Boudrot), Pierre Arseneau (Arçonneau), de Port-Royal, et Pierre Collart, de La Rochelle, ont témoigné au procès de William Johnson le 29 août 1683 (Massachusetts Archives, vol. LXI, p. 256-258).» William Johnson était un officier du pirate Grayham qui avait capturé le bateau d'Abraham Boudreau en juin 1683.

Plusieurs Acadiens ruinés par les guerres et les exactions, coupés de tout soutien, de tout secours, abandonnés de toutes parts, n'auront d'autre option que de se livrer à des actes de cette nature [310].

5.2.2 Siège de Québec

Les mémoires que Bougainville a transmis au ministère de la Marine en décembre dix-sept cent cinquante-huit pour soutenir ses demandes, lors de sa mission en France, ne cachaient nullement l'état de faiblesse dans laquelle se trouvait le Canada [311]. Pourtant, rien n'y fit! Il est assez incroyable que l'on ait fait si peu de cas de ces demandes, que l'on ait eu si peu de considération pour un empire colonial d'une telle superficie. Il faut chercher les raisons de ce laisser-aller dans le rôle et l'importance que chacun, de la France et de l'Angleterre, accorde aux colonies dans son économie, dans son rayonnement et par rapport à son développement. Après un siècle et demi, on est à même de constater l'écart dans le niveau de développement des deux empires coloniaux d'Amérique, attribuable essentiellement à des approches différentes. Colonie comptoir, colonie de peuplement... Les réalités coloniales sont aux antipodes: peuplement, superficie, niveau de développement, importance accordée par la métropole au maintien des colonies dans son «empire». Les faiblesses évidentes de la Nouvelle-France en dix-sept cent treize, au moment du traité d'Utrecht si lourd

---

310. Voir http://www.ahcn.ca, *La naissance d'un village acadien*: «Après l'expédition militaire de Murray, les familles acadiennes seraient revenues s'installer près des côtes. Joseph Broussard dit Beausoleil y était toujours présent et, avec quelques hommes, continuait de harceler les troupes anglaises. Résistants actifs, Beausoleil et sa troupe capturèrent environ **17 petits navires britanniques dans les eaux du golfe du Saint-Laurent à l'été 1759.**»

311. Partie de la Nouvelle-France comprise entre la rivière des Outaouais et la péninsule gaspésienne.

de conséquences pour les Acadiens, sont demeurées strictement inchangées.

Aussi faut-il tenir compte du déroulement de la guerre de Sept Ans dans son ensemble, des priorités stratégiques de chacune des puissances, ne pas oublier que l'Angleterre est maîtresse des mers, sur lesquelles elle exerce une domination totale. De l'autre côté, la politique française est, comme toute sa diplomatie, résolument continentale. Alors seulement, on peut comprendre cette apparente nonchalance dans la volonté de défendre adéquatement Québec et toute la Nouvelle-France. Tout ce que demande la France à Montcalm, qu'elle vient de placer en charge des opérations de défense en le nommant brigadier général, c'est de tenir jusqu'à la fin de la guerre, avec le peu de moyens qu'on lui attribue, conservant la Nouvelle-France comme objet de négociation d'un futur traité de paix[312]! On ne parle plus des Acadiens. On les a déjà abandonnés il y a plus d'un demi-siècle...

De l'autre côté, dès le début de la nouvelle année, Pitt, le premier ministre de Grande-Bretagne, a déjà désigné Wolfe, un homme calculateur sans ami, avec une propension à la brutalité, car à ses yeux, un caractère impitoyable était bienvenu pour diriger les opérations contre Québec. Le douze janvier, il affecte Charles Saunders pour commander la flotte qui transportera Wolfe vers l'Amérique pour y mener cette bataille déterminante[313].

— Je les écouterais pendant des heures parler de navigation, de tactiques pour éviter d'être aperçu avant le moment choisi pour l'attaque. Les manœuvres à effectuer pour en arriver à fondre sur l'ennemi au moment où il s'en attend le moins.

---

312. Lettre de Choiseuil à Montcalm : «L'objet principal que vous ne devez pas perdre de vue doit être de conserver du moins une portion suffisante de cette colonie et de vous y maintenir pour pouvoir se promettre d'en recouvrer la totalité à la paix. »

313. Parti le 16 février, il atteindra Halifax le 30 avril, avant de prendre le chemin de Louisbourg afin d'y attendre le moment choisi pour mettre les voiles vers Québec.

C'est toute une façon pour nous d'apprendre, tu ne trouves pas, Charles ?

— Ce sont de bons navigateurs. Jos[314] et l'oncle Joseph[315] ont vécu des expériences de toutes sortes. Les deux ensemble, cela fait toute une paire de marins.

— C'est un peu comme Beausoleil. Lui est vraiment furieux contre les Anglais. Il ne dérougit pas. Il a encore sur le cœur leur attaque sournoise de l'automne dernier contre leurs établissements du Coude. C'est vrai que sa famille, son père, ses frères n'ont pas été épargnés ; ils n'ont jamais accepté de baisser les bras contre l'ennemi. Comme Jean-Jacques, ils sont revenus de la déportation dans les Carolines...

— Le fait que les Anglais n'ont pas lâché un seul instant de pourchasser les Acadiens relève de l'acharnement. On peut dire que les « visites » qu'ils ont effectuées à Miramichi et le long de la rivière Saint-Jean en septembre dernier ne nous ont pas empêchés de revenir après leur départ. Nous sommes en voie de nous accrocher ferme le long des côtes, au nord de Chignectou. Pourtant, encore en plein hiver, en février dernier, ils étaient à brûler des maisons, des églises, des étables le long de la rivière Saint-Jean[316]... La méthode est la suivante : si tu échappes aux fusils, tu es assuré de mourir de faim.

— Les jeunes, vous oubliez le vieux Lawrence. C'est lui qui est derrière tout ça.

— Tu as parfaitement raison, Gabriel. Tant qu'il restera un Acadien debout, Lawrence voudra obtenir sa tête. Il ne nous aura pas ! Nous allons nous battre jusqu'au bout[317] !

---

314. Jos Dugas.

315. Joseph Vigneau.

316. FRÉGAULT, Guy, *Histoire de la Nouvelle-France*, tome IX, p. 265 : « Son travail accompli, Henzen rentre dans sa garnison avec six scalps et quelques prisonniers. »

317. *Idem* : « Malgré ces mesures radicales, les Acadiens s'avèrent fort difficiles à supprimer. Depuis quelques mois, "ils nous ont infestés plus que jamais", gémit

— Attention, le Bénéry! Ce sera plus difficile que tu penses. Il y aura des navires anglais partout dans le golfe...

— Joseph Vigneau disait comme toi, Gabriel. Pensez-y bien : qui est maître de la forteresse? Qui occupe Port-La-Joie, le fort Beauséjour, le fort Gaspareau, la rivière Saint-Jean?

— Cela va amener beaucoup de navires anglais dans tous les coins et recoins du golfe, partout. Bien, nous aurons plus de travail à faire, Bénéry, c'est tout!

— Mais aussi plus de risques de tomber face à face avec l'ennemi. De l'autre bord, pendant que les Anglais seront devant Québec, ça laissera plus d'espace pour nous le long des côtes...

Le dix mai, Bougainville rentre de sa mission avec le courrier. Quelques bonnes nouvelles pour son supérieur et l'assurance que du ravitaillement arrivera bientôt à Québec, si le convoi de dix-sept navires réussit à traverser l'étanche blocus du golfe du Saint-Laurent que tentent de maintenir les Britanniques. Ils arriveront finalement à Québec, sans encombre, le dix-huit mai. Cinq jours plus tard, on tiendra un premier conseil de guerre. Les quelque trois cents soldats arrivés en renfort réussiront-ils à contrer l'armada qui attend le départ dans la rade de Louisbourg? Ce conseil de guerre fut-il l'occasion de revoir surgir les dissensions entre le gouverneur général et le nouveau lieutenant général? Il ne faudrait pas exagérer ces désaccords; même importants, ils ne sont pas de nature à expliquer la perte de la Nouvelle-France. Montcalm avait reçu des ordres précis l'amenant à donner priorité à une tactique défensive peu compatible avec les stratégies de tout temps mises de l'avant pour la défense de la colonie. Quant à Vaudreuil, premier «Canadien» à avoir occupé les fonctions de gouverneur, il ne peut accepter la passivité et a du mal à regarder son «pays» mis à feu et à sang pendant qu'il est là... à attendre.

Lawrence en septembre 1759 : de "voleurs de grand chemin", ils se sont transformés en "pirates" et ils arment des embarcations pour croiser le long des côtes...»

Ce qui est grave chez Vaudreuil, c'est de s'en être tenu à sa conviction que les Anglais n'arriveraient pas à Québec avec leurs bateaux. Et, de la part des autorités, d'avoir commis l'erreur impardonnable de laisser la pointe de Lévis sans défense. Ce fut le premier geste des Anglais, confié à Monckton, que de prendre position sur les hauteurs de Lévis, incluant la pointe, d'où il leur est possible d'atteindre la ville de Québec avec le tir de leurs canons. Autrement, à première vue, les forces sont inégales...

En effet, comme le prétend Bénéry, pendant que les Anglais se concentrent sur Québec, la Petite-Rochelle connaît un développement considérable, avec Jean-François Bourdon, lieutenant des troupes, son beau-frère Nicolas Gauthier, Joseph et Jean Vigneau. De nombreuses familles sont venues de Miramichi et d'ailleurs, s'ajoutant au noyau déjà venu plus tôt. On profite du beau temps, des butins rapportés par les embarcations que l'on a armées pour aller prendre à l'ennemi ce qui nous fait cruellement défaut, pour s'installer de façon un peu plus confortable. Quelques familles n'hésitent pas à se fixer à l'extérieur de l'enceinte; certains, cherchant à mettre leurs embarcations à l'abri et à les soustraire à la vue des intrus, ont peut-être poussé jusqu'à la rivière Bonaventure[318]. Ce qui est probable, c'est que les Acadiens qui s'installent dans la baie des Chaleurs mettent à profit les mauvaises expériences des années antérieures pour échapper à leurs poursuivants. Ainsi, la pratique de construire des cabanes au bord de la mer, pour la pêche durant la belle saison, et de bâtir des «maisons» plus chaudes et confortables à proximité de la forêt, pouvait tromper les hommes de Lawrence qui, ayant brûlé les cabanes, pensaient avoir détruit toutes les habitations, comme à Miramichi à l'automne cinquante-huit[319]...

---

318. Selon Bona Arsenault, Bonaventure constitue le seul havre naturel permettant aux navires de se placer à l'abri sans être visibles de la mer...

319. ARSENAULT, Bona, *Histoire des Acadiens*, Leméac, p. 264: «À cela, je dis que M. Collins, en allant à la baie des Chaleurs, n'a point appris l'usage des Acadiens,

— Marie, Théotiste, venez voir ce que nous rapportent les frères de Bénéry...

— Charles, Jean-Baptiste, encore du saumon frais, c'est trop de bonté. Sers-leur un bon thé des bois, Théotiste...

— Merci, Marie. Nous avons du beau temps, n'est-ce pas?

— Oui, tu peux le dire. Comment se fait-il que vous rapportiez encore du saumon?

— Nous étions en voyage depuis quelques jours...

— En voyage... Alors que les Girouard sont juste en train de terminer leur maison... Et la belle Annie, elle?

— T'inquiète pas pour la belle Annie. C'est juste que Bourdon nous avait demandé de faire un peu de reconnaissance, d'aller voir s'il se passait quelque chose du côté du grand fleuve. Il avait eu des échos que des navires anglais remontaient vers Québec. Alors, nous avons passé une semaine dans les hauteurs de Rimouski...

— Vous avez vu quelque chose, Charles?

— Eh bien! mon Jean-Jacques, nous n'avons rien vu. Nous sommes arrivés trop tard pour voir passer les premiers navires montant vers Québec. Les quelques colons que nous avons rencontrés nous ont appris qu'en début de soirée le vingt-quatre mai, une quinzaine de navires furent aperçus remontant le fleuve, certainement des navires anglais. Les habitants allumèrent un feu et, comme convenu, de feu en feu, la nouvelle se rendit rapidement jusqu'à Québec.

— Quinze navires, ce n'est rien de comparable avec ce que nous avons vu à Louisbourg, l'an dernier...

— Il ne devait s'agir que de l'avant-garde, des navires traçant la route pour les autres à venir, Jean-Jacques...

---

qui était d'avoir de bonnes et chaudes maisons près du bois, sur leurs terres, où ils passaient l'hiver à leurs travaux, le printemps et l'automne à cultiver leurs terres; et dans l'été, ils s'assemblaient dans de petites maisons, sur un banc, très proches de leurs pêches. »

La flotte de Wolfe ne quittera Louisbourg que le quatre juin. Le vingt-trois, Saunders attend encore les navires retardataires. Le vingt-six juin, il arrive à Québec aidé par James Cook et Denis Vitré, un Canadien « renégat », qui lui a permis de trouver le bon chemin, tout le long du fleuve. En fin d'après-midi, Wolfe installe son campement sur l'île d'Orléans. Quant à Saunders, il est à la tête de la meilleure flotte que possède la Royal Navy. Il a avec lui quarante-neuf vaisseaux de guerre et cent dix-neuf navires de transport, soit cent soixante-huit navires portant treize mille cinq cents marins au service de huit mille cinq cents soldats. Au total, c'est plus du tiers de toute la population de la Nouvelle-France qui commence le siège de la ville de Québec…

Tous ces navires anglais faisant face à Québec ne constituent qu'une partie de tous ceux naviguant dans le golfe du Saint-Laurent entre Gaspé et Louisbourg, en passant par les îles de la Madeleine et l'île Saint-Jean. Sans oublier ceux devant encore approvisionner les nombreux forts anglais, de même que les navires pris aux Français. Il n'est pas étonnant qu'à lui seul Beausoleil Broussard en ait abordé dix-sept au cours de l'été seulement, rendant Lawrence encore plus fou de rage.

À la fin de juin, les Britanniques sont maîtres du jeu, après avoir installé les batteries en face de Québec, sur la Pointe-des-Pères. À compter du douze juillet, ils peuvent à loisir gâcher le spectacle des habitants de la ville désirant observer tous ces navires prosternés devant le cap Diamant. La ville sera l'objet d'un bombardement soutenu qui la laissera pratiquement en ruines. Drôle de guerre, en fait. Québec, sous le feu fourni des canons anglais, réussira-t-il à passer l'été et à durer jusqu'aux tempêtes d'automne ? Pour faire taire certaines critiques, Wolfe enverra à la boucherie près de cinq cents soldats, sous les ordres de Monkton et de Townshend, tenter un débarquement sur la rivière Montmorency. Pour venger cet échec, mille soldats et « Rangers » américains furent chargés de saccager la rive sud du

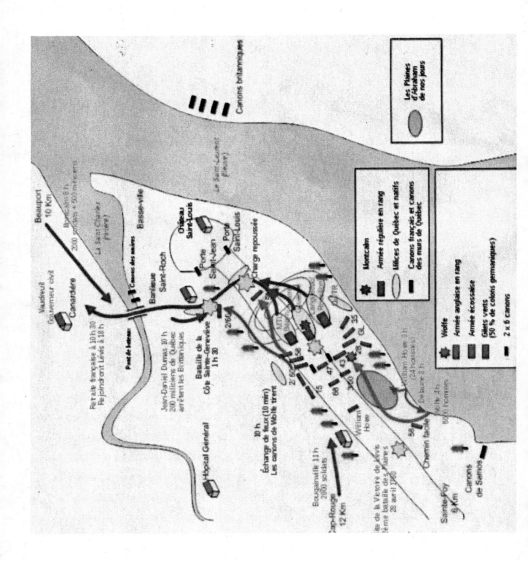

fleuve en détruisant tout de Beaumont à Kamouraska, sur une vingtaine de lieues de large[320]...

— Bonjour, Bénéry, comme je suis contente de te revoir enfin!

— Moi de même, Théotiste. Tu m'as tellement manqué...

— Vous êtes à la Petite-Rochelle pour quelques jours, au moins?

— Je crois bien que oui. Nous avons moins de demandes pour des voyages, ce n'est plus comme par le passé... Les Anglais se sont rendus maîtres de toute la Nouvelle-France. La pêche et la course nous tiennent occupés, mais de l'avis même de Jos Dugas, cela devient de plus en plus hasardeux. Les navires marchands britanniques qui naviguent le fleuve et le golfe sont plus avertis du danger de se retrouver sur notre route, surtout que nous sommes nombreux...

— Vous êtes si dangereux, Bénéry?

— Très...

— Tu vas me faire peur, Bénéry. Je t'imagine mal en pirate, t'as l'air doux comme un agneau, tranquille comme un chaton qui ronronne...

— Je suis maintenant second. Ce n'est pas moi qui mène les opérations, mais quand un marin à moitié endormi se fait surprendre par Gabriel ou par mon oncle Vincent qui lui mettent la main au collet, il n'est pas gros dans son pantalon. Jusqu'à maintenant, nous n'avons pas à déplorer de malchance, mais quelques jours pour nous faire oublier ne sont pas de trop. En plus, nous voulons profiter du beau temps pour travailler à bien installer la famille. Tout le monde a travaillé fort l'hiver dernier pour terminer la chaloupe à temps. Les maisons ont besoin de

---

320. Voir http://www.history4war.com. George Scott était à la tête des 1000 soldats chargés de cette besogne: «Nous avons brûlé 998 bons bâtiments, deux "sloop", deux "schooners", 10 chaloupes, plusieurs bateaux plats et petites embarcations, nous avons capturé 15 personnes...» Ils firent brûler 1400 fermes en tuant ou en scalpant ceux qui tentaient de s'opposer à leur avance.

rapiéçages. De mon côté, avec Gabriel, je veux donner un coup de main à mon frère Charles…

— Charles a des projets ? De quelle nature ?

— Il arrive bientôt à vingt-cinq ans. Depuis quelque temps qu'il parle de se fixer, après tout ce temps à courir les bois.

— Il veut épouser Annie [321]. Ce n'est plus un secret, ces deux-là…

— Cet été, on va construire sa maison. Quand il regarde mon oncle Joseph… Sais-tu que Cointin, qui n'a que deux ans de plus que lui, s'est marié pour la deuxième fois il y a six mois [322] ?

— Il a été veuf le temps de faire son deuil. Cointin, il songe à s'installer plus à l'est ?

— Oui, c'est ce qu'il m'a dit. Maintenant que nous faisons aussi la pêche, il croit que l'endroit idéal serait à la rivière Bonaventure. Ils sont quelques-uns à y songer. Mon frère Charles n'est pas tout seul à parler de mariage. Peux-tu imaginer que mon oncle Jean, l'autre Cointin, lui aussi parle de se marier cet automne avec la fille de Joseph Bujold ? Les deux Cointin, et Joseph et Jean, pourraient se déplacer du côté de Bonaventure.

— Pour quand les noces, Bénéry ?

— Les noces… de Charles ?

— Tu voudrais que nous parlions des…

— Les noces de Charles ? Ben, quelque part à l'automne, si tout se passe bien. Avec le siège de Québec, personne ne peut prédire ce qui va se passer…

— Les nouvelles qui arrivent de Québec sont bonnes, Bénéry. En tout cas, celles qui nous parviennent jusqu'ici…

— Parfaitement, Théotiste. On nous dit aussi que la ville souffre beaucoup des bombardements des canons anglais, mais que Québec tient bon. Les Anglais auraient aussi été

---

321. Annie Bujold.

322. Charles Arseneau, frère de Pierre Arseneau dit Bénéry, se mariera à trois reprises…

repoussés avec succès lorsqu'ils ont tenté un débarquement. Souhaitons que Montcalm puisse tenir le coup jusqu'à l'automne. Les Anglais pourraient alors connaître de grandes difficultés…

— Semble-t-il que les colons ont beaucoup à souffrir de la présence des soldats anglais, qui se livrent à des massacres sur la rive sud du fleuve, de la hauteur de Québec en descendant vers la rivière du Loup…

Mais le temps travaille indiscutablement en faveur des Français, et les officiers britanniques voudraient bien voir Wolfe tenter quelques initiatives pour les tirer de ces longues semaines de stagnation. Saunders en profite pour faire la preuve qu'il peut tromper les fortes batteries défendant Québec et remonte le fleuve avec des navires. Murray tend des embuscades aux gens approvisionnant la ville, mais passée la mi-août, la température devient plus fraîche, rappelant que l'automne «canadien» est imprévisible et que le gel soudain du fleuve pourrait immobiliser la flotte de Saunders[323].

5.2.3 Vingt malheureuses minutes…

Dans les deux camps, l'arrivée du mois de septembre est lourde de signification. Pour les troupes britanniques, il faut tout mettre en œuvre pour forcer l'engagement et dénouer l'impasse. Déjà à la fin d'août, bien couvert par un bombardement intensif, on a déplacé une bonne partie des soldats du camp de la rivière Montmorency vers la rive sud, en face de Québec. Montcalm pense toutefois que la fine fleur de l'armée anglaise est demeurée du côté nord, puisqu'il est convaincu que l'ennemi ne peut débarquer ailleurs qu'à Beauport, où il campera jusqu'à l'ultime moment. Wolfe n'en sait encore rien.

---

323. Voir http://www.history4war.com. C'est du moins la crainte qu'entretenait le vice-amiral, selon un déserteur britannique.

Après avoir passé quelque temps alité, il en est à consulter ses principaux brigadiers sur un tel débarquement, lorsqu'il découvrira l'anse au Foulon et un ruisseau en amont de la ville, qui pourrait permettre l'escalade de la falaise, le menant sur les hauteurs de Québec...

Chez les Français, on croit avoir traversé les moments les plus délicats, on pense que l'automne pourrait à lui seul vaincre l'ennemi. Cela s'est déjà produit. Les efforts sont mis à l'approvisionnement de la ville, les récoltes s'annonçant prometteuses. Le défi, autant dans la région de Québec que dans la grande région de Montréal, est de trouver les bras nécessaires. Les hommes se trouvant dans la milice, le travail retombe sur les épaules des femmes, aidées des enfants et des vieillards. Les manutentionnaires réussissent toutefois à transporter vers la ville assiégée les produits nécessaires à sa survie...

Le neuf septembre, Wolfe prit sa décision : le débarquement se fera à l'anse au Foulon. Les jours suivants seront consacrés à la préparation de cette attaque risquée. Wolfe doit établir le plan des opérations ainsi que les actions visant à tromper l'adversaire sur ses véritables intentions.

Le treize du mois, vers une heure du matin, les Britanniques simulent un débarquement sur les berges de Beauport, ce qui déclenche l'alerte. Montcalm n'a pas le choix : il doit préparer ses troupes et se porter à la rencontre de l'ennemi. Un peu avant l'aube, des tirs d'artillerie sont entendus venant du côté de la ville. On pense qu'il s'agit certainement du fait que les Anglais ont découvert les navires transportant les ravitaillements vers Québec, ce qui explique les échanges de tirs.

Le jour se levant, Montcalm n'apercevant aucun navire anglais, il renvoie ses soldats à leur campement. C'est alors qu'un « Canadien » arrive de l'anse au Foulon. Il se dit le seul survivant d'une bataille ayant opposé les hommes de Vergor, qui assurent la surveillance de l'endroit, aux soldats britanniques. Ces

derniers [324], après être débarqués, sont à former leurs lignes de bataille sur les hauteurs de Québec! Montcalm n'en croit rien. En réalité, profitant de la nuit, les troupes anglaises, ayant utilisé le bon mot de passe à deux occasions, ont escaladé la falaise après que leurs barques à fond plat furent déposées sur les berges par la marée renversée. À sept heures du matin, lorsque Montcalm se décide enfin à marcher avec son armée vers les plaines, Wolfe a profité de deux bonnes heures pour choisir le site où aura lieu l'affrontement et les positions idéales pour ses soldats. Le reste est une affaire de précipitation, de décisions douteuses, de lignes de commandement brisées, frôlant l'insubordination, qui fut liquidée en vingt malheureuses minutes, et par la mort sur le champ de bataille des deux chefs ennemis...

Il ne faut pas perdre de vue que, lorsque Montcalm, vers dix heures du matin, prend la décision de passer à l'attaque après avoir accepté une bataille rangée comme en Europe, il va à l'encontre des ordres de Vaudreuil et à l'encontre des conseils de ses principaux officiers présents à ses côtés. Vaudreuil aurait souhaité qu'il eût attendu l'arrivée des troupes sous les ordres de Bougainville, de même que celles sous ses propres ordres. Wolfe avait commis l'erreur de placer ses hommes entre les forces assurant la défense de la colonie... Ce fut sans conséquences, et Québec capitula deux jours plus tard. Lorsque Wolfe repassera par Gaspé, presque un an jour pour jour après sa mission de destruction de septembre dix-sept cent cinquante-huit, ce sera sur le même navire, le *Royal William,* transportant sa dépouille mortelle enveloppée de sa cape militaire [325].

---

324. Deux déserteurs ont informé les Britanniques d'une opération de livraison de ravitaillement, dans les faits remise à plus tard, leur indiquant aussi le mot de passe...

325. DAVIES, Blodwen, *Gaspe. Land of history and Romance,* p. 97-99 : « In a year's time she (*Royal William*) would be bearing past Gaspe again, with the young general, wrapped in his military cape, lying dead between her decks with the conquest of Québec to crown his memory with renown. » Voir http://www3.bc.sympatico.ca.

— Antoine-Bénoni Bourg[326], sacrebleu! Combien ça fait de temps?

— Trop longtemps, le beau-frère. Je peux encore appeler Jean-Jacques de cette façon, Marie[327]?

— Tant que tu voudras, Bénoni. Lorsque l'on est beau-frère un jour, on le reste pour toujours. Tu n'étais pas installé à proximité de Québec, après votre retour miraculeux des Carolines?

— Justement, non loin des battures de Beauport. Avec ce qui se passe maintenant dans la région de Québec, il n'y a plus grand-chose à espérer. La ville est tombée aux mains des Anglais il y a quelques jours... Un massacre, une destruction en règle, que je te dis, Jean-Jacques[328]. Les familles dont les hommes étaient dans les milices se sont réfugiées en ville, ce qui augmente le nombre de malheureux. Après avoir pesé le pour et le contre, nous avons décidé de prendre la fuite, avec mon frère Jacques. On a pensé rejoindre Michel, notre autre frère, dans le bout de Richibouctou. Nous avons traversé le fleuve de nuit, pris la route des bois que nous connaissons bien. Nous savions que beaucoup d'Acadiens se sont réfugiés ici, à la Petite-Rochelle. Nous verrons à nous installer avant l'hiver. On vous apporte des nouvelles. Après, on décidera du mieux à faire. Plusieurs Acadiens montent du côté de Trois-Rivières, mais qu'est-ce qui peut attendre ces malheureux?

---

326. Antoine-Bénoni Bourg est un des trois beaux-frères de Jean-Jacques Bourgeois déportés avec lui sur le *Two Brothers* en 1755 et revenus, par leurs moyens, au Canada. En 1760, il aurait été à Québec.

327. Jean-Jacques Bourgeois avait épousé, en premières noces, Claire Bourg, de qui il avait deux filles. À la mort de sa femme, il épousa Marie Cyr, sa belle-sœur, veuve de Joseph Bourgeois, son frère.

328. Voir http://www.republiquelibre.org: «John Knox écrit dans son journal du 20 septembre: "Le ravage est inconcevable. Les maisons restées debout sont toutes plus ou moins perforées par nos obus. Dans les campagnes autour de Québec, ce n'est guère mieux. Toute la Côte-de-Beaupré et l'île d'Orléans ont été saccagées, les soldats ont volé le bétail et incendié les maisons et les bâtiments de ferme." »

— Des mauvaises nouvelles, en effet! Mais tout n'est pas perdu tout de même. Vaudreuil, notre gouverneur, tient les choses bien en mains?

— Ça, il n'y a rien de moins sûr! Partout, on raconte que notre valeureux gouverneur ne réussissait plus à se faire écouter des militaires français, que les Canadiens auraient voulu attaquer le lendemain pour reprendre la ville, mais qu'ils refusèrent. En fin de compte, Jean-Jacques, ce sont les miliciens, les Sauvages et les Acadiens qui ont ménagé la retraite des armées françaises se retirant vers la rivière Saint-Charles, après la défaite. Ils ont peut-être sauvé la Nouvelle-France en permettant à l'armée française de se regrouper et de se retirer à l'ouest de Québec.

— Seigneur, mais quel mauvais sort s'acharne donc sur nous?

— Un autre massacre, Théotiste. Plus de deux cents personnes ont sacrifié leur vie pour sauver les armées de notre bon roi. Certaines mauvaises langues prétendent qu'il y eut plus de morts chez ces malheureux miliciens que dans les deux armées de soldats payés pour se battre[329].

— C'est inacceptable. Comment se fait-il que les Français se soient laissé surprendre de cette façon?

— Théotiste a peut-être raison: les Français auraient dû tenter des manœuvres pour diviser les forces ennemies...

— Il est inutile de chercher des raisons à tout cela. Ce qui est fait est fait! Dites-moi: c'est tout un regroupement des nôtres qui se trouvent ici, à la Petite-Rochelle?

— En effet, Bénoni. Mais personne n'est en mesure de nous dire ce qui va maintenant se passer. Les Anglais vont-ils se mettre à déporter la population de Québec et des environs?

---

329. Tous ont été tués. Si on tient compte du fait que les Français n'ont eu à déplorer que 150 morts et les Anglais 59... ces 200 miliciens constituent le plus gros contingent des pertes du 13 septembre 1759...

— Ce serait étonnant, Marie. On ne sait jamais ce qu'ils nous réservent. Mais un tel geste est improbable. Le reste de la colonie est toujours sous le contrôle des armées de notre roi. Si les alentours de Québec sont détruits, les Anglais sont retranchés dans la forteresse de Québec, ce qui en reste plutôt! Et le colonel Lévis est aux aguets, tout disposé à déclencher une attaque pour reprendre la ville...

Voilà comment se présente pour les habitants de la Nouvelle-France, pour les Acadiens, en particulier ceux de la Petite-Rochelle, l'automne dix-sept cent cinquante-neuf. La capitulation de Québec est lourde de conséquences pour les Acadiens, qui ont toujours considéré Québec comme le rempart ultime les protégeant contre les visées destructrices des Anglais, dont le chef de file n'est nul autre que le gouverneur de la Nouvelle-Écosse. Québec était devenu le dernier refuge pour les plus misérables citoyens de ce peuple stigmatisé, que l'on désire bannir à tout jamais du sol qui l'a vu naître. Cet échec, un de plus, des armées françaises à protéger la Nouvelle-France sera le signal pour de nombreux Acadiens que les chances sont nulles de voir la tendance se renverser. Il aura un impact extrêmement néfaste sur les petites communautés d'Acadiens vivant à demi cachées dans les bois, le long des côtes, entre l'isthme de Chignectou et la baie des Chaleurs. Ils n'ont plus aucun espoir, et nombreux sont ceux disposés à discuter avec le conquérant. Parce qu'il ne faut pas se tromper, Lawrence n'a pas terminé son boulot consistant à enlever toute entrave à son œuvre de colonisation. Le trois novembre dix-sept cent cinquante-neuf, il prévient les autorités britanniques qu'il va déporter en Angleterre les cent cinquante et un habitants de l'île de Sable gardés prisonniers à Halifax. Le départ se fera le dix novembre, à la fin de l'automne...

Malgré cela, là où ils se trouvent, les Acadiens sont bien vivants. L'instinct de vie habite encore les hommes et les femmes de l'Acadie. Ces derniers gardent intact l'espoir de jours meilleurs, cultivent l'attachement à leur bon roi, suivent les enseignements issus de leur foi chrétienne. Cet instinct de survivance les invite à répondre aux vibrations de leur cœur, à l'attirance qu'ils ressentent pour leurs semblables : à eux-mêmes, transmettre cet instinct, cette vie...

— Bonjour, Bénéry. Entre te sécher, avec ce mauvais temps qui ne lâche pas. Tu arrives de chez les nouveaux mariés ?

— Je suis allé les sortir de leur paillasse, bonté divine ! Ils passeraient leur temps couchés. C'est vrai qu'à ce temps-ci de l'année, l'humidité et le froid nous poussent à rechercher la tiédeur de nos abris...

— Et la chaleur d'une bonne couverture ! Confortablement allongé auprès de sa douce. Tu ne penses pas, Bénéry ? Surtout quand c'est tout nouveau ; ce sont de jeunes mariés, bonté divine ! Théotiste, apporte un bouillon bien chaud pour notre invité.

— Je suppose que oui, Jean-Jacques. Si tu le dis...

— On a eu droit à une belle cérémonie avec Bonaventure, le récollet. D'accord, Théotiste ?

— Une belle cérémonie, comme vous le dites, Jean-Jacques, c'est certain. La chapelle des missions était encore plus joliment décorée que de coutume. Même que beaucoup de Micmacs s'étaient ajoutés aux familles. J'étais émue, toujours au même moment. Surtout que cela fait deux fois dans la même semaine. Puis, je te voyais, Bénéry, servant de père à ton frère Charles : c'était touchant...

— Il y avait moins de monde que lors du mariage de l'oncle Jean à la fille de Joseph, ce qui est naturel, puisque les Bujold sont une grosse famille. Mais ton frère Charles a eu droit à une belle cérémonie, mon Bénéry[330].

---

330. Charles Arseneau, frère de Bénéry, s'est marié à Restigouche en premières noces le 25 novembre 1759, à Anne Girouard. Son oncle Jean-Baptiste Arseneau avait épousé Élizabeth Bujold, de l'île Saint-Jean, à Restigouche le 19 novembre de la même année... L'autre Cointin, Joseph Arseneau, frère de l'autre, s'était quant à

— Merci, Marie, je suis d'accord...

— Et à une belle soirée chez les Girouard! Une chance qu'on pouvait se rafraîchir dehors à la pleine lune, car toute la place était occupée par les cotillons...

— Oui, mon Jean-Jacques. Cela permet d'oublier un peu tout ce qui se passe de moins intéressant en Nouvelle-France. Pour quelques instants en tout cas. Pis le goût de bouger ne se perd pas, malgré le fait que les Acadiens n'aient pas conservé beaucoup de cordes à leurs violons. Moi aussi, Théotiste, j'aime cela quand on peut avoir un prêtre pour célébrer la messe, cela fait une plus belle cérémonie. Surtout que les Girouard ont tenu à recevoir la parenté...

— La parenté élargie, maman...

— C'était de même que cela se passait dans le bon vieux temps, ma fille. Tu sauras que les noces, au moment où j'ai marié ton défunt père, cela durait parfois deux jours d'affilée, si ce n'est pas plus... «Asteur», on est privé de tout...

— Le plaisir était bien là, pareil. Quand le père Girouard s'est levé, je pensais qu'il allait offrir ses vœux aux nouveaux mariés; mais non, il s'est mis à turluter, pis il avait l'air, il n'a pas «dévarisé»: «Tam ti de lam, di de la di doum...» Tout de suite suivi par le refrain de *Dans mon chemin turlurette....* Cela a donné de la vie [331].

— Je croyais que tu allais te lever, toi aussi, Bénéry. Ça aurait surpris la veillée. Je sais à quel point tu as une belle voix...

— Exagère pas, Théotiste. Mes oncles, les Cointin, eux par exemple, vous les avez entendus aux noces de mon oncle Jean-

---

lui marié en deuxièmes noces l'année précédente, à Restigouche, à Marguerite Bujold.

331. Selon une recherche effectuée par Monique Jutras, les Acadiens ne seraient pas étrangers à la turlute, même qu'ils l'auraient inventée pour pallier la rareté des violons. Légende ou pas, les violons en bon état se faisaient rares dans les années suivant «le grand dérangement». C'est chez elle que nous avons découvert ce joli couplet permettant d'amener les invités à se retirer... Sur le site Internet suivant: http://www.mnemo.qc.ca.

Baptiste? Ce sont des conteurs, ils ont cela dans le sang. Tout le monde se tordait de rire. Ils sont de même tout le temps.

— Moi, ce que j'ai trouvé de plus beau, c'est à la fin de la veillée, quand ton oncle Jean[332] s'est levé au beau milieu de la place puis qu'il a dit: «Si vous me permettez, à condition que vous l'excusiez avant que je débute, je vais vous chanter...

J'avais bien hâte qu'la veillée soit finie
Afin de pouvoir être seul avec mamie
J'ai eu ma chance vers les minuit et demi
Après que tout le monde fut parti
Pour prendre mon tire lire lire
Pour prendre mon tour loure loure
Pour prendre mon tour.»

Ces rares moments de réjouissances ne pouvaient faire oublier l'hiver qui approchait à grands pas, pas plus que la situation précaire dans laquelle se trouvait toute la colonie du «Canada».

À peu près au même moment, soit le seize novembre, quatre délégués acadiens, Joseph Broussard dit Beausoleil, son père Alexandre, Jean Basque et Simon Martin, se présentent au fort Cumberland[333] devant le colonel Frye. Parlant au nom de cent quatre-vingt-dix Acadiens de Petitcodiac et de Memramcook, ils remettent leur soumission aux dirigeants britanniques. Deux jours plus tard, le dix-huit novembre, c'est au tour de Jean Bourg et Michel Bourg[334], accompagnés de Pierre Surette, de présenter leur soumission au même Frye au nom de sept cents Acadiens réfugiés à Miramichi, à Richibouctou et à Bouctouche. L'inquiétude concernant leur avenir, mais encore plus la crainte de mourir de faim, les a amenés à cette dernière

---

332. Jean Vigneau.
333. Anciennement fort Beauséjour.
334. Deux des beaux-frères de Jean-Jacques Bourgeois, compagnons d'exil étant revenus de la déportation...

extrémité[335]. Il y en a qui viennent, de temps à autre, se livrer à des officiers anglais, mais ils ne le font jamais de leur plein gré ; seules la faim et la terreur les y contraignent. Parmi eux, on remarque quelques anciens habitants de Beaubassin qui n'ont pas perdu l'espoir de reprendre un jour leurs fermes. Ceux là sont les plus dangereux[336]...

5.3 Nouvelle décennie...

5.3.1 L'hiver fut rude

Les chefs acadiens Broussard, Bourg et les autres avaient anticipé avec justesse l'indigence qui guettait leurs misérables concitoyens. Aussi les secours venant du colonel Frye furent-ils d'un grand soutien pour les aider à traverser ces moments difficiles des premiers mois de la nouvelle décennie, qui débutait aussi tristement que la précédente. Affamés, entièrement démunis, se trouvant dans une détresse insoutenable, quelques centaines d'entre eux iront se constituer prisonniers au début du printemps dans ce fort Beauséjour autrefois gardien de leur sécurité...

Les habitants de Québec et des environs se trouvèrent dans une situation assez semblable. Le froid, la faim consécutive à la dévastation laissée par les hommes de Wolfe facilitèrent la propagation d'épidémies. Une grande partie de la population fut affectée, provoquant une répulsion accrue envers l'occupant, envers la guerre, tout simplement ! L'hiver ne fut pas moins rude pour les soldats britanniques laissés sous les

---

335. Brasseaux, Carl A., *The founding of a new Acadia,* p. 30 : «*Accepting the capitulation of these last pockets of resistance... Frye graciously agreed to support until spring small numbers of refugees facing death through starvation in the harsh winter months.*»

336. Frégault, Guy, *Histoire de la Nouvelle-France,* chap. IV «La déportation des Acadiens».

ordres de James Murray. Quatrième en grade au moment de la bataille de Québec, il se retrouva, après la mort de Wolfe sur le champ de bataille, le départ de Monkton pour New York et le retour en Angleterre de Townshend, en charge des troupes devant assurer la conservation aux Anglais de la ville au cours de l'hiver dix-sept cinquante-neuf, dix-sept cent soixante. Le premier hiver passé à Québec par la garnison britannique s'avère difficile. Mal logés, ayant une nourriture suffisante mais inadéquate, devant un environnement hostile, mal vêtus pour affronter l'hiver, trois mille cinq cents soldats, sur les sept mille cinq cents dont Murray dispose pour assumer cette tâche, sont rendus invalides par le scorbut, la fièvre, la dysenterie, des maladies qui n'ont pas cessé depuis l'arrivée des troupes britanniques, le printemps précédent.

La communauté grandissante de Petite-Rochelle n'est pas en reste en ce qui touche les privations : elles seront quotidiennes tout au cours de l'hiver. La relative tranquillité dont a pu bénéficier ce coin isolé, retiré, au cours de l'année dix-sept cent cinquante-neuf ne fut pas suffisante pour le soustraire aux affres dans lesquelles est plongée sa population. On manque de tout, surtout de ce dont on ne peut se passer, comme la farine, le lard, les pois, la graisse, la poudre, les plombs, le vin, la mélasse, l'eau de vie. Même pour soigner les malades ! Ils en furent réduits à manger leurs animaux domestiques. Bourdon, en charge de la petite colonie, s'en ouvrira plus tard dans une lettre à Vaudreuil, lui disant que d'Angeac pourra lui décrire dans quel état il l'a trouvée au printemps…

— Jean-Baptiste [337], rends-toi chez l'oncle Joseph pour informer Gabriel que nous serons parés à partir quand il le voudra bien.

— Pour aller dans quelle direction, Bénéry ?

---

337. Jean-Baptiste, frère de Bénéry.

— Nous aviserons quand Gabriel sera là. Moi, je me disais qu'il doit bien traîner quelques phoques gris le long des berges. Avec la baie gelée à traverser, nous pourrions marcher jusqu'à Miscou...

— C'est une bonne distance! Et si nous rencontrons des saignées d'eau claire?

— Ne t'en fais pas, Jean-Baptiste, il est tôt encore. Nous avons tout notre temps, quitte à bivouaquer sur la banquise, pour ensuite braquer vers le «pain de sucre». Sors les traîneaux à chiens en partant.

— Pourquoi les traîneaux à chiens?

— Quelle question! Pour qu'ils rapportent leur nourriture et la nôtre. Et si nous faisons bonne chasse, nous partagerons avec les Bourgeois. Nous partons en reconnaissance.

— Les chiens n'auront pas la force de nous suivre, Bénéry...

— C'est cela, ou nous serons réduits à les manger nous-mêmes. Je connais le Gabriel, il n'accepterait jamais de tuer ses chiens pour les manger. Depuis que nous sommes à terre qu'il les dorlote comme ses enfants. Tu crois qu'il serait capable d'une telle abomination[338]?

La faim, la disette, la maladie ne sont malheureusement pas les seules préoccupations de Bourdon, en cet hiver critique. Il fait face à ce qu'il considère, en tant que commandant de la Petite-Rochelle, à ni plus ni moins que de la trahison. Il s'agit, là aussi, d'une conséquence fâcheuse de la défaite de Montcalm sur les plaines d'Abraham. Cet épisode débute vers la fin de l'automne cinquante-neuf et met en relief, encore une fois, le rôle déterminant joué par les missionnaires dans les relations des Acadiens avec les Premières Nations, mais aussi avec les Anglais. Le vingt-six novembre dix-sept cent cinquante-neuf, le

---

338. Voir http://cyberacadie.com: «En 1759, il [Bourdon] était à Restigouche (Québec), en charge d'une poignée de soldats et de plus d'un millier de réfugiés acadiens. L'hiver 1759-1760 fut dur: il fut réduit à manger "des peaux de bœuf, peaux de castor, et des chiens". »

père Maillard, prêtre missionnaire à «Matogomish[339]», reçoit la visite d'un émissaire du gouverneur anglais de Louisbourg. Ce porte-parole, Henry Schomberg, à bord d'une frégate, est venu «témoigner» des pensées du gouverneur. Après avoir mentionné que la chute de Québec les privera de tout soutien, après les belles promesses de branche d'olivier tendue, après les appels à «la bonne raison», il exige qu'on lui remette les bateaux que les Acadiens ont capturés; sinon, il le menace des cruautés que ses «gens feront, étant résolus de faire passer tout au fil de l'épée».

Dès le lendemain, le père Maillard rédige une lettre[340] destinée au capitaine Alexandre LeBlanc, dans laquelle il lui fait part d'un «accommodement» passé avec les Anglais, l'invitant à faire de même[341]. Disant ainsi mieux servir sa patrie que certains «clabaudeurs», le missionnaire invoque ensuite le triste état des familles françaises qui l'accompagnent pour justifier l'oreille attentive qu'il prête au conquérant, vainqueur de Québec, car la Nouvelle-France n'a pas dit son dernier mot. Là ne s'arrête pas son zèle. Le voilà qu'il entraîne dans son action les autres missionnaires, dont l'abbé Manach, qui travaille auprès des communautés Micmacs de Richibouctou. Lorsque ces tractations sont portées à la connaissance de Bourdon, il réagit avec virulence, en informe Vaudreuil, qui lui demande de monter un dossier contre les missionnaires. La colonie est

339. Abbé Maillard est missionnaire auprès des Micmacs… Matagomich serait situé dans la partie nord-ouest de la péninsule néo-écossaise. La paix revenue, Maillard se mettra au service du gouvernement de la Nouvelle-Écosse. Il agira comme pacificateur auprès des nations indiennes, tout en poursuivant son apostolat chez les quelques Acadiens revenus… À sa mort, le gouvernement lui organisera des funérailles d'État.

340. Tiré des copies de ces lettres se trouvant jointes à la lettre de Vaudreuil au ministre du 6 mai 1760. Archives canadiennes, Généalogie des familles acadiennes. Sur le Net.

341. *Idem*: «… il y va plus de notre intérêt à tous… et voyez si jamais un ennemi vainqueur peut vous en proposer de plus gracieuses… Vous n'en serez quitte que pour rendre vos bâtiments…»

en guerre. Elle aura besoin de toutes ses forces, le printemps venu, pour déloger l'envahisseur qui occupe Québec. Boishébert, fort bien connu des Acadiens, viendra d'ailleurs les inciter à rejoindre la guérilla qu'il faudra mener au printemps. Il les encourage à persévérer dans leur volonté de survivre. Fait-il partie de ces beaux parleurs, de ces clabaudeurs dont parle le père Maillard ? S'ensuivra toute une série de lettres entre Manach [342] et le sieur Bourdon, puis Bourdon [343] adressera un manifeste « aux habitans de la baye des Ouynes et de Richibouctou ».

— Le commandant est à instruire tout un procès aux missionnaires. C'est une véritable trahison ! Alexandre [344] est capitaine de milice, recommandé par le gouverneur lui-même. Il ne pouvait garder ces informations pour lui seul.

— Tu n'as pas tort, Bénéry. Cela n'enlève pas entièrement l'estime qu'il porte au missionnaire ; ils étaient liés d'amitié. Sans oublier Le Maigre et les autres...

— Toute une histoire, comme vous dites.

— Et cette réunion, Jean [345] ? Vous avez discuté des demandes pressantes de Boishébert pour que les miliciens acadiens et les Micmacs de la Petite-Rochelle, et de partout où ils se trouvent, accourent vers Québec pour sauver la colonie ?

— Qui te dit que nous en aurons seulement le choix ? Rien n'est plus incertain que la situation actuelle. Dans ces conditions, nous pouvons nous attendre à tout. Il faut penser à laisser

---

342. Fonds Placide Gaudet : «... des démarches que nous avons faites vis-à-vis de la nation angloise, qui par générosité nous a ouvert les bras... Le bon traitement qu'on nous fait... Je suis obligé de me rendre au fort Beauséjour pour la ratification de la paix... »

343. Fonds Placide Gaudet : « Je suis extrêmement surpris que vous ayés fait aucuns accords avec les Anglois sans m'en donner avis... où est donc ce zèle pour la patrie, cette fermeté pour la religion. Quoi ! dans un moment, tant d'années de jeûne et de fuites faites au travers des bois, exposés à mille dangers, sont aujourd'hui perdues. »

344. Alexandre Leblanc.

345. Jean Vigneau dit Maurice.

quelques miliciens pour protéger les Acadiens. Qu'en dis-tu, Jean-Jacques?

— Je dis comme Théotiste, la fille de Marie. La Petite-Rochelle est devenue le lieu de rassemblement d'une grande partie de nos malheureux Acadiens. Nous ne pouvons laisser tous ces gens sans protection.

— Je pense aussi de cette manière, Jean. Ce que nous ont appris ces histoires qui n'en finissent plus de lettres, de négociations, d'accord de paix avec les Anglais, c'est que, partout où les Acadiens s'accrochent, ils sont au bord de la famine, comme nous, mais plus exposés aux attaques des Anglais. Et ce ne sont pas les quelques soldats réguliers que le commandant a sous ses ordres à la Petite-Rochelle qui seront suffisants pour reprendre Québec…

— C'est un peu le discours qui se tenait. Par contre, ce que je dois vous dire, Bénéry et Jean-Jacques, c'est que nous ne décidons pas ces choses nous-mêmes. Tous les hommes valides, âgés de seize à soixante ans, peuvent être appelés dans la milice. Vous en êtes d'ailleurs…

— Le printemps, quoique paresseux, va sûrement s'installer pour de bon. Rien ne nous empêche d'être plus utiles ailleurs, sur l'eau peut-être… À détrousser quelques drapeaux rouges égarés, n'est-ce pas, Jean?

Un printemps paresseux, tardif, qui met à l'épreuve la patience de Vaudreuil, mais surtout de Lévis, qui attendent le moment idéal pour se diriger vers Québec. Lévis a travaillé tout l'hiver à préparer la deuxième bataille des plaines d'Abraham. Avec l'accord de Vaudreuil et le soutien de Bougainville et des autres, il ne souhaite rien de mieux qu'une revanche. Il connaît parfaitement la faiblesse de Murray, son isolement, l'état de démoralisation de ses troupes. Pour cela, il lui faut attendre la fonte des neiges, mais pas trop longtemps. Lévis a devant lui six mille neuf cents hommes à qui il a réussi à transmettre sa confiance inébranlable que la France, son roi et son Conseil ne vont jamais abandonner la colonie[346], que le printemps apportera de puissants secours pour culbuter l'occupant de Québec, à qui Ramezay n'aurait jamais dû remettre la forteresse...

Du côté des Britanniques, les soldats se sentent perdus dans un environnement hostile. Il n'y a pas d'autres troupes britanniques dans un rayon de plusieurs centaines de lieues. « C'est donc affaiblis et démoralisés que les soldats qui survivent à ce difficile hiver voient le printemps arriver et les combats reprendre[347]. » Ces soldats avaient été placés sur le qui-vive tout l'hiver, subissant le harcèlement des camps volants. Ils n'étaient plus en sureté dès qu'ils franchissaient les portes de la forteresse[348].

— Comment, Bénéry? Les Canadiens ont vaincu les Anglais et font le siège de Québec? Tu en es certain? Ce n'est pas pour me courroucer?

— Je t'assure, Théotiste. Mais calme-toi, je t'en prie, rien n'est vraiment terminé. Les Anglais n'ont pas été culbutés en bas du cap Diamant... Ils tiennent encore la forteresse...

— Bénéry, mon ami, c'est une excellente nouvelle...

— Elle s'est répandue comme une traînée de poudre, justement, tu peux le croire. Nous serons prochainement fixés sur ce qui nous attend...

— Tu ne parlerais pas ainsi de nous deux, mon bon ami?

— Si tu veux, ma douce. Mais aussi sur le sort qui attend la Nouvelle-France. Si nous perdons Québec à tout jamais, c'est toute la colonie qui s'en ira sous la domination du roi George...

---

346. Voir http://www.clanmcnicollduquebec.com : « Nos espoirs sont élevés. Notre foi dans les gens grande. Notre courage est fort. Et nos rêves pour ce magnifique pays ne mourront jamais. »

347. Voir http://bataille.ccbn-nbc.ca. Bataille de Sainte-Foy.

348. Voir http://www.clanmcnicollduquebec.com : description d'une religieuse de l'Hôpital général de Québec : « Le désir de reprendre ce pays et celui d'acquérir de la gloire coûta cher aux citoyens. On ne vit tout l'hiver que combats. La dureté de la saison ne fit point mettre les armes bas. Partout où paraissoit l'ennemi, on les poursuivoit à toute outrance, ce qui leur fit dire qu'ils n'avoient jamais vu nation si attachée et fidèle à leur prince que le Canadien. »

— Est-ce à dire que les renforts attendus de notre bon roi de France sont maintenant arrivés.

— Non...

— Et Lévis a infligé une telle défaite à l'occupant, comment est-ce possible ?

— Ce fut une bataille sanglante, plus meurtrière que la précédente. On nous a rapporté que le chevalier de Lévis a mené ses hommes au combat de belle façon. Au matin du vingt-six avril, son armée, plus nombreuse que celle de l'ennemi, bien préparée, s'est installée tout juste à côté de l'endroit où se sont déroulés les combats de septembre et y a attendu l'adversaire.

— Les tuniques rouges s'y attendaient, Bénéry ?

— C'est ainsi, ma douce. Il se trouve toujours des déserteurs, des collaborateurs pour vendre à l'ennemi des informations...

— Sales traîtres !

— Calme-toi, Théotiste. C'est alors que l'occupant est sorti de la forteresse, se portant avec toute sa troupe à la rencontre des hommes de Lévis, s'enfonçant dans le piège que ce dernier lui tendait. Il quitta la position avantageuse où il se trouvait, ce qui rendit inutilisables les canons qui constituaient son seul avantage. La bataille au corps à corps dura plus de deux heures, forçant les Anglais à retraiter en désordre vers la forteresse. Même au pas de course, les nôtres ne pouvaient rattraper les fuyards, tellement leur fuite était rapide.

— Que j'aurais aimé voir cela...

— Ils abandonnèrent sur place artillerie, munitions, outils, morts et blessés...

— Cela est malheureux. Qu'arriva-t-il à ces pauvres ? Ce n'est tout de même pas de leur faute.

— Lévis, en bon chrétien, en bon soldat, fit arrêter les Sauvages qui se préparaient à lever des chevelures sur ces malheureux... Et s'occupa de faire soigner les blessés des deux camps[349]. Depuis ce temps, les nôtres font le siège de Québec...

5.3.2 La « dernière » bataille...

Les troupes de Lévis ne se tenaient pas à plus de huit cents verges des remparts. Ils menaient le siège de Québec depuis leur victoire éclatante avec la certitude que, si les renforts demandés par Vaudreuil devançaient le retour des navires britanniques, la ville serait reprise sans combat. Or, le neuf mai, une frégate anglaise entrait dans la rade de Québec sous les acclamations des assiégés, suivie, six jours plus tard, de deux autres, ce qui détermina Lévis, qui craignait d'être coupé dans sa retraite et de perdre ses magasins, à lever le siège[350]...

Non seulement la France n'avait accepté que timidement de répondre aux supplications du gouverneur, encore fallait-il que les quatre cents soldats envoyés en renfort, au lieu des quatre mille, soient, comme la petite escadre les transportant, divisés en deux et qu'ils arrivent en retard! Les six navires armés à partir de Bordeaux se nomment: le *Machault*, le *Bienfaisant*, le *Soleil*, le *Fidélité*, l'*Aurore* et le *Marquis de Maluze*. Leur chef est Gabriel-François d'Angeac, qui connaît bien la situation en Nouvelle-France, alors que la flotte est dirigée par de la Giraudais, aussi commandant du *Machault*. Ils quittent le port français le dix avril et furent, peu de temps après, pris en chasse par des navires anglais qui s'emparent de la moitié des bateaux français. Ceux qui restent, le *Machault*, le *Bienfaisant* et le *Marquis de Maluze*, parviennent sains et saufs de ce côté-ci de l'Atlantique. Autour de l'île aux Oiseaux, aux îles de la Madeleine, ils s'emparent d'un navire marchand anglais

---

349. Les Français eurent 193 morts et plus de 600 blessés. On dénombra 259 morts et 829 blessés dans le camp adverse.

350. Voir http://grandquebec.com/histoire/bataille-sainte-foy/.

en route pour Québec. Ils feront des prisonniers et trouveront dans les coffres du capitaine des lettres qui leur apprennent qu'une dizaine de frégates et de bateaux anglais les ont précédés de six jours dans le fleuve, leur coupant ainsi le chemin.

La Giraudais, qui a pourtant des ordres précis de se diriger vers les Indes occidentales ou la Louisiane advenant une telle situation, s'entend avec son équipage pour gagner la baie des Chaleurs. En route, ils feront quelques prises de navires marchands anglais qui viendront grossir le lot des prisonniers dans les cales du *Maluze*. À bord d'un de ceux-ci se trouve un pilote français. Que s'est-il passé? Serait-ce ce pilote ou Dangeac qui réussit à le convaincre de trouver abri dans la baie des Chaleurs? Probablement ni l'un ni l'autre. Celui que l'on avait désigné comme pilote pour leur indiquer la route et les mener à Québec était nul autre que Pierre Gauthier, frère aîné de Nicolas, aide major de milice à Restigouche, et de Marguerite Gauthier, épouse de Bourdon, lieutenant de troupe auprès de la petite colonie de Petite-Rochelle. Heureusement pour les Acadiens!

— Pierre[351], viens avec nous, nous allons rencontrer le commandant...

— Pas avant que tu m'aies dit, Joseph, ce que Bourdon peut bien nous vouloir.

— Non, non, ce n'est pas Bourdon. Il doit être là, lui aussi, mais c'est d'Angeac en personne qui tient à nous parler. C'est lui qui a pris le commandement de la place. Il y a du monde par chez nous, comme on dit. D'après ce que Bourdon lui-même m'a laissé entendre, ils veulent voir comment on peut préparer une défense, au cas où les Anglais apprendraient qu'il se trouve des navires français cachés dans la baie des Chaleurs. Il paraîtrait aussi que d'Angeac a été beaucoup touché par la misère dans laquelle il a trouvé notre petite colonie...

---

351. Pierre Arseneau, fils de madame Françoise et chef du clan...

— S'il y en a un qui a pitié de nous, on va le canoniser tout de suite. Et alors?

— Alors, il aurait besoin de notre aide pour construire un magasin en retrait dans les bois pour y descendre une partie des provisions destinées à Québec et à Montréal. Il veut aussi en distribuer à la population. C'est ton métier ça, construire un magasin?

— Sapristi! Ça va soulager notre pauvre monde. Nous manquons de farine. Nous manquons de tout aussi bien dire depuis la mi-février, et nous voilà à la mi-mai. Ce ne sera pas de refus.

— C'est bon, Pierre. Je me rends chercher mon second, au cas où d'Angeac aurait aussi besoin de notre chaloupe pour les opérations.

— Ton second?

—Bénéry! voyons, Pierre. Je te le dis à toi, quoique tout le monde est au courant: Bénéry est plus que notre second, il est en fait le capitaine. C'est juste que la chaloupe nous appartient, à nous, ses oncles [352]...

— Ah oui! j'oublie tout le temps...

Décidément, on semble se donner rendez-vous à Petite-Rochelle: Acadiens, Micmacs, deux cents soldats sous les ordres de d'Angeac, sans compter les prisonniers anglais dans les cales des navires...

— Alors, Bénéry, la visite du *Machault* s'est déroulée correctement? Vous avez été bien reçus par la bourgeoisie?

— Ne te moque pas, Jean-Jacques. Vous non plus, Marie. Ce n'est pas bien. Ce n'est pas la première fois que je vois de

---

352. Quatre des oncles de Bénéry (Pierre Arseneau dit Bénéry) étaient présents à Restigouche, tous des frères de son défunt père (Charles): Pierre, Vincent, Joseph (dit Cointin), Jean (Jean-Baptiste dit aussi Cointin). Les noms des deux derniers sont bien connus pour avoir été parmi les pionniers à Bonaventure. On dit, même si cela ne paraît pas dans les documents officiels, qu'ils se seraient adonnés à la «course en mer»...

tels navires. Ils ne m'impressionnent plus, vous saurez. Ils ne doivent pas t'impressionner davantage.

— Non, tu peux le dire, Bénéry. Au moins, celui-là, il est français!

— Vous avez vraiment discuté avec les autorités militaires, Bénéry?

— Évidemment, Théotiste...

— Cela me rappelle, il y a longtemps, lorsque le défunt Joseph, mon époux, avait accepté de participer au transport des troupes françaises à travers les terres de Chignectou...

— Je m'en souviens très bien, Marie. Et pour cause! Nous avons tellement travaillé pour rien. Il y a bien une quinzaine d'années de cela, dans les années quarante. Est-ce bien vrai qu'ils sont à la recherche du courrier le plus rapide pour porter une lettre destinée au gouverneur Vaudreuil, à Montréal? Vous avez proposé Charles ton frère ou encore Jean «Cointin»?

— Ce bout-là est assez drôle. C'est l'oncle Pierre qui a lui-même suggéré Saint-Simon. Tu le connais, c'est ce Canadien de la milice; il est ici depuis la dernière visite de Boishébert et de Du Calvet, à la fin de l'hiver... Il doit partir au plus tôt, et revenir aussitôt avec les ordres. L'oncle Pierre fait très attention à son monde.

— Toute une trotte... Montréal!

— Oui, Théotiste. Il y a si longtemps que tu parles de ces belles villes de Québec et de Montréal...

— Ne riez pas de moi, on n'a pas tous remonté l'Amérique à pied, du sud au nord, à travers les bois et les villes...

— Ne le prends pas mal, ma jolie. Et maintenant, Bénéry, quelles sont les intentions de d'Angeac, La Giraudais, Bourdon et les autres?

— Rapidement se mettre à fortifier les environs. Renforcer le poste de la pointe en y installant une batterie, deux batteries un peu plus en aval à la pointe à la Mission, une autre du côté sud de la baie, avant l'embouchure de la rivière Restigouche. Malgré les énormes risques, pour quelqu'un qui ne connaît pas le coin, que représente une tentative de remonter jusqu'à la rivière, ils songent aussi à en bloquer l'accès en y coulant quelques-uns des navires que nous avons soustraits aux Anglais, et même, s'il le faut, le *Bienfaisant* et le *Maluze* pour y installer des batteries.

— Ils attendent donc de la visite. On aura droit à la guerre sous nos yeux, ici même à Petite-Rochelle?

— Comment savoir, Marie? Ce serait étonnant, mais ce qui est certain, c'est que les Anglais vont finir par apprendre qu'une partie des renforts destinés à la colonie a trouvé refuge ici. J'ai aussi cru comprendre que certains marins auraient préféré repartir aussitôt que les provisions d'eau auraient été faites.

— Oui, paraît-il qu'en risquant de se laisser piéger ici avec les navires, La Giraudais contrevient aux ordres reçus. Les marins, loin de leur port d'attache, se délient souvent la langue.

— Tiens, tiens, qu'est-ce que tu en sais, Théotiste?

Fatalement, les autorités britanniques en poste à Louisbourg furent informées, par nuls autres que les chefs Micmacs de Richibouctou et de Miramichi, de la présence d'une flotte française dans la baie des Chaleurs, conséquence de la position prise par les missionnaires en poste dans ces régions. Le gouverneur du Cape-Breton et de l'île Saint-Jean, Whitmore, y dirige John Byron, que l'on surnomme « Jack-la-Tempête ». Ce dernier se trouve à Louisbourg pour aider à la destruction de la forteresse. Avec une dizaine de navires, des effectifs totalisant mille sept cents hommes, deux cent quarante-six canons, il quitte Louisbourg, le dix-neuf juin, en direction de Restigouche. Son navire, le *Fame,* fut séparé des autres navires de l'escadre. Quelques jours plus tard, entre le vingt-deux et le vingt-six juin, le *Fame,* et son intrépide capitaine, avance seul à la sonde, dans un chenal non cartographié et étroit, à la recherche des bateaux français. Il sera alors rejoint par deux de ses navires, le *Repulse* et le *Scarborough,* qui l'accompagneront dans son chemin vers l'embouchure de la rivière Restigouche.

Le vingt-huit juin, les canons du *Fame* détruisent la batterie française installée sur la rive sud qui avait retardé la progression de l'escadre. Ce sera le début d'une série d'escarmouches et d'affrontements qui atteindront leur point culminant le huit juillet.

— Vite! Marie, Théotiste, ne prenez que l'essentiel et retirez-vous plus avant dans les cabanes au pied de la montagne. Avertissez tous ceux que vous rencontrerez sur votre chemin. Nous vous rejoindrons à la tombée du jour.

— Pour l'amour de Dieu, Bénéry, que se passe-t-il?

— Ne perdez pas votre sang-froid. Vous avez le temps...

— Faudrait savoir ce qu'il en est, Bénéry. On a le temps ou pas?

— Vous avez le temps, si vous faites votre baluchon le plus rapidement possible. Marie, les Anglais ont débarqué dans le secteur de la Pointe, non loin de la batterie[353]. Tout un détachement, ils sont à détruire le poste de garde[354]. L'enceinte du village est tellement rapprochée de ces endroits qu'il ne faut prendre aucun risque. Prenez tout ce que vous pouvez. Jean-Jacques m'a dit qu'il va arriver dans quelques minutes.

— Et dire que nous pensions trouver la paix en venant nous réfugier dans ce coin perdu.

— Je sais bien, maman. Ce n'est pas le temps de nous déconforter. Dépêchons-nous de prévenir les autres. Toi, que fais-tu, Bénéry?

— Je repars avec Gabriel. Nous allons surveiller les mouvements de ce détachement. Nous serions surpris qu'une bataille en règle ou un affrontement général ait lieu aujourd'hui. Nos navires sont plus en amont, vraiment en remontant l'embouchure de la rivière...

---

353. Pointe-à-la-Batterie.
354. Pointe-à-la-Garde.

— Et alors?

— Alors, je suppose que le commandant veut attendre que les troupes ennemies se trouvent à portée des canons...

— Et ainsi, le village se trouvera encore sacrifié. N'est-ce pas?

— C'est ce que nous craignons. Comme ce n'est pas nous qui prenons les décisions, nous ne prenons aucune chance.

— Tout cela ne finira donc jamais?

— Je le crains fort, ma bonne maman. C'est pour cela qu'encore une fois nous fûmes bien avisés de nous construire des abris, avec tout le nécessaire, en retrait, dans le bois...

Il s'agissait cette fois d'une fausse alerte, mais ce n'était que partie remise, puisque le trois juillet[355], les Britanniques trouvent le chenal permettant à leurs navires de se rapprocher des lignes de défense françaises. Les choses allèrent en s'accélérant. D'Angeac demanda à La Giraudais de remonter un peu plus les navires. Le *Bienfaisant* étant le plus près de la Petite-Rochelle et le *Machault* portant le gros des canons, cela bloquait le passage juste en face de la Pointe-à-la-Mission.

Après avoir disposé des nombreuses petites embarcations prises à l'ennemi de façon à freiner l'avance de Byron, d'Angeac structura davantage ses troupes. Il garda trois compagnies de soldats sur quatre auprès de lui, avec quelques dizaines d'Acadiens et de Micmacs. Il plaça le reste du contingent des trois cents Acadiens en retrait sous le commandement de Bourdon, une dizaine à la Pointe-à-la-Garde et encore quelques dizaines de soldats soutenus par les Micmacs et les Acadiens pour opérer les batteries situées sur la rive sud de la baie. Tout cela ne s'était pas fait sans discussion. Certains Acadiens se montrant toujours réfractaires à prendre les armes.

---

355. Voir http://www.kronoskaf.com/syw: «On July 3, Byron finaly found a channel allowing his ships to sail upriver and to confront the French defensive line.»

— Pierre, nous n'avons pas le choix. Il a été décidé d'appliquer la loi de la milice, et tous les hommes, je dis bien tous les hommes en état de porter les armes, doivent se rapporter aux différents officiers de milice. Nous les connaissons.

— Vincent, je n'ai jamais accepté de me joindre à la milice. Je mène avec ma famille la vie de réfugiés depuis plus de dix ans. Nous ne vivons pas différemment des Sauvages depuis ce temps. Depuis dix ans que la France nous dit qu'elle va nous secourir, que nous aurons des renforts, du soutien. Les chefs nous répètent sans arrêt que l'on ne nous laissera pas tomber. Qu'en est-il aujourd'hui? Les Anglais sont maîtres partout. Dans toute l'Amérique, il n'y a plus un endroit où trouver la paix. Les fusils se sont tus à Sainte-Foy, à Québec. Et maintenant, on nous demande à nous, devant des forces largement supérieures, nous pauvres «guenillous», de sauver la Nouvelle-France? Ridicule! Il y a combien de soldats à bord des navires anglais en face de nous? Mille? Deux mille? Plus encore! Je préfère reprendre le chemin des bois.

— Pas tant que cela, Pierre. Je t'en supplie, pense à notre frère Joseph. Il est membre de la milice depuis des années. On nous demande d'assurer le soutien au petit contingent de soldats qui doit opérer la batterie au pied du «pain de sucre». Nous demeurerons en retrait pour assurer la surveillance. Les Arseneau ne peuvent pas se soustraire à leurs responsabilités. Déjà que les Acadiens, nous passons pour des paresseux[356]!

— Que quelqu'un vienne prononcer ces paroles devant ma face. Écoute-moi à ton tour, Jean! Je suis le chef du clan. Je vous ai guidés du mieux que j'ai pu depuis le départ de maman jusqu'à maintenant. Je veux protéger mes enfants, les vôtres...

— Tu as parfaitement joué ton rôle, Pierre, et nous t'en sommes tous reconnaissants. Pensons à maman, justement,

---

356. FALLU, Jean-Marie, *La bataille de la dernière chance*: «... et 300 Acadiens qu'un témoin du temps dit être aptes à prendre les armes, "tous adroits, mais paresseux et indépendants s'ils ne sont pas gouvernés". »

que tous vénéraient. La madame Françoise, que dirait-elle en ce moment? D'Angeac n'est pas un lâcheur, c'est un bon chef militaire, comme Bourdon. Ils ne vont pas nous conduire à la mort. Il y a des règles. Nous sommes tous là, tes frères...

— Très bien. C'est parce que vous êtes tous là. Je ne le ferai qu'à une condition.

— Laquelle?

— Que, avant de gagner nos positions, nous ayons la certitude que toutes nos familles, les femmes, les enfants de chacun de nous soient parfaitement en sécurité et informés de ce que chacun doit faire si jamais les soldats britanniques réussissent à débarquer. Je ne sais que trop ce qu'ils auront en tête.

C'est ainsi que se prépara l'affrontement naval devant dénouer l'impasse. Au matin du huit juillet, par un temps superbe, Byron descendit une partie de ses troupes en bas de Pointe-à-la-Garde. Les soldats suivaient son cheminement depuis la côte et, guidés par un homme natif de la région, devaient ultimement attaquer la Petite-Rochelle par l'arrière. Byron amorça par la suite sa remontée sans obstacles, malgré les tirs venant de la Pointe-à-la-Batterie. Grâce à la force du nombre, avec des soldats rompus à la discipline militaire, avec son artillerie nettement supérieure, il fut facile pour eux de cribler les positions ennemies d'un feu nourri. Un combat intense se déroula pendant plus de deux heures. Les Français touchèrent dangereusement le *Repulse,* qui coula avec ses trente-deux canons; mais, à cause de la faible profondeur de l'eau, on réussit à le renflouer. Le *Machault,* sur lequel se trouve toujours d'Angeac, prend l'eau à son tour. Finalement, vers onze heures, à bout de munitions, les canons du *Machault* se turent et, vers midi, après avoir vidé le navire, on le fit sauter. Ensuite, on coula le *Bienfaisant* pour éviter qu'il tombe aux mains des Anglais. Quant au *Maluze,* on l'abandonna tout simplement sur place, avec dans ses cales les prisonniers anglais. Byron y mettra le feu une fois évacués les soixante-sept prisonniers,

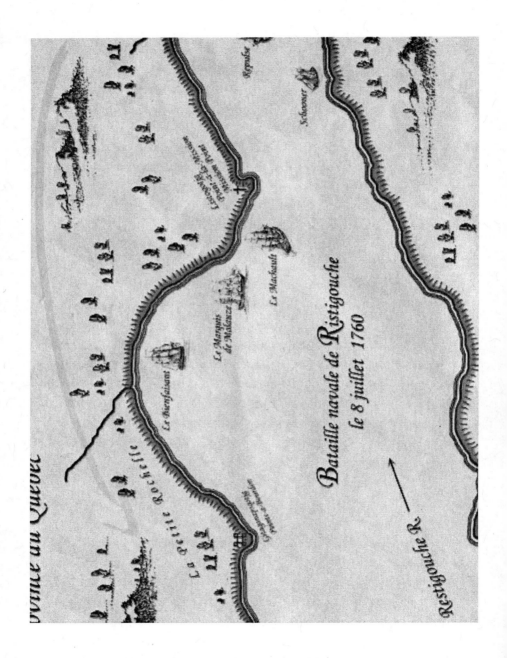

dont sept femmes. D'Angeac avait, comme Pierre Arseneau, anticipé ce dénouement et avait aménagé la retraite dans la forêt de toutes les personnes présentes à l'occasion de ce dernier soubresaut français en Amérique...

Byron et ses hommes n'en avaient pas encore terminé. Ils mirent le feu, coulèrent ou s'emparèrent de toutes les chaloupes et goélettes qui se trouvaient à l'embouchure de la rivière. Quelques petits vaisseaux français tentèrent de fuir, mais furent pris en chasse. Puis vint l'ultime feu de joie. Ce fut si facile : les deux cents maisons de la Petite-Rochelle étant regroupées et entourées d'une palissade. Byron pouvait retourner au travail de démolition de la forteresse de Louisbourg. Le jour tombe sur cette triste journée. La soirée magnifique qui verra le soleil descendre lentement sur la montagne ne calme rien des douleurs de cette amère défaite.

— Pauvre Marie, elle est encore inconsolable... C'est trop pour elle, j'en suis certain. Tu crois, Théotiste, qu'elle va s'en remettre ?

— Oui, oui, Jean-Jacques. Elle est actuellement avec Michel...

— Il n'est pas blessé, au moins ?

— Non, non, il y a tout de même une trentaine de blessés, peut-être moins. Certains sont morts. On m'a dit que ce sont presque tous des soldats et des marins...

— Merci, Bénéry, tu me rassures...

— Quelle journée ce fut, ma Théotiste !

— Vous n'avez pas perdu de temps pour revenir ?

— L'oncle Pierre a vite compris, lorsque nous avons entendu l'explosion, puis aperçu dans le ciel l'immense boule de feu... Il a dit : « C'est terminé ! Nous rejoignons les nôtres comme convenu. »

— Je n'ai jamais entendu quelque chose d'aussi étourdissant. Je déteste la guerre. L'explosion, c'est donc que cela était convenu ?

— Les lieutenants de milice avaient été informés. L'oncle Pierre s'était fait tirer l'oreille pour suivre la milice. Tu le connais. Alors, nous avons sauté dans les canots...

— Je suis heureuse que tu te trouves à mes côtés, Bénéry. Je me sens tellement triste pour maman, pour tout le travail que nous avons mis dans ce petit village. Dix-huit mois de nos vies, Bénéry ; tout cela anéanti !

— Pas totalement ; nous avons nos abris au pied de la montagne. Je suis heureux d'être là, Théotiste. Donne-moi ta main.

— C'est une demande en mariage, Bénéry ?

— Si tu veux, Théotiste... Prends ma main en attendant. Je veux te rappeler des souvenirs. Peut-être étais-tu trop jeune ; pourtant, dans ma tête, c'est comme si c'était hier. Nous étions, toi et moi, assis l'un près de l'autre à regarder comme aujourd'hui les derniers tisons de votre maison se consumer. Tu posais sans arrêt des questions au sujet de la guerre. Je n'avais pas plus que maintenant de réponses à tes questions, mais je crois que je t'aimais déjà. Je voulais déjà te protéger, te serrer contre moi. Ce n'est pas mon chat que je t'offre aujourd'hui, mais si tu veux ma main. C'est oui, tout de suite !

Table des matières